横浜寿町

地域活動の社会史 下

寿歴史研究会 編

社会評論社

第6章
格差社会の進行と第二期地域活動発展期 …………………… 109
（2000年〜2016年）

第 5 章
バブル経済の崩壊と地域運動転換期
（1992年〜1999年）

第1節

新自由主義とグローバリズム

（1） グローバリズムと派遣切り

　この節では、1980年代以降世界を席巻する新自由主義とグローバリズム台頭の背景を述べるとともに、それが労働者の雇用形態やわれわれの生活をどのように変えてきたか考え、あらためて寄せ場の生活を捉え直し、現代社会のなかに「寄せ場」的な世界が広がりつつあることを確認したい。

　20世紀は戦争と革命の時代である。二度の世界大戦とロシアや中国などで社会主義革命が起き、東西冷戦の時代が始まった。世界大戦という総力戦において、参戦国は国民に命を投げ出すことを求める総動員体制を敷いた。総動員体制を強いる代わりに国民の生活権を保障するため生まれたのが福祉国家体制である。例えば、イギリスでは、第二次世界大戦中にチャーチル首相はナチス国家に対抗して、ベバリッジ報告にもとづき「ゆりかごから墓場まで」で有名な福祉国家政策を実施した（金子、2010）。

　しかし1973年と1979年の二度のオイルショックを契機に高度経済成長が終焉すると、税収の低下をきたし福祉国家体制の継続が困難となった。1981年にはOECD（経済協力開発機構）は『福祉国家の危機』を発表した。脱工業化による製造業からサービス産業へ産業構造が転換することに起因する労働運動の弱体化も福祉国家体制の後退を後押しした。

　このように福祉国家体制とは、脱工業化やグローバリズムが本格化するまでの高度成長期における一時的な国家システムであったとも見ることができる。

　福祉国家にとってかわったのが新自由主義である。福祉国家時代もてはやされたケインズ経済学（消費者の需要創出を重視する）は、高度成長が終わった1980年代あたりから供給サイドを重視する新自由主義（ネオリベラリズム）へと転換していく。

　新自由主義には様々な解釈があり確定した定義はないが、イギリスの経済

地理学者デヴィッド・ハーヴェイによれば「強力な私的所有権、自由市場、自由貿易を特徴とする制度的枠組みの範囲内で個々人の企業活動の自由とその権力とが無制約に発揮されることによって人類の富と福利が最も増大する、と主張する政治経済的実践の理論」と記述している（デヴィッド・ハーヴェイ、2007）。そこでは、政府は一切の規制を排除し市場原理に任せるべきだとされる。また、新自由主義は、貨幣供給量の変動によって経済全体が左右されると考えるマネタリズムの立場に立つため、通貨供給量の管理だけに経済政策を限定すべきで、国家が財政政策を行うことに反対する。

　新自由主義思想は、オーストリアの経済学者ハイエクとシカゴ大学のミルトン・フリードマンを中心とするシカゴ学派によって牽引され、イギリスのサッチャー首相（在任 1979 年〜 1990 年）、アメリカのレーガン大統領（在任 1981 年〜 1989 年）、日本の中曽根首相（在任 1982 年〜 1987 年）らが政策として採用し、世界的に広がることになる。

　1980 年代に世界に広がった新自由主義の流れは、経済のグローバル化を促進した。グローバル化とは、資本や労働力が国境を越えて活発に移動し、その結果、貿易を通じた商品・サービスの取引や海外への投資が増大すること、またそれによって世界がひとつの経済圏へ収斂していく現象のことである。そこでは、従来の国家の枠組みは弱体化し、グローバル企業が世界市場を支配し、国際政治へも影響力を増していった。

　グローバル経済について、大前研一は人口 300 万から 500 万の都市が、国の枠組みを超えて独立した経済主体として台頭してきたことにその本質を見ている（大前、2004）。また、グローバル経済台頭の背景として次の 4 つの要因をあげている。第一に工業化に伴う実体経済、第二にボーダーレス経済（ここでは全世界がネットワーク化された生産拠点でもあり、市場でもある）、第三に急速に姿を現してきたサイバー経済、第四にオプションやヘッジをはじめとする一気に富を増やすことができる乗数効果を追求する方程式経済・マルティプル（乗数）経済、である（前掲書）。

　1970 年代前半まで市場は、限られた大企業や大手銀行によって独占されており、厳しい規制、低いインフレ率、穏やかな成長率、が特徴であった。しかし、オイルショックによる高インフレで様相が一変する。多くの非金融機関が金融部門に参入し、経済取引の総量が格段に増大する。1990 年代に金融業が再編され、規制が緩和されると、多くのノンバンクの市場参入が起きて、資本主義はあらたなグローバル金融資本主義へと大きくその姿を変え

ていく。

　新自由主義やグローバリズムの波は、日本では「構造改革」という姿で登場してくる。1996年橋本内閣は、行政改革、財政構造改革、社会保障構造改革、経済構造改革、金融システム改革（金融ビッグバン）、教育改革を「六大改革」と位置づけ取組を開始する。2001年に始まる小泉内閣では、これを引き継ぎ「聖域なき構造改革」として郵政民営化、道路公団民営化、労働者派遣法の規制緩和などが実行された。

　当時もてはやされたのが、「ニュー・パブリック・マネジメント」（NPM）である。これは、サッチャー政権の行政改革理念であり、民間企業の経営理念や手法を行政現場に導入することを目指していた。その原則は、①業績・評価による統制、②市場メカニズムの活用、③顧客主義への転換、④ヒエラルキーの簡素化、である（大住、1999）。

　ここでは、小泉構造改革の中で労働分野に焦点をあてる。当時この分野で中心的役割を果たした島田晴雄は、次のように述べている。「これまでの日本の労働市場を律してきた法律や制度は、第二次大戦直後のいわゆる『戦後改革の時代』につくられたものが多い。当時、日本は貧乏で雇用機会が不足しており、労働者の立場は弱かった。そこで、政府が労働市場をしっかりと管理して労働者を守ることが必要だった。（中略）しかし、日本が世界で最も所得の高い先進国になり、市場の開放と選択の自由が求められてくると、政府管理型の仕組みや政策には大きな限界と矛盾が目立つようになった」。このような認識にたって島田は労働市場制度改革にあたった。

　このような問題意識のもと労働者派遣法が改正される。そもそも「労働者派遣法」（「労働者派遣事業の適正な運営の確保及び派遣労働者の保護等に関する法律」）は、労働基準法第六条の中間搾取の禁止規定を緩和する目的で1986年に施行された。労働者派遣法改正の背景には、ILO（国際労働機関）の方針転換があった。当時ヨーロッパなどで深刻化していた高い失業率を緩和し、一方で労働者保護を強化する目的で、ILOはそれまで原則として禁止していた民間の有料職業紹介や派遣事業を原則自由とする政策転換を図った（181号条約）。日本もこれを批准したため国内法の整備を行ったのである。

　この段階では、派遣は専門的な知識や技能を有する13業務に限定されていたが、その後次第にその範囲を拡大し、派遣期間も長期化していく。2004年の法改正では1999年に自由化された業務の派遣期間が1年から3年に延長され、さらに当初ポジティブリスト方式で指定されていた26業務の派遣

期間が無制限に延長された。さらに、それまで禁止されていた製造業についても１年間の派遣が可能となった（2007年の法改正で３年間に延長）。

　このように労働者派遣法は、企業の要望に沿って、改正を重ねてきたが、2008年のリーマン・ショック後の「派遣切り」が社会問題化したため、派遣労働者を保護するいくつかの施策が実施されるとともに、派遣労働者保護にむけた法改正が行われるようになった。　　　　　　　　　　［野田邦弘］

（2）全国に広がる寄せ場化の波

　新自由主義的政策により、派遣労働者が増加する一方で、非正規労働者の増加も顕著となっていく。総務省「労働力調査」によると、パートタイム労働者、有期雇用労働者、派遣労働者といった非正規雇用労働者は、リーマンショックの影響で2009年に一時的に減少するが、2019年までは増加傾向にあった（厚労省、2021）。2020年からは減少に転じているが、これは新型コロナの蔓延によるものだと考えられるため非正規雇用者の増加傾向が今後とも継続するのかどうかは現時点では何ともいえない。

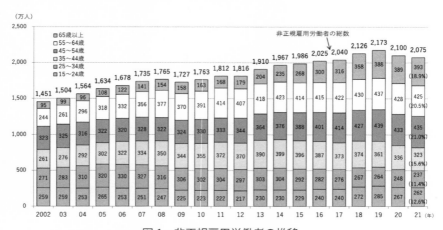

図１　非正規雇用労働者の推移
出所：総務省（2022）「労働力調査」

　全体として非正規雇用が正規雇用と比べて望ましくないと言い切ることはできない。退職後の高齢者、専業主婦のパート、学生アルバイト、など非正規雇用者のなかには生活費を稼ぐため働く人もいるが、一方では「自分の都

合のいい時間だけ働きたい」という層（高度専門職含む）もいる。しかし、この両者を区分する基準は相対的であり、基本は、「多様な働き方が進む中で、どのような雇用形態を選択しても納得が得られる処遇を受けられることが重要である」（島田・太田、1997）。次に、派遣社員や非正規雇用制度と日雇労働の関係を考えてみる。

　資本主義は、産業構造の転換とともに発展してきた。18世紀イギリスに始まる産業革命は、工業製品を大量生産するため工場を建設し、そこにかつての農民達を移住させ労働者住宅を建設し、工業都市を誕生させることによって発展の基礎を形成した。

　そこでは、中長期にわたって安定的に生産活動が持続されることを前提に、企業の従業員として雇用契約を結び生産に従事することが一般的であった。しかし、一方で、建設業や港湾荷役業務のように一時期だけ必要な労働力を確保（雇用調整）するため日雇労働が利用されてきた。また、炭坑の閉山や農業の機械化などで失業した人々は都市へ流入し仕事を求めて、寄せ場に集まってきた。そこには、在日朝鮮人や被差別部落民など正規雇用から排除されがちな人々も多くいた。

　資本主義は、雇用調整弁として日雇労働力を必要とする。この日雇労働力の供給源として全国に形成されたのが、東京の山谷、大阪の釜ヶ崎、横浜の寿などのドヤ街＝寄せ場である。

　寄せ場とそこで働く日雇労働者は、社会から差別と偏見の眼差しを浴びせられてきた。それは、彼らに対する生理的・感覚的忌避感や蔑視として内面化されていく。「上見て暮らすな、下見て暮らせ」という封建時代の支配階級が被支配層に押しつけた価値観が生きている。

　寄せ場への蔑視を背景に、日雇労働者に対する暴力事件も起きた。その象徴的出来事が、1983年に起きた「横浜・寿町日雇労働者殺傷事件」である。横浜市内の中高校生などが、まちなかで野宿していた人々を次々に襲撃し暴行を加え、そのうち1人を殺害した（3人が殺害されたが、少年達の犯行とされたのは1人だけ）。取り調べに対し、犯人の少年達は、暴行を「風太郎狩り（ぷうたろうがり）」と呼称し、まちをきれいにするためにやったと主張した。

　しかし、このときマスコミは、被害者を、浮浪者（カッコなし）と表現した。さらに、被害者の立場に立った報道を行うのではなく、犯人である少年達の非行問題として事件をクローズアップした（NPO法人釜ヶ崎支援機構サイト）。それはまるで、「浮浪者」は撲殺されてもしかたがないと言わんばかりであった。

寄せ場で暮らす人々の間では、日頃から手配師や警察に対する不満が蓄積しており、これがささいなきっかけで暴動に発展することも見られた。1960年山谷のマンモス交番襲撃事件、1961年の釜ヶ崎「第1次暴動」、など1960年頃から寄せ場で暴動が発生するようになる。

寿町では、1970年代の半ばに横浜市寿生活館の閉鎖をめぐる横浜市と寿日雇労働者組合など地元との対立が発生し、横浜市は機動隊を導入するなど対立は激化した。生活館の3階4階を占拠する寿日雇労働者組合などを排除するため、というのが横浜市の主張であった（野本、1977）。

ルフェーブルによれば、都市は資本が利潤を生み出すための装置として機能しているが、元来その「利用者」（都市住民）のためにある。そこで住民は、遊びやアートなどの創作活動へ参加し、「作品」としての都市を創ることが理想である。その意味で、都市住民は「都市への権利（Right to the City）」を持つと述べている（ルフェーブル、1969）。日雇労働力の売買市場としての寄せ場という資本主義の先端の地で発生する暴動は、ここに住む住民の都市への権利を求める行動である。 [野田邦弘]

(3) 縮小する中間層

現在の経済格差拡大の原因の一つが中間層の縮小だと指摘されている。ここで中間層について考える。

マルクスは、資本主義社会は、生産手段を独占するブルジョアジーとそれから排除され、自己の労働力を売ることでしか生活できないプロレタリアート（労働者階級）を定義したが、その中間に、農・工・商業自営層と自営の専門的職業者からなる中間層（旧中間層＝中産階級）が存在すると述べている。これに対して、20世紀後半から本格化する脱工業化により増加した事務・サービス業従事者は新中間層と呼ばれる。経済格差の拡大との関連で議論されているのは主に新中間層についてである。

格差是正のためには、中間層の再生が必要であるとの議論がされているが、現在の中間層縮小は、IT やロボットなどハイテク技術の導入や生産過程の国際的水平分業体制の進展などにもとづくグローバルな構造変化の結果であり、資本主義の運動原理からしてそれを一国だけの政策で是正することは不可能である。

日本における新中間層は、1960年代の高度成長のなかで生まれたもので

ある。そして、高度成長は人口増加が重要な要因であった。「人口動態統計」によると、1950年代の合計特殊出生率平均は2.58である。この時期に誕生した新中間層は、家庭電化製品などの耐久消費財への旺盛な需要を生み出し、国内メーカーの成長に貢献した。また、安価で高性能な日本の耐久消費財は、その大量生産システムとあいまって世界に輸出され、日本の高度成長を牽引した。

　ここで重要なことは、経済高度成長とは、人口増と内需拡大および順調な輸出拡大に支えられたものであり、歴史的には一回限りの僥倖であったという点である。同じことは二度と起きないのである。その意味でも、中間層を復活させる政策は、少子高齢化と貧困化が進行する今の日本では実現困難である。

　それでは、かつての中間層はどうなったのだろうか。様々なデータが示しているように、この30年間先進国で日本だけ賃金が低下している（図2）。

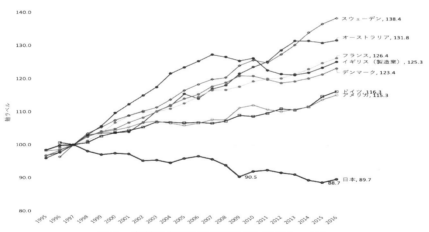

図2　実質賃金指数の国際比較（1977年＝100）
出所：OECDデータより全労連が作成

　一方、自分の経済的地位をどのように認識しているかを1990年と2019年で比較した電通総研と同志社大学の共同研究によると、自分のことを「中の中」と考える人は14.1％減少する一方、「中の下」と考える人は4.1％増加している。ちなみに「下」と答えた人は4.5％増加している（電通総研・同志社大学、2020）。

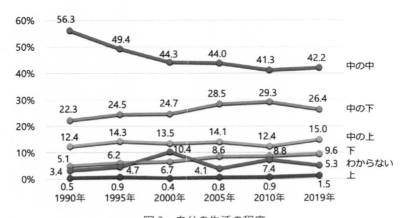

図3　自分の生活の程度
出所：電通総研と同志社大学の共同研究 2020

　手短に言えば、かつての中間層はそのかなりの部分がより低所得の階層に転落し次第に縮小しているのである。確かに図3が示すよう「中の上」は2.6％、「上」は1.0％増えているものの、貧困化した層に比べるとわずかでしかない。

　貧困化が進行するなかで、こども食堂はこの10年間全国で約7千カ所（2022年12月現在の統計で7,331件）まで増加した。7人に1人が相対的貧困（世帯の所得がその国の等価可処分所得の中央値の半分に満たない人々）といわれており、これは先進国のなかでも最悪の部類に属する。

　ここで今一度雇用形態の変化について見てみる。労働者派遣制度の拡大や非正規雇用の増大についてはすでに述べたが、ここ数年で増えてきたのが、ギグワーカーである。ギグとは、本来一回だけの契約にもとづいて行なわれるジャズセッションという意味の音楽用語だったが、そこから派生して、インターネットを介して単発の仕事を請け負う労働者をギグワーカーといい、最近急増している。

　ギグワーカーは、アルバイトやパートのように継続的な雇用ではなく、個人事業者として単発の仕事を受注する形態をとっており、労災保険・雇用保険の対象にもならない。例えば、ウーバーイーツ（アメリカのウーバー社が設立した飲食物の出前サービス事業会社。出前を希望する客は、同社と契約している飲食店等にインターネット経由で出前の注文をする仕組み）の配達員はギグワーカーである。かれらの労働組合ウーバーイーツユニオンは雇用主のウーバーに対

して団体交渉を求めているが、ウーバー側は「配達員は個人事業者であり、労働者に該当しない」と交渉を拒否していた。しかし、東京都労働委員会は、2022年11月ウーバーイーツ配達員に対し労働組合の結成を認める決定を行った。ギグワーカーに日本で初めて労働者としての権利を認めたのである。グーグルやアマゾンなどでも労組が結成される動きがあり、ギグワーカーをとりまく労働条件が今後どのように推移するか注目されている。

　しかしながら、ギグワーカーには、法務や会計といった専門職も含まれており、一概に雇用者に有利な側面ばかりではなく「働きたいときに働く」自由度の高い労働形態という側面も併せ持っている。

　ギグワーカーの登場はインターネットやスマートホンの普及といったIT技術の発達が可能にしたものだ。GAFAなどITのユニコーン企業が進めてきたプラットホーム化による従来のビジネスモデルの破壊と再編のなかで、ギグワーカーなど全く新しい雇用形態が生まれてきたといえる。

　IT技術の発達は、雇用形態を変化させるだけではなく雇用自体を減少させるとも言われている。アメリカにおいて10年か20年後には47％の仕事がAIにより駆逐される可能性が高いと指摘している（フライ＆オズボーン、2013）。これは大量の失業者を生むことを意味するのだろうか。

　かつてケインズは、1930年の講演の中で「100年後1日に3時間働けば十分に生きていける社会がやってくるだろう」と予言した。社会のDX（デジタルトランスフォーメーション。企業がITを利用して事業のやり方を根本的に変革すること）によって、先進国ではその状態に近づきつつあるといえる。必要な労働時間は確実に減っている。しかし現実の労働時間が一向に減らないのは、かつては存在しなかった本来必要がない仕事が増加しているからだと、デヴィッド・グレーバーは主張している（デヴィッド・グレーバー、2020）。

[野田邦弘]

（4）日本の将来像を先取りしている寿町〜明日は我が身か

　これまで見てきたように、日本社会は、大きな変化が予測される。高度成長を支えた核家族は減少し、単独世帯（一人暮らし家庭）が増加している。その比率は、1970年の20.3％から2020年の38.1％へと50年で倍増した（国勢調査による）。寿町に暮らす人々は、そのほとんどが単独世帯である。また、既述したように、非正規雇用やギグワーカーも増大している。

このような家族形態や労働形態の変化を先取りしているのが寿町である。日雇労働はギグワークである。このように日本社会の変化は、家族形態や労働形態の面で寿町の後を追っているようにも見える。逆に言えば、寿町における社会政策（地域政策）は、将来の日本社会にとっても有効なものとなる可能性があるのだ。

　世界では新型コロナの蔓延で仕事を奪われ収入の道を絶たれた人の救済措置として、ベーシックインカムの導入が試みられた。保育・教育・医療・福祉などエッセンシャルワーカーの労働を社会的共通資本として位置づけ、公的に支える一方で、不安定化する労働環境に翻弄される労働者に最低限の生活を保障するため、ベーシックインカムやベーシックサービスの制度化が検討されるべきではないだろうか。

　新自由主義的発想を転換し、従来の福祉国家のパラダイムではない新たな視点からのセーフティーネットの構築が求められている。寿町の問題を特殊な地域の問題として考えるのではなく、「明日は我が身」という観点から考えていくことは、日本の将来を構想する上でも重要な示唆を与えるはずである。

［野田邦弘］

参考文献 ─────────────

アンリ・ルフェーブル（1969）『都市への権利』筑摩書房
大住荘四郎（1999）『ニュー・パブリックマネジメント─理念・ビジョン・戦略』日本評論社
大前研一（2004）「グローバル経済から地域に繁栄を呼び寄せるには」A. J. スコット編著『グローバル・シティー・リージョンズ』ダイヤモンド社
金子勝（2010）『新・反グローバリズム　金融資本主義を超えて』岩波書店
カール・ベネディクト・フライ＆マイケル・オズボーン（2013）「雇用の未来」
総務省（2022）「労働力調査」
島田晴雄・太田清編著（1997）『労働市場改革─管理の時代から選択の時代へ』東洋経済新報社
デヴィッド・グレーバー（2020）『ブルシット・ジョブ　クソどうでもいい仕事の理論』岩波書店
デヴィッド・ハーヴェイ（2007）『新自由主義　その歴史的展開と現在』作品社
電通総研・同志社大学（2020）「世界価値観調査」1990 ～ 2019 日本時系列分析レポート
野本三吉（1977）『寿生活館ノート─職場奪還への遠い道』田畑書店

第2節

バブル崩壊後の寿町

（1）バブル経済の崩壊と長期停滞

　1990年代初頭は、長期不況、大量失業・雇用劣化の幕開けであり、バブル経済の崩壊とともに、日本経済はそれまでとは異なる局面に突入した。「ジャパン・アズ・ナンバーワン」の自負は打ち砕かれた。日本経済は「高度経済成長期」（1956年度-72年度）に実質GDP平均増加率は9.3％であったが、「安定成長期」（1973年度-1990年度）には4.3％と下がり、バブル崩壊後の「長期停滞期」（ここでは1991年度-2018年度とする）には1.0％にまで低下した（図1）。

　長期停滞期の初期において政府が直面したのは、株価・地価の大幅下落、消費者物価上昇率の下降、膨大な不良債権処理、経済危機への緊急経済対策や減税政策（所得税・法人税減税）にともなう巨額な公債残高であった。政府

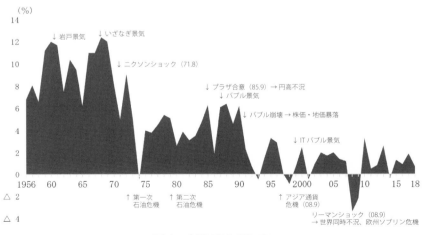

図1　実質GDP増加率

出所：労働政策研究・研修機構「早わかり　グラフでみる長期労働統計」より作成

は不良債権問題に対し、公的資金を「注入」して日本経済を支えた。しかし、1997年には消費税増税（税率5％）があり、同年にはアジア通貨危機、金融危機（銀行や証券会社の破綻）にも見舞われ、経済はさらに停滞することになった。完全失業率は、90年と91年の2.1％を底に以後上昇に向かい、95年には3.2％となり完全失業者は200万人を突破、98年には4％を超えた。2001年には5％を突破し、完全失業者は横浜市の人口に匹敵する340万人となった。

　その背後では経済のグローバル化、金融自由化が進行しており、日本経済は構造転換を迫られ、政治においては経済・行財政・社会保障・教育等の制度改革や規制緩和・民営化などの気運が高まった。経済のグローバル化は、巨大資本の国際分業が高度に進み、ヒト、カネ、モノ、サービス、情報が国や地域を超え、利潤を追い求める経済体制である。経済が活性化し、所得が上昇し、国内需要が増え、好循環となればよいが、実際には人件費引き下げ競争の中、企業はパート・アルバイト・派遣社員・契約社員・嘱託などの非正規労働者の採用を男女ともに増やし、1985年に非正規比率は16.4％（男女計）であったが、1990年には2割、2005年に3割を超えた。企業は日本的雇用慣行を縮減し、コストカット、外部委託を進めた。こうして政府は、1980年代よりも一段と新自由主義政策に傾斜していった。寿における日雇労働者の苦境は、この日本経済の停滞とシンクロしている。　　　　　　　［松本一郎］

（2）日雇労働市場としての寿の衰退

　1980年代末から1990年代初頭にかけて、大阪・釜ヶ崎、東京・山谷、横浜・寿などの「寄せ場」と呼ばれてきた地区での日雇求人は、急激な縮小過程へと陥った。そのため、日雇労働者の収入は減少し、野宿長期化、地方自治体単独施策による法外援護の恒常化などを引き起こした。

①神奈川県内の職業安定所
　図2は、1975年度から2000年度までの25年間の、神奈川県内職業安定所の斡旋する日雇労働求人および失業対策事業に関わる就労延べ数と月間有効求職者数を月平均の数値で描いたものである。この図について指摘できることは、日雇職業紹介において、かつては県内職安の役割が極めて大きかったという事実である。とりわけ、失業対策事業による日雇労働者の吸収が大

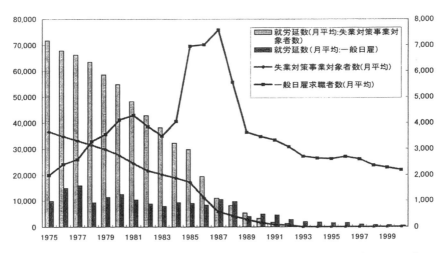

図2　神奈川県内職業安定所就労述べ数と求職者（月平均）1975 年〜 2000 年

出所：厚生労働省神奈川労働局「労働市場年報」各年度版より筆者作成

表1　神奈川県内職業安定所別日雇職業紹介状況

（単位：%）

	1970 年度	1985 年度	1990 年度	1995 年度	2000 年度
横浜港労働	34.5	72.2	72.0	90.7	75.7
出田町出張所	23.3	9.3	-	-	-
鶴見	6.7	0.1	0.3	0.0	0.0
戸塚	1.9	0.1	0.0	0.0	0.0
川崎出張所	22.3	15.1	27.7	9.3	24.3
川崎北	4.0	0.0	0.03	0.0	0.0
横須賀	1.8	0.5	0.0	0.0	0.0
追浜	1.2	2.5	0.0	0.0	0.0
金沢	0.6	0.0	0.0	0.0	0.0
藤沢	0.4	0.0	0.0	0.0	0.0
相模原	0.0	0.0	0.0	0.0	0.0
平塚	0.9	0.2	0.0	0.0	0.0
小田原	2.3	0.0	0.0	0.0	0.0
計	100.0	100.0	100.0	100.0	100.0

注：失業対策事業、公共事業、準公共事業を除く「民間事業等」就労延べ数のみ

出所：神奈川労働局「労働市場年報」各年度版より筆者作成

規模に行われていた。福祉国家の要諦は完全雇用であり、国や自治体の公的責任として公的就労を生み出すことによって労働市場に介入する政策が取られた。なお、高度経済成長期にはより一層大規模に行われていた。1965年度の失業対策事業における延べ数（月平均）は184,615人であり、1975年の約2.5倍であった。

　また、「一般日雇」においても、現在の水準からみると、職安の役割が大きかったことが分かる。だが、現在に至るまで求人数は低落の一途を辿った。「就労延べ数」でみると、1975年以降のピークである1977年の1万6千人から1999年の620人へと、大幅に低落してきたことが分かる。

　コンテナ革命、常用化などによる労働需要の波動性を回避する経済合理化・港湾労働政策により港湾日雇労働需要の長期的な低下が進行し、バブル経済期を経て、県内の公的な日雇職業紹介は、建設業職種にますます特化した。この中で、神奈川県における日雇労働市場の「場」が寿町に集中していくことになった。かといって、1990年代に寿町における求人が増加したのではなく、県内の日雇職安の職業紹介機能が大幅に低下する中で、以前から絶対的にも相対的にも職業紹介、「給付金」業務比率の高かった横浜市寿地区の職業安定所と川崎の安定所だけが1990年代中盤以降残されたと考えていいだろう（表1）。

② 1980年代末から続く日雇求人の大幅な減少

　寿地区内には、地区のほぼ中心に、寿町総合労働福祉会館（現・健康福祉交流センター）があり、この建物の中には日雇労働者への求職紹介と日雇労働求職者給付金（以下アブレ手当）の給付を行う横浜港労働公共職業安定所業務課（労働出張所）、また求職紹介等を行う寿労働センター無料職業紹介所（現在はＬプラザ1階に移転）がある。

　図3は、職安と労働センターにおける日雇求人延べ数の推移である。職安の年間の求人延べ数は、1988年をピークに、以後下降し、1999年にはピーク時の14.2%となった。

　さらに、寿労働センターの求人データを詳しくみてみる。1987年度の年間20万9人をピークに、1996年前後の微増を除いて、年々求人は大幅に減少してきた。1999年に至ってはピーク時の17.9%まで落ち込んだ。また、図4では「就労延べ数（実際に就労した労働者数)」も描いているが、1992年以降、二つの曲線が近接し、買い手市場が強まり、特に求人減少局面の末期（1992

−93年と1997−1999年）には労働者同士の熾烈な競争が生まれた。野宿者が多くなるのはこの頃である。

　1980年代後半から1990年代にかけて、求人数の激減、条件付き求人の増加など寄せ場における労働者を労働市場から排除する様々な圧力が働いた。これまでは寄せ場でもあった寿町は、他産業からの失業者・半失業者を受け入れることによって成り立っていたが、日雇労働市場が萎み、これらの人びとを吸収できなくなった。その背景にある経済的要因には、不況の連鎖反応がある。バブル経済から平成不況への転換にともなう全国的な建設投資の縮小は、建設労働市場全体が失業者の受け皿とならなくなったことが大きい。それは、土木建築、建設の分野を主とする日雇労働市場にも波及し、1980

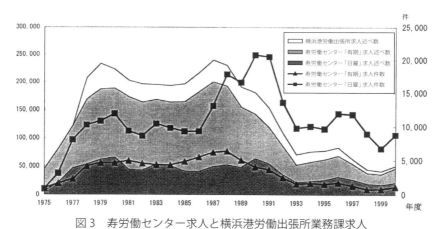

図3　寿労働センター求人と横浜港労働出張所業務課求人

出所：寿労働センター（2000）、横浜公共職業安定所横浜港労働出張所「業務概況」各年度版より

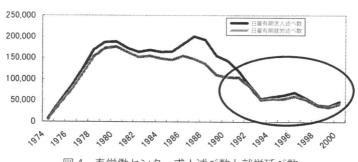

図4　寿労働センター求人述べ数と就労延べ数

出所：寿労働センター（2000）より筆者作成

年代末のバブル経済後期より真っ先に冷え込むことになった。日雇労働者の失業の恒常化は、典型的な構造的失業に起因していた。

　長期野宿化は労働力の疲弊をもたらし、就労機会の減少は給付金受給要件を満たすことができなくなった。とりわけ、寿地区を拠点とする50代前後の日雇労働者を追い込んでいった。神奈川県では1992年に失業対策事業が終了したが、ちょうどその頃に日雇労働者の困窮化が強まったのである。

　日雇労働者の就労日数が少なくなると、多くの日雇労働者は失業手当を受給できなくなっていったが、その結果、日雇労働者の恒常的失業を核として、ますます法外援護への需要が高まり、法外援護受給の恒常化が進行していった。1994年7月にアブレ手当条件の緩和と1999年1月から2001年3月にかけて日雇労働者多数雇用奨励金の創設が実施されたが、雇用対策としての効果は低かった。また、日雇労働市場の特徴は、開放性にあり、他産業・他地域からの失業者を吸収できる点にある。寄せ場での恒常的な求人の減少は、新規の失業者を吸収できなくなり、福祉事務所相談者の増加、野宿者の増加をもたらした。　　　　　　　　　　　　　　　　　　　　　　　　［松本一郎］

(3) 中福祉事務所相談件数の激増

　横浜市中区保護課（1999）によれば、1997年時点で就労日数10日未満は、調査対象の来所者1,573人のうち、65.7％に達していた。アブレ手当の受給要件は2ヶ月で26日以上の就労であるから、月に平均して13日は就労し印紙を手帳に貼っている必要がある。しかし、アブレの要件を満たせない人が多くなっていったことにより、日雇労働者は白手帳を持っていても福祉事務所の相談に行くことになった。そもそも白手帳を持っていない日雇労働者も多いが、その中で失業が続く場合に相談に向かった。

　図5は、寿労働センター求人と中福祉事務所相談件数を1日平均で同時に描いたものである。労働センター求人は、1986年をピークに減少しており、次第に日雇労働者は仕事探しに窮し、またアブレも利用できないことが多くなっていった。1986年には1日700人弱の求人を斡旋していたが、1992年に300人弱にまで減少する。この頃から中福祉事務所の相談件数は急に伸びていくのである。日雇労働者のアブレはそのまま相談に結びついたのであった。

　つまり、この1990年代前半という時期は、長期不況と大量失業の時代へ

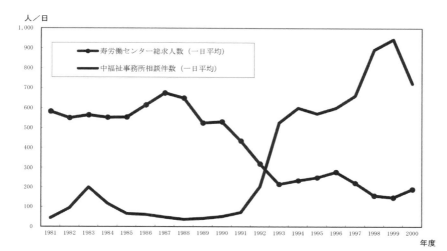

図5　寿労働センター求人と中福祉事務所相談件数　1981 〜 2000 年

注：1 日あたりの寿労働センター求人数（何人分の仕事が出たか）、1 日あたりの中福祉事務所相談
件数（何人が相談に行ったか）のグラフである。計算は、求人数＝（日雇＋有期求人の延べ数）
／取扱日数、相談件数＝中福祉相談件数／相談日数である。中福祉事務所年間相談日数は、一
律 246 日とした。寿職安の求人数は含んでいない。年度単位であるので、4 月〜翌年 3 月まで
の期間で区切っている。

出所：横浜市中区保護課業務資料「相談件数、法外援護発行数」、寿労働センター（2000）より作成

図 6　パン券発行枚数（1 日平均）

出所：横浜市中区保護課資料より作成

と入っていく境界期にあたっていて、真っ先にその負の影響が寿に波及した。また、大都市を中心として全国的に野宿を余儀なくされる人々が多くなっていく時期でもあった。失業者・自営業廃業者の増大と野宿者の急増は連動しており、潜在化していたに過ぎない層が、一挙に路上へと追い込まれていく転換期でもあった。

　長期停滞期の入り口では、日雇求人を増加させる手立てはほとんど取れず、失対事業による公的就労しかなかったが、この時期失対事業は廃止に向けて動いており「緊急失業対策法を廃止する法律」が1996年4月に施行され完全に廃止された。

　こうして横浜市においては、生活に困った時の「最後の砦」である中福祉事務所（現：中福祉保健センター）への相談者殺到や野宿者の急増となって現れた。相談者は、仕事にアブれた日雇労働者と、それまで福祉事務所とは無関係だった失業者を「核」にしていた。横浜市は、法外援護（パン券と宿泊券および年末年始対策）をほぼ無制限的に発行することで対応した。パン券の1日平均発行枚数は、1992年4月に64枚だったものが、1993年4月に一挙に523枚に増加し、その勢いは止まることなく、1999年4月には1,179枚に達した（図6）。また、横浜市は野宿者の急増への対応として1994年11月、野宿者宿泊施設「まつかげ一時宿泊所」を暫定5年で設置することになる。すなわち、法外援護の拡張による事態打開策である。だが、生活保護の相談については、相談体制が追いつかなかったのかどうか真偽は不明であるが、いくつかの問題点が当事者から町内の各団体に伝わってくるようになった。

［松本一郎］

（4）「医食住を保障せよ！　生存権をかちとる寿の会」
　　の運動展開

　通例、安定した住居のない人の生活保護申請に際しては、要保護性が認められた場合、福祉事務所を住所とする「現在地保護」によって受理し、その後に居所の確保と医療機関への受診をしていた。ところが、面接段階で住所を求めたり、医療機関での疾病証明を条件にするようにし、生活保護申請を受理させず、「相談扱い」とする「水際作戦」事例が多く見られるようになった。健康保険を持っていない場合生活保護につながり医療扶助で受診する道が閉ざされる。また寿町診療所の受診を前提とすると、診療所を知らない人、

診療所と関係がよくない人にとっては医療が遠くなる。また、中福祉でのワーカーによるインテーク（相談者への初回の詳細な面談）があって、寿町周辺の医療機関とのつなぎになり、その上、生活保護制度そのもののインテークにもなっていた。生活保護制度はまるごとの生活保障であり、その意味では福祉事務所での相談というのは生活保障の入り口における要である。

「医食住」の「医」が最初になっているのはその意味が込められていた。加えて、宿泊券を支給されても、宿泊券対応の簡易宿泊所が満室であったり、「カラ手形（空券）」になっているという声が聞かれた。

このような事態に対し、地区内の全民生委員、寿医療班も含め地区内の11の民間団体は、「医食住を保障せよ！ 生存権をかちとる寿の会」を結成し、1994年6月に要求書を出し、交渉を行い、また署名活動も展開された。要求内容は、以下の8項目であり、一番の要求事項は中福祉事務所の生活保護運用改善であった。

1．生活保護申請があった場合には、理由の如何に関わらず速やかに受理すること。

2．とりわけ面接段階で、高齢・疾病など要保護状態を訴える者については、直ちに生活保護を適用すること。その場合、住所不定であることを理由に、生活保護を適用しないということがあってはならない。

3．住所不定である者に対しては、空券になる可能性が強い宿泊券発行のみで済ますことなく、速やかに申請を受理し、現金貸与等により、宿泊所の確保につとめること

4．申請時に、寿診療所からの紹介状を条件とせず、速やかに適切な医療機関で受診できるようにすること。

5．いわゆるパン券の金額は、人間の生存上必要な最低限のカロリー・栄養素を摂取することが不可能な額なので、速やかに増額すること。また、パン券受給が長期に渡る者については、生活保護の適用を積極的にすすめること。

6．宿泊券については、生活保護の住宅扶助基準まで値上げをし、宿泊券を使用できる旅館を拡大し、空券をなくしていくこと。また、宿泊券で宿所をみつけられない者については、あらゆる手段を講じ、宿所確保につとめること。

7．緊急一時宿泊所を早急に設置すること。

8．以上の要求に対し、行政関係機関の責任者が交渉に同席の上、誠意
　　ある回答を行うこと。

　この要求は、生活保護運用に対して真正面から問うた内容であり、紛糾の
責を負ったのか政治的判断なのかよく分からないが、途中で保護課長が交代
するほどであった。交渉の場では、何人かの現場のケースワーカーからも生
活保護運用を批判する発言が見られ、また会場は多くの野宿者や寿町の住人
で埋まった。第1回目は6月29日の午後3時から10時までの7時間、約
150人が集まり、福祉事務所長が「住所不定の場合、生活保護申請は受け付
けられない」という趣旨の発言をし、交渉は紛糾した。7月14日の第2回
目の交渉では、この点をめぐって、当会は一歩も妥協を許さない姿勢で臨み、
12時間にも渡る交渉となった。そこで出た回答は、「要保護性のある居所の
ない方に対しては、宿泊券のみで済ますことなく、速やかに居所の確保に協
力し、申請を受理します」であり、後日文書回答を求めたところ、次の回答
を得た。8月9日に、福祉局長、中福祉事務所長の連名で、当会へ文書回答
されたものである。

　要求書への回答
　1、2、3について
　　　要保護性のある居所のない方に対しては、宿泊券のみですますこと
　　なく、居所の確保に協力し、申請を受理します。
　　なお、申請者の状況によってはすみやかに受理します。
　4について
　　　寿町診療所からの紹介状は条件ではなく、状態を客観的に判断する
　　参考資料としております。その際、来所者の身体状況をお聞きし、受
　　診が必要と判断された場合は医療機関を紹介しております。
　5、6について
　　　パン券・宿泊券の支給については、本市独自の緊急援護対策事業と
　　して実施しておりますが、昨今、パン券・宿泊券の支給も急増してお
　　り、経費上非常に難しいところです。
　　　こうした状況の中で、宿泊券については値上げについて検討してま
　　いります。
　　　また、パン券については、今後、現物給付について検討してまいり

ます。
7について
　緊急一時宿泊所については、本年中の設置に向けて、努力してまいります。

　8月23日に行われた第3回目の交渉で福祉事務所所長は、この文書回答について次のように説明した。録音テープを文章化したものであるので、正確な発言内容である。これは、6月の第1回交渉時の発言とは大きく異なる、会の要求が反映された内容だった。

　皆様にお示しした回答は、今後とも私どもが相談を受け申請を受理する場合について述べたものでございます。皆さんからこれまで次のようなご指摘がございました。『要保護性のある居所のない方に対しては宿泊券を出して居所を求めるよう求めた事例や、そのために何日も野宿をせざるをえない人が出ている』とのご指摘がございました。そこで私どもとしては、要保護性のある居所のない方に対しては、相談を受ける中で宿泊券で済ますことなく、空き部屋情報を提供したり、簡易宿泊所に問い合せをしたり、前貸し[1]の検討をするなどの協力をしながら、申請を受理してまいります。なお、相談を受ける中で医療の緊急の必要があれば、じっくり相談を受けていることは出来ませんので、速やかにまず必要な術を講じてまいります。私どもとしては『宿泊券のみで済ます』といったご指摘を受けることのないよう相談を受ける中で以上のような対応をしてまいりますのでご理解を戴きたいと存じます。

出所：寿医療班通信社『寿医療班通信』第53号　1994年9月5日

　この8月9日付け文書回答は、会の要求に全て応えたものではなかった。だが、この交渉とその成果は、生活保護運用に対してインパクトを与えたことは間違いない。簡易宿泊所を住所にした生活保護人口は、それまで長い間1,000人台後半から2,000人台前半であり、人口比でみると2割台から3割台であった。ところが、93年に2,562人（人口比41.3%）となり、94年には3,413人（人口比53.9%）、95年には3,893人（人口比61.4%）、98年以降は4,000人台後半で、人口比7割前後あたりで推移している（人数は寿地区で住宅扶助を受給する者の数値である）[2]。生活保護世帯は93年以前から上昇しており、福祉

事務所は相談者の急増に対して、法外援護のみではなく一部生活保護の受理で応じていたことが分かる。だが、94年以降の急上昇の要因としてはそれだけでは説明できない。つまり、この交渉による生活保護運用の軌道修正（それは以前の運用に回帰することを意味した）が、簡易宿泊所での生活保護世帯増加に弾みをつけたと考えられうるのである。

このように、福祉事務所の生活保護運用は、生活保護法の改正がなくとも、社会情勢の変化とともに変更される可能性を持ち、当事者が医療や福祉から遠ざかる事態への打開は、時には交渉が重要な役割を果たすことを思い知らされるものであった。　　　　　　　　　　　　　　　　　　　　　　　［松本一郎］

（5）プレハブ越冬闘争

横浜市民生局「民生事業年報」によれば、1982年度より、特別に年末年始対策を実施してきた。年末年始は役所も病院も閉まってしまうからである。これは、寿地区労働者及び住民に対し、年末年始休庁期間中臨時相談所を開設し、生活、医療等の緊急援護を実施するものであった。具体的には、年末年始の中福祉事務所や寿生活館、医療機関における各種相談の代替的措置として行われた。特に日々雇用により収入を得る日雇労働者にとって連続休暇が困窮要因となっていた。また、飯場から戻ってきた労働者が年始に働きにでるまでの“つなぎ”的保障として実施された。対策の柱は、食事、住居、医療の提供である。

この時、12月28日から翌年1月5日までを対象期間とし、相談期間は12月29日から31日の9時から17時および1月2日の9時から13時、臨時相談場所は寿町総合労働福祉会館および診療所で実施された。実施状況は、相談受付件数674件、相談取扱件数429件、措置援護は施設収容28人（延べ193人）、簡易宿泊所収容165人（延べ691人）、入院1人、生活保護申請受理1人、給食257人（延べ3,957人）、医療67件であった。

以後、毎年実施され、1984年、来所延件数1,006件・受理実件数564件、1985年、同1,273件・692件、1986年、同1,539件・848件、1987年、同1,529件・841件、1988年、同975件・945件、1989年、同815件・776件であった。1986年には簡易宿泊所入所が415人、1987年には377人と増えており、年末年始対策事業は、市が買い上げた簡易宿泊所を主な宿泊先とし、南浩生館を二次的な宿泊先としていた。緊急援護であるため、医療機関受診、入院

のための職権保護が一部行われたが、併給の生活保護受理は行っていない。1980年代においても、少ない時で500人弱、多い時で1,000人弱が相談に訪れ、横浜市職員が休日出勤で相談に応じた。

　一方で、支援者や住民は越冬闘争を寿生活館や寿公園を拠点にして取り組んできた。「闘争」とは、一言でいうと、命の防衛のため闘うということである。越冬では、この点は何よりも優先であり、実行委員会はその最前線で守る人達であった。

　1988年10月、横浜市は、「年末年始対策では簡易宿泊所借り上げによる宿泊確保をしてきたが、簡宿が満床になっているので寿町の外に臨時宿泊所を開設したい」と町側に提案した。実際にこの頃より簡宿が満床になることが多くなり、しかも一時宿泊所がほとんどないため、年末年始期に確保できる宿泊所が求められた。年末年始対策や宿泊券の政策が機能するのは、簡易宿泊所の部屋数に余裕がある時のみである。ここに法外援護（市単独事業）の脆さがあった。その後、簡宿の部屋数が人口を上回るのは、新築ラッシュが始まる1995年頃からである（寿福祉プラザ相談室「業務概要」）。1990年代に入ると、長期不況に入り、生活困窮者や野宿者が激増した。

　この提案に対して、住民懇等の越冬に関わる団体は「労働者を隔離するもの」として反対を表明した。横浜市は寿公園にプレハブ式の臨時宿泊所を建設し管理は地元に委ねたいという提案を出し、住民懇は受け入れた。これ以降、横浜市は寿公園や松影公園、家庭裁判所裏の敷地にプレハブを作り、越冬後に解体されることが続いた。越冬闘争実行委員会はプレハブ宿泊者に対してプレハブの管理だけではなく、様々な支援活動を行った。

　表2の通り、この期間に相談者が微増し始め、簡宿宿泊が減り、南浩生館宿泊は最大限利用しつつ、それでも足りない宿泊場所をバッファーとしての寿内のプレハブにしていることが分かるだろう。

　年末年始対策の相談者数のピークは1999年前後であるが、表3は1999年度の横浜市が行った年末年始対策の数値である。横浜市はセンターに臨時相談所を設け市職員を配置し、毎日の食券を配布し（センターの「大将」で食事をとったり、弁当を配布した）、相談内容に応じて宿泊したり、寿町診療所に臨時診療所が設置され、その時だけの医師や看護師が配置された。当時、特に12/29の早朝に最初の相談者がセンターで長い行列になっていた。

　年始の1/1と1/3は臨時相談所も臨時診療所も開設されなかった。また年によっては役所の開庁が遅れる場合もあり、越冬闘争実行委員会は開庁する

表2　横浜市年末年始対策　1987-1991

	1987	1988	1989	1990	1991
相談者	841	945	776	768	910
うち簡宿	377	123	86	45	45
施設	77	101	97	97	115
プレハブ	-	93	164	234	251

出所：寿越冬実行委員会資料

表3　1999-2000　横浜市年末年始対策

	12/29	12/30	12/31	1/2	計
相談者数	1438	215	102	35	1824
医療	20	15	21	23	79
食券	1400	199	75	12	1686
住居　簡宿	511	8	6	0	
まつかげ宿泊所	130	130	130	130	130（実人数）
プレハブ	199	53	39	10	301

出所：『寿医療班通信』

表4　1999-2000　越冬闘争実行委員会（第25次）の活動

	12/29	12/30	12/31	1/1	1/2	1/3
炊き出し配食数	1500	1081	1200	1695	1204	1417
医療相談	89	139	113	122	103	86
パト　寿町	43	35	40	43	36	36
関内A	98	93	84	94	91	92
関内B	54	51	48	56	63	62
横浜駅	102	106	95	112	100	103
広域	5	13	-	31	17	16

※広域は、12/29 藤沢、12/30 鎌倉、1/1 横須賀、1/2 三ツ沢、1/3 戸塚
出所：『寿医療班通信』

までプレハブやテントを拠点にして活動した。閉庁開けには医療や生活保護が必要な人に支援者や住民が付き添い、受診や今後の宿泊場所の確保につなげた。これを「1/4中福祉行動」と呼んでいる。

　一方、この時の越冬闘争においては、表4の通り、配食は1,000を超え、医療相談は毎日100人前後であった。パトロールは、毎日夜に野宿場所を訪問したが、関内駅周辺で150人前後、横浜駅周辺で100人前後であった。寿町内でも常時40人前後がセンターの敷地内や中村川沿いで野宿していた。横浜市は年末年始対策を行っているが、それを利用しない人、知らない人もおり、パトロール班では情報を伝え、炊き出しやスープを配布したり、具合の悪い人には医療班に来てもらったりした。中でも路上に返せないほど具合の悪い人は医療班で静養したり、役所の確保するドヤに泊まってもらったりした。広域にパトロールで出かける時には何台もの車に支援者が同乗して向かった。

　横浜市によって越冬期のみにつくられたプレハブは、支援者・住民で管理して、そこを拠点にして支援をする場となった。この管理は、横浜市と住民懇の間で合意したものであり、信頼関係があったから可能であったのだろう。プレハブは横浜市が確保できる簡易宿泊所が足りなくなってつくられたが、支援者・住民はプレハブ宿泊者へのケアや物品の配布も行うこととなった。　　［松本一郎］

注
1　なお、「前貸し」というのは、生活保護の受理を行った後の生活費と宿泊費を意味する。現金が支給されるが、その現金で簡易宿泊所に1泊し、帳場（管理人）に宿泊証明をしてもらうことで、居所の設定が完了するため、生活保護の受理から決定に至るまでの手続的権利を確保する役割を果たしている。
2　この推計は、寿地区住宅扶助受給者を寿地区人口で割ることにより算出した（横浜市「生活保護統計月報」各月版、寿福祉センター「寿地区年末人口調査」）。どちらも12月末現在の数値である。

参考文献
横浜市中区保健課（1999）「寿のまち」

第3節

横浜市における
寿地区援護対策事業の推移

（1）年末年始対策事業

　ここで、横浜市行政の所管部署において一職員として従事した者の視点から、寿地区労働者に対する施策の変遷を振り返っておきたい。

　横浜の都市形成が黒船来航に始まる近代の歩みと重なるように、寿地区の成立と歩みは第二次世界大戦における日本の敗戦（「終戦」ではない。戦前と地続きのままにしてはならない）と戦後の歩みと重なる。そして文字通り、ポジとネガの関係に置かれてきたといっていいだろう。戦後復興や朝鮮戦争がもたらした特需は横浜港に膨大な労働力の需要を生み出した。そして港湾労働者の流入が寿地区を簡易宿泊所密集地域という特異な地域に形成させた。この時代の寿地区には有子世帯も多く、横浜市が寿地区対策として設置した横浜市寿生活館（以下「寿生活館」）の主要業務の一つは児童福祉の観点からのセツルメント的活動の面が色濃かった。

　港湾荷役がコンテナ化する一方で、東京オリンピックに象徴される高度経済成長がもたらした土木・建設ブームにシフトしていく労働力の需要の変化とともに、寿地区は単身労働者の「簡易宿泊所（「ドヤ」）街」へと変貌していく。さらに、我が国の産業構造の比重が第一次産業や第二次産業から第三次産業に移行し、また労働者派遣法の成立と対象業種の拡大により非正規雇用市場が「寄せ場」という可視的なものからネット空間へと変容と膨張を遂げるとともに「野宿者問題」が大きな社会問題となり、寿地区はまた新たな貌（かお）を見せるのである。

　寄せ場の象徴的な光景の一つに「越冬」がある。寄せ場や日雇労働者に激変をもたらすことになったオイルショック以前の年末の人々の様子について、故田中俊夫さんは「ことぶき共同診療所学習会資料」で、次のように記している。

かつて、皆な若く、仕事も十分にあった時代、ことぶきの年末年始は、おだやかで、明るいものだった気がする。その頃（1972年〜）12月31日の夜、増築された生活館4階のテレビ室（ドヤにテレビはなかった）で、おそらく100人以上の住民が一緒に「紅白歌合戦」と「行く年、来る年」を見て、零時の時報と共に、生活館職員が、配った紙コップに、一升びんから日本酒をついでまわり、〝明けましておめでとう〟と、皆で乾杯したのを憶えている。なんとものどかなものであった。

寿地区は活力に満ちたまちであった。

　既に寿生活館では、1966–67年に「年末年始休庁時対策」として施設開館、生活保護申請受理、保土ヶ谷寮（宿所提供施設、1981年廃止）送致等を行っていた。1969–70年には寿地区自治会が加わった。そして1973–74年の年末年始において初めて「越冬」という呼称が登場した。この背景には、1972年、大阪あいりん地区で「暴力手配師追放釜ヶ崎共闘会議（釜共闘）」が、東京山谷では「山谷悪質業者追放現場闘争委員会（現闘委）」が相次いで結成されるという、最も抑圧されている場所から社会変革を目指した当時の新左翼系労働運動活動家の流入があった。寿地区では「寿立会」という組織が結成され、寿地区自治会との共同で寿生活館と寿公園で取り組まれた。

　2022年（第48次）まで途切れることなく続けられている越冬闘争（第1次）が、実行委員会方式によって始まったのはオイルショックの影響が寿地区に大きな影を落とし始めた1974–75年である。

　横浜市民生局（現健康福祉局）に「寿援護対策室」（通称）が設置されたのは1974年12月19日であった。横浜市による「寿地区年末年始対策」の取り組みは1979年まで遡る。事業の目的は「年末年始の休庁期において、寿地区に居住する者で疾病、障害等で就労が困難なため、生活困窮者等に対し援護対応すること」とされた。来所者は年を追うごとに急増し実施体制も拡充強化の一途をたどった。（資料1）

　年末年始対策の準備が本格化する12月には、簡易宿泊所の帳場さんが出勤する夕方、簡宿を一軒ずつ訪ね、年末年始の空室の見込みを聞き、対策期間中の宿泊料を前払いし必要な部屋数の借り上げを行った。また、期間中の実施体制については、中福祉事務所を中心に各区福祉事務所に派遣依頼を行った。横浜市は、当時としては全国の自治体でも数少ない福祉職の専門職採用を行っており、寿地区や貧困の問題に関心を寄せる生活保護ケースワー

【資料1】昭和57年度年末年始援護対策実施要項

1 目的

　寿地区内に居住する者で、医療等治療の必要がある要援護者等で、就労が困難なため、年末年始休庁期間中の生活に困窮する者に対して、適切な処置を行う。

(1) 対策期間　昭和57年12月28日～昭和58年1月5日

(2) 相談期間　昭和57年12月29日～31日及び昭和58年1月2日

(3) 相談場所　寿町総合労働福祉会館　図書室
　　　　及び時間　午前9時～午後5時　ただし、1月2日は午前9時～
　　　　　　　　　　午後1時

(4) 健康相談場所　寿町勤労者福祉協会　診療所
　　　　及び相談時間　午前10時～午後4時　ただし、1月2日は午前10時
　　　　　　　　　　～午後1時

(5) 援護対象者　寿地区内に居住する者で、緊急に医療等治療が必要となり就労が困難に陥った生活困窮者。ただし、次の者は原則として除外する。

　　イ　生活保護受給中の者及び生活保護申請中の者。

　　ロ　所持金を有し、生活可能な者。

　　ハ　各種給付金受給者で、生活可能な者。

　　ニ　その他、めいてい等のため、職員の指示に従わない者。

2 援護内容

(1) 緊急援護　生活保護申請受理及び関連事務

　　ア　緊急入院患者及び専門科医の治療を必要とするが、医療費の支払いに困窮している者。

　　イ　行旅病人及び行旅死亡人取扱い並びに葬祭扶助業務。

(2) 応急援護　緊急な要援護者の対応及び関連業務

　　ア　施設収容
　　　　施設収容期間　昭和57年12月29日～昭和58年1月5日
　　　　対象　緊急な要援護者で宿泊及び生活に困窮している者。
　　　　収容施設　南浩生館

　　イ　簡易宿泊所収容
　　　　収容期間　昭和57年12月29日～昭和58年1月3日
　　　　対象　緊急な要援護者で宿泊及び生活に困窮している者。

ウ　給食等提供　施設内食堂また食券利用にて米飯とする。その他、
　　　　　衣類、日用品類の提供。
　　エ　旅費支給　帰郷旅費等の費用ねん出困窮者に対する支給。
（3）健康相談
　　健康相談期間　昭和57年12月29日〜31日及び昭和58年1月2日
　　診療場所　寿町勤労者福祉協会　診療所
　　診療時間　午前10時〜午後4時　ただし、1月2日は午前10時〜午
　　　　　後1時
　　対　　　象　寿地区労働者を対象とした軽症者の治療。
3　実施体制
　　これらの業務は、民生局と各福祉事務所の職員がこれにあたる。
（1）業務分担

	12月29日	12月30日	12月31日	1月2日	計（延）
生　　活	6人	9人	14人	6人	35人
医　　療	3人	3人	4人	3人	13人
措　　置	4人	4人	5人	4人	17人
本　　部	4人	4人	5人	4人	17人
計	17人	20人	28人	17人	82人

（2）実働人員

	職　　制	職　　員	計
民生局	7人	17人	24人
中区役所	6人	15人	21人
中区以外	―	20人	20人
計	13人	52人	65人

4　地区内趣旨徹底
　　寿地区内に対策の目的及び対応策について各簡易宿泊所の入口、寄場、
掲示板等にはり紙して事前に周知を図る。
5　その他
　　年始については、2日9時〜13時を除き、地元自治会等による対応の
ほか、その間に緊急医療の発生を考慮して所轄警察署及び関係の救急隊
に予め協力医療機関を周知する文書を送付し、応急措置を依頼する。
　　協力医療機関　16病院

【資料2】年末年始援護対策の推移：1979～1987

年　　度	79年	80年	81年	82年	83年	84年	85年	86年	87年
相談受理件数	98	146	315	429	586	564	692	848	841
主な援護内容　医療	45	67	64	67	83	74	84	99	97
施設入所	18	48	51	28	38	46	40	51	77
簡宿宿泊	25	10	80	165	248	269	352	415	377
生活保護	2	7	4	1	4	4	6	8	6
食事提供（延食数）	330	422	1,813	3,957	6,071	6,235	8,513	13,118	10,685

出所：横浜市民生局「民生事業年報」

カーが積極的に応じた。実施状況の推移は資料2の表の通りである。

　この頃は、まだ、寿地区が現役の日雇労働者の街として陰りを見せながらも光芒を放っていた時期だった。85年に相談受理された692人の出身地では、最多は神奈川11.3％（78人）だが、東北6県19.7％、九州8県15.0％、北海道7.2％で4割を超える。相談窓口の実感としても、集団就職や出稼ぎで首都圏に来たが、様々な事情で日雇労働者になった人が多いという印象を持った。

　また年齢層では、35～39歳、40～44歳、45～49歳、50～54歳がいずれも20％前後という日雇就労の特性と重なっていた。当時、寿生活館相談員を勤めていた田中文夫さんは「20年後には寿は生活保護の町になる」と、すでにこの頃指摘していた。

　また横浜市は、神奈川県労働部が一定の条件のもとに支給する年末福祉金（モチ代）に要する経費の二分の一を負担した。これはオイルショックが起きた1974年12月、寿地区越冬実行委員会等が神奈川県労働部との二日間にわたる徹夜交渉の結果、就労実績等一定の支給要件を有する日雇労働者を対象に始められた施策である。初年度（1974年）の支給金額は5,000円、支給人数は1,833人であった。支給金額は交渉で決定され、次第に増額された。支給人数は1987年の6,292人がピークであった。

　この頃、横浜市は、管内に寄せ場を有する東京都（山谷地区）、大阪市（あいりん地区）、名古屋市（笹島地区）とともに簡易宿所密集地域所管四都市会議を構成し、厚生省に対し担当部署の設置及び財源措置を要望した。当時の行政関係者の間における、これらの地域に対する認識は、寄せ場並びにそれに派生する諸問題は景気や需給調整のために不可避的に生まれる大都市の宿命である

とともに、「社会病理」という捉え方の色合いが強かった。しかし、今にして思えば、その見方は一面的に過ぎたと言わなければならないだろう。背景には、その時々の社会状況や国の産業・労働政策がもたらした構造的変動があるのである。

1989年には、増え続ける相談来所者に対応する簡易宿泊所の空室の確保が困難になり、東京都や大阪市と同じプレハブ開設方式が導入された。1993年には寿公園プレハブ（200名）、横浜家庭裁判所裏プレハブ（400名）、施設100名、簡易宿泊所300室の規模となった。

1991年のバブル崩壊とともに相談来所者はさらに増え続け、1993年には前年比39％増と1,200件を超え、1994年には同30％増1,600件を超えるまでとなった。ピークは1998年の1,824件で、2005年まで1,000件を超える状況が続いた。この背景にあるのは、旧来の日雇労働者像とは異なる非正規雇用労働者の増加であり、屋外生活者の急増である。2006年10月、横浜市は、年末年始対策とともに日雇労働者の緊急援護対策として独自に実施してきたパン券・宿泊券交付事業について、中福祉事務所に事前に求職登録した人に限定する制度変更を行った。これに伴い、年末年始対策における相談者も急減することとなった。（資料3）

寄せ場は、前近代的な労働力調達の場として、雇用者や企業組合等による保護も保障もない中で、労働者が懸命に生きた場であった。寿のまちで一人の男性が残した文章を記してこの項を閉じたい。故大沢敏郎さんが1980年に開いた寿識字学校に通っていた中村武夫さん（当時67歳）は、「手について書いてください。いろいろなことをしてきた自分の手、父や母や男や女や他の人の手など、手について考えたこと、おもいだすことを書いてください」という大沢さんの出した題に、次のように書いた。

【資料3】
年末年始対策の推移：
1988～2011

年度	相談受理
88年	945件
89年	776件
90年	768件
91年	910件
92年	1,266件
93年	1,645件
94年	1,322件
95年	1,275件
96年	1,545件
97年	1,604件
98年	1,824件
99年	1,748件
00年	1,467件
01年	1,452件
02年	1,419件
03年	1,602件
04年	1,417件
05年	1,266件
06年	512件
07年	418件
08年	350件
09年	235件
10年	123件
11年	73件

出所：横浜市健康福祉局
「事業年報」から

まづ、自分の手、小学校のころは、だれかれかまはづ、学校の友だち、きんぞの子、女の子をなぐってきました、だが青年になったとき白紙で、まいづるで、この手で、すばらしい船をつくてきました　また一銭五厘の赤紙で、ぐんたいにいき、たくさんの、せんし、した、なきがらをもやしてきました　そして、この寿町で、おきなかしで船のいろんなしごとを、この手でおもいだしたら、きりがない　はんばのしごと、ああこの自分の手おもいだすといやな手　またすきですきでたまらない手　この手をいまつくづくみてかんがいむじうです（原文のまま）

［村岡福藏］

参考文献 ─────────────
横浜市中区役所福祉部保護課（1995）『寿のまち─寿地区の現状─』
寿労働センター無料職業紹介所（2000）『ことぶき 四半世紀の歩み─無料職業紹介事業・25 周年記念誌─』
大沢敏郎（2003）『生きなおす、言葉　書くことのちから─横浜寿町から』太郎次郎社エディタス
刈谷あゆみ編著（2006）『不埒な希望─ホームレス／寄せ場をめぐる社会学─』松籟社
田中俊夫（2009）「寿町の歴史と運動の展開」『寿ドヤ街』第 6 号　ことぶき共同診療所寿町関係資料室
横浜市民生局（現健康福祉局）（1983 ～ 2013）『事業年報　昭和 58 年版～平成 25 年版』

（2）パン券・宿泊券交付事業

　横浜市の寿地区対策事業において、年末年始対策事業は一つの象徴的な取り組みであったが、それが「越冬」という特定の時期のものとするなら、パン券・宿泊券交付事業は日雇労働市場が内包する不安定性という構造的な問題に対する福祉的な緊急一時対策として始まり、寄せ場機能の斜陽化とともに恒常対策化したものということができる。

　寿地区日雇労働者援護対策事業として行われた「法外援護事業（パン券・宿泊券交付）」は非常に長期にわたり、また変遷もあることから、その全体像を的確に述べる力は筆者にはないが、「寄せ場」という特異な地域を所管した福祉事務所の姿の一端を記録にとどめておきたい。

　横浜市は福祉職を専門職採用し、民生局及び各区福祉事務所等に配置した。寿地区に対してその最前線となったのが中福祉事務所であった。

日雇労働者は、保障がないにも関わらず、「日雇い」であるが故に「稼働能力がある」とみなされ、生活保護制度からもグレーゾーンに置かれてしまう。そして手配師、顔付け、直行、飯場等の前近代的な労働市場によって消費されるという福祉政策からも労働政策からも疎外された存在である。「汲めど尽きせぬ自由で安価な労働力の貯水池として資本に提供している日雇労働市場『寿地区』は日本資本主義社会に必要不可欠な相対的過剰人口部分であり、さらには資本主義的蓄積の対極にある『貧困、労働苦、奴隷状態、無知、粗暴、道徳的堕落の蓄積』といった極めて辛らつな形で貧困化が顕われている場」であると横浜市従民生支部「中福祉事務所増員要求並びに政策要求資料」(1982) は述べている。

　研究者の松本一郎さんは、様々な資料を渉猟した結果、中区埋地民生委員協議会が横浜市長・民生局長に要望し、1964 年 12 月末に中民生安定所長と連絡しあって支給したのがパン券・宿泊券の制度的な始まりと推測している。その後、1974 年から寿生活館・中福祉事務所で支給され、一時期は横浜公園内の平和球場（現在の横浜スタジアム）でも支給された。

　その後は、中福祉事務所において交付事務が続けられた。

要生活援護者緊急援護費支給要綱（抜粋）

施行　昭和 56 年 4 月 1 日

（目的）

　第 1 条　この要綱は、原則として寿地区内に継続して居住している者で、中福祉事務所に生活の援護を求めて来所したが、生活保護の措置が行えない者に対し、緊急的な援護措置を行うことを目的とする。

（援護の種類及び支給額）

　第 2 条　援護の内容は、次のとおりとする。

　　(1) パン券は、原則として 2 食分とする。

　　(2) 宿泊券は、原則として 1 泊分とする。

　　(3) 旅費は、求職、就職及び帰宅等に必要な最小限度の交通費等とする。

（支給対象者）

　第 3 条　生活困窮により中福祉事務所に急迫保護を申請に来所した者で、面接の上で応急の法的措置を行うことができないと判断された者。

　　（以下、略）

中福祉事務所がある横浜市中区役所前には、毎朝、パン券（450円相当・当時）・宿泊券を求める長い行列が続いた。事業開始後の最初のピークは1983年6月で、1日の来所者が360人を超えた。受付名簿の最初の方には、いつも同じ人の名前があった。

　第二のピークは1991年に始まったバブル崩壊による景気後退である。ピーク時の来所者数は10年前の数倍の高さを示していく。松本さんの調査によれば、パン券の一日平均発行枚数は1993年4月523枚、1999年4月には1,179枚に達する。来所者に占める屋外生活者の割合は2割台から4割近くを占めるようになる。中福祉事務所は日々、増え続ける相談来所者の対応に追われた。彼らが護身用に所持するナイフ類を預かることも少なくなかった。こうした光景を目にして、新採用職員研修を受けて配属されたその日に退職を願い出る職員もいた。

　バブル崩壊の象徴である不動産市況の暴落に加え、建設現場における機械化・省力化は、有期雇用を縮小させ、雑工中心の求人となった。寄せ場は労働力の吸収機能を失い、衰退過程に入った。代わって登場したのが労働者派遣法である。日本が国際競争力を失いつつある中、人件費抑制を要望する経済界の要求を受けた新自由主義的な経済・雇用政策によって、ネット空間が寄せ場機能を果たし、24時間営業の飲食店やネットカフェが「寝場所」となった。（株）リクルートが土木・建築等に特化した求人誌「ガテン」を創刊したのは1991年9月である（2009年休刊）。「自分に合った働き方が選べる」という謳い文句とともに「フリーター」という言葉が生まれ、それまでは女性の代名詞であった「非正規雇用」が男性の雇用の中でも一定の割合を占めていく。非正規雇用がジェンダーの軛を離れ、男性も非正規化することで「社会問題」化する。社員寮を住居としていた単身者は仕事を失うと同時に住居をも失い、屋外生活者となっていく。そうした構造が生まれた大きな要因に雇用労働政策があることは看過されてはならない。2001年の厚生省と労働省の統合もこうした流れと無関係ではないだろう。

　屋外生活者の急増に対応するため、1999年4月、東京都・東京都新宿区・川崎市・横浜市・名古屋市・大阪市で構成する「ホームレス問題連絡会議関係都市会議」が厚生省に「ホームレス対策についての5都市共通要望事項」を提出するなどの経過を経て、2002年、政府は「ホームレス自立支援法」を施行した。横浜市では2003年6月、「横浜市ホームレス自立支援施設はまかぜ」を開所した。

『中区白書』（横浜市中区役所発行）に掲載されている法外援護相談事業（旅費貸付を除く）の状況は下表のとおりである。

年　度	2002 年	2003 年	2004 年	2005 年	2006 年
パン券（件）	268,405	312,955	320,960	246,449	120,198
宿泊券（件）	133,604	180,836	209,767	168,614	90,564
金　額（円）	393,849,920	497,076,220	543,221,940	―	―

　日雇労働者層を巡る構造的な変化を受けて、横浜市は 2006 年 10 月から、パン券・宿泊券の交付対象者を中区保護課が設定した「常用求職」「日雇求職」に登録した相談者に限定する制度変更を行った。その後、2012 年 3 月末をもって横浜市は法外援護措置として交付してきた食券（714 円相当）・宿泊券（1,300 円相当）を廃止した。日雇労働者を対象とした緊急援護対策から、屋外生活者支援へと行政施策の視点も変わっていく。　　　　　　　　　　　　　　［村岡福藏］

参考文献 ————————————————
横浜市従民生支部（1982）「中福祉事務所増員要求並びに政策要求資料」
青木秀男（2000）『現代日本の都市下層—寄せ場と野宿者と外国人労働者—』明石書店
横浜市中区役所（1996 ～ 2005）『中区のあらまし』
横浜市中区役所（2006）『中区白書』
神奈川新聞　2006 年 9 月 22 日
刈谷あゆみ編著（2006）『不埒な希望—ホームレス／寄せ場をめぐる社会学—』松籟社
松本一郎（2011）「大都市における住居不安定層と貧困対策の展開過程と構造的特徴—1990 年代以降の横浜市の事例を中心として—」博士学位論文
林真人（2014）『ホームレスと都市空間—収奪と異化、社会運動、資本–国家—』明石書店

（3）夜間街頭相談から屋外生活者支援へ

　寄せ場周辺や大都市の中心部における野宿者の存在と彼らに対する社会の偏見が明らかになったのが「横浜野宿者殺傷事件」である（当時は「『浮浪者』殺傷事件」と呼ばれた）。1983 年 2 月、神奈川新聞の報道をきっかけに、中区山下公園や寿町周辺で野宿していた人たちが市内中学生等に「浮浪者狩り」と称して襲撃され、少なくとも 3 人が死亡、重軽傷を負った人も多数いるこ

とが警察の捜査で明らかになった。やむなく野宿する労働者を若者が集団で暴行し死に至らしめるという事件に対し、寿日雇労働者組合を中心に「俺たちは怒っている！」「黙って殺されるな！」と野宿者の生存権に対する「差別糾弾」を掲げ、行政や社会に訴えた。

　この頃、社会的には、フェミニズム運動を始め、部落解放同盟、水俣病患者・家族、「青い芝の会」を始めとする障害者団体など、様々な被差別の当事者から、社会が当然視していた差別偏見や優生思想的な価値観等に対して、人権問題としての異議申し立て＝糾弾（曲がっているものを糾す意）がなされる状況にあった。加えて横浜市では、市が開設者の横浜食肉市場において、市場及び屠畜場労働者から市行政の差別性が厳しく追及されていた。殺傷事件の前年には、全国日雇労働組合協議会（日雇全協）が結成されていた。市庁舎には寿日雇労働者組合等が連日、抗議に来る事態となり、市役所内の対策会議は非常な緊張の中で開催されたことを記憶している。2月24日、3月3日には夜間に「野宿者街頭相談」がテレビ局のライトに照らされる中、実施された。対象エリアは、国鉄（現JR）・市営地下鉄関内駅、市庁舎、横浜スタジアム等で、施設入所に応じた人は南浩生館において一時入所（2週間）の援護措置が行われた。この時、受け入れ側の南浩生館の陣頭には工藤廣雄さんがいた。横浜市と車の両輪となって一貫して寿地区に関わってきたのが（社福）神奈川県匡済会であり、村田由夫さんと工藤さんである。村田さんがソーシャルワーカーとして寿地区を縦横に駆け回っていたとすれば、工藤さんは南浩生館、まつかげ宿泊所、自立支援施設はまかぜと一貫して入所施設における支援者の立場から尽力を続けた。（資料1）

　同年5月には、横浜「浮浪者」差別連続虐殺糾弾実行委員会による土曜日の夜間パトロールが始められた。また、1984年6月には「木曜パトロールの会」が活動を開始した。木曜パトロールの活動は、寿地区内のキリスト教関係者に加え、市民社会から疎外された労働者の存在に関心を寄せた櫻井武麿さん（後に「さなぎ達」の中心となる）などの市民が加わった。さらには、こうした市民を結びつける「寿支援者交流会」という組織も生まれた。そして県内各地からパトロールに参加した支援者は、自身が居住するそれぞれの地域でパトロール等による支援活動を立ち上げていく。寿地区は、県内の広域的な屋外生活者支援のネットワークにおけるハブ的機能を果たしていくのである。林真人さんは「寄せ場は、相互に緊張を孕んだ多様な人びとが、属性を超えて結びつこうとする『接続のモメント』を、常に内に含んでいる」と

述べる。横浜野宿者殺傷事件は、社会に大きな衝撃をもたらすとともに、行政的には「簡易宿所密集地域・日雇労働者対策」中心から市域の屋外生活者支援へと施策の裾野を広げていく最初の契機となった。

　またこの事件は、広く教育関係者にも大きな衝撃と影響を与えた。横浜市教育委員会は2月14日、関内駅南口にあった横浜市教育文化センターで臨時緊急校長会を開催した。中学生等が集団で野宿者に暴行を加えるという背景には、当時の社会の野宿者に対する眼差しが反映していたことから、学校教育のあり方や人権学習の課題として認識されていくこととなった。

【資料1】野宿者援護対策実施要綱（のち「屋外生活者援護対策事業」）

1　目　　　的　中区関内駅周辺の野宿者に対し街頭相談を実施し、その実態を把握するとともに必要な助言及び施設への一時入所等の措置を行い、これらの者の援護更生を図る。

2　実施地域　国電関内駅周辺、地下鉄関内駅、市庁舎周辺、くすの木広場、関内・羽衣連絡地下道、大通り公園（石の広場、水の広場）、長者町5丁目、羽衣町周辺、横浜公園、山下公園

3　援護内容　実施地域において街頭相談を実施し、野宿者に事情を聴取し援護を要すると認められる野宿者のうち、生活保護を必要とする者に対しては福祉事務所を紹介し、一時的困窮者については一定期日施設において援護する。

4　実施日時　昭和61年12月5日（金）午後9時〜11時

5　実施機関　民生局、中区、道路局、緑政局及び交通局

6　協力機関　横浜中央地下街株式会社

7　入所施設　横浜市南浩生館（社会福祉事業法に基づく宿泊施設）
　　　　　　　南区中村町2－120

8　入所日数　昭和61年12月5日深夜から12月10日朝までの5日間

9　定　　　員　35人以内

10　保護の実施責任　この援護の対象に係わる相談及び保護の実施機関は中福祉事務所とする。

　日本の生活保護制度の大きな課題の一つとして、研究者の間でつとに指摘されてきたことに補足率の低さがあり、その原因の一つに申請主義があると

言われている。街頭相談はアウトリーチという手法とともに、その後の「寄り添い型支援」の端緒となったということができよう。（資料2）

【資料2】屋外生活者援護対策事業実施状況

年度	82 年	83 年	84 年	85 年	86 年	87 年	88 年	89 年	90 年	91 年	計
入所者	27 人	23 人	24 人	15 人	30 人	8 人	17 人	17 人	32 人	24 人	217 人
回数	2 回	2 回	2 回	2 回	3 回	2 回	3 回	3 回	3 回	3 回	25 回

出所：『神奈川県匡済会 75 年史』より作成

　また、事件を契機に、寿地区の複合的な諸課題に全庁的に取り組む必要性から、同年8月「寿地区対策協議会」が庁内に設置され、専門4部会（雇用対策・環境整備及び保健衛生対策・福祉対策・市民意識の育成助長対策）が設けられた。
　寿地区と至近距離にある関内駅と伊勢佐木モールを結ぶマリナード地下街、根岸線高架下、横浜スタジアム、旧市庁舎周辺には多くの屋外生活者がいた。高架下などに定着している屋外生活者の所持物を撤去する措置も実施されるようになり、無断で処分された労働者が寿日雇労働者組合に訴え、横浜市の関係局との間で話し合いが行われることもあった。
　1991年のバブル崩壊をきっかけに始まる平成不況（「失われた十年」）は、大都市中心部や周辺に屋外生活を余儀なくされる多くの人々を生んだ。横浜市では1991年から南浩生館への委託により「緊急一時保護事業（通年）」を開始し、2週間を限度に宿所・日用品等を提供し、処遇方針検討等の支援を行った。この事業は中区はもとより、市内全区の福祉事務所が窓口とされた。松本一郎さんは、これについて、横浜市のその後の施策展開を考える上で、法外援護において入所する体制を築いたこと、及び市内全域から南浩生館が受け入れることになった意味は大きいと指摘している。
　1994年5月、寿地区内の11団体が「医食住を保障せよ！ 生存権をかちとる寿の会」を結成し、高齢・疾病等の要保護状態にある人の生活保護の速やかな受理、パン券の増額、緊急保護施設の設置等の要求書を横浜市及び中福祉事務所に提出した。横浜市は8月、「要保護性のある居所のない方に対しては、宿泊券のみですますことなく、居所の確保に努力し、申請を受理」すること、「申請者の状況によっては速やかに受理する」こと、また「緊急一時宿泊所については、本年中の設置に向けて、努力」すること等の回答を行った。
　そして9月、横浜市は「屋外生活者援護対策事業」と「緊急一時保護事業」

を統合し、「緊急一時宿泊所運営事業」とし、引き続き南浩生館が実施した。この事業では、「指導員が職業安定所へ同行するなどの就労援助指導」なども行われ（同事業実施要綱第16条）、その後の伴走型支援の萌芽も見られた。

［村岡福藏］

参考文献————————————————
横浜「浮浪者」差別連続虐殺糾弾実行委員会（1983）『俺たちは怒っている！』
青木悦（1983）『「人間」をさがす旅—横浜の「浮浪者」と少年たち—』民衆社
松本一郎（2011）「大都市における住居不安定層と貧困対策の展開過程と構造的特徴—1990年代以降の横浜市の事例を中心として—」博士学位論文
林真人（2014）『ホームレスと都市空間—収奪と異化、社会運動、資本-国家—』明石書店
横浜市健康福祉局生活支援課援護対策担当（2019）『第4期（2019年度～2023年度）横浜市ホームレスの自立の支援等に関する実施計画』
神奈川県匡済会（1994）『神奈川県匡済会75年史』
神奈川県匡済会（2020）『神奈川県匡済会75-100年史』

（4）緊急一時宿泊所「まつかげ」運営事業の開始

横浜市は、市内における屋外生活者の増加を受け、1994年11月7日、中区松影町の松影公園に「まつかげ一時宿泊所」を神奈川県匡済会への業務委託により開設した。入所対象者は①夜間の街頭相談を実施した結果、高齢・病弱等で緊急に宿泊援護を必要とする者、②屋外生活をする者で、福祉事務所が相談を受けた者のうち、高齢・病弱等で緊急に宿泊援護を必要とする者、③その他緊急に宿泊援護を必要とする者、とされ、期間は14日以内、定員は70名であった。プレハブによる公園内への設置であり、期間5年の「暫定施設」という位置づけであった。（資料1）

【資料1】緊急一時宿泊所利用人数

年　　度	1995年	1996年	1997年	1998年	1999年	2000年
利用人数	517人	670人	670人	786人	657人	371人

出所：『神奈川県匡済会75-100年史』から

入所者の70%以上が50歳以上で、また中、西など都心区の福祉事務所か

らの依頼が多かった。肉体を酷使する日雇労働者の労働市場からの排出は早い。そして、寄せ場機能が縮小に向かう中で戻ることは困難である。退所状況については、中福祉事務所につながる簡易宿泊所移行や入院によるものが多かった一方で、飲酒等による規則違反や期間満了により課題を抱えたまま退所するケースも少なくなかった。こうしたことから1997年10月、まつかげ一時宿泊所ではアルコール依存症からの回復支援に向けミドルプログラム事業が開始された。1996年、横浜市は全市において屋外生活者実態調査を始めた。この調査は毎年8月に行われた。(資料2)

【資料2】横浜市屋外生活者概数調査

年度	1996年	1997年	1998年	1999年	2000年	2001年
人数	340人	371人	439人	794人	627人	602人

出所:松本一郎:博士学位論文より

　調査から、屋外生活者が1999年までは年を追うごとに増加していることが分かる。寿地区のある中区以外では、鶴見、西、港北区等で一定数の屋外生活者が確認された。寄せ場からの排出とは別の要因の存在が推定されるのである。この時期、全国的にも都市部を中心に屋外生活者の増加がみられた。背景に1996年、1999年と相次いだ労働者派遣法の「改正」があることはつとに指摘されている。派遣を可能とする対象業種が徐々に拡大され、特に1999年の改正では、明記された業種(港湾・建設・警備等)以外で原則可能となった。雇用と労働が分離され、労働力の消耗品としての色合いがさらに強化されることとなった。

　この年2月、国は関係省庁・都市で構成する「ホームレス問題連絡会議」を設置、5月には「ホームレス問題に対する当面の対応策について」が取りまとめられた。「ホームレス」の定義については「失業、家庭崩壊、社会生活からの逃避等様々な要因により、特定の住居を持たずに、道路、公園、河川敷、駅舎等で野宿生活を送っている人々」とされ、全国の都市部で約1万6千人、そのうちの9割が東京都、横浜市、川崎市、名古屋市及び大阪市の5都市に集中しているとした。ここで注目されることはホームレスの増加が社会問題となる中で国が設置した会議でありながら、その原因については「失業、家庭崩壊、社会生活からの逃避」といった属人的事情に帰していることである。同様のことは「ホームレスに至る要因」においても指摘できる。「ホー

ムレスに至る大きな要因は失業であるが、社会生活への不適応、借金による生活破たん、アルコール依存症等の個人的要因によるものも増加し、これら社会経済的背景や個人的要因が複雑に絡み合っているものと考えられる」と述べるにとどまり、雇用政策への言及はない。

　対策としては、「総合的な相談・自立支援体制の確立」のため、福祉事務所等における相談体制の強化及び自立支援のための様々な事業の実施を求めた。また、「安心・安全な地域環境の整備」に向けた公共施設からの退去指導等が盛り込まれた。そこに屋外生活者の根底的な生存権に対する洞察は乏しい。それは、2002 年に施行された「ホームレスの自立の支援等に関する特別措置法」に継承され、「公共の用に供する施設の適正な利用の確保」（第11 条）が盛り込まれた。現在、各地で見られる公共空間における「排除アート」（公園や公共施設に置かれたベンチの仕切り、突起物など、公共空間でありながら屋外生活者が横になれない意図のあるもの）の設置につながっている。

　こうした国の動きの中、まつかげ一時宿泊所が横浜市の当面の「自立支援センター」と位置づけられることとなった。2000 年 5 月、「緊急一時宿泊所運営事業」は「屋外生活者自立支援事業」と改正され、施設名も「まつかげ宿泊所」と改称された。定員は当初の 100 名（南浩生館 30 名を含む）から 134名（うち女性枠 4 名）になり、さらに 8 月には 204 名まで増床された。また、9 月には職業相談室が設置され、横浜公共職業安定所から派遣された職員が常駐することとなり、就労支援とアルコール依存症からの回復支援が大きな柱となった。2002 年 3 月、一貫して複合的な課題を抱える労働者の宿泊援護に尽力してきた南浩生館が閉館し、屋外生活者の支援に取り組む施設はまつかげ宿泊所に一元化された。

　就労支援に向けたプログラムを実施する中で、当初は日々の食費を現金で渡すことに不安があり、職員が早朝にパンを購入し出勤する利用者に渡していたが、現金支給に変わっていった。当時、職員として支援に従事していた久保田浩明さん（前「横浜市生活自立支援施設はまかぜ」施設長）は、「当初、就労に向けて利用者さんを指導するというニュアンスが含まれていたように思います。途中でこうした上からの目線に疑問を感じるようになり、上から引っ張るのではなく、横から支えていくという支援に変わっていきました」と語っている。

　なお横浜市では、2004 年 11 月、中区石川町周辺の高速道路高架下や中村川沿いにテント等で定住的に起居する屋外生活者を対象とした緊急一時宿泊施設（シェルター）「中村川寮」（定員 30 人）を設置し、神奈川県匡済会に運営

を委託した。セルフネグレクト的な生活に陥っていた人も見られる中、関係づくりから始める粘り強い取り組みは神奈川県匡済会職員なればこそであった。中村川寮は2011年2月まで設置された。

　このように、南浩生館がまつかげ宿泊所に統合され、まつかげ宿泊所は「横浜市ホームレス自立支援施設はまかぜ」に移行していくという変遷は、寿地区が「日雇労働者の街」から「セイフティーネットのまち」へと変わっていく過程でもあった。　　　　　　　　　　　　　　　　　　　　　［村岡福藏］

参考文献 ─────────────────
ホームレス問題連絡会議（1999）「ホームレス問題に対する当面の対応策について」労働省職業安定局高齢・障害者対策部企画課、厚生省社会・援護局地域福祉課
刈谷あゆみ編著（2006）『不埒な希望─ホームレス／寄せ場をめぐる社会学』松籟社
松本一郎（2011）「大都市における住居不安定層と貧困対策の展開過程と構造的特徴─1990年代以降の横浜市の事例を中心として─」博士学位論文
鈴木政司（2014）「労働者派遣法改正の方向性と諸課題」『生活福祉研究　June 2014』
横浜市（2019）「第4期（2019年度〜2023年度）横浜市ホームレスの自立の支援等に関する実施計画」
神奈川県匡済会（2020）『神奈川県匡済会75-100年史』

(5) 寿炊き出しの会の活動

　寿炊き出しの会は1993年12月1日、旧町内会館前（現　横浜市生活自立支援施設はまかぜ）で始まった。2022年で29年目を数える。当初は「緊急事態」ということで始めた炊き出し、しかし今なお「緊急事態」は続いている。

前史

　寄せ場の歴史について小柳伸顕氏（日本基督教団牧師、釜ヶ崎キリスト教協友会）は、『寄せ場№.4』の中で以下のように述べている。

　「今日の日本社会の都市化、あるいは工業化と不可分です。それは寄せ場の歴史が証明するところです。日本経済の成長と表裏をなすともいえます。1960年代初頭のエネルギー革命と農業政策の転換は、日本の産業構造を大きく変えました。つまり、石炭から石油へのエネルギー転換政策と農業基本法（1961年）による農業の機械化、大型化は、余剰人口の都市集

中化をもたらしました。炭鉱閉山にともないたくさんの労働者が失業し、職を求めて工場労働者、あるいは港湾労働者として都市、寄せ場へとやってきました。農村でも機械化により余剰労働力となった農家の二男、三男は、やはり都市へ出て来ました。しかも、その日から生活できる寄せ場へ集まって来ました。

　以来、各寄せ場とも人口の多少の変動はあるとはいえ、日雇労働者の労働市場として機能し、今日に及んでいます」

　日雇労働者の生活は直接日本の経済状況に左右される。「時代と社会の縮図」のしわ寄せをもろに受ける。仕事がある時は、お金もある。ということは屋根のある所に住み、そして食べることもできる。しかし不況に陥ると生活は一変する。「景気がバロメーター」という言葉はその通りである。

　1970年代2度のオイルショックで仕事を奪われ路上での生活を強いられた人たちが多かった。その状況の中炊き出しが始まった。

　1974年、横浜市は寿地区緊急援護事業として法外援護「食券・宿泊券制度」を開始した。2006年にその制度は変更された。利用者は1日平均食事券（2食分）約900人、宿泊券は約600人と報告されている。食券は、地区内の指定店で714円分の買い物ができるというものである。これまでの「日々緊急援護」から「ホームレス等に自立を促す援護」となり、パン券は「食券」となる。発行の援護は原則として食券と宿泊券を併せて支給。ホームレス状態のままでは援護を行わない。「援護を希望する人は、中福祉保健センターで面接を行い「常勤雇用」か「日雇生活」を選ぶ」という政策に変わり、その後2013年横浜市は廃止を決めた。

　1990年代初頭バブル景気が崩壊した。その頃から日雇労働求人は激減＝ゼロ化し路上生活者が急増した。その状況の中で何かをしなければと考えざるを得なくなり夜回り・パトロールを開始することとなった。

寿炊き出しの会のはじまり

　1993年、不況の真只中、炊き出しが開始される。

　当時寿老人クラブ「櫟の会」会長故高木嘉兼さんは「寿の労働者が仕事がなく、泊まるところがない、飯が食えないなどの現実を目の前にして何もできない。見てられないんだよ」と語っていた。そのころ夜回り・パトロールなどを行っていた寿日雇労働者組合、日本基督教団神奈川教区寿地区セン

ターは何かをしなければならないと思っていた矢先で、高木さんの呼びかけにすぐ応え話し合いを持った。その結果、炊き出しを1カ月に4回、週1回のペースで実施することが決められ、準備に入った。

11月25日「炊き出しを考える会」が結成された。そして12月1日から毎週金曜日炊き出しがスタートした。会場は旧町内会館（現　横浜市生活自立支援施設はまかぜ）。朝8時から準備をし、正午に配食。また最初各担当を決め第1週は老人クラブ櫟の会による雑炊、第2、第3週は寿日雇労働者組合による雑炊、第4週は寿地区センターのすいとんであった。しかし早い段階でお互いに団体のワクを超え協力し合い毎週参加する人たちが増えていった。記録には当時約25名のボランティアが参加。最初の何回かは町内会館の中で野菜の切込みをしていたができるだけ寿の町の人たち、労働者の人たちにも参加しやすいように外に作業台を設置し行った。寿の住人、路上生活者、ボランティアがまじりあって交流ができた。参加者全員が自分のできるところで参加する「一人はみんなのために、みんなは一人のために」命を守る闘いが始まった。

12月1日第1回、280食。準備は朝5時半ごろから機材の設置。雑炊はお替り自由。12月25日にそれ以降のことを話し合い「越冬」終了後1月から3月まで実施することに。しかしその後ますます仕事がない状況は続き4月22日まで延長することとした。だが梅雨時期に入りますます仕事が減り、8月だけ休みとした。そして名前も「炊き出しを考える会」から考えていてもはじまらないということで「寿炊き出しの会」と名称を変更した。

2002年から旧町内会館のある場所に「ホームレス自立支援施設」が建設されることになり、そのため寿児童公園にプレハブが建設された。それに伴い炊き出しは寿公園で行うこととなった。公園の中に作業台を置き誰もが手伝いやすい環境を整えた。

2008年のリーマン・ショックでは、多くの失業者が現れた。新聞では以下のように報道された。「特に20代の若者たちがリストラで派遣先の寮を追われ、野宿せざるを得ない状況に陥った。そして、『派遣切り』された若者たちは突然放り出され、実家や親しい人に頼れないまま路上をさまよっていた」と。それらの若者は東京・日比谷公園のテント村「年越し派遣村」で受け入れられた。そこでは相談活動や炊き出しの支援活動が始まった。それは東京にとどまらず寿でも増加し始めた。その後若者だけでなく中高年まで広がった。

2009年以降は8月だけ休み、年間11ヵ月は炊き出しを行っている。2010

年から炊き出しの日に「机出し相談」を始めた。法律相談、医療相談、生活相談とワンステップ相談という形で、相談者の抱えている相談を受け、生活保護申請に同行し、またそれぞれの抱えている問題を一緒に解決し支援した。また、夜回り・パトロールはするものの夜遅いこともあり、ゆっくり相談に応じることもできないため金曜日の机出しは大切な活動でもあった。今尚続いている。

現在の活動

　9月〜7月まで毎週金曜日、朝7時30分から準備を始め、8時から野菜の切り込みをし、午後1時から配食、場所は寿公園。雑炊の提供を行っている。お替り自由で平均約450食。味付けは週によって変え、塩味、カレー味、味噌味、醤油味となっている。始めたころ材料は主要な野菜としてじゃがいも、人参、大根、長ネギ、葉物を集めた。ボランティアの一人は、近くにある行きつけのスーパーにお願いしキャベツの外葉を集めたり、また八百屋さんに炊き出しの趣旨を説明し売れ残りの野菜をいただいたりと、口コミで広がっていった。今では毎週八百屋さんや農家の方々からも旬の野菜が届けられている。それでも足りない場合は購入している。そうこうしているうちに横浜市内のキリスト教主義の学校から11月の収穫感謝祭で集められた野菜も届けられるようになった。お米については一合献米として自分の食べるお米から一合ずつ持ち寄って集めることが提案され、学校関係からはたくさんのお米が届けられた。また調味料なども多くの方々からカンパとして寄せられている。肉は横浜屠場労組から安く提供していただいている。また、みかん農園からみかんが届けられたり、バナナなどの果物もカンパとしてお送りくださる方々がいる。炊き出しは、多くの方々の思いと力によって行われており、そのことが大きな支えとなっている。

連帯を深める場として

　炊き出しの会は、労働者と寿住人とボランティアが「一緒に作って一緒に食べる」をモットーとしている。その場は触れ合いの場所であり、人々の交差点でもあり情報交流の場所となっている。一人一人が自分のできることで参加できる場でもある。また参加するボランティアは「寿」について発信するメッセンジャーでもある。昔からよくいわれてきた「怖いところ、怠け者の町」という偏見が渦巻く中、「寿という現実」を発信して欲しいと願って

いる。ボランティアとともに、炊き出しをする必要などのない社会を目指して、この活動を続けている。

　寿炊き出しの会は毎年の活動を報告集にまとめ、ボランティアの声を記録してきた。1994年11月～1995年3月の報告書に掲載したボランティアの佐々木和美さん（地域作業所「ろばの家」メンバー・故人）の詩から、この活動の意味をあらためて噛み締めたい。

　　　炊き出しの中で感じたことはたくさんある
　　　今までは話もしなかった人が集まり
　　　心の連帯を深めていく
　　　同じ目的の為に
　　　誰から言いだしたのでもない
　　　こころからの行動がそのまま現れている
　　　それがこの炊き出しなのだろう
　　　自分の任された事柄に
　　　自分なりの姿勢で行動する
　　　決して無理でもなく
　　　強制でもない
　　　心のままに自分らしくこの炊き出しを
　　　やりきったことを自分の暮らしの中でも
　　　忘れずにいたい

[三森妃佐子]

（6）カナン教会と炊き出し活動

「すべて、疲れた人、重荷を負っている人は、わたしの所に来なさい。
わたしがあなた方を休ませてあげます。わたしは心優しく、
へり下っているから…わたしから学びなさい。
そうすれば魂に安らぎが来ます。」（マタイの福音書11章28・29節）

炊き出し活動とまちの背景

　当教会の炊き出しの始まりは、今から約30年前。旧職安前広場の大階段の下で、週2回、木曜と土曜の伝道集会後に行った。先に給食すると話を聞

かずに帰ってしまうため、集会後に給食していた。給食は、ごはんや麺類に
おかずを入れた弁当か丼を渡す形であった。現在は、丼にごはんを盛り、そ
の上に、肉や野菜の入った汁を掛けて手渡し、おかわりが出来る様にしてい
る。そして食後、丼とスプーンの回収時に、クラッカーや飲み物等をプレゼ
ントしている。

　炊き出しには、様々な背景を持つ人々が集う。その人々が炊き出し前に、
神様のみ言葉を聞いてキリストの救いにあずかるようにと、祈り導く。私達
にとって、寿町の人々が神様と出会う時間と空間、それが炊き出しである。

　かつて宿泊券やパン券の法外援助の時代があり、野宿から自立支援施設や
生活保護によるドヤ住まいに与る様になっていった。しかし、まだ関内連絡
地下道や横浜球場等で野宿を余儀なくされている人達がいる。様々な理由で
野宿しているが、炊き出しには必ずきてくださることに感謝している。

　そんな寿町も、かつて「無法地帯・西部の街」とも呼ばれ近くの中村川には、
泥酔者や殺された人の水死体が浮いたり、喧嘩、覚醒剤、賭博等の絶えない
町であった。その他に放置自動車、粗大ゴミの不法投棄、各所での立ち小便、
ゲロ吐き、食い散らかしの捨て放題、時として、糞尿垂れ流しの御仁が現れ
る始末であった。けが人、病人、死人等で、救急車やパトカーが、さらに放
火や寝タバコ等の不審火で消防車が来る、サイレン音の絶えない町だったの
である。しかし、それ以上のこともある。わたしの居室の隣で、中国人女性
のバラバラ殺人があり、同居の中国人男性が逮捕されたり、また裏のドヤで
は首吊り自殺、向かいのドヤでは飛び降り自殺、泥酔者の轢き逃げ事件、さ
らに当教会では、韓国人の兄弟が、深夜に強盗殺人で天に召された。教会で、
この様な前代未聞の殺人が起こるとは。わたしはこの兄弟を守ることができ
なかった。牧師失格である。同じ韓国人の徐牧師は、悲しみの余り伝道を止
めて国に帰る決心をしていた。

　しかし、ここで止めたら寿町の伝道は危険で、無理と思われ、それこそ悪
魔の思う壺。これ程、悲惨な地域だからこそ止めずに伝道するよう、訴えた。
それから徐師とわたしは共通の伝道使命を持ち、愛するために5カ月後に結
婚し、今日に至っている（未だに犯人は逮捕されていない）。

人々の声なき叫びと教会の宝

　この様な環境の中で、カナン・キリスト協会は、1993年10月以来、福音
伝道と共に炊き出しを行ってきた。炊き出しに来られる人は、仕事が無い、

体力と気力も無く、地位や肩書き、学歴、学力も金も無い、有るのは身体や知的そして精神障害から来る挫折感や虚無感、さらに借金、負債、前科等の負い目なのだ。それ故、他地域では生活が難しく、寿地域に居場所を見い出す。この人達が炊き出しに来られるのである。その多くは、自分から話しかけてこないので、当方から挨拶し、笑顔で語りかけると、様々な昔話を伺うことができた。中には文字が読めない、書けない、計算が出来ない人達や病院の入退院を何度も繰り返している人、刑務所で人生の大半を過ごした人、様々な過去を持ちながら、その人なりの生き様を聞かせていただいた。

　わたし自身、もしこの人と同じ境遇であったら、自殺か自暴自棄で、この世を去っていたかもしれないと思わされる人もいた。その他、金貸し、詐欺師、不法賭博師、不法滞在外国人もいるし、まともに仕事している人や、仕事の有る無しにかかわらず気楽に野宿やドヤで過ごす人もいる。

　しかし、最も驚いたのは、ある冬の夜、路上にうずくまっている老人の足元に何やら白いものがうごめいているのを見たときである。本人に聞くと、ウジ虫だという。まさかと思い、靴と強烈な臭いのする湿った靴下を脱がすと足にはウジ虫が巣食って、その穴から大小のウジ虫が、飛び出してきた。まるで腐った虫食いの木の様であった。すぐに救急車で病院に搬送するものの救急隊員も顔をそむける程、驚いていた。寿町ではドヤで病死体にウジ虫が湧くことがあっても、生きている人の体にウジ虫が湧くのは、衝撃だった。

　この人（頭文字からＹさん）は炊き出しに来ていた。当時64歳で、長年ゴミ箱や残飯をあさって生きて来たためか生活保護でドヤに入る配慮をしても嫌がり「誰の世話にもなりたくない」と野宿生活に戻るのだった。一度だけＹさんと銭湯に行った。幸い入浴客が殆ど無く、なんとかアカと糞尿の滲んだ服を脱がし浴場に入った。入浴前に背中や手足をこすって洗い流していると、Ｙさんの右大腿部に自分で彫った、ひょっとこの入れ墨があり、色を付けたが流れてしまったと照れ笑いして御機嫌だった。入浴後、着替えをしていると「お父さんですか、大変ですねー」と声を掛けられ、不思議と入浴客や番台の苦情もなく、Ｙさん親子（?）は銭湯を出たのである。

　その後Ｙさんは炊き出しに来ていたが、ある日、「こういうわけで、今は、キリスト・イエスにある者が、罪に定められることは決してありません。」（ローマ8章1節）の聖書の御言葉を聞いて、涙と鼻水を流しながら、イエス様をわたしの神・救い主と信じて救われたのだ。ハレルヤ！　2か月後Ｙさんは天に召された。

Ｙさんは時々おどけて得意気に語る口上があった。

「赤いランタン、波間に浮かぶ、誰が鳴らすのか、汽笛の音、出船、入り船、帰り船、わたしゃクーニャンかわいい支那の夜」と口ずさむＹさんは教会の人気者、宝であった。

荒野から花咲く町へ

　教会の炊き出しは年中、休むことなく続けている。雨天時も公園で給食するが、悪天候時には当ビルの１階の玄関内で給食する場合もある。

　かつて旧寿福祉センターでの炊き出し中に隣のテントでサイコロ賭博や道端で酒盛りしている人に絡まれたり、凄まれたこともあった。また早朝の炊き出しの時、近くで数人が１人の男性に角材で叩く突くの暴行を加え、周囲の者が何も出来ずにいる中、徐師が止めに入って血だらけの男性を逃がしたことがあった。また、組の若い者が兄貴に素裸で正座させられていたのを徐師が止めに入ったこともあった。教会の集会には、何日も風呂に入らない、着替えしてない強烈な臭いを発する人も来る。稀には失禁する人もいる。そのため、入場前にタライで足を洗ったり、衣服と靴下を用意して着替えさせている。礼拝後に以前はカレーライスを給食していたが、10数年前から弁当を手渡ししている。これら全ては、支援してくださる尊い皆様のお祈りと献金と献品によるもので感謝に絶えない。ハレルヤ！

　寿町は象徴的な大階段とテラスの旧寿町総合労働福祉会館が消えて広場ができ、そこに緑の芝生と枇杷と譲り葉の花が咲き実を結んでいる。さらに寿公園のゴミ置き場には種々の可憐な花鉢が20鉢も置かれ、荒野から花咲く町となって来たのだ。ハレルヤ！

　冒頭の聖句は、困難を抱えた寿の人々に、「来なさい」と招いています。

　炊き出しは、誰にでも、無償、無条件、で提供されます。

　神様から与えられた嬉しい、楽しい、美味しい時を過ごしてください。

　そして人生の疲れと重荷を持ったまま、罪あるまま、

　日曜午後４時からの礼拝に是非いらしてください。

　神様のあなたへの愛の語りかけを聞いて、

　あなたの魂に安らぎが来ますよう、

　イエス・キリストの御名によって心からお祈りいたします。アーメン！

［佐藤　敏］

第4節

寿支援者交流会の結成

(1) 市民社会と寿を繋ぐゆるやかなネットワークの誕生

越冬に来る人の通年的なかかわりの場

　寿支援者交流会の結成は 1993 年 1 月である。ちょうどバブル崩壊の時期に結成されている。寿支援者交流会はそれまで越冬闘争や夏祭りに来ている個人支援を繋げて、継続的に関われる場所を作るという目的で作られた。そこで、当初は「市民社会と寿を繋ぐゆるやかなネットワーク」と呼んでいた。私が寿と関わりだしたのは 1990 年の夏からであり、もうその時には様々な人が支援に来ていた。それも何年も越冬だけは来るという人や年越しは寿ですることにしているという人がたくさんいた。特に情報をきちんとキャッチしているわけでもなく、年末に寿に来れば越冬をやっているという程度の認識で来ている人たちもたくさんいた。

　越冬とは何かといわれても、答え方は人それぞれであった。「年末年始のボランティア活動」という人もいれば、「行政の下請けみたいだけど、みんなで寝泊まりできる場所を運営しているのだ」という人もおり、「年末年始は仕事が完全になくなり、冬を生き抜くための闘い」という人もいた。大学生だった私にとってはどれも納得という感じであった。

　しかも、当時はプレハブ越冬であり、寿公園にプレハブを建てて 2 百人程度の人が寝泊まりしていた。そこの管理のお手伝いをするという意味合いもあり、プレハブとはいえ、泊まれる拠点もあり、暖房も入っていたので、なんとも暖かい空間であった。物理的にも暖かかったが、誰をも受け入れるという意味でも、とても暖かい雰囲気を持っていた。年末年始対策は 1 月 3 日で終わりだが、横浜市と交渉をして、1 月 7 日ぐらいまで自主管理をするのが通常であった。この自主管理期間中もプレハブから仕事に行き、プレハブに帰ってくるという支援者もいた。家がある支援者にとっても居場所であっ

たのである。

　1991年–1992年の越冬終了後に、越冬や夏祭りに来る支援者のネットワークを作ろうという動きがあり、会議が持たれた。この時は呼びかけ文が複数出たり、支援者のネットワークというものも、通年で関われるグループというイメージの人と寄せ場交流会のように寄せ場に関わる人たちの集い、学ぶ場というイメージの人とがおり、なんとなくまとまらずその時の話は流れてしまった。

　そして、翌年の越冬後に再度会合が持たれ、寿支援者交流会は結成された。私はまだ大学3年生だったので、中心メンバーの末席という感じの扱いだった。

　私は寿と通年的に関われる場所ができてうれしいという感覚しかなかったが、支援者の団体結成には様々な意見があったようだ。支援者の団体ができることには好意的な意見ばかりでないことを後で知ることになる。当初このようなことに対応してきた創立時のメンバーは大変だったのだろうと思われる。

　「寿は労働者の町なので、労働者が主人公だ。それを支援のための自分たちの団体を作るなんて身の程を知らない」とか、「学生はいずれ裏切る。いつかいなくなる」というのが代表的なものだ。

　しかも、寿は1990年11月の即位の礼の直前には「白手帳弾圧」という日雇労働者3名が不当に逮捕される事件もあり、当時の寿町には、まだまだ緊迫した雰囲気が漂っていた。

支援者も課題を抱えている人が多い

　寿に関わる支援者は、多くの場合それぞれが課題を抱えている。当たり前のことだが、自分の生活が充実していて満足できているのであれば、別にボランティアに来る必要はない。あえて寿に関わりたいと思うということは、寿あるいは寿的なものに強い価値を認めているということであり、日常の生活には何か満たされないものを感じているということでもある。

　昼は会社で理不尽な使われ方で働き、夜はその憂さを飲み屋で愚痴をいってはらすという人は多数いる。このような時に、その居場所が飲み屋ではなく、寿になるというのが、支援者の一部にいるのだ。

　寿町は寄せ場＝日雇労働者の町と呼ばれ、多くの流動する下層を受け止めてきた。バブル経済のような好景気な時でも、日雇労働者のような波動性を持つ労働者はたくさん必要とされてきた。むしろ、バブルは建築バブルともよばれ、ランドマークタワーなどの建築物をこの世に出現させた。そのためにはたくさんの労働力を必要としたのだ。その一方で、仕事がある時には簡宿に迎えに来

てでも仕事をさせられるのに、仕事がなくなると失業状態がずっと続くという状態であった。雇用の流動性を景気の調整弁として生きている側面がある。しかし、その一方で管理社会から自由である寿の人たちは魅力的に見えた。自分たちは失業や野宿のリスクのある日雇いにはなれないけど、会社に管理されることもつらいと思っている人たちにとって、管理社会から離れて寿で暮らす人たちの生き様はかなり魅力的に見えたと思われる。

　特に越冬などでは、仲間の命は仲間が守るということが体現されることが多々ある。プレハブ越冬では宿泊している人たちが「タダで泊めてもらうんじゃ申し訳ない」と率先して、そうじなどを手伝ってくれた。また、炊き出しやパトロールにも参加してくれた。宿泊している仲間が、野宿している仲間に声をかけ、「私も泊まっているけどいいですよ。食券ももらえて食べるものもありますよ」というととても説得力があった。行きたいんだけど、道が分からないという仲間には俺が「道案内するよ」と横浜駅から１時間近くかけて、みんなで歩いてきたりと、仲間の命は仲間で守るということを具現化していた。

　1992 年 12 月 28 日の越冬への呼びかけパトロールの時に、横浜駅で駅員の野宿者暴行事件を私を含めて３名のメンバーが目撃した。当時の横浜駅は「殴るけるが暴行であり、胸倉をつかむとか、足を持って引きずるというのは暴行とは言わない」という態度であり、寒心に堪えない状態であった。夜は事故防止のために、終電後はシャッターを閉めるといい、その時に寝ている人は台車に乗せて駅の外に運び出すという。

　人間を人間とも思わぬ JR の対応に激しい怒りを持ちつつ、1,047 人の労働者の首切りを行ってきた会社の本質を見せつけられた気がした。野宿者の追い出しをさせないためにも、定期的なパトロールを横浜駅でも開始する必要性を痛感した。そのことを思う人が他にも多数おり、寿支援者交流会の結成を後押しした。

　寿支援者交流会としては、やりたいという人が３人以上いれば、とりあえずその人たちを中心に活動を行っていくこととした。そこで当面は具体的には、野宿の背景を学ぶ交流学習会と野宿者の訪問（結果的に相談を受けることになる）を行うこととした。

　野宿の仲間との出会いは、何かをしてあげようとする支援者を変えていった。「なんで、野宿してるかって、そりゃ、金も何もないからだよ」、「仕事してたけどね、工場が移転になって、仕事がなくなっちゃったんだ」、「なんで駅で寝てるかって、駅で寝てるとね。駅はふるさとにつながっている気が

する。今は帰れないけど、いつか帰れるんじゃないかって気になるんだ。仕事して金貯めて、土産もっていつかはふるさとに帰ろうと思っているんだ」というような感じで自分なりの表現で語られている。バブル崩壊も、グローバリゼーションによる工場の海外移転も語らないが、淡々と事実を受けて生活している。支援されるべき生活に困った人という捉え方から、困難な中を生き抜く人になっていき、生き抜く力を持ったものになっていくのであった。支援する側も、ウルトラ管理社会の資本主義の中でうまく生きられない者でもあるので、うまく生きられない者（支援者）が、生きる力を持った野宿者に出会う場所となっていった。

[高沢幸男]

（2）野宿のことは野宿者に聞け

生の声を聞いていなかった

　寿支援者交流会の結成の契機になった出来事に、横浜駅での駅員による野宿者暴行事件があることはすでに指摘した。

　しかし、この頃はまだ越冬期のみのパトロールが中心であり、定例的なパトロールは関内周辺を厳冬期のみ回る木曜パトロールを除いてはなかった。そのような状況下だったので、支援者たちも越冬期にボランティアには来るが、若手なのでスープの入った寸胴を持って歩いていて、ほとんど野宿生活者とは話していないという感じであり、パトロールによっては役割分担として「話をする人」「メモを取る人」「荷物を持つ人」を決め、ほとんどの人が「荷物を持つ人」なので、寿に来ていても、直接対話をしている人はほとんどいなかった。

　横浜駅での駅暴行事件後から、半年して川崎交番前リンチ事件が発覚する。しかも、そのひどい野宿者への暴行が行われたのは、横浜駅の駅員暴行事件が起きた2日後の1992年12月30日であった。抗議行動をしつつ、現実を聞き取りに多くのメンバーが川崎駅周辺にも訪れるようになった。この辺の運動はのちに川崎水曜パトロールの会になっていく部分ではあるが、当時は川崎には支援団体はなく、路上での聞き取りの中で、実は野宿している人を気にしている人たちがいることに気付かされる。役所関係者だと思われる男性が明け方に来て、「生活に困っているなら、田舎に連絡を取ってやるから帰れ」という人がいることや公園にバリカンを持って登場し、髪の長い野宿者に床屋をして歩いている男性など様々な人がいることが分かった。また、

「川崎にはキリストも来ない」と川崎には誰も支援に来てくれないと語る野宿者もいた。

そのような中でも、この「キリストも来ない」という言葉に導かれるように、様々な教会の人たちが関わるようになり、約半年の準備期間を経て、1994年1月に川崎野宿者有志と川崎水曜パトロールの会が結成された。この時の会議には私は大学4年生で卒業試験を早めに切り上げて、駆けつけたことを覚えている。

野宿者と直接話すということができていなかったのであるから、当たり前のこととして、野宿者を権利の主体として捉えることも弱かった。収奪される下層労働者の最も収奪され、家さえも奪われた人として野宿者をとらえており、保護されるべき対象と捉えている人は多かった。また、どこかに自立させる対象として野宿者を見ている分もあった。

しかし、野宿者は行政の何らの支援もない中で、生き抜いている存在である。ご飯を食べなければ生きていけないことはいうまでもないが、行政からの何らの支援もない中で、日々の糧を得て生き抜いている存在なのだ。野宿者との直接の対話を通して、社会的に困難な状況を抱えていることは間違いないが、困難の中を生き抜く力を持ったものであることを実感させられていくのであった。

特に、90年代前半はまだバブル崩壊影響が強く、建築土木労働に従事している日雇労働者たちが重層的下請け構造の中で、雇用の流動性を受けて、必要な時だけ使われる労働者として使い捨てられ、不況で仕事がないので野宿しているという人も多かった。このあと、90年代後半になると、グローバリゼーションの影響を色濃く受けて、そもそも建築土木労働の経験のない労働者が多数野宿するようになってくる。「スーツホームレス」という言葉が使われだしたのもこの頃であるが、終身雇用の崩壊とリストラの影響を受けて、一部にはホワイトカラーの労働者もいたが、多くは工場労働者であった。グローバリゼーションで工場が海外に移転してしまい、工場労働者は雇用の場を奪われた。特に期間工といわれる形態のライン工は、それまでも期間工で現場を渡り歩き、裕福ではないが、生活に困ることはなかった人たちが、仕事が海外に行ってしまい、失業し、多数が野宿になってしまった。

野宿とは究極の自立形態である

寿支援者交流会が活動をはじめた当初はどこに野宿者がいるかも分から

ず、まず最初に野宿していそうな場所に訪問をして、そこにいる野宿者から話を聞き取り、その後、その聞き取った相手からあの辺に野宿者がいるぞという声があると、現地を訪れて新たな出会いを作っていくという。野宿のことは野宿者に聞けというスタイルを取っていた。

　そのことを通して、野宿という過酷な状況で生き抜くために小さなコミュニティが多数存在していることを知っていった。2002年のホームレス特措法が制定される直前まで、野宿者は決まった居所を持たず、自立の助長ができないという理由で生活保護の対象とはされず、福祉事務所は「自力でお金を借りるなり、何なりして居所を構えたら相談に来てください」という状況であった。そもそもお金があっても人間関係の貧困も抱えていて、連帯保証人のいない野宿者には家を借りることのハードルは限りなく高かった。それまでも、飯場や会社の寮などで暮らしてきていて、自分名義の家を借りた経験のない人も多かった。

　生活保護による支援が受けられないということは、家を失うほどの困窮状態でも、自力で日々の糧を用意しなければ生き抜けないということを意味する、その状態を生き抜くことを可能にしたのが野宿者の持つコミュニティであった。

　家を失ったからといって、どこかに体を横たえて睡眠をとり、体力の回復をしないと人間は生きていくことはできない。これは当たり前のことだ。

　家を失った時にどこに行くかというと、自分が暮らしていた土地勘のある場所で野宿する人は多い。例えば横浜駅などは90年代前半は大きな地下道があり、雨風をしのげる状態だったので、かつて通った時に野宿している人が多数いたことを覚えていて、家を失った時に、その場所に行き、「こりゃいいや」とそこで寝ることを決めた人がいた。その人は高齢だったために、野宿をはじめた日から周りの野宿者が心配してくれ、「おやじ、飯食ったか？」と食事を分けてもらったりしたという。そのお礼として、毎日段ボールを探して寝床を作ることを自分の仕事にしたという。駅で野宿している人の場合は、アルミ缶を集めておいておく場所などがないため、日雇労働に従事している場合が多くある。仕事は減っているが、2000年代前半までは手配師がおり、人が足りない時は日払いで働いてくれる人を求めて駅に手配師がやってきたという。日雇労働者は一日の単価が一万円以上の場合が多く、週1回程度仕事に行ければ、野宿が前提ならば生活していけるということが多々あった。

　2000年代になって、野宿をしていた人が、手配師を連れて私のところに

来たこともあった。手配師と野宿者もある意味人間関係ができていたようである。

　公園や河川敷などで野宿している場合は、スペースがあるので、小屋を作れるという強みがある。しかも、集めてきた廃家電やアルミ缶を集めておく場所もあるために、廃品回収などの都市雑業で生計を立てることが可能になる。こういうコミュニティには「場作り師」のようなリーダーがいて、その人に面倒を見てもらって野宿生活をはじめる。生活保護の対象にならない実情がある以上、日々の糧を得なくては生きてはいけない。なので、日々の糧を求めて、ある者はアルミ缶を集め、ある者は廃家電を探し、ある者はフライパンなどを探すという。そして、集めてきたものをくず鉄屋さんなどに売って生計を立てていた。廃品回収は一日の単価は低いものの、毎日少しずつでも集めれば収入になるという事実がある。日雇労働者が雇用者側の都合に規定されるのに比べて、自分たちで作り出した仕事は仕事さえすれば金額は少なくても必ず収入になるという側面を持っていた。

　このコミュニティは、みんなで高齢になった野宿者を支えていたり、働くことが苦手な人には荷物番という役割を与えたりと、生き抜くための互助システムになっていることに気付かされた。特に、公園などのコミュニティの場合は多くの場合はみんなで稼いできたもので、みんなで食べるというやり方を採用してきており、収益が均等化するようにしていた。「俺が仕事がなくても、あいつが稼げりゃ、お互いの収入を合わせて生きていける」と野宿者も語っており、お互いがお互いを支えあう互助システムになっている。しかも、一人でないので、万が一体調不良の仲間が出た場合も、他の仲間が救急車を呼んで対応をしていた。「何か有ったって大丈夫さ、救急車を呼べば医療費がなくたってみてくれる」など緊急対応の方法などもよく熟知していた。

　野宿で生き抜く生き様を見せられ、野宿者を、自分を追い出した社会に戻そうとする自立支援と称される考え方に大きな疑問を持ちだした。そして、支援者自身が今の社会が生きにくいので、他の社会との接点の在り方を求めて、寿に来て、触れ合い、出会い、自分らしい生き方を模索していくという基礎を作ってくれたといっていい。

　少なくとも寿支援者交流会において、野宿とは究極の自立形態であり、自力で生き抜いている状態である。自立支援と称して、自分を追い出した社会に戻す対象ではないと実感していく時期であった。　　　　　　　　　　［高沢幸男］

（3）各地に広がる野宿者と支援団体の模索

各地での支援団体の結成

　ここでは、寿支援者交流会のメンバーでの関わりで形成されていく県内各地の支援団体を対象にしていく。支援団体の形成は立場によって違って見えるので、あくまで寿支援者交流会のメンバーの関わりということで記載していく。

　1995年10月に、横浜駅のパトロールに来ていた大学生が自分の地元の藤沢市に帰ると駅に野宿者がいるので、実態を把握したいと言い出した。このことを聞いた寿支援者交流会の若手メンバーが声かけをし、「やるといったものの、一人だと心細くて、助かります」と2人で藤沢駅周辺の野宿者に声をかけることになった。とはいえ、客観的に見れば24歳の男性二人が急にやってくるのだから、かなり違和感がある。はじめてのパトロールでは、野宿者から「お前ら襲撃に来たのか」といわれ、「違うよ。普段は横浜で野宿者の訪問をしているんだけど、藤沢にも野宿者がいると聞いて来てみたんだ」と答えたところ、「そっか、じゃがんばれ」といわれ、思わず「分かりました。来週も来ます」といってしまった。これが運のつきで、藤沢火曜パトロールの会がはじまり、現在も継続して活動している。

　そもそも、社会運動経験がないか、若手なので経験が短く、一人は学生、一人は社会人で、日中は十分には動けない。そんな状況での活動開始で、かなり不安はあったが、動き出したことを聞いて、地元の教会のメンバーや他の大学生が合流してくれて、なんとか活動が形になっていく。ちなみに、この創立メンバーの大学生はのちに神学部に通い、現在は牧師になっている。

　藤沢で支援団体が定期的に活動をはじめたことは様々な影響があった。小田原の教会関係のメンバーが、藤沢なら来られると定期パトに参加し、一年間一緒に活動を行った後、地元小田原で支援団体を結成した。また、隣の茅ケ崎からもパトロールに見学にきて、その後、地元の茅ケ崎で独自の活動を開始した。

　2000年2月に、神奈川県内の野宿者実態調査が神奈川県主催で行われ、多くの支援者が参加した。その中で、実は平塚にも多くの野宿者がいることが分かり、調査に関わったメンバーが中心になり、平塚の支援団体を結成していくことになった。

　そうこうしているうちに、2000年夏のことであったが、厚木市で妊婦が

野宿していることが分かった。当時は妊婦であっても安定した居所を持たない野宿者は門前払いであり、地元からの支援要請で寿から支援に駆けつけていった。交渉の結果、役所も緊急性が高いということで、例外的に生活保護で対応するということになったが、原則は変わらない。高齢の女性なども野宿のまま放置され続けた。これに対して、神奈川県内各地の支援団体が厚木市役所に駆けつけ、福祉課の職員に生活保護法の第2条の「無差別平等の原理」を読み上げるという交渉をし、生活保護申請を受理させた。

　このようなこともあり、神奈川全県夜回り・パトロール交流会が結成されていき、設立時のコーディネーターを寿支援者交流会のメンバーが担うことになっていった。

　2010年代になっても、寿支援者交流会に参加している大学生が、八王子の地元に戻って子ども食堂を立ち上げるなど、現場でできることを行うという作風はずっと続いていくことになる。

手探りでの支援

　各地での支援団体が結成されたという話をしたが、そもそも社会運動経験のない人が団体を立ち上げたりしているので、支援の仕方は手探りそのもの。同じ団体内部にも、野宿という生き方そのものに共感していたり、管理社会を生きにくいと思っている人が、野宿という過酷だけど管理社会とは無縁で生きていることに憧れたりしている人がいる反面、野宿なんてしんどいことはしてほしくないという人もおり、思想性も方向性もバラバラのまま運動を行っていくことになる。

　そんな中でも、藤沢でパトロールをはじめた大学生は、野宿することはしんどいので、可能ならみんなが生活保護を受けてほしいという思いが強かった。野宿者に話を聞くと、アルコール依存など支援者としては理解できる事情で野宿している人が多く、家がないから相手にされないなら、家があればいいのかと家探しをし、藤沢市と交渉して、契約できるなら敷金礼金は行政から出せるという発言まで引き出した。ただ、1990年代当時は賃貸契約での保証会社は一般的ではなく、連帯保証人が必要だった。自分で連帯保証人を引き受けるといったものの、大学生はダメといわれ、自分の母親を引っ張り出して、連帯保証人になってもらい、契約を行えるようにしてもらったという。リスクが高く、ハチャメチャなやり方だが、今ここでできることを考えるというやり方の最たるものである。ただ、この方法は母親の方が不安に

なってしまい、この1回しか使えなかったという。

野宿者が発する自己表現

1993年に立ち上がった川崎の運動は先行事例として非常に参考になった。川崎では、とにかく丁寧な聞き取りを続けた。この声を集めていったら、163項目要求になったという。要求項目も「仕事をしたい」「お仕事をください」という同じようなものでも、一文字でも違えば違う要求であると、要求書を作成していった。

1994年6月に第1回団体交渉を行うが、この交渉は涙が止まらないものだった。

野宿している一人一人が自分の表現で交渉していった。ペットボトルを差し出し、「俺たちは金がないから、いつも水ばっかり飲んでいる」とか、つくろった作業服を見せて「仕事さえあれば、いつだって仕事に行ける」という人もいた。

その中でも印象的だったのが、福祉事務所に行くと「ある日は乾パンを1個もらえた。別の日にはひとつももらえなかった。また、別の日には3個もらえた。何もしてくれなくてもいいから、話を聞いてくれて、毎日乾パン1個なら1個でいいから、渡してほしい」というものだった。一言でいえば、みんな対等に扱ってほしい。福祉事務所が対応するべき相手と認めてほしいというものだった。ともすれば、最低生活保障に目が行きがちだが、野宿の仲間の求めているものは物質的なものではなく、人間として扱ってほしい。できることは少なくても、何かをしてほしい、話を聞いてほしいというものだった。

支援されるべき対象とみられがちの野宿者が自らの言葉で語りだした。話すことが苦手な仲間も、イスに座って体で表現をしだした。寿から来た活動家が乾パンを拒否して闘えという言葉を語ったが、野宿の仲間の求めたものは人間らしく扱ってほしいという対等性そのものだった。

困難の中を生き抜いてきた仲間には、困難の中を生き抜く力がある、知恵がある、言葉があることを思い知らされる瞬間であった。このような当事者の言葉を見せつけられて、支援者側もまさに共に生きるとは何かを自問自答し、変わっていく瞬間であった。

このような出会いによって支援者自身が変わらされ、野宿の仲間の生きる力を信じる関わりの在り方は他の団体にとっても参考になることだったようだ。

寿支援者交流会は小さな団体だが、ホームレス支援全国ネットワーク理事や反貧困ネットワーク神奈川共同代表など、様々なネットワーク団体に役員を輩出している。

また、困窮者側の視点からの政策提言を行い続けた結果、横浜弁護士会人権賞、神奈川県ボランティア活動基金21・奨励賞などを受賞した。公職としても、内閣府パーソナルサポートサービス検討委員、厚生労働省新しい困窮制度人材育成委員、神奈川県ホームレス自立支援実施計画策定委員会副座長、かながわ県民活動サポートセンター協議会会長、横浜市人権懇話会委員、横浜市ホームレス総合相談推進懇談会委員などの人材を輩出し、国・県・市の様々な施策に影響を与えている。

野宿当事者の生の声に、耳を傾け、支援者自身が変えられていった結果だと思われる。　　　　　　　　　　　　　　　　　　　　　　　［高沢幸男］

(4) 自らを物語るというエンパワメント〜個人史聞き取りの開始〜

自分を追い出した社会に戻すことからの決別

寿支援者交流会が2000年に横浜弁護士会人権賞を、2001年にかながわボランタリー活動基金21・奨励賞を連続受賞し、しかも、中心となる事務局長は人権賞受賞時点ではまだ20代、奨励賞受賞時でやっと30歳という感じだったので、若手中心の新進気鋭の団体というのが社会的な評価だった。ただ、実態はあまりにも違った。生きにくさをテーマに、自分の生きにくさと野宿生活者の生きにくさを重ねて活動しているという感じであり、学校不適応児を自認している人もいれば、家族に新興宗教の出家信者がいるという人もいて、自称ひきこもラーもいれば、うつに苦しんでいる人もいる。解雇を経験し、傷ついているものもいるし、障害者手帳を所持している中心メンバーも複数いた。

外から見れば、様々な賞を受賞している団体ということで、様々な思惑を持って近づいてくる人もいた。特に野宿者の社会復帰のために自立支援などできることを協力したいという人が複数やってきた。ただ、社会復帰をするための支援は、就労支援であり、自分を追い出した社会に戻す支援であった。そんな考えは毛頭なく、考えたこともなかった。また、やりたい活動でもなかったので、自分を追い出し、野宿という過酷な状況に追い込んだ社会に戻すことに、いったい何の意味があるのかと、ただただ困惑するばかりだった。

最近では、「やり直しのできる社会を」という団体も増えてきているが、「やり直し」ということは、それまでの人生は失敗だったということになる。野宿という過酷な中で生き抜いている力が一切評価されず、失敗と位置付けられてしまうことにも違和感がある。ましてや、自分を追い出した社会に戻すことが目的であれば、自分を追い出した社会に戻ることが正しいことになってしまう。

「自立支援」「やり直し」という主張の支援をしたい人が複数やってきたことにより、そんなことがやりたいわけではないということを明確化する必要が出てきてしまった。また、他のメンバーにも野宿者の生の声を聞きたいという人もおり、野宿者の生きる力を生の声で聞いていく活動として、個人史聞き取りをはじめることとした。美しい言葉は、時として人を傷つける。「自立支援」や「自分のことは自分でやる」などはその最たるもので、自己責任論を正当化するものだ。

個人史聞き取りを行う上で重要なこととしては、その人の人生をありのまま聞くということを心がけていった。中にはバブル景気が２度あったという人もいたりした。正確には高度成長期とバブル景気であるが、それを訂正してもあまり意味がない。その人にとっては好景気＝バブル景気になっているだけだ。話すのが得意な人が野宿しているわけではないし、歴史の当事者だった人が自分の置かれている状態を客観的に把握できるわけではないので、その人なりの表現をそのまま受け取っていくということに重点を置くことにした。「被抑圧者は言語を持たない」というが、様々な権利を収奪されてきた人は当たり前の権利さえ主張することができなくなっている。それでも生き抜いてきたのだ。自分の生きてきたことを、自らを自分の言葉で物語っていくことには、非常に意味がある。

個人史聞き取りをはじめる時に、それまでの人生をうまくまとめるのではなく、本人の言葉で物語るということに重点を置くことにしていた。

自らを物語るということ

開始当初の個人史聞き取りは、本人の言葉をそのまま語ってもらうために、本人が一番話しやすいであると思われる野宿場所で待ち合わせをして行うこととした。それはとても意味のあることだったが、実際にやってみるとなかなか待ち合わせができない。例えば○○駅の駐輪場で待ち合わせしたものの、駅には駐輪場が複数あり、うまく会えない。３時間ぐらい探し回って、あき

らめて帰ろうかと思った時にばったり会ったりして、なんとかやっているという状態だった。

　各地の野宿者に声かけをして、いろんな人がアクセスがいい、県民活動サポートセンターなども使ってみたが、多くの人が携帯などを持っていないので、道に迷ったりして、結構大変なことが何度もあった。

　具体的に聞き取った内容を書いていくが、20年以上継続している活動なので、紙面の関係でごく一部になるということ、また、一部に路上での聞き取りが混じることを申し添えておく。

　団塊の世代の聞き取りをすると、どうしても仕事の履歴になる。「自分はランドマークタワーを作った」という人もいれば、「ダム建築をして、各地を回っていた」という人もおり、発電所の建設に関わった人もいて、高速道路整備をしてきた人もいる。そして、話していくうちに、急に立ち上がってスコップでコンクリを練る動作をして、「耳たぶぐらいの硬さのコンクリができるといい道路ができる」と言い出す人もいる。この時の目の輝きは今でも忘れられない。「日雇いみたいないい加減な仕事をしてきた」から「仕事のスキルを磨いてきたから、仕事を得られて日雇労働で生きてきた」に変わった瞬間である。日々雇用日々解雇なので、仕事を得続けなければ、日雇労働で生き抜くことなどできないのだ。

　生きる力の発露は決して模範的なものばかりではない。「200円しかなかったので、明日は石にかじりついても仕事に行かなくてはならないので、センター前で野宿して仕事に行った」と生き抜くための工夫もしている。

　30代の若者であり、兄弟で会社を経営していた人は、「水道、ガス、電気が止まっても大したことはないですよ。水は公園にくみに行けばいいし、ガスはカセットコンロがある。電気は針金で電線と繋げば使えるようになる」とのことだ。まさに生きるための力だし、こんなスキルを持っている人が失業してしまう社会なのだ。

　家庭の事情も複雑な人が多い。「私はお母さんと呼んだ人の数なら誰にも負けません」と、両親が離婚し、再婚し、また実家に預けられなどで、4人のお母さんがいたという人もいた。母親の顔を知らずに育ち、「会いたいというから会いに行ったら、やっぱり会えない」と結局母親の顔を見ることのなかった人もいた。相続などの関係で、失踪宣告をされており、亡くなっていることにされてしまった人もいた。「親父が亡くなって、相続があってね、

自分は失踪宣告を出されて死んだことにされてました」という人や「家が火事になってね。急遽市営住宅に入ることになったんだけど、（住民票に載っている）この人はどうしたということになり、失踪宣告を出されてしまった」人もいた。生活保護になって、戸籍を調べたところ「亡くなっている」ことが分かったという人がいて、この人は元妻に会いに行ったとのことだ。そして、再会の第一声は「20年は長かったです」といわれたとのことだ。客観的にみれば仕方のない理由があるが、それでも「自分が生きてるのに死んでいることにされると、そりゃへこみますよ」といっていた。

　職歴はまちまちだが、建築土木労働と自営業が多いように思われる。自営といっても個人事業主や家族経営ぐらいの規模が多く、飲食業も多い。年齢に関わらず、中卒で寿司屋に弟子入りしたり、住み込みでソバ屋で働いたり、出前中心の中華屋に住み込んだりという感じだ。

　厚生労働省が2021年1月に行ったホームレスの生活実態調査では、最長職（人生で一番長くやっていた仕事）が常勤職員という人が一番多く、57.1%となっているが、長く常勤職員をしていた人の聞き取りができたことは少ない。もちろん、鉄道会社に長く勤めていた人や誰もが知っている電機メーカーに長く勤めていた人もいたが、私たちが聞き取った人の多くは日雇いも含めた非正規雇用だった。

　また、経営者になる人は結構多い、金の卵が社長になるわけではないが、集団就職で都会に出てきた人の一つの成功者の形が個人事業主も含めた経営者になることだった。多くの人がバブル景気に乗って会社を立ち上げたりしている。親が炭鉱労働者で産炭地出身。学校は3部交代でないと通えないぐらい子どもが多い状況だったが、エネルギー政策転換で斜陽産業になり、閉

表1　2021年ホームレスの実態調査

	直前職（2021年11月）	最長職（2021年11月）
経営者・会社役員	2.2%	2.5%
自営・家族従業者	4.8%	5.1%
常勤職員（正社員）	45.8%	57.1%
パート・アルバイト	23.2%	17.0%
日雇	20.7%	14.1%

出所：厚生労働省2021年ホームレスの実態に関する全国調査

山後はゴーストタウン化されてしまう。その中で都会に出てきたという人は複数名いた。そして、前述のように各地の高速道路を作って転々としたり、ダム建築で各地を回ったり、期間工になって各地に派遣されたりという形で、まさに仕事を求めて移動し続ける「流動する下層」となっていった。寿司屋で修業し、寿司屋を開業した人、すき間産業で産廃会社を立ち上げた人、「いい時は良かったんですよ。バブル景気に乗って、会社を興して、別荘を持って会社を経営していました」という人もいる。団塊の世代たちはバブル崩壊やその後のロストジェネレーションの失われた10年の中で、会社を倒産させ、借金を背負い、野宿に至っている。逆に、若年層は人に雇われにくいので、沖縄出身で都会に出てきて兄と共同経営したり、作業員よりは稼げると思い、個人事業主になったりしている。

結婚歴はある人も多く、中には4回結婚して、4人の子どもがいるという人もいた。この彼も寿司職人である。職人としては一流で、すぐに副店長などになって、お店を任される。人当たりもいいので、客もつくようになるが、経営者側になって、原価計算などをするようになると面倒くさくなってやめてしまう。また、飲食業はランチタイムと夕方の営業の間に数時間の昼休みがある。この時間にギャンブルなどをやってしまい、生活を破綻させている人もいた。

リーマンショック以前は水際作戦により、生活保護は受けられないものという認識が強く、長期に野宿している人が多い。多くの場合は病気により、入院などで生活保護に移行している。中には、年金受給がはじまり、アパート生活をはじめた人もいる。営業部長をやった人が、リストラにあい、そのままリストラ離婚をし、前向きに生きるために就職先として野宿を選んだという人もいた。野宿場所からコンビニに通い、賃金の代わりに売れ残った残物をもらい暮らしていたという人だ。リーマンショック以降は生活保護が受けられるということを知り、比較的短期で野宿を辞めている人もいる。中には、野宿歴は1日で、技術を利用して、通信設備会社に就職し、生活保護も2ヶ月で抜けている。そして、その後、再度個人事業主として独立した人もいる。

野宿していて大変なことは何かと聞くと、「襲撃」と答える人は多い。連日子どもたちが石などを投げてくるので、ガマン出来ず、子どもたちをつかまえ、説教をした人もいる。また、子どもたちに注意したら、おやじ狩りにあい、隣の野宿者から私のところに連絡があり、救急搬送を行い、2か月の入院となった人もいた。

逆に、「寒いこと」や「蚊」などをあげる人もいる。10年も野宿をし、野宿場所から派遣の仕事に通い、生活していたので、「自分は家はなかったけど、仕事もしているし、飯も食えているし、風呂にも入れているので、寝ている場所が公園というだけで、野宿という状態だとは思わなかった」という人もいる。そして、この彼こそが野宿していて大変なことはと聞かれて、「蚊」と答えたのである。身分証が出せず、プリペイド携帯が使えなくなったから、派遣の仕事に行けなくなってしまった。派遣の仕事に行けていたら、自分はまだ公園にいたと思うというような感じだ。

　野宿者というと被害者の側面を強調することが多いが、野球選手を夢見ていたという人は結構多い、甲子園を目指して野球に励んでいた人、失業し中学時代の野球部でバッテリーを組んでいた人のところに転がり込んだところ、その友人も失業してしまい、一緒に野宿するようになった人もいる。プロを目指していたが、自分は背が低いので無理と思い、今は老人仲間で野球チームを作ろうと思っているという人もいる。本当にプロ野球チームに就職した人もいる。ただし、練習生にはなったが、選手になれずスコアラーになった人もいる。人生には喜怒哀楽がつきものだ。

　そして、自らを物語ることを行っていくうちに、自分にも語るべき人生があったことに気付いていく。「日雇いみたいないい加減な仕事しかしてこなかった」から「日雇労働で生き抜いてきた」に変わっていくのである。この作業を通じて自己肯定感を回復していくのである。多くの人は名もなき者として生き、名もなき者として死んでいく。しかし、生き抜いてきた人生を、模範的でなくても「こんな風に生き抜いてきた」と思えた時に、自分の過去を否定せず生きられるようになる。そして、困難の中を生き抜いてきた自分には、困難の中を生き抜く力があることを実感する瞬間になっていくのだ。また、聞き取りに参加している支援者側も、多くの人はうまく生きられない者たちである。困難の中を生き抜く力の物語を聞くことによって、うまく生きられない自分も生き抜くための物語の中にいるのではないかと思えるようになる。

　個人史聞き取りという自らを物語るという作業は、物語る人へのエンパワメントとなるだけでなく、うまく生きられないと思って聞き取りをしている支援者へのエンパワメントにもなるのである。自らを物語るということは生きるために非常に重要な行為なのだ。

〔高沢幸男〕

第 5 節

寿のアルコール問題と寿アルクの設立

　　寿地区のアルコール問題は、簡易宿泊所が営業を始めた当初からあっただろう。そのことは、1960 年代を通して寿地区で多様な活動をしていた、木下陽吉氏の手記でもうかがい知ることができる。日雇労働者として働くようになった原因としてアルコール問題があったと思える。なぜなら、寿で、お酒を飲んで依存症になった人は極めて少なく、アルコール依存症になってから、職を転々として生活の解決を求めて寿にたどり着いた人が多いのだ。

　　この節では、寿のアルコール問題を 1970 年代まで遡り、そこで登場した人物や団体との関わりから 1992 年に立ち上がる「寿アルク」の活動を中心に、寿の人々と共にあった現在までの活動を綴る。

(1) ジャン・ミニー神父と AA プログラム

　　1970 年当時の人口約 6,000 人のうち中福祉事務所でアルコール依存症（当時の通称でアル中と略す）と診断されていた人は約 600 人、また、寿で相談に従事していた職員たちは、アルコールで直接生活や健康に影響を受けている人を含めると少なくとも 2,000 人を超えるだろうと推測していた。

　　寿地区で 1970 年から 75 年にかけて、「医療問題を考える会」の取り組みがあった。寿の単身の労働者たちは、入院しても 1 か月以内にほとんどの人が自己退院してしまう現実があった。退院した人にその理由を聞くと、「同じ病室の人には見舞いがあるが、自分には見舞いがなく肩身が狭い、見舞いのおすそ分けにあずかるがお返しもできないし、気まずいし寂しい」などの話がよく聞かれた。そこで、数人で見舞いに行く活動をしたが、その効果は見られず訪問は長続きしなかった。

　　アルコールによる生活破綻と健康問題（怪我、火傷、骨折、消化器・循環器などの内臓疾患）、救急車の日常的な要請、入退院の繰り返し、路上死等々問題

は多岐にわたっていた。しかしながら、生活、保健、医療等の様々な機関、団体などの努力にもかかわらず、何も変わらなかった。寿生活館や寿福祉センターの相談員や中福祉事務所のソーシャルワーカー達の個人的な熱意ある支援が様々に継続的に行われていたが、共有できる成果や方法は見いだせていなかった。その間にも、亡くなる人の数は確実に積み重なっていた。

　1978年3月、カトリックの神父であり、アルコール依存症から回復したジャン・ミニーから命じられたという斎藤さんと大河原さんの二人が寿福祉センターに訪ねてきた。お二人は穏やかに笑いながら、「私はどうにもならなかったアルコール依存症者で、ミニーさんが作った『大宮ハウス』で回復しています。5月から荒川区の三ノ輪で、『三ノ輪MAC（マック）』というアルコールリハビリセンターを開設します。ぜひ、こちらのアルコール依存症者の皆さんに利用していただきたい」という要請だった。アルコール中毒ではなく「アルコール依存症」という言葉もなじみがなく、「病気」だから「回復」します、という話も初めて聞くことでよく意味も分からなかった。目の前のお二人の礼儀正しくにこやかな態度に接して、アル中とはとても思えず、寿のアル中さんと同じとは信じられなかった。心のうちで、「あなたたちは、特別な人だ」と思っていた。しかし「病気」だから「回復」します、という言葉は心に残った。

　その後、ミニーさんから「大宮ハウスに来ませんか」とのお誘いを受けた。大宮駅からバスに乗り郊外の木造2階建てのハウスについた。6人ほどの依存症者と共同生活をしていた。ミニー神父は、宣教のために日本に派遣され、京都大学の講師として生活しているうちにアルコール依存症が進行し、アメリカに強制的に送還された。アメリカで依存症の施設に入れられ、回復に歩みだし、再び所属の宣教会から日本に派遣された。1975年のことである。自らの回復のためにAA（アルコホーリクス・アノニマスの略称、アルコール依存症からの回復を目指す自助グループ）のミーティングを探し、東京タワーグループという外国人のグループしかなかったという。そのため、米軍の横須賀、座間、横田基地のミーティングに出席、また、断酒会にも参加した。1975年、断酒会の仲間と蒲田でAAミーティングを始めた。その傍ら、各地の精神病院や山谷の東京都城北福祉センターなどを訪ね、日本のアルコール事情に触れるうち、日本では本当の意味で「アルコール依存症は、『病気』とは認められていない」、と愕然としたという。そのことがAAの12ステッププログラムを使った「大宮ハウス」開設につながり、アルコール問題にかかわる契

機になったという。ミニーさん流に言えば、「山谷のアル中さんが回復すれば文句ないでしょう」「心が原因なら私は回復していません。私には心がありませんから」ということになる。精神病院の医師などに、「あなたの病院でどうにもならない重症な人を預けてください」と事あるごとにお願いした。今は両手で数える人が、回復のプログラムに取り組んでいる。しかし、ハウスでは限られた人数しか受け入れられないので、1978年5月、AAの12ステップをプログラムとするアルコールデイケアセンター「三ノ輪MAC（以下「三ノ輪マック」あるいは「マック」）」を荒川区に開設したという。スタッフは、大宮ハウスで回復している本人たちである。　　　　　　　　　　　　［村田由夫］

(2) 病気・回復という言葉の新鮮さと驚き

　その日から折に触れてミニーさんからAAのオープンミーティングに誘われた。初めて参加したミーティングで各人の体験の話に息をのみ、山谷のメンバーの訥々とした話に惹きこまれた。これはなんだろう…。この体験は、ミーティングに出続けるきっかけになった。マックのミーティングにも参加させていただいた。マックが開設して6か月ほどしたころ、マックに通う援助職関係者を対象に、月1回のプロセミナーが企画された。ミニーさんのAAの12ステップの解説と男女の依存症本人達の12ステップを実際にどう使っているかの体験談だった。帰路、大森に住まうアルコールと薬物の合併症から回復している女性と一緒になった。雑談の延長のように「病気の渦中のころ、よく給料日の夫の帰りを霞ヶ関駅の改札口で待つことも多くてね、禁断症状がひどくて、庭の木に登り動物のように吠えて、隣家の二階から見ている人と顔を合わせたこともあって」と、ころころ笑いながら話してくださった。見せてくださった手の指先は曲がっていた。

　ミニーさんが折に触れて話すことがある。「依存症は進行性の病気です。飲んでいる人の言動は、この病気の症状です。病気だから正しい治療を受ければ回復します。皆同じです。国籍や性別の違いは関係ありません」。

　マックを寿のアル中さんに確信を持って勧めることはできなかった。一年間で8人ほどのアル中さんに勧めたが、ほとんど一週間以内で通わなくなった。1978年7月、マックのスタッフで依存症本人である山本職員が、毎週水曜日に福祉センターに通うようになった。ミニーさんに行くように言われたという。ミニーさん曰く「うちのスタッフで一番優秀な方（実は重症という

意味）を送りますのでよろしく」。山本さんは、相談に来るアル中さんと雑談をしながら親しくなっていった。後に、寿の回復したアル中さんと AA のグループの結成に大きな力になる。

　AA のミーティングは、司会が語ったテーマに沿って、自分の経験を正直に話し・仲間の話を聞く、というものである。精神科医の斎藤学氏は「12 ステップは過去形で書かれており、気づきのプログラムである」と指摘している。また、依存症者は、人が教えようとすることはほとんど耳に入らないという。ミニーさんは、アル中はいつも説教されるので、「俺とお前とは違う」と耳を塞ぐので「聞こえない」のだという。ミーティングに出席するうち、正直な仲間の話が耳に入ってくるようになる。「俺と同じだ…」耳が開き、やがて少しずつ自分の話をするようになる。その分だけ信じるようになる。正直に話した分だけ、恨みや、怒り、自己憐憫などが薄れ、気持ちが楽になり、飲む理由が少なくなっていくという。

寿で初めてのアルコール依存症からの回復者

　1979 年 6 月、ヤンカラさん（寿の職安広場でたき火を囲んでお酒を飲む人）の常習者である H さんが、寿福祉センターの相談室に幻覚と痙攣をこらえながら相談に来た。入院先を探すもどこにも断られた。保健所のワーカーにも頼んで探したが、見つからない。致し方なく、明日から三ノ輪マックに通うことにした。翌日、H さんは約束を守ってやってきた。野宿のオーバーを着たままで臭いもあるので、体を洗い着替えるように勧めた。本人は「嫌だ」と固辞。そのままの姿でマックに同行。ラッシュの電車に乗り込むと乗客はさっと避けた。吊革につかまると座っている人がはじけるように立ち上がった。階段を降りるときは怖がり足をすくめていた。2 時間ほどで三ノ輪マックについた。ミーティング中、彼の眼は空中にさまよっていた。3 日間ともに通ったのち、ミニーさんの助言に従い、彼に交通費と食事代を渡し一人で通ってもらった。まだ入院先は見つからない、このままでは飲むのは時間の問題だ。ある日、H さんは、「この服は恥ずかしい」と言ってきた。シャワーで体を拭き、着替えた。はっと気が付いたら一週間が経っていた。後で本人に当時のことを聞いたら全く記憶にないという。10 日経った。服装がこざっぱりし、笑顔が明るくなった。2 週間過ぎたころだろうか、週刊誌をもって景色のページを開き「こんなきれいな景色みたことがない」と語った。驚いた。アル中さんとこのような話をした経験はなかった。これまで、一か月ほどやめてい

た人は何人かいた。表情が硬く、辛そうで無口であった。後でわかることなのだが、一人で我慢してやめているのと、仲間とミーティングをして飲まない、の違いである。Hさんのこの変化は、今まで見たことのない様子で「回復」としか表現できない姿だった。中福祉事務所のワーカーや福祉施設や保健・医療の関係者の衝撃は大きかった。こののち、マックに通う人が少しずつ着実に増えていった。三ノ輪マックのプログラムに関心を寄せ、活用する団体や関係者が広がっていった。

AA横浜グループの発足とグループ活動

　初めての単身の回復者が現れた後、寿から2人、3人と三ノ輪マックに通い回復につながる人が続いた。三ノ輪マックの山本さんのアドバイスを受けて、寿の仲間たちはAA横浜グループを立ち上げた。AAメンバーは自らが飲まない生活を続けるために、仲間や新しいメンバーがいつでも通えるようにミーティング場を確保する必要がある。その活動を進めるためにもグループが必要である。グループ初めてのミーティング場は、南区にある福祉施設「南浩生館」だった。いろいろな会場を探したが、アルコール依存症と聞くと断られていた。カトリックキリスト教会は、快く貸してくれた。それは神父のアルコール問題を抱えていたからだった。ちなみに、AAの12ステップには、神という言葉が出てくるのでキリスト教に関係がある、抵抗があると誤解されている。ミニーさんは、「私はキリスト教ではやめられなかった。AAでやめられた。そのため、キリスト教を信じることができています。私にとって第一のものは、AAです」と語っていた。

　9月、横浜グループの初めてのミーティングは、午後7時から始められた。出席者は、グループメンバー、ヤンカラさん、東京のAAのメンバー、援助職等合計19人だった。3回目のミーティングは、嵐の日であった。交通機関もストップし、会場も停電で中止と思っていたが、メンバーはローソクをともして待っていた。東京の仲間は、何とか乗り継いでやってきた。いつものように始まり終わった。仲間たちは何事もないように帰っていった。ミーティングには命がかかっているとは聞いていたが、これもその一つなのだと感じた。少しずつグループの人数も、ミーティング場も増えていった。1982年の横浜グループのミーティング場は、早朝ミーティング1か所、午後1時30分から4か所、午後7時から9か所と日本のグループで最も多いミーティング場となっていた。また1985年のグループ数は、横浜グループから発展

的に分立して、横須賀、湘南、寿、南横浜グループと5グループになっていた。寿のアル中さんの回復が中心になっていたということである。社会からも、寿でも哀れみ、蔑まれ、絶望視されていたアル中さんが、自助グループの活動で、苦しんでいるアル中さんに希望のメッセージを届ける活動をしている。誰が、このような現実を想像できただろうか。いま、「単身者のほうが回復しやすい」、といわれるようになった。神奈川区仲木戸で野宿していて、地域の人々から迷惑だと何度も警察に通報され、パトカーで横浜の埠頭の先端に連れていかれ、「ここから飛び込め」と言われたアル中さんも AA につながり、回復に歩みだした。彼は以前世話になった浜松市の病院に回復の姿を見せ、定期的に何年も通った。やがて浜松の地に AA のグループが発足し、その後も月1回のミーティングに通い続けた。このような例は、AA グループでは特別のことではないようだ。回復にとどまらず人間的にも成長しているのである。メンバー達は、ミーティング場を365日休みなく維持するため、グループでの役割を半年ごとに分担していた。できないという人には、仲間が手助けして役割を果たしていた。易しいことをやさしくシンプルに実践している。初めての人が来て、ミーティングが開催していなければ二度と来ないだろう。貴重な回復の機会を失うことになる。こうして AA メンバーは、新しい仲間を最も大切にし、そのことが AA 存続のもとであり、命と成長を守っていくことを知っている。

　横浜グループの三ノ輪マックに通う仲間たちは、夜はグループのミーティングに通い、一日3回ミーティングに出席することになる。その方が気持ちが楽なのだという。

アルコールプロセミナーの開始

　1980年、寿福祉センターで寿生活館、中福祉事務所、中央浩生館等の職員と横浜グループのメンバー達で、アルコール依存症の回復や AA の12ステップについて理解を広げていこうと、6〜7人で月1回のアルコールプロセミナー（以下「プロセミ」）を始めた。このころには、心の病という漠然とした通念から、病気と回復ということを意識して活動していた。回数を重ねるごとに参加者が増えた。医師、看護師、司法関係者（弁護士、保護観察官等）、関心を持つ日雇労働者等多様な方々が集まるようになった。参加者は、専門家や専門書からではなく、依存症者から学び吸収していった。また、AA の12ステップの理解が、依存症者支援の役に立ち、自分自身の生き方を見直

す契機にもなるからである。1984年には、寿生活館が事務局となりプロセ
ミ通信の創刊号が出され、1990年まで続いた。このプロセミは、幅広い分
野に理解を広げ、集まった方々の相談にかかわる連携は、その後も長くアル
コール依存症の回復支援の大きな力となっていった。

　1980年3月、AA横浜グループの第1回AAステップセミナーが開催さ
れた。福祉や医療関係者、関心ある市民が参加した。メンバー達は、東京の
メンバーの参加を得て、2日間かけて開催した。自らの飲まない体験を、12
ステップに沿って大勢の前で話す初めての経験となった。ステップセミナー
は、今日も開催されている。

横浜マックの開設と後援会の活動

　1979年11月、中福祉事務所は、三ノ輪マックに通う交通費を支給するよ
うになった。マックに通うことはアルコールを飲まない力になる、というの
がその理由であった。三ノ輪マックに通うメンバーも増えグループ活動も活
発になっていた。

　1983年、横浜グループのメンバーから、横浜にマックを作りたいという
相談があった。三ノ輪まで通えない仲間もいる、というのも大きな理由だっ
た。横浜グループ有志と関係者とで話し合い、横浜にも必要ということで一
致した。問題は運営費だが、職員給料や家賃など責任は持てないが、資金集
めなら協力できるということで、「横浜マック後援会」を発足させた。事務
局は寿福祉センターに置いた。ミニーさんに相談した。「横浜で経済的にも
独立してやってください。プログラムについては協力できます」と自立を促
された。ミニーさんは、三ノ輪マックの基金のうち、横浜教区からの献金を
横浜マックに移す手配をしてくれ、横浜教区の濱尾司教と面談のアポイント
を手配してくれた。濱尾司教と会い協力を受けられることになった。

　1978年、妙香寺台ハウスを開設。横浜グループのメンバー1人が専従職
となった。1979年に保土ヶ谷区神戸町に横浜マックデイケアセンター（以下
「横浜マック」）を開設。同時に妙香寺台ハウスは閉鎖した。職員は3人、2人
は横浜グループのメンバー、1人は東京のAAグループメンバーである。横
浜マックの運営は、月に1回運営状況の報告をもとに意見交換をした。後援
会は、毎週ボランティアが来て事務局を担った。後援会ニュースを発行し、
回復者の体験談やマックの運営内容や献金の報告など市民に知らせた。その
ほか、依存症の回復についての市民向けのセミナーも開催した。横浜マック

の活動が始まったころ、日本各地には、三ノ輪マックのプログラムを活用するマックが作られていった。

　回復に歩みだした仲間たちは、福祉センターに集まり過ごすようになっていた。相談室に来るアル中さんにコーヒーを入れたり、雑談しながら過ごしていた。福祉センターは、AAメンバーのアル中さん、飲んでいるアル中さんたちの気楽な「たまり場」になった。私飲む人、私飲まない人が歴然とわかる不思議な場ともいえた。メンバーのひとつの娯楽はキャッチボールで、職安広場で楽しんでいた。その傍らは、ヤンカラさん達の焚火の場所である。いまキャッチボールをしている人が、一杯の酒に手を出すとヤンカラさんに戻るのである。この対極の光景が眼前に展開するのである。この病気と回復を余すところなく表している。再び飲酒することを、AAでは「スリップ」と呼び病気の再発ととらえている。深刻でもなく、再度やり直すことが含まれる温かい表現である。

　横浜マックが活動を始めて数年、ボランタリーな後援会の資金集めも、限界が見え始めた。横浜マックの運営に協力していた保土ヶ谷教会の高木さん等有志の方々が、任意団体「横浜マックケアセンター」を設立し、行政への補助金を陳情する方向が出された。マックケアセンターが運営の責任を担い、横浜マック後援会は、ボランタリーな市民活動を続けていくことになった。任意団体横浜マックケアセンターは、その後、横浜市に対し「精神障害者地域福祉作業所」としての補助金申請を続け、1990年に助成の決定を受けた。初めて公費による運営が実現したのである。横浜マックはその後2度の移転を行い、現在は、旭区の本宿町（二俣川）を拠点として活動している。三ノ輪マックのプログラムが寿地区に届けられてから12年目のことである。

　横浜マックが活動し始めたころ、三ノ輪マックでスタッフをしていたメンバー達が、各地にマックデイケアやナイトケアを設立していった。やがて、全国マック協議会の設立につながっていく。

市民向けのアルコールセミナーの開催

　横浜マック後援会は、AAの横浜グループのメンバーと、横浜市民を対象のセミナーを企画した。横浜西口の神奈川県政総合センター（現かながわ県民センター）のホールで、「アルコール依存症は回復する」をテーマに開催した。200人のホールはいっぱいになった。依存症本人、福祉、医療の関係者、精神科医などがスピーカーになった。2回目は、東京のアルコール問題を考え

る会との共催で、精神科医の斎藤学氏がスピーカーとして参加した。また、アルコール依存症の妻たちのスピーチもあり、依存症の夫から自立するときに「あなたの命はあなたに返します」と、夫を良くしようと献身し、自らも夫に依存していた生き方からの決別であったことが強く印象に残った。

アディクションセミナーの開催

　横浜マック後援会は、東京のアルコール問題を考える会と出会ったことで、活動が広がった。依存症は、薬物、ギャンブルなど広く存在することに気づき、またその方々と触れ合うようになった。「アディクション」とは、厳密な意味ではないが、依存症の総称的な意味合いととらえるようになった。グループミーティングでは「深刻な話」も腹を抱えて大笑いする。アディクションセミナーでは、「依存症者のお祭り」の場にしようとの発想で、「アディクションセミナーinよこはま」を企画することになった。第1回開催（1998年）の会場は、開館したばかりの（財）横浜市女性協会（現（公財）横浜市男女共同参画推進協会）が運営する「横浜女性フォーラム」だった。ホールは300余人の定員、そのほかミーティングルームなどほぼ全館貸し切りで開催した。依存症本人、家族、関係者、市民など全国から800人を超える方々が参加した。

　第2回は、ギャンブル依存症の本人がホールで呼びかけた。それに応え仲間が集まった。「ギャンブルグループ」が誕生した。この集いには、多くの自助グループが参加した。そして、ホールでのさまざまな依存症者のスピーチを聞き、ミーティングルームでの各依存症者のオープンミーティング、クローズドミーティングに参加することで、自分も本人であると気づいた人たちも多かったのである、セミナーは自助グループと福祉関係者による実行委員会で運営され、年1回の開催は現在も続いている。　　　　　［村田由夫］

参考文献────────────────
AA横浜グループ（2000）『二十年の歩み』より2000年5月発行、プロセミナー事務局「プロセミナー通信」

（3）　市民団体寿アルクの設立と作業所運営

　横浜マックが旭区に移転したこともあり、横浜グループのメンバーは、寿に関わる福祉関係者等と話し合い、メンバーと飲んでいるアル中さんが集ま

れる場が欲しいとの運動がはじめられた。方向としては、三ノ輪マックのように、AAのプログラムをベースにしたデイケアセンターをということになった。

　1992年8月、40団体、80人ほどの関係者が集まって、任意団体「市民の会寿アルク」が発足した。「アルク」とは、飲むことしかできなくなった依存症者が、飲まない生活を目的に「歩いて通う」ことが回復の一歩になる、ということから名づけられた。同年10月、横浜市の「精神障害者地域作業所運営費補助金」の助成を受けて、南区中村町に開所することになった。しかし、地元町内会の反対運動がおこった。子ども、女性、高齢者に危険だという理由だった。アルクでは、手分けをして地域の戸別訪問、地元住民集会への出席、依存症理解のためのセミナー、同じ施設である横浜マックの見学ツアーなどの企画を通して理解を求めた。しかし、地元町内会は、市議会に請願書を提出した。地域の8割の署名を集めたという。アルクは、市議会の各会派を訪ねて、依存症の回復と施設の役割への理解を求めた。請願書の回答は、「寿アルクは必要な施設なので、話し合うこと」であった。

　1993年11月、アルクデイケアセンターが開設された。所長と職員は、横浜グループのメンバーで、事務職はノンアルコールというスタッフで始まった。その後は、地域との関係も良好で、運営は順調であった。通所者は職員と共に施設の周辺の生活道路の清掃を日課としていたが、地域の方々も参加するようになった。

　1994年6月、寿の関係者の情報提供で、寿地区内に良好な物件を見つけ移転した。これまで寿地区内にいることで、飲んでいる仲間の誘いを断るのは難しいと、施設の場所は寿地区から一定の距離を保っていた。しかし、就職したメンバーの中で、簡易宿泊所で生活しながら、AAに通い飲まない生活を続けているメンバーも1人や2人ではなかった。そのことが、寿地区の中に施設をつくっても大丈夫と、寿移転決断の後押しとなった。

　1997年11月、本牧荘グループホーム開設。寿地区以外からの受け入れ、病院を退院して入寮する方の受け皿として、また、就労プログラムを終了した通所者が、就職先やアパートを探すとき寿地区に住んでいると話すと、断られることが多く、それらの対策のひとつとして、本牧地区にグループホームを設置した。本牧荘は、地域に転居する前段階の生活訓練、ゴミ出しや料理、地域との付き合いなどの体験の場として機能した。

　1999年10月、第2アルクデイケアセンター開設。広いアルクデイケアセ

ンターは、通所者が増える状況に、ミーティング場を二部屋に分け、3か月未満、3か月以上のグループに分けて対応していた。それでも対応しきれなくなったのである。第2アルクは、寿地区から大通り一つ隔てた扇町に作られた。回復の成長段階にも対応することと、新たな気持ちでプログラムに取り組む環境の提供のためでもある。

　2003年7月、第2アルクデイケアセンターが手狭となり、より広い場所に移転。エレベーターがあるので障がい者も高齢者も利用できる。2005年6月、第3アルクデイケアセンター開設。通所者も多くなり、通う年月も長くなってきた。第3アルクは、主に就労プログラムに取り組む通所者が対象である。アルクの施設はプログラム段階によって分けられるようになり、通所メンバーの交流のため合同ミーティングも行われ、顔が分かることと、お互いが支えになるように工夫をした。毎日の通所者は100人を超えた。ほとんどは寿地区の依存症者である。また、薬物やギャンブルの依存症者も受け入れるようになった。回復状況に応じて、本人の今後の希望を聞いて対処するのが前提である。

　2006年3月、特定非営利活動法人市民の会寿アルク発足。2008年7月、アルク・ハマポート作業所開設。重複障害や高齢で体も不自由な方も目立つようになり、制作活動、習字、俳句など娯楽的要素を多くし、緩やかなミーティングプログラムとした。また。開所時間も短く、日曜は休日とした。2010年2月、アルクデイケアセンターを、第1アルクデイケアセンター松影と改称、同年3月、第1アルクデイケアセンター翁開設。アルクに通う依存症者は、必ず、第1アルク松影に通い、プログラムの進展につれて移動していくが、松影だけでは受け入れられなくなったので、翁を開設して松影から移動できるようにしてプログラムの質の維持を図った。2011年02月、アルクヒューマンサポートセンター開設。アルコール依存症は、寿地区だけでなく広く地域に広がっている。アルコール依存症者の回復プログラムをもっと幅広く活用したい、電話相談や週1回のふれあいミーティングを通して悩みを共有する場として、様々な方々と関われるセンターを目指したいと設立した。相談は、解決を求めない考えで取り組んでいる。利用は無料である。

2014年12月、認定NPO資格取得

　2016年11月、第2アルクデイケアセンターを「障害者総合支援法」により第2アルク生活訓練センターに改称。同じく11月に、第3アルクデイケ

アセンターを第2アルク地域活動支援センターに改称。2018年1月、第1アルクデイケアセンター翁をアルク翁（就労継続支援Ｂ型）に改称。障害者総合支援法の適用施設となって後、依存症等ということで、幅広く受け入れるよう努めている。2019年11月、障害者総合支援法によるぷらんアルク（指定特定相談支援事業所）開設。

　以上、寿アルクの概略である。職員は常勤、非常勤合わせて30人を超え、その3分の2はＡＡメンバーであり、アルクプログラムを終了したメンバーも多い。アルクは、開設当初から365日開所であるが、障害者総合支援法の適用を受ける事業所は365日の開設はできない。そのため職員たちは、その適用を受ける施設のメンバー達がアルク独自のプログラムに参加することで開設できるようにした。アルコール依存症者は365日飲んでいたし、休日などは飲みやすい日でもある。その危険をできるだけ無くすことの大事さを、アルクの伝統として大切にしている。福祉、医療関係者や地域向けに、年に数回、職員の回復の体験談を中心に業務報告研究会を開催している。また周年記念として、アルクセミナーを開催し、通所者、職員、福祉・医療関係者や地域関係者のゲストスピーチなどがプログラムである。

　アルクだよりは、職員が編集し、おおよそ月に1回発行し2022年7月で№257、通所者の実数合計は3,540人になっている。発足30年を迎えている。

　三ノ輪マックやアルクのデイケアセンターやナイトケア施設は、病院等の医療モデルに対し、依存症者が地域で生活しながら回復に取り組む地域モデルといえるものである。

付記

　1985年、日本で初の薬物依存症者のナイトケアハウス「東京ダルク」が開設された。

　開設した近藤恒夫さん（2022年逝去）は、薬物依存症者で、札幌マックにつながり、その後三ノ輪マックの職員として働いていた。当時、アメリカでは、薬物依存症者は、共同体の中ではやめられているが、社会参加は難しいといわれていた。近藤さんは、アルコール依存症者と同じように社会参加を目的に、薬物依存症者にも回復施設が必要と設立したのである。開所間もないころのエピソードがある。施設の門限をマックと同じように午後10時に設定した。若者や元ヤクザの人等いろいろな依存症者が入寮してきた。しかし、誰も門限を守らなかった。守らせようとトラブルが頻発した。包丁の刃

をつぶしたという。そのうち近藤さん自らが、薬をやりたくなったという。近藤さんは、自分のために門限をなくした。トラブルはなくなり、それから回復が始まったという。やがて、各地にダルクができていった。東京ダルクでは、刑務所の薬物の受刑者に回復のメッセージを届けていた。やがて、法務省と連携して、出所後の依存症者を受け入れ、再発を防ぐ事業を幅広く展開している。

　ジャン・ミニー氏のまいた種が、いろいろな形で全国に広がっている。

［村田由夫］

参考文献 ─────────────

村田由夫（2000）『寿で暮す人々あれこれ』神奈川県匡済会
市民の会寿アルク「寿アルク通常総会議案書」

（4）良くしようとするのはやめたほうがよい（コントロールと支配）

　寿地区での相談や地域活動を通じて、「良くしたい」と思っていた。その思いに何の疑問もなかった。そのために出来ることがあることはうれしく、そうできることを探していた。相談の背後にある問題を見つけようとして、よくしていく糸口を探していた。漠然とした思いを、相談や地域活動をとおして具体化できると思った。相談を重ねて、ふっと気が付くと、アル中さんたちに囲まれていた。何度も係わりを重ねたが、状態は少しもよくならなかった。時には、イライラを感じ、自分でもなんとかしなさいよ、と心で相手を叱責しながら対応した。トラブルになり、喧嘩にもなった。一方で、限りなく落ちていくような、でも生きようとしている姿に、「これは何だろう」と不思議な魅力を感じていた。地域活動は、自治会活動を中心に様々な活動を進めていた。一つの活動が終わると、「次は何をしようか」と持ち掛けられるようになった。何も変わらない。相談にも、地域活動にも疲れていた。何かおかしいとも思っていた。自分の努力が足りないとも思った。

　ある日、長くかかわっていた日雇労働者が、激しく言い争っている現場に出会った。止めに入った。争いを止められると思った。その時、「うるせい、よそ者は引っ込んでろ」と怒鳴られた。愕然とした。どうしてこうなるのか受け止められなかった。「よそ者」という言葉が重く頭から離れなかった。気持ちの出口が見つからなかった。寿で働くようになって10年がたってい

た。寿の不登校の子どもたちの居場所に関わり、AA に出会った頃でもあった。ある時、突然、「良くしようとしなくていいんだ」という思いが沸いた。急に体が軽くなり、重いものを肩に背負っていたことに気がついた。降ろして気がつく重さだった。例えれば、象を何頭も背負っていたようなものだった。思い返せば良くしようとしているときは、疲れ、トラブルになり、問題は相手にあると思い込んでいた。良くしようとすることは、人を支配し、管理することである。誰でもない、自分の問題であったことに気づいたのだった。時々、ミニーさんから、「それは自分の問題でしょ」とよく言われていた。このことだったのだ。

　良くする必要はない、と思えたら、相談に来る人、地域の活動で出会う人達が、生き生きと魅力的に見えてきた。これまで敬遠してきた人達がより一層魅力的に見えてきた。毎日が楽しくなった。自分の存在が軽くなってきた。

　確かに問題は存在する。それを「どうしよう」とは考えなくなった。コントロールし管理することから少しは解放された。今まで子ども達のことはよくわからなかったが、良くしようとしなくなったら、子どもと楽しく付き合えるようになれた。寿は、何でもありの人の集まりで、それがただただ楽しい。それは、そのように寿がさせてくれるという気がしている。　　[村田由夫]

参考文献 ─────────────
村田由夫（1992）『良くしようとするのはやめたほうがよい』寿青年連絡会議清算事業
　団・豆の木がっこうを育てる会

第6節

寿医療班の活動

（1）寿医療班について

　寿医療班は、寿町周辺の簡易宿泊所居住者や野宿者に対し、寿町内の路上や公園で医療生活福祉にまつわる相談活動を行っている団体である。私自身は、知人の誘いがあって、1993年の7月、初めて寿医療班の定例相談に参加した。医療班というと、医師や看護師を思い浮かべるかもしれない。もちろん医療従事者も参加しているが、活動への参加に医療技術は必要ない。その基本的なスタンスは、悩み事や困難を相談者と共に考えていくということにある。医療班では、基本的な考え方として「医療を皆のものにしよう」が共有され、これには「医療を平等に受けられるようにしよう」「医者を中心とする医療従事者の医療から、誰もが担う医療へ」といった意味が込められていた。寿周辺には医療機関が沢山あるのに、何故病院にかかることのできない人が多いのか、健康保険に入っていない人が多いのか。背景には、労働や社会保障などの問題があって、それが医療アクセスの障壁となっていた。

　寿町は「社会の矛盾」や「寿の外での支援の貧困」を引き受けることになっているともいえる。相談に訪れる人は、どこかの地域で、家族、居住、仕事が流動化し、寿町周辺で暮らすことになるが、そのどこかの地域で困った時に生活問題が解決していれば流動化しない。日本の社会保障制度は重層的に貧困状態にならないように設計されていると言われている。実際、ナショナル・ミニマム保障のため、生活保護法は、福祉事務所を全国の自治体に配置させ、今暮らしているアパート等での「居住地保護」も備えているし、野宿生活や居住場所を転々としている場合であっても対応できる「現在地保護」も用意している。制度によって多数の人が日々支えられているのは事実であるが、寿の視点から見れば、いとも簡単に制度の隙間をすり抜けてしまい、医療や住居に困窮する状況に陥る人が多いというのが、医療班活動で何度も

経験したことである。「具合が悪いけど、病院にかかれない」という人を目の前にして、このような制度のタテマエを振りかざすのは無意味であり、害悪にもなる。まるでレストランのショーケースにあるプラスチックの模型について説明しているようなものである。貧困は、学歴、不安定就労、家族関係、ソーシャル・キャピタル、不運、ジェンダーなどで不利な状況にあると、集中して襲いかかってくる。しかも、この事実は社会的には気付かれず、隠れたままになっていることも多い。一方で、こうした事実にどこかで気付いて、寿町では、行政による対策、支援団体や事業者による運動や活動も行われてきたということである。相談では、その人の背景も含めて理解し何らかの生活保障の制度に繋げていくことが重要になってくる。また行政交渉を展開したり、事実を社会的に広めることも不可欠となる。

医療班活動の中心は個別相談であり、内容は幅広くかつ属人的となってくる。生活や仕事、これまでの人生についての話であったりもし、医療限定型相談では限界がある。したがって、医療相談と同時に、生活相談もしていこうという志向を持ってきた。腹痛であれば、いつからどのような痛みがあるか、通院したことはあるかなどインテーク的に身体の具合を聞いたり、福祉事務所に付き添ったり、医療従事者でなくとも出来ることは多くある。会話を続けていったり、傾聴することで不安で緊張した様子が少しだけ和らぐこともある。

ところで、この寿医療班の前身となる活動は、1973年から74年の年末年始に行われた「寿立会越冬」時から始まる。この時、炊き出し、医療相談、生活相談、人民パトロールの班に分かれていた。医療相談と生活相談は、生活館2階で24時間受け付けていた。越冬時に寿越冬実行委員会（寿立会）が1973年12月30日より翌年1月5日まで毎日発行したビラ（「日刊西部の街」、1月2日より「日刊ことぶき」）では、「（医療班の医者は…松本）悪徳医者とはわけが違う。俺たちのことを真剣に考えてくれる医者だ。何でも相談しよう。」「労働者の命は俺たち仲間うちでまもらなければならない。」などと書いてある。1月1日の第3号では「人民病院から（生活館2階奥）人民パトロールで、20数人の仲間が病院にかつぎ込まれる。皆な、体が非常に弱っている。病院もなかなか引き受けてくれない。医療班はてんてこまいだ。」という記事がある。1月2日の記事では人民病院から次の報告がなされている。

「寿の仲間たちはなかなか病院に行きたがらない。だけど救急車で病院

にはこばれる仲間は多い。仲間たちは、たおれるまで病院に行かないから
だ。理由は、金がないからであるし、入院すると、ひどい目に合うからだ。
……病院は俺たちのことを人間だと思っているのか疑いたくなる。だから、
入院させられた仲間は逃げてくる。この前も、頭をやられて危険な状態に
ある仲間が、入院中の態度が悪いと言うことで退院させられた。医者とし
ての常識すら無視して退院させたのだ。俺たちを人間としてあつかってく
れる病院が欲しい。今、2名の仲間が入院している。この仲間を守るため、
監視体制をつよめていきたい。又、人民病院には多くの仲間が入っている。
ここは安心だ。体の弱った仲間、具合の悪い仲間たちはすぐ、言って欲し
い。今年こそ、一人も殺られないように、やっていく。冬場は体にきつい。
何も食べずに酒を飲まないほうが良い。団結して、仲間の生命を守ろう。」

「越冬」は、年末年始に行政が閉庁し、医療機関が休診となる中、「一人の
死者も出さない」という態勢を作るために、炊き出し、パトロールなどの活
動を行うものであり、中でも医療の活動は、生命を防衛する最前線にある。
越冬前には手分けして、当時約100軒前後の簡易宿泊所を回って帳場さんに
お願いして越冬の医療生活相談のポスターを1階の入り口近くに貼らせても
らった。毎年、越冬の活動は継続してきた。「〜班」という名称は、この越
冬の班編制が由来である。寿から見た病院の冷たさがあり、入院を手伝った
り、面会していくがどうにもならない、敷居が高くどうしても病院が遠ざか
り重症化する、であれば自分達で命を守ろうというスタンスはこの時からあ
ることが分かる。
　以来、越冬における医療を中心とした課題に取り組んで来たが、1989年
の夏祭りで、越冬医療に加え、夏祭り医療生活相談を始めた。この「医療生
活相談」というのも、「医療だけの相談」ではなく、生活のこと、生活保護
のことにも関わるからと、あえてこの名称にしたのであった。さらに、越冬
後の訪問活動や継続した医療相談活動の必要性を感じ、1990年9月から通
年的活動として、月1回の定例相談を開始し、名称を「寿越冬医療班」から
「寿医療班」に改称し現在に至っている。この頃より毎月（当時）『寿医療班
通信』を発行し、会員向けに定例相談や夏祭り・越冬、行政交渉などの報告
や参加の呼びかけを始めている。しばらくして、今の「はまかぜ」の所にあっ
た町内会館2階を借りることができ、木曜パトロールとの共有スペースにし
た。町内会館の解体、移転後は町内会館に入らず、別の事務所を借りたりし

たが、コスモス寿で物品を置かせてもらえ会議・打ち合わせにも使わせてもらえることになった。

　定例相談では、毎月1回、寿町総合労働福祉会館・町内会館・寿福祉センターの前や寿公園に机を出して、医療生活相談に応じている。主な活動内容は、血圧測定、尿検査、外傷の応急処置、福祉保健センターや医療機関への紹介である。相談に訪れる人は、寿町の簡易宿泊所に住む人や周辺で野宿する人がほとんどである。また、医療班では、定例相談や越冬活動を通じて病院に入院した人や、生活保護を受けながら通院することになった人々の入院先・簡易宿泊所への訪問活動を行ってきた。加えて、寿町の住む人や周辺で野宿する人が、エッセイ・小説・詩・俳句・主張といった文芸を公表できる場を作り出そうと、1997年8月からは、『かわらばん　空』の発行を始めた（現在休刊）。毎号、町の住民の方々から小説やエッセイを寄稿してもらってきた。この『空』は、定例相談時や簡易宿泊所への訪問の時や、ことぶき共同診療所、寿生活館、「木楽な家」で配布していた。

　寿医療班の相談者の多くは野宿者や日雇労働者であり、医療保険や生活保護などの社会保障制度から社会的に排除されており、生活保護を受けていても必ずしも十分な医療保障がなされていない。しかし、医療への距離感はこれだけではないだろう。寿の周辺には中央病院、掖済会病院などの総合病院、その他診療所が多くあるし、町内には寿町診療所もある。医療が遠くなることについて、田中俊夫さんは「家族で暮らしていれば、おそらく優しいカアチャンがいて、『あんた医者に行ってきなさい』と押し出されることでしょう。日本の社会では、女性が一家の健康管理者です。一人では、自分の健康に不安を感じても、逆にその不安と、面倒臭さのために、医者へ行く敷居がうんと高くなります。一方で、独り身の淋しさから、あるいはドヤの寝苦しさから、酒は毎日の欠かせぬ友となる人が多い。外食ばかりで、栄養のバランスも偏ります。」（寿医療班パンフ「寿90-91越冬」）と、一人暮らしが多いことも挙げている。一方で、生活保護を利用し簡易宿泊所で暮らす人々の相談も多い。生活保護を利用しているとはいえ、病院や役所との関係が上手く行っていない人もいて、必要な医療や生活保障を受けられるようにその間に入って調整したり、様々な不安に向き合って傾聴することも多い。持病を抱えていたり、高齢期の生活に入ると、今後や病気への不安も生じるからである。

［松本一郎］

（2）横浜市年末年始対策に対する交渉

　横浜市の年末年始対策に対して、医療関係について市に独自の要求を行ってきた。例えば、次頁に掲載したのは1993年の年末の要求書の抜粋である。

　1点目であるが、横浜市は年末年始対策として寿町診療所を借りて臨時診療所を設置している。寿町診療所は寿のために設置されているため、臨時とはいえ検査機器があり、その使用、紹介状の発行等、通常期と同様の診療を行うこと、時に医療班と協議をしながら生命の保障を最優先にしていくことが全体的な要求の主旨であった。夜間の行政窓口については町内に待機することはなかったが、ホテルで当直している行政担当者の連絡先の通知を受けていた。レントゲンが使えることは結核の診断のためにも必要であった。

　このような要求の背景には、医療班のメンバーには、日雇労働者や野宿者への医療の保障は第一義的に公的責任により行うべきであるという考え方があった。生活困窮者にとって公的責任が重要になるのは、その多くが医療保険に加入できる状況になく、医療の保障は生活保護の医療扶助や無料診療でないと効果はない。この保障の体制を整え、医療に繋ぐのは、行政しかできないからである。しかし、生死に関わることもあるため、公的責任に不備がある場合には当然ながら対立的になることもあった。とにかく考えられる限りの正当な要求をし行政交渉を行った。他方で、医療班はその行政の機能が活性化するように行政交渉・連絡調整を行ってもいた。

　2点目の協力病院とは、有馬病院、野村病院など、横浜市が依頼をした、柔軟に受診・入院ができる病院のことである。この病院には何も持たず入院して年末年始期に病院で日常生活に不便を感じる人が多かったので、そうならないように、行政により事前に入院セットを協力病院に配布することも依頼した。年末年始に入院した場合、生活保護の担当ワーカーが来るのは年始の開庁後であり、それまでの隙間を少しでも埋める必要があった。

　医療班の相談に来る人は、現役日雇労働者、元日雇労働者、野宿者、生活保護で医療につながっているが年末年始に具体が悪くなった人、家族との関係が悪化し野宿になった高齢者、様々な事情を抱える人など非常に多様であった。その中でも、急いで対応する必要のある精神医療と結核医療が現場での大きな課題であった。

　3点目の精神医療については、アルコール依存症、薬物依存症、統合失調症などで具合が悪くなり医療班を訪れる人もおり、越冬期間に受診・入院体

1993-94年の横浜市年末年始対策への要求書

・臨時診療所について

　臨時診療所の体制や診療内容を明らかにするとともに、臨時相談所を含め全期間開設すること、レントゲン、心電図、超音波断層、血液検査など寿町診療所に設置されている検査を使用するように担当医師に要請すること、受診者のカルテは引き継ぐこと、寿医療班が依頼した場合には越年対策事務所（市の相談窓口）を通すことなく迅速に受診させること（検査を含む）、転医・転送の際には臨時診療所の医師は必ず症状紹介状を発行するように事前に周知徹底すること、緊急事態に備え、夜間の行政の窓口を設けること、臨時診療所の運営を依頼する医療機関の担当者・担当医師と寿医療班が、臨時診療所開設期間の協力体制について協議する場を事前に設けること。

・協力病院について

　横浜市が年末年始対策として協力を求めている病院の協力内容、協力状況を明らかにすること、協力病院の担当責任者を明らかにすること、寿医療班の要請および同行があれば各病院で速やかに受診できるよう周知徹底すること、公立病院の内科・外科のベッドを確保すること、年末年始対策対象者の入院に際し、各病院に必要な物品（浴衣タイプの寝間着、タオル、下着、スリッパ、ちり紙、はし、スプーン、石鹸・剃刀・歯ブラシ等の洗顔具）を配布し、物品が入院者に渡るように病院側に周知徹底すること、入院者に対して行政ケースワーカーがフォロー活動を行うこと、年末年始対策の入退院、通院者のフォロー活動を明らかにすること、外国人労働者に対して差別することなく、弾力的な運用で医療を保障すること。

・精神医療について

　県立精神医療センター芹香病院、誠心会神奈川病院にベッドを確保すること。精神病院の入院に関しては上記病院および公立病院への入院を最大限追求すること　等。

・結核について

　結核菌を排菌している可能性のある人が年末年始対策期間中に検査を受けられる医療機関を確保すること、検査の結果あるいは検査以前に明確に入院が必要な結核患者のために即時直接入院できる専門病院を確保すること。

・救急隊に関して

　救急隊員の差別的言動をただし、差別的な対応をしないよう指導すること。搬送先については基本的に救急隊の判断に任せるが、場合によっては寿医療班との協議に応じ、その上で搬送先を決定するよう、事前に隊員に周知徹底すること。

・成人用おむつ、しびんなどの援助物品

制を整えるよう要求したものである。幻覚、幻聴、自傷行為などの急性症状
がある場合には医療班でも対応が難しい場合がよくあったからである。何よ
りも、本人が症状に苦しんでいるのを見てきたからである。ただし、公立病
院については年末年始対策として特別な対応はなかった。精神科の薬もない
まま、それでも医療班の中心メンバーは泊まり込み、そして支援者のリレー
でなんとか年始まで乗り切ろうと必死になることもあった。

　4点目の結核については、1990年代には比較的多く見られた。結核の症状
はあっても喀痰検査等により確定診断がないと「結核疑い」のまま入院にな
らないので、そういう時には待機場所を確保して医療班はケアを行っていた。
確定診断結果が出て入院まで至る人も何人もおり、南横浜病院などの専門病
院に入院することになり越冬後には病院訪問を行った。このように精神医療
と結核医療については年末年始期の大きな医療課題であり、目の前に苦しむ
人がおり、「なんでこういうことが起きているんだ。通常期になぜ適切に医
療に繋がっていないのか」と毎年のように憤り続けた。通常期において「精
神科医療や結核医療の貧困」が明らかにあった。医療から排除され、病気を
抱えたまま剥き出しの状態のまま、適切な医療が届いていない人がそこには
いた。医療班は「今できることをやろう」という思いで越冬の日々に向き合っ
ていたと思う。

　5点目の救急隊については、1990-91越冬の最中の12月28日、関内の横
浜市庁舎付近で野宿したTさんが「マグロ」（ノックアウト強盗）に顔が変形
するほどの殴打を受けたにも関わらず、救急隊が3回も路上に置き去りにし
た事件があっためである。Tさんは肋骨骨折、眼球と結膜出血などの診断を
受けた（『寿医療班通信』第11号）。この事件の後、寿日労と医療班は中消防署
と6回の交渉を行っている。他にも、失礼な発言をする救急隊員もいたため
毎年要求をした事項である。

［松本一郎］

(3) 1998-1999越冬時の医療班

　この時は、12月27日に越冬突入集会が生活館4階であり、28日に医療室設
営や印刷物などの準備をしつつ、帳場さんにお願いし、ドヤ宿泊者向けに医療
班のポスターを貼らせてもらった。29日から越冬が始まった。横浜市はセン
ターの寿町診療所を使って臨時相談所を設置するとともに、寿公園・松影公園
に労働宿舎のようなプレハブを建設した。プレハブは住民懇・越冬実行委員会

が24時間体制で管理しつつ、寿公園を拠点に実行委員会の様々な活動が展開した（第5章第2節参照）。年末年始対策の相談者は必ず臨時相談所で健康状態を聞いて要診察と判断した場合は臨時診療所につなげていたが、実際は余り医療面でのチェックにはなっておらず、寿公園の医療相談で分かり対応をすることが多くなっていた。もちろん、プレハブに入ってから病状が重くなることもあろう。基本的には、臨時診療所にも病院にも救急車にもメンバーが付き添った。以下は医療班活動のうち、メンバーが付き添ったり、入院したケースの抜粋で

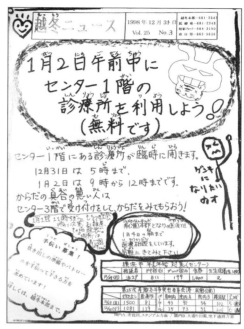

備考：1998年大晦日の越冬ビラ（医療班担当）。臨時診療所利用の呼びかけをしている

ある（『寿医療班通信第87号』）。医療班活動の一端が伝わればと思う。

　12月29日。破傷風で右足の腫れがあるAさん。医療班メンバーが付き添い、臨時診療所受診後、本牧クリニックへ受診。医師より「入院しなくてもよい」と告げられ、1週間分の薬を処方された。胆石腹痛のBさん。臨時診療所受診。本人の希望があり診察室への同室を求めたが医師が拒否。担当のワーカーが入院を勧め、本牧病院にメンバー付き添いし、入院となる。吐血のあるCさん。結核で南横浜病院通院歴があり、横浜市職員と南横浜病院受診。

　12月30日。センター前で蹴られて現金等を盗まれたDさん。臨時相談所に付き添い、野村病院受診。松葉杖を病院から借り、プレハブ内の病室に入る。なお、プレハブ内の一部に病室を設置し、毎日何度も体調管理を行っていた。結核疑いのEさん。臨時診療所を受診し市職員と入院先を探し、南横浜病院が結核の証明書があれば即入院できるとのことで、野村病院を受診後南横浜病院に入院。脳梗塞で半身不随を訴えているFさん。臨時診療所を受診し野村病院に行くが「内科しか診れない」と受診できず、まつかげ一時宿泊所入

所。なお、まつかげ一時宿泊所は神奈川県匡済会が運営していた。路上でパトロール班が関わったGさん。歩行困難、寒気、食欲不振があった。5日前にマグロに強盗され、一文無しになる。生活保護を受けていたため、市職員に連絡し、野村病院受診。衰弱があり入院を希望していたが入院できず、痛み止めだけを処方され、プレハブに入ることになった。

12月31日。全身浮腫があるHさん。医療班が付き添い中央病院入院。鼻血が続くIさん。救急車で桜木町夜間急病センター耳鼻科受診。治療後プレハブに入ることになった。

1月1日。糖尿病が悪化したJさん。足指、足の甲の切断の恐れがあり、救急車で野村外科受診。満床のため入院できず、後日花園橋病院入院となる。路上で倒れていたKさん。救急車で桜木町夜間急病センター受診。レントゲンで異常なしで、医療プレハブで休憩の後、ドヤへ帰宅した。飲酒後、体温低下し食事をすぐ戻してしまうLさん。精神的に不安定のため、ことぶき共同診療所へつなげた。

1月2日。脱水のMさん。臨時相談所から臨時診療所受診。脱水はそれほど重くないことが分かり帰宅。ドヤで食欲不振、嘔吐、下痢のあるNさん。救急車を呼び入院となる。腹痛のOさん。救急車で港湾病院受診し痛み止めの点滴、痛み止めの薬が処方され帰宅。

1月3日。胃の不快感、吐き気、めまいのあるPさん。救急車で有馬病院入院。

1月4日。幻覚・幻聴のあるQさん。かかりつけの芹香院受診。主治医の診察・注射後に帰宅。心臓の苦しさのあるRさん。人工透析を2日間休んだため体調不良となり、救急車で横浜市大浦舟病院救命センター受診。明日かかりつけ病院に通院。

以上がこの年の越冬医療の状況の一部であるが、この越冬時には、臨時相談所に1,603人の相談があり、寿公園の医療班の相談は12/29から1/4までで相談はのべ730件であった（ドヤ・プレハブ訪問は含まれず）。　　　［松本一郎］

(4) 結びに代えて

以上、私が経験した範囲での寿医療班活動の一端を資料で裏付けながら書いてきた。

振り返ってみると、寿町に簡易宿泊所が生まれ、維持されてきた社会背景には、景気の浮き沈みや失業・半失業、港湾業・建設業における日雇労働需

要、産業構造の転換や特定産業の衰退、都市と地方の地域格差、地方から都市への大量移住にともなう住宅難がある。その影響下での生活の流動化や不安定化が根本にある。この社会には貧困リスクは至る所にある。ここから居住問題や社会保障・医療・福祉の問題へと波及していく。寿で暮らすことになる前の居住地のどこかの時点で生活困窮し、住居を失って通院・入院が困難になってしまったのであり、その「どこか」の地域で困窮を止めることができていれば極度の困窮に至ることはなかったはずである。

　一方、寿町では、社会構造の問題性や降りかかる貧困リスクに気づいて、直面する多様な生活課題に対して、支援団体や事業者による運動や活動が行われてきた。このような状況において、敷居の低い寿の地域医療を行うことを目的として、1996年4月にことぶき共同診療所が開設された。田中俊夫さんは、『ことぶき共同診療所10周年誌』の中で、「当診療所を作ることのできた人間関係の中心には、約20年前から寿町で活動を続けている医療支援団体、"寿医療班"がありました。医療班の中で、日頃考えていた、寿町住民にとって、"こうあってほしい"という医療の中味を、設立趣意書の中にこめたつもりでした」と書いている。私自身は、こうして"医療班的なもの"が繋がっていくのだなあと思いながら、設立準備会に参加した。

　田中俊夫さんは初めて寿に来たのが1965年で、寿町とともに50年以上の人生を歩んできた。ずっと、寿の住民の生活、医療、歴史を考え続け、課題に取り組んできた人であった。例えば、寿生活館時代のセツルメント（ドヤ住み込みでの相談）、地域活動（保健の会、罹災者同盟、寿しんぶん、夜間銀行、自治会、越冬闘争）、調査（寿町形成史、住民調査）、反戦運動（佐藤訪米阻止闘争等）、共同保育、オイルショック時の1974～75年闘争から寿生活館占拠、秦野農場、「浮浪者」殺傷事件時の運動、稲子農場、れんげ荘、寿医療班、かちとる会、そしてことぶき共同診療所といった活動である。真っ直ぐに、鋭い眼力で必要なことを探り当て、取り組みをしてきた。

　私も寿医療班やことぶき共同診療所で一緒に活動し、数々の歴史的事実や活動時の姿勢など重要なことを教わった。詳細は田中俊夫さんと一緒に企画・刊行した冊子の寿町関係資料室『寿町ドヤ街』第1号～第8号、ことぶき共同診療所『田中俊夫追悼文集』を読んで欲しいと思う。とりわけ、『寿町ドヤ街』第6号所収の「寿町ドヤ街形成の歴史的背景」は、寿町がなぜどのように誕生しドヤ街として形成していったかを知るための必読論文である。［松本一郎］

第7節

高齢者ふれあいホーム

（1）櫟の会の主導

　高齢者ふれあいホームの建設は、寿町2丁目の朝日荘よこの寿派出所が、松影町の横浜自治労会館の隣に移転したことから始まった。

　1985年前後、日雇労働者や地域住民の娯楽室、交流室としては、勤労協娯楽室や生活館4階娯楽室の他、1983年に建設された町内会館もあった。しかし、各施設それぞれ利用者層に特徴があり、建物の構造上の問題もあって、寿に住む高齢者には、どこにも落ち着いてくつろげる居場所はなかった。

　一方、寿生活館の調査では、1987年度で60歳以上の住民（寿地区では60歳以上を高齢者という）が711人だったものが、1992年には1,056人、1992年には1,650人、1993年には2,036人と、高齢者人口が急増していく。1991年のバブル崩壊以降、それまでの外国人出稼ぎ労働者に代わって、高齢者が急増していた。寿地区以外の民間アパートでは、単身高齢者の入居をはばむ傾向があるからだ。

　寿地区に住むほとんどの高齢者は生活保護を受け、2畳から3畳ほどの狭いドヤで誰に看取られることもなく孤独死を迎える人も少なくなかった。

　老人クラブ櫟の会は、1972年12月に設立され、それまで寿福祉センターを活動拠点に、上巻第3章第5節で触れているように様々な活動に取り組んできた。1978年11月に寿地区住民懇談会がつくられるとその構成メンバーとして一定の役割を果たしていた。1981年の寿生活館の「正常化」以降、町内会館の建設、ことぶき福祉作業所をはじめとする障害者団体の活動場所などが次々に設立されていた。

　こうした動きの中で1985年後半から、高齢者が気軽に集える居場所が欲しいと、老人クラブ櫟の会の高木会長達が動き出した。朝日荘よこの旧交番跡地を活用し、「老人福祉センター」を建てようという提案を住民懇談会に

持ち込んだのである。この提案に、寿地区自治会、寿身障友の会、寿日雇労働者組合、寿共同保育、町で活動するキリスト教関係者が応え、1989年8月、ついに「寿老人福祉センター建設準備会」が結成されることになった。

　準備会が作成した、「設立趣意書」では、

　　「寿地区は、日本3大寄せ場の一つで、港湾、土木、建設工事現場で働く日雇労働者の街として知られています。現在、約6,500人の人々が生活し、単身独居の60歳以上の高齢者が800人以上住んでいます。施設化しつつある簡易宿泊所では、各階に20世帯も住んでいるのに、ガス台は1、2台しかなく、食生活も乱れ、一日中陽も当たらない、風も届かない居住環境から持病のある人も多くなっています。

　　老人クラブ櫟の会は、寿の老人たちが安心して集い、心穏やかな暮らしを続けられるよう願い、廃品回収、バザーなどで資金作りをしながら、給食サービスや小旅行を行ってきました。ここ数年、老人たちが増加傾向にあることなどを考えると、日中、老人たちがゆっくり憩え、給食サービス、囲碁、将棋、カラオケ、入浴サービスなどができる場が必要です。

　　私たち建設委員会は、老人クラブ櫟の会の要請にこたえるべく、施設収容ではなく地域社会の中で老人たちが集う、開かれた活動拠点の重要性を確認し、寿老人福祉センターの建設への理解と協力を…」

と、呼びかけている。

　この呼びかけ人は、今は亡き、寿地区自治会の秋場茂会長、老人クラブ櫟の会高木嘉兼会長、寿診療所長の佐伯輝子医師、寿身障友の会深沢健一会長、民生委員の杉本貴美子氏などで、この他、多くの人たちに賛同していただき、老人福祉センター建設への動きが始まった。

　高齢者ふれあいホームの建設場所は、旧・交番跡地を考えていた。新しい交番は、1986年に自治労横浜会館隣に移転した。この跡地は、間口がせまく細長い土地で、横浜市が再活用するような土地ではなかった。設立準備委員会は要望書を作成し、何度も横浜市に足を運んだ。跡地は県の土地だったが、県は交番移転先の市の土地と、跡地との等価交換を主張し、土地の交渉成立までにはかなり時間がかかった。横浜市からの跡地の地元貸与に関しては、当時の三浦辰男援護対策課長の尽力もあって比較的スムースに進んだ。

　しかし、横浜市からの建設費助成はハードルが高かった。工事費について

は、当初3,500万円程の見積だった。バブルの最盛期の頃だったし、何とかなると気軽に考えていた。株価も、38,000円代を推移し、寿職安の日雇い年間求人数は20万人を超え、寄せ場も活況を呈していた。その前後、ある民間業者から、寿町への場外馬券場の誘致協力依頼が寿地区自治会の秋場会長にあった。場合によっては大口寄付が見込めるとの情報もあった。

　これに意を強くした建設準備委員会は、建設費、備品費等合わせて3,500万円を目標に、募金活動を開始した。神奈川新聞にも記事として取り上げていただき、新聞記事をみた横浜エレベーター株式会社からは、100万円の大口寄付が得られるなど、募金活動は順調に進むかに見えた。

資金難で建設ストップ

　しかし、建設運動は大きな挫折に直面することになった。バブル経済の影響で、建設費の坪単価が一年ごとに上昇し、工事費の当初額3,500万円が6,500万円に、6,500万円が1億2千万円にも跳ね上がったのである。工事費の異常ともいえる暴騰で、計画は挫折しかかった。

　そんなとき「場外馬券売り場地元誘致」に関わる大口資金の提供の申し出があり、寄付金は、1992年の秋までに支払うという話になった。1992年3月には地鎮祭を行い、4月に着手金2,500万円を支払い、寿老人福祉センターの建設工事を開始した。工事は順調に進み、夏までに基礎工事と3階までの鉄骨躯体が立ち上がった。

　しかし、突然、大口の資金提供者からの寄付が見通せなくなり、工事は中断となった。晴天の霹靂だった。1992年秋の建設委員会は、資金ショート、工事中止というダブルパンチに見舞われ、会議は迷走した。

　これ以降、95年まで散発的に建設委員会は開かれたが、建設資金の見通しがつかないまま、会議はいつも重たい空気に包まれ、鉄骨躯体は雨ざらしのまま、4年の歳月が過ぎた。こんな重苦しい空気感の中で、赤錆びが広がる鉄骨躯体に、錆止めのペンキを塗り、とにかく、鉄骨躯体の劣化を防ぐ工事を行った。建設委員会のメンバーは、地を這うがごとく暗中模索を重ねていた。老人クラブは、建設を諦めないためにも、鉄骨の下にテントを張り、お茶を飲んだり、囲碁将棋などをやって、なんとか機運を盛り上げようと一生懸命だった。

[鹿児島正明]

(2) チャンスが巡って来た！

　1996 年春には、それまでの「寿老人福祉センター建設委員会」を、「木楽な家・寿地区高齢者ふれあいホーム建設委員会」に改め、老人クラブ櫟の会の高木嘉兼会長が委員長となる。新たな体制で、建設の決意も新たに再スタートを切った。

　雨ざらしの鉄骨躯体を放置し続ければ、2,500 万円もの建設資金が全くの無駄になってしまうこと、寄付をして頂いた人たちのこころを無にしてしまうことなど、とても耐えられなかった。また、これまで櫟の会は完成を夢見てコツコツ資金集めを行い、完成を待たずに旅立った老人クラブの仲間の思いも重くのしかかっていた。「木楽な家」を何としても完成させようという、高木会長の思いは途切れるはずもなかった。そんな中で追い風が吹いた。

　第一に、建設費の急落である。バブルで建設工事費の暴騰に踊らされたが、バブル崩壊とともに坪単価が値下がりし、6,000 万円ほどで完成できるという知らせである。

　第二に、神奈川新聞(1996 年 8 月 30 日)に掲載された「簡易宿泊所の老人たち」の特集記事「ふれあいホーム建設の夢は捨てず」が、高秀秀信横浜市長夫人の目に留まったことである。この神奈川新聞の記事によって、高秀市長から横浜市の担当者に指示が出され、「これまでの経緯を尊重し、お互いに知恵

写真　神奈川新聞記事
左：1996 年 8 月 30 日
右：1996 年 9 月 18 日

を出し合って、『木楽な家』を建設していきたい」との横浜市の方針が建設委員会に伝えられた。

　高齢者ふれあいホームの建設をめぐる窮状を打開するため、委員の一人が神奈川新聞の記者に「簡易宿泊所の老人たち」という連載記事をお願いしたことが、効を奏したのである。連載記事をめぐる想定外の展開に、記事の威力をまざまざとみる想いだった。　　　　　　　　　　　　　　　　　［鹿児島正明］

（3）高齢者ふれあいホーム完成

　1996年秋から、建設委員会の動きはそれまでとはうって変わって、水を得た魚のように慌しくなった。木楽な家の工事再開を見据え、基本設計の見直しを行った。委員会に笑顔が戻った。

　ホームは鉄骨3階建て、延べ床面積190㎡。1階は、浴室、厨房、障害者用トイレなど、2階は、主に和室、洋室でテレビを置き、囲碁、将棋などもできる娯楽室として利用し、また、葬儀会場として使用することも考えていた。3階は、倉庫、多目的ホールなどである。エレベーターも設置することにした。

　建設委員会は、基本設計、資金計画の見直しを行いつつ、再び市民や団体にカンパを呼びかけた。1996年度末277万円だった自己資金は、カトリック教会や日本基督教団諸教会からの寄付金や借入金で2,200万円まで集まった。

　横浜市も寿生活館佐々木三紀館長が再赴任し、計画は本格的に動き出した。高秀市長の英断（市福祉局関係者）で、建設費4,400万円が計上された。目安としていた6,000万円を上回り、エレベーター設置費用も確保できた。この年は、目まぐるしくも、充実した一年だった。工事業者も信頼できる業者だったので安心してみていられた。

　1997年6月に工事を再開し、同年10月ついに完成した。10月25日には、自治労横浜会館2階ホールで、寿内外から150名の参加者が集まり、盛大な開所式を開催した。完成までのあまりにも長い年月。待ちに待った完成だった。建設運動を共に担ってきた老人クラブの数名の仲間は、この日を待たずに他界していた。この日、高木会長の目には涙があふれていた。夢にまで見た「木楽な家」の完成に、万感の思いが走馬灯のように去来していたに違いない。　　　　　　　　　　　　　　　　　　　　　　　　　　　　［鹿児島正明］

(4)「木楽な家」の運営

　1997 年 10 月からは、「木楽な家」の運営が始まった。その運営は、任意団体による運営委員会方式で行うこととなった。開設当初の運営体制は、櫟の会の高木会長が運営委員長に就任し、運営委員には、寿地区自治会の秋場会長、佐藤真理子さん、寿日雇労働者組合からは鹿児島正明さん、寿地区民生委員の三森妃佐子さん、シャロームの家の原木哲夫さん、カラバオの会の渡辺英俊さん、寿地区センターの山口のぶえさん、三宅義子さんなどによって構成された。

　毎月 1 回運営委員会を開催し、管理人の雇用、ボランティアの募集、利用案内や、「きらくだより」の発行。給食サービス、入浴サービスの開始準備など、準備作業は山ほどあった。10 月は試験的な慣らし運転をしながら、11 月から正式にオープンした。

　横浜市の中で高齢者の人口密度が突出して高い中区寿地区は、一般地区に比較して高齢者の身の回りのお世話をするホームヘルプサービスは後回しになっていた。こうした状況を改善するため、横浜市中区役所福祉保健サービス課は、1996 年 1 月から 3 か月間、簡易宿泊所（ドヤ）に住む高齢者の実態調査を始めた。調査対象は、障害を持つ高齢者 19 人に絞った調査である。その調査報告書によると、

　「2 畳、3 畳の狭い部屋に万年床。たまり場がないために戸外に出ようともしない。4 人の高齢者は、1 か月も 2 か月も誰とも話しておらず、調査した職員との語らいに涙ぐんでいたという。食事は、市販の弁当を朝、昼 2 回に分けて食べ、夜はカップ麺を食べていた。中には 2 週間のまず食わずで餓死寸前の人もいたという。部屋にはトイレも流しもないので、間に合わず失禁している人もいた。風呂は、週 1 回老人福祉センターにバスで送迎する入浴サービスがあるが、利用者は少ないという。変化のない生活は痴ほう症状を助長しかねない。曜日の感覚もなく、市のサービスに繋がっていない。3 年間、風呂に入っていない人もいた」という。

　この調査を担当した区の公的ヘルパーは、「調査期間中に 7 人のお年寄りが死んだ。今寿地区の高齢者の実態は、生存権すらない。そして、いま緊急に必要なのは、ヘルパーによる具体的な支援、それに生きる意欲を取り戻すふれあいの場である」と。高齢者ふれあいホームはこうした寿地区の高齢者のニーズに対応すべくスタートした。とは言うものの、こうしたニーズに対

応して、高齢者の居場所、活躍の場所、出番をつくることは、口で言うほど
たやすいことではない。「木楽な家」運営委員長の寺田秀雄さんは10周年式
典のあいさつの中で、「木楽な家は、ドヤに引きこもりがちな高齢者が外出
をするきっかけ作りの場、狭い簡易宿泊所にいるより、ホームで話している
方がいい」とその意義を語っていた。

　運営資金については、横浜市補助金、寿地区自治会助成金、入浴サービス
の利用料等の事業収入、寄付金等を充当している。

　開館日は、月曜日から日曜日の午前9時から午後6時までで、毎週火曜日
は休館日になっている。1階の浴室は、事前予約制で介護福祉事業者が予約し、
利用者を引率し入浴をサポートする仕組みとなっており、利用時間帯は原則
午前中、場合によっては午後も活用されている。2階では、毎週月曜日は寿
地区社会福祉協議会主催による昼食会、毎週木曜日は老人クラブ櫟の会主催
の昼食会を行っている。利用対象は寿地区に住んでいる60歳以上の高齢者
である。メニューはカレーライスや親子丼などで、それぞれ200円で提供し
ている。一回の配食数は、炊飯器の大きさの関係もあって60食を目安に提
供している。こうして、高齢者ふれあいホーム「木楽な家」の運営は始まった。

　横浜市からの建設費補助金はあったものの、借入金の返済もあって運営は
厳しかった。2007年当時の年間運営費650万円のうち、市の補助金180万
円以外は寄付金や賛助会費が頼り。生活保護者が八割近い地域でのお金集め
は簡単ではない。会計担当の佐藤真理子さんら運営委員は、お年寄りたちの
笑顔を活力に、各方面に協力を求めてきた。その佐藤さんは「10年間やっ
てこられたのは奇跡。この奇跡をさらに10年続けたい」と語っている。

　ここで、2017（平成28）年8月に発行された、「きらくだより」から「木楽
な家」の大まかな運営状況を見ておくことにする。

　2016年度の開所日数は304日で、年間延べ利用者数は2万5千938人、
一日平均利用者85人と報告されている。

　寿地区高齢者ふれあいホーム運営委員会主催の昼食会は毎週月曜日に実施
し、老人クラブ櫟の会主催の老人会食会は月2～3回実施し、合計提供回数
は64回、提供食数は3,142食を提供している。

　1階の浴室を活用した入浴事業については、火曜日を除いた各曜日を各事
業者が週1回の曜日を担当している。この入浴事業には、寿地区高齢者ふれ
あいホーム運営委員会、横浜市福祉サービス協会、大石ヘルパーステーショ
ン、NPOことぶき介護、（株）中央防災、カスタム介護支援センター寿が参

加し、事業者と連携し実施している。年間合計入浴者数は 2,603 人となっている。

　寿地区社会福祉協議会が主催し、寿地区高齢者ふれあいホーム運営委員会が共催する「ふれあいサロン」は第一第三月曜日に開催。今年度は 20 回開催され、参加者総数 739 人、1 回平均 39 人となっている。サロンの事業内容はカラオケ大会で、コーヒー、紅茶、ちょっとしたお菓子もふるまわれている。

　昼食会のスタッフは、担当する運営員、老人クラブの会員他、日本基督教団神奈川教区のボランティアスタッフの協力が大きな力になっている。

　この他、健康相談事業として、地区内にあることぶき共同診療所が毎月第二火曜日に医師・看護師等を派遣し、高齢者の健康相談に応じている。また、通所メンバーのズボンの裾上げの要望を受け、「木楽な家」のボランティアが、ズボンの裾上げを丁寧に行い好評で、473 本の利用があった。「木楽な家」の管理業務はエンジェルワーク事業所にお願いしていたが、途中からアルコール依存症回復施設のリカバリーの人たちによるローテーション体制で、管理業務をこなしている。2021 年 2 月には、老人クラブ木楽な家の活動と櫟の会の活動は、他の老人クラブの模範となる活動として、横浜市から表彰状が贈られた。

　高齢者ふれあいホーム「木楽な家」は開所してから 2022 年 10 月で 25 年になる。今後は、計画的な修繕や、不測の事態に備えた財源の確保が不可欠でこれにどう対処するか悩みは尽きないが、「これまでのように笑顔といのちの灯を絶やさず、木楽な家の運営に当たりたい」とある運営委員は話していた。

　しかし、2 年半前に新型感染症の蔓延に伴い、入浴サービスを除くすべてのプログラムを中止している。コロナの収束が見通せない中で、一日も早い事業再開に向けて祈るばかりだという。

　とは言え、「木楽な家」を中心に、地域福祉、医療、介護、自治会、老人クラブ、依存症回復者、キリスト教系ボランティア団体、寿日雇労働者組合等によって、緩やかなネットワークが形成されている。そのネットワークを構成する各団体、組織がそれぞれの固有の役割を担いつつ、そのネットワーク力によって寿地区の高齢者が抱える課題に対応しているさまは、この 25 年間で培ってきた、大きな宝ではないだろうか。

　このネットワークの中で、高齢者に関わるケアサポートにとどまらず、高

齢者の居場所、活動場所、出番を気負いなく実践している。地域包括ケアシ
ステムの議論はあまたあるなか、横浜市が木楽な家及び櫟の会の活動に、他
の老人クラブの活動への模範として表彰したことが、無理なく納得できるの
ではあるまいか。　　　　　　　　　　　　　　　　　　　　　［鹿児島正明］

参考資料━━━━━━━━━━━━━━━━━━━━
日本基督教団神奈川教区寿地区センター（2006）『いのちの灯消さない〜寿地区センター
　　の 20 年〜』
寿町勤労者福祉協会（2016）設立 40 周年記念誌『寿のまちとともに』
寿地区高齢者ふれあいホーム運営委員会（2017）「きらくだより」
神奈川新聞　1997 年 8 月 30 日、同年 9 月 18 日

第6章

格差社会の進行と第二期地域活動発展期
（2000年〜2016年）

第1節

「日雇労働者の街」の変貌

　前章で確認したとおり、1990 年代に入り、日雇労働者向けの求人が急速かつ大幅に減少し、寿町の日雇労働者の生活は困窮していった。1992 年から 1993 年頃を起点に、多数の生活困窮者が中福祉事務所（現：中福祉保健センター）を訪れるようになる。このような事態に対して、横浜市は「寄せ場対策」「ドヤ街対策」などの施策を援用し、原則として稼働能力があると見なされた人に対してはパン券・宿泊券、緊急一時保護施設等の「法外援護」によって対応した。また、傷病・障害・高齢等を理由として相談に訪れた人に対しては、以前より実施されていた「ドヤ保護」を引き続き行った。

　その結果、寿町は、ドヤ保護の増加により、被保護者や高齢者が多数を占める街へと変貌し、簡易宿泊所居住者のうち医療・福祉的必要を抱えた層が厚みを増していった。その結果、簡易宿泊所で長期に渡り暮らす人も増加した。1998 年 11 月から 2000 年 1 月にかけて実施した寿生活館の調査によれば（寿生活館，2002,45）、寿町の簡易宿泊所で 5 年以上居住している人は、78.3％であり、10 年以上は 62.0％であった。しかも、同じ居室に 5 年以上暮らす人は、47.0％であった。

（1）簡易宿泊所という居住場所

　幸徳秋水（1871-1911）は、1904 年出版の『東京の木賃宿』において、安宿について、すでに明治時代から様々な呼び名があったことを書いている。

　　「東京にては木賃宿をば、一般に安宿或は安泊と呼び做せど、其客となる人々の社会にては、ヤキ又はドヤとも呼び、又アンパク、ボクチンなど云ふ言葉もあり。ヤキとは宿屋のヤの字と木賃のキの字を続けしにて、ドヤとは宿を倒しまに読める也。アンパクは安泊、ボクチンは木賃を音読せ

るは云ふまでもなし。労働に忙しき人々は其言葉も簡単にて響き強く聞ゆ
るを便とすれば斯る符牒を用ゆるが多し。」

　寿で呼び慣らされてきた「ドヤ」という言葉は、忙しい労働者の間で、明
治期にはヤドの倒語や符牒として使われていたことが分かる。2文字で強く
響き直ぐ通じる言葉は確かに便利である。木賃宿は現在の南区中村町や中区
三吉町に戦前から多くあったことが文献により分かるが、戦後には無くなっ
ていき日雇労働者のための簡易宿泊所に切り替わっていった。谷川・田中
(1968,47)が「ドヤを作ったのは日雇労働という制度」である、あるいは「"ドヤ"
は建物であると同時に、制度である」とその本質を表現したように、"ドヤ"
＝簡易宿泊所は、日雇労働者の就労および生活に対応した形で生まれたもの
であり、日雇労働制度と一体のものとして把握してはじめて、その存在意義
を理解することができる。
　住宅費・宿泊費を節約するための安宿は、いつの時代にも営業する。カプ
セルホテル、ネットカフェのナイトパックなどは現代的安宿の形態である。
寿ドヤ街の歴史については上巻第1章第1節で触れたが、ここでは2000年
代について概観をする。なお2010年代〜2020年代には更に変化があるため、
留意する必要がある。寿生活館（2003,44-46）によれば、2002年11月1日現在、
人口は6,559人、居室総数は7,443部屋あり、居室1室あたりの平均は約3
畳（2.99畳）である。ただし、ふとんは9割強（94.6%）の宿泊所で常備して
いる（ことぶき共同診療所寿町関係資料室, 2002）。建築構造は近代化・高層化が
進み、鉄筋コンクリートが9割強（93.6%）で、4階建てから6階建てが多く
7割強（72.7%）である。3畳以下が81.8%と圧倒的多数を占め、なかでも、3
畳間が4,778部屋（67.0%）と突出している。
　簡易宿泊所内設備設置状況は、居室内エアコン設置34軒（31.8%）、洋式
トイレ設置33軒（30.8%）、エレベータ設置25軒（23.4%）となっている。なお、
1995年以降に新築・改築した簡易宿泊所（3階建て以上：17軒）のうち6割強
の11軒は、エアコン、エレベータ、洋式トイレを完備している。この3点
のうち洋式トイレがない簡易宿泊所が3軒（17.6%）であった。3点のうち2
点以上無い宿泊所が3軒（17.6%）であった。この3点完備の簡易宿泊所は、
1994年以前には2軒しかなかったから、1995年以降増えていることがわか
るであろう（ことぶき共同診療所寿町関係資料室, 2002）。また、2000年代に入り、
フローリング、広めの4畳、引き戸のある介護対応居室、介護風呂を設置し

ている簡易宿泊所もみられるようになっており、高齢者の長期的居住を意識した簡易宿泊所が増加しつつある。ただ、これらの簡易宿泊所は全体から見ると一部にすぎない。寿町の簡易宿泊所は、「ドヤ保護」を背景にしながら、経営の安定化に向け、エアコン、エレベータ、洋式トイレを設置するなど、付加価値・付加サービス競争の時代に入ったといえるかもしれない。

　宿泊料金は、平均一泊1,965円で、最も多い価格帯が2,200円で、1,423部屋（22.3％）、次に2,000円が919部屋（14.4％）、続いて、2,300円が806部屋（12.6％）、1,500円が798部屋（12.5％）の順となっている。生活保護住宅扶助（特別基準）は月額69,800円であり、日額相当は約2,294円であるが77.9％の居室がこの範囲内に収まる。法外援護の宿泊券（現在廃止）で宿泊可能な料金の上限は1,500円で、17.9％となっている。1990年代から2000年代にかけて、簡易宿泊所経営者は、生活保護住宅扶助の特別基準である2,100〜2,300円に設定することが多くなった。1995年にこの価格帯であった宿泊所は、4.2％に過ぎなかったが、2006年には53.0％になっている。それに対し、1,900円以下の宿泊所は1995年の66.4％から、2006年の36.5％にまで下がってしまった。横浜市は、住宅扶助特別基準を変更することがなかったため（現在変更）、その価格周辺に設定する簡易宿泊所を多く生み出していったが、これは、簡易宿泊所経営者が生活保護を利用する人を主な宿泊層として見なしていることを意味している。

　以上が、寿町の簡易宿泊所の概観であるが、長期的生活の場としてみると次のことがいえる。簡易宿泊所営業は、あくまで旅館業であり、被保護者であっても1日単位の宿泊を日々更新することにより長期的な居住を確保しているという建前は変わらない。その意味では年単位の居住契約を行う賃貸住宅に比べ、居住が不安定である。だが被保護者の場合、宿泊費は生活保護費の支給と同時に月々まとめて支払う方式を採っており、実質的には月払化し長期的居住を前提として生活している。ところが、自分で占有できる空間は約3畳の個室だけであり、収納スペースはほとんど残されていない[1]。そのため、簡易宿泊所居住者は、一般の人々に比べて驚くほどわずかな家財しか持っていない。また、簡易宿泊所では洗面所、炊事場、トイレが共用であり、入浴は銭湯かコインシャワーを利用する必要があり、食事は外で行うか、室内でとる場合にも寝室と兼ねる必要がある。

　　　　　　　　　　　　　　　　　　　　　　　　　　　　［松本一郎］

(2) 年齢階層別の人口分布推計

　次に、このような居住環境の中で暮らす簡易宿泊所居住者の現況と、宿泊所での生活の状況について検討する。寿町の簡易宿泊所居住者全数に関する統計は、平均年齢、年齢階層別分布、居住年数など、基礎的なものでさえ明らかになっておらず、分析する上での限界がある。さらに、簡易宿泊所は、宿泊者の滞在年数が長期化しているとはいえ、あくまで旅館であり日払い形式が主流であるから、宿泊者数は常に変化しており、厳密な人口把握は難しい。したがって、一般の賃貸住宅よりも流動性が高いという点に注意を要する。とはいえ、寿町の人口動態に関しては、寿生活館、寿福祉センターによって、長期に渡る貴重な調査が実施されており、その概況を知ることができる。

　寿町における簡易宿泊所居住者の全年齢層別人口に関する統計は存在しないが、寿福祉プラザ相談室（2002年までは寿福祉センター）が毎年実施している調査により、総人口、60歳以上の年齢階層別高齢者数、障害者数、児童数などが分かる。これらの数値は絶対数として実態人口にほぼ一致する信頼性の高い統計である。だが、この統計では、60歳未満を含めた全年齢層に関する分布を明らかにすることはできない。総人口については、1965年に7,500人であったが、1975年に4,242人へと減少し（横浜市従民生支部「ドヤ問題」対策委員会（1978,11））、1980年代後半以降は6,500人前後で推移している。2002年12月30日現在では、6,457世帯、6,559人である。1990年以降6,200人台から6,600人台で推移し、変動幅はあまり多くはない状態が続いている。生活保護世帯が多くなっているということは、日雇労働者が多かった頃に比べ流動性が低くなっていることが想像されるが、寿町は人口流入と流出が他の地域よりも多いことに変わりはない。とはいえ、どこから人口流入がありどこへの流出があるかについての統計は存在しない。

　では、60歳未満の人口を含む全年齢層に関する人口分布はどうすれば推計できるだろうか。寿町の簡易宿泊所のある地域の中には、多くはないがマンションなどの簡易宿泊所以外の住宅が存在する。簡易宿泊所居住者だけを抜き出して把握しようとする際には、国家的統計である住民基本台帳に基づく集計や国勢調査では、簡易宿泊所以外のマンション、公営住宅等の住民が含まれているため、完璧なまでの正確さは求められない。私たちはこれらの統計を使った場合、趨勢が把握できるに過ぎない。だが、釜ケ崎、山谷などの簡易宿泊所街よりも地域的な密集性が高く、寿町2・3・4丁目、松影町2・

３・４丁目、扇町３・４丁目、長者町１丁目、三吉町にのみ立地しているため、行政区画に基づいて町別人口が算出されている数値は、実態人口の近似値としてみることができるだろう[2]。中でも、マンション等の住宅が少なく簡易宿泊所およびその居住者が最も集中している行政区画が、寿町３丁目および松影町３・４丁目である。ここでは、この行政区画の人口分布を、簡易宿泊所全体の人口分布の代理指標として仮に「寿エリア」と名付け、その集計から性別と年齢階層別の特徴を述べる。

　2006年９月の住民基本台帳による人口統計をみると、寿エリアの男女比、年齢別の分布は他地域と比べると際立った特徴を示している。まず男女比であるが、全国で、男性が6,231万人（48.8％）、女性が6,544万人（51.2％）で、横浜市全体では、男性が182万人（50.3％）、女性が180万人（49.7％）である。それに対し寿エリアでは、男性が4,402人（93.1％）、女性が327人（6.9％）と、このエリアの住民が著しく男性に偏っていることが分かる[3]。

　次に、同年同月の年齢別人口では、図１のとおり、全国および横浜市の人口構成が似通った分布となっているのに対し、寿エリアでは、全国・横浜市の人口分布よりも54歳までの比率が著しく低く、他方55歳から74歳までの年齢層に極端に集中していることが分かる。寿町は、大都市中心部にありながら中高齢者が集中している地域ということができる。65歳以上人口は41.2％であり、55歳以上人口となると75.7％である。このような人口分布となる背景には、出生がほとんど無いこと、若年層の人口流入が少なく人口流出が多いこと、中高年の人口流入が多く人口流出が少ないことが挙げられる。また、75歳以上の後期高齢者については、75-79歳層で寿エリアの人口分布が全国・横浜市よりも若干高く、80-84歳層で横浜市と同程度、85歳以上層で全国・横浜市よりも若干低くなっている。だが、75歳以上の後期高齢者は、全体的には、全国・横浜市とは際立った比率の差が見られない。

　では、寿エリアの人口分布が55歳から74歳までの年齢層に極端に集中している事実と、75歳以上になると全国・横浜市の人口分布と似通っている事実をどう考えればいいのだろうか。仮説として住民の世代的集中が考えられる[4]。そのことを裏付けるために、図１では、寿エリアについて、1998年以降の住民基本台帳人口の数値が利用できたので、1998年９月と2006年９月の人口分布を比較している。1998年の寿エリアの人口分布は、2006年と似た形状となっており、人口構成の「骨格」を大幅に変更させるような人口流入・流出がなかったことを意味している。したがって、この８年間で高年

齢化が進みグラフが右方向にシフトし、1998年にはピークが55-59歳層だっ
たのが、2006年には65-69歳層に移行している[5]。75歳以上人口に着目する
と、人口比率の上昇が見られるため、寿町では世代的集中があるとみるべき
かもしれない。その世代とは、2006年現在55歳前後から74歳前後（おおむ
ね1932年生まれから1952年生まれ）の年齢層であり、当世代だけで簡易宿泊所
人口の7割弱を占める。このような世代的集中があるとして、過去8年間の
ように、大きな人口流出と人口流入がないとすれば、これからの20年間に
75歳以上人口が過去最大となる時期が訪れ、以後減少していくだろう。

　厚生労働省「介護保険事業状況報告月報」（2006年12月末現在）によれば、
要介護認定者のうち、75歳以上は81.1％であり、75歳未満が18.9％である。
つまり、一般に要介護認定を受ける人は、後期高齢者に集中している。今後
の20年間、介護事業所の対応、施設入所、宿泊所での支援体制など、今後
の介護問題・介護予防問題は、大きな課題となる可能性が高い。　　［松本一郎］

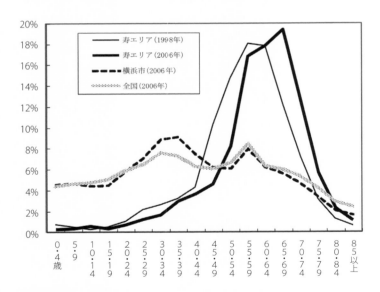

図1　年齢階層別人口分布：寿エリア（1998年・2006年）・横浜市（2006年）・全国（2006年）

注：「寿エリア」とは、寿町3丁目、松影町3・4丁目を指す。
出所：下記資料より筆者作成
　　　寿エリア：横浜市「住民基本台帳人口　横浜市町丁別年齢別男女別人口」1998年9月末、
　　　　　　　　2006年9月末
　　　横浜市：横浜市「住民基本台帳人口　横浜市・各区別 年齢別男女別人口」2006年9月末
　　　全　国：総務省統計局「人口推計月報各月1日現在推計人口」2006年10月1日概算値

（3）寿町住民の人口構成とその長期的変化

　ここでは、寿町の簡易宿泊所で暮らす人々の人口構成の長期的な変化について特徴付ける。

　簡易宿泊所居住者に関する人口構成については、寿福祉センターが毎年調査を行ってきた[6]。寿町住民の人口構成を特徴付けるものは、単身男性世帯率、簡易宿泊所居住者保護率、高齢人口比率の高さであり、図2は簡易宿泊所人口に占めるそれぞれの割合を示し、数値軸は左で単位は％である。以下、順次説明する[7]。

　総世帯に占める単身男性世帯の割合は、諸資料から推測すると、長期的には1960年代末から1970年代にかけて急速に高まり、以後100％近い比率で推移している[8]。単身者率の高さは家族介護が期待できない人が多いことを意味し、単身者は介護が必要となった場合には即座に介護保険、障害者福

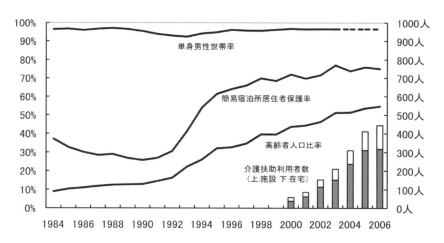

図2　単身男性世帯率・簡易宿泊所居住者保護率・高齢人口比率・
介護扶助利用者数　1984 ～ 2006 年

注：・母数となる簡易宿泊所居住者人口は、2002 年度までは各年度 12 月 30 日現在の数で（寿福祉センター調査）、2003 年度以降は 11 月 1 日現在の数（寿生活館・寿福祉プラザ相談室調査）である。なお、市営住宅人数（各年 12 月 31 日現在）は簡易宿泊所居住者人口に含まれていない。
　　・高齢者（60 才以上）の人数は、各年 11 月 1 日現在の数（寿生活館・寿福祉プラザ相談室調査）。
　　・生活保護住宅扶助および介護扶助利用者数は、2003 年度までは各年 12 月現在、2006 年度以降は 11 月現在の数値である。

資料出所：寿福祉センター「寿地区年末人口調査」、寿生活館「寿生活館事業報告集」各年度版、寿福祉プラザ相談室「寿福祉プラザ相談室－業務の概要－」各年度版、横浜市健康福祉局保護課「生活保護統計月報」（旧民生局・福祉局）より筆者作成

祉サービスなどを利用した社会的介護が必要となる。1984年から2002年までの長期でみると、最も男性世帯比率の高まったのは1988年の97.0%、最も低率であったのは1993年の92.4%であり、単身男性世帯比率の際立った高さは、長期に渡り維持されてきた[9]。単身女性は1.9%、夫婦世帯は1.4%、有子世帯は0.04%、ひとり親（母）は0.06%である。

　寿福祉プラザ相談室（旧寿生活館）によれば、60歳以上の高齢者は、2006年11月現在、3,528人（人口6,461人に対し54.6%）であり、2003年に初めて人口の半数を超え、増加し続けている。65歳以上は2,374人であり、いわゆる高齢化率は36.7%である。この調査結果でも、75歳以上の人口が相対的に少ない傾向が見られる。これを男女別にみると、男性は96.3%、女性は3.7%であり、地区の総人口の男女比とほぼ同じである[10]。また、60歳以上で生活保護を受けている人の割合は、90.9%である。高齢者数の長期的推移をみてみると、1985年に588人と人口の1割を超える程度であったが[11]、1992年には1,000人を突破し（1,056人：16.3%）、3年後の1995年には早くも2,000人に達し（2,036人：32.1%）、特に、1992年以降、急激な高齢化が進行していることが分かる。その背景には、それまで寿町を拠点に暮らしていた人が高齢となった場合と、高齢になり失業・倒産・傷病・障害等が重なって生活困窮し地区外から転居してきた場合がある[12]。

　寿町は1992年頃から日雇労働者のための求職の場所としての機能が薄れていく中で、簡易宿泊所人口は、生活保護制度によって生活が支えられ暮らしている人が多数を占めるようになった。1990年に居住人口の3割弱であった簡易宿泊所居住者保護率は、1998年以降、約7割を超えている[13]。ただ、生活保護利用者の多数派は傷病者であり、必ずしも65歳以上の高齢者ではないことに留意が必要である。2005年4月現在、寿町の世帯類型別被保護世帯の比率は、「傷病者」が49.0%で最も多く、次いで「高齢者」が38.9%、以下「障害者」が6.7%、「その他」が5.4%、「母子」が0.02%となっている。なお、世帯類型別被保護世帯の数値には、入院世帯や施設入所世帯を含む。市営住宅入居世帯や地区内マンション等の居住世帯は含まない。

　以上のように、現在の寿町の簡易宿泊所居住者は、単身男性世帯率、保護率、高齢人口比率という指標において、極めて高い数値を示している。このことは、寿町が日雇労働者の街から、生活困窮する人々、とりわけ傷病・障害・高齢という稼働能力の活用を問われない人々を受け止める街として、その社会的役割の重心を移していることを意味する[14]。こうして、日雇労働形態に

特有の「制度」としての簡易宿泊所は、短期的な「宿泊者」を前提としていながら、実質的には長期的「居住者」が多数を占めるようになったため、様々な生活課題を生み出すことになった。　　　　　　　　　　　　　［松本一郎］

（4）寿町の2つの側面と質的変化

　寿町は日雇労働者の職住一体としての機能があったことによって簡易宿泊所街として形成した。横浜市内には臨海部を中心に、安宿として戦前には木賃宿、戦後には簡易宿泊所が建築され、その後高度経済成長期を経て、簡易宿泊所は中区寿町周辺と南区中村町周辺に集中することとなった。日雇労働者の職住一体と簡易宿泊所の集中によって、寿町は「日雇労働者の街」といわれてきた。日雇労働者から見ると「日雇仕事が見つかりやすい街」「日雇労働をするにあたり便利な宿泊所のある街」となり、土木建設業者や手配師から見ると「日雇労働者がプールされている街」ということになる。ところが、現在、住む人にとっても、業者からみてもこのような位置づけの街にはなっていない。
　生活保護行政からみると、「ドヤ保護」という言葉があるように、寿町は「生活保護法の適用の際に居所設定をする宿泊所がある街」であり、これは1960年代から行われてきた。健康保険の加入から事実上排除されている日雇労働者が病気やけがをした時、あるいは日雇労働者が引退した時に年金がないか少なくて生活保護を利用しながら宿泊所で生活をするという意味では、日雇労働との繋がりの中で街を理解することができた。行政の相談窓口の視点からみると、日雇労働者であってもそうでなくても、病気やけがのある人が住む家を失い、親族もおらず、頼り先が役所しかないという状況で野宿に帰すことはできないと判断した場合、簡易宿泊所は緊急避難場所として有用な社会資源であり続けてきた。
　よって、寿は日雇労働とのみ繋げて理解すると一面的になる。寿にはその始まりから、「非・日雇労働」的側面を持っていた。何らかの事情で住居を失い住宅に困窮した人が役所につながって、日雇労働経験はないが年金生活で暮らす人など、直接的にも間接的にも日雇労働とは無関係の人は一定暮らしていた。この意味では、寿は避難所（シェルター）でもあった。1990年代以降は「非・日雇労働」の機能・役割・重みが高まっていき、「日雇労働者の街」の性格が薄れていった。

「日雇労働者の街」というのは確かに日雇労働の不安定性の理解のもと日雇労働者への対策・支援の根拠、街の特性・イメージを端的に与えるが、元来その捉え方だけだとどこか不十分で、「非・日雇労働」の点を軽視してしまう側面を持っていたといえよう。また、バックパッカー等を顧客とするホステルが2000年代に生まれるが、これはもう1つの「非・日雇労働」の機能の流れともなった。

［松本一郎］

注 ――――――――――――――――――――

1　他方で、簡易宿泊所は旅館であることにより、有利な面もある。例えば、福祉事務所サイドからすれば、要保護状態にある人をその日の内に居宅保護する場合には、電話一本で居室を確保することもでき、本人が自力で確保する場合にも当然有利に働く。この点は、生活保護一時扶助費を節約することになる上、連帯保証人を探すことでケースワーカーの頭を悩ますことを少なくしている。特に、寿町の簡易宿泊所は、通常の旅館やホテルのようにチェックイン、チェックアウトの時間が厳密に決められていないこと、ベッドメイキングのため居室を退去する必要もないことがある。さらに、寿町の簡易宿泊所では、94.6％の居室に布団が設置されているため（ことぶき共同診療所寿町関係資料室（2002,4-6））、入居に際しその費用を節約できる。これらは、長期的居住を可能にする条件の一つになったと考えられる。

2　この地域では近年、生活保護世帯が増加していることにより住民票を簡易宿泊所に定めている人が多くなっているため、住民基本台帳に住民の実態が反映されやすくなっていることがあると考えられる。だが、住民票を寿町の簡易宿泊所に登録していない人（現役日雇労働者等）は、この数値に反映されにくいことに注意が必要である。

3　なお、寿町2・3・4丁目、松影町2・3・4丁目、扇町3・4丁目、長者町1丁目、三吉町で集計すると、男性が7,033人、女性が1,005人で、比率で見ると87.5％、12.5％となっている。住民基本台帳人口は、簡易宿泊所人口の実態をある程度反映していると見ることができるだろう。

4　他にも、根拠となる資料はないが、平均寿命の低さ、長期入院の多さがあるかもしれない。

5　1歳刻みの年齢分布をみると、1998年にはピークが58歳だったのが、2006年には66歳に移行していた。

6　この寿福祉センターの人口調査は、毎年12月末、簡易宿泊所宿泊者のみを対象として実施しているものであり、住民登録をしていない宿泊者も含む。他にも、「国勢調査」および「住民基本台帳・外国人登録原票」があるが、地区内の簡易宿泊所以外の住民登録者を含む点に難点がある。参考に述べると、前者が7,287人（2000年10月）、後者が6,986人（2002年12月）となっている（寿生活館（2003,49））。なお、寿福祉センターの人口調査は1999年より筆者もその一員として参加してきたが、2003年から寿生活館にその業務が移行された。

7 もちろん、寿町の簡易宿泊所居住者の多様性を無視するものではない。例えば、外国籍人口は、2002年12月30日現在、205人である。国籍の内訳は、韓国、フィリピン、中国、北朝鮮、タイ、台湾である。ただし、近年、外国籍人口の減少は著しく、簡易宿泊所居住人口の20％に迫る勢いであった1991年の1,146人をピークに、1990〜95年までは人口の10％台を続けていたが、2002年時点で人口の3.1％になっている。

8 全数調査が実施された1984年から直近の2002年まで、常に9割を超えてきた。2003年以降は調査主体が寿福祉センターから寿福祉プラザ相談室に引き継がれたが、世帯を網羅的に調査することをやめたので、以降単身男性世帯数・単身男性世帯率を数値として算出することができなくなった。だが現在も、実態として単身男性世帯率は100％近い状況にあることは間違いない。

9 だが単身男性世帯率は、1956年から1960年代の間、ここまで高率ではなかった。寿町には夫婦世帯、有子世帯が多かったからである。1965年6月から1966年10月に生活相談等で寿生活館に来訪した人の世帯構成を集計した田中・宇田（1967,9）によれば、単身男性世帯比率は51.2％であり、1968年10月の「中区役所住民登録台帳」を集計した谷川・田中（1968,46）によれば、単身男性世帯率は52.6％であった。また、芹沢（1967,62）によれば、1970年77.7％、1975年80.9％であった（調査は寿福祉センターが実施。女性単身世帯も含む）。つまり、1960年代末から1970年代にかけて、簡易宿泊所居住者の単身男性世帯比率は、急速に高まっていったと推測できる。

10 内訳をみると、60-64歳は1,097人（人口の16.7％）で、65-69歳は1,055人（16.0％）、70歳以上は887人（13.5％）。

11 寿福祉センターの調査によれば、60歳以上の高齢者は1970年90人、1975年240人である（村田（1976,88））。

12 1983年に、60歳以上の高齢者285人を対象に実施された寿生活館の調査によれば、不明を除いた266人の内、90人・33.8％が60歳台になって初めて寿町で定住しはじめたと回答している。50歳台の99人・37.2％と合わせると、50歳台以上になって初めて寿町で定住した人は、7割を超える（寿生活館（1984,54））。この調査以降、寿町での定住時年齢に関する調査は、行われていないか、あるいは行われていても公表されていないかのどちらかのようである。

13 「寿地区住宅扶助支給人数／人口」で算出した。

14 2000年12月末現在、寿地区の被保護者（単身者世帯）の世帯類型別保護世帯数は、5,465人である。内訳は、傷病者世帯が最も多く3,167人（58.0％）、次に高齢者世帯が1,819人（33.3％）、以下、障害者世帯271人（5.9％）、その他世帯207人（3.8％）である。

参考・引用文献————————————

ことぶき共同診療所寿町関係資料室（2002）「2002年横浜市内簡易宿泊所設備住環境調査結果」

寿生活館（1984）『寿生活館事業概要　昭和59年』

寿生活館（2002）『平成13年度　寿生活館事業報告集』

寿生活館（2003）『平成 14 年度　寿生活館事業報告集』

芹沢勇（1967）「ドヤ街の発生と形成―横浜埋地（西部の街）について―」横浜市総務局行政部調査室

芹沢勇編（1976）『寿ドヤ街―もう一つの市民社会と福祉―』神奈川県匡済会『福祉紀要』No.6,7,8 合併号

田中俊夫・宇田知道（1967）「寿町簡易宿泊所における戸籍問題」神奈川県匡済会

谷川弘・田中俊夫（1968）「寿ドヤ街の福祉対策について」横浜市企画調整室『調査季報』第 20 号

村田由夫（1976）「寿ドヤ街の老人」芹沢勇編（1976）『寿ドヤ街―もう一つの市民社会と福祉―』

横浜市従民生支部（1978）「寿生活館の再開　地区総合対策確立にむけて」

第2節

寿町と制度利用以前の諸問題

　本節では、寿医療班（第5章第6節参照）の活動で経験した数々のことを通して、医療機関や社会福祉制度へ繋がる前に横たわる諸問題（以下、「制度利用以前の諸問題」）があることを考えたい。目の前に、治療やケアが必要と思われる人がいて、しかしながら制度利用へ繋がっていない時、「社会保障制度が整備されているのになぜ」「なぜ医療保険に加入していないのか、医療保険料を払っていないのか」「役所に相談にいかないのか」「結局本人のどこかに問題があるからだ」「だから野宿生活のままなんじゃないか」という理解をする人は実際に多いと思う。こういった本人の責任に貧困の原因を帰する類似の言辞は少なくない。「制度利用以前の諸問題」への理解がないと、本人への帰責が進んでしまうと同時に、困窮者も自分自身に帰責する隘路に入る。こうなると、貧困は自業自得で、全て本人の責任に帰す「犠牲者非難」（victim blaming）が起き始めている。誰でも自分基準、自分の経験基準あるいは身の周りの人を基準で物事を考えるからである。社会のマジョリティに身を置く限り、この制度利用以前の諸問題に気がつくことはない。だが、それでも、理解の方へと踏み出すために、現実から説明することが有効と考え、少しでも困窮の状況を理解する方向に社会認識が変わることを願い、私自身の経験もふまえながら論じたい。

（1）惰民養成・生活保護・法外援護

　まずは、生活保護の利用をめぐる問題である。歴史を遡れば、日本の公的扶助法には欠格条項が脈々とあった。欠格条項とはある状態の人を制度利用の資格に欠いているとして、制度の対象にならないよう予め積極的に例示し条文に規定しているものである。生活保護法の前身は救護法（1929年公布1932年施行）であるが、「65歳以上ノ老衰者」「13歳以下ノ幼者」「妊産婦」「不

具廃疾、疾病、傷病其ノ他精神又ハ身体ノ障碍ニ因リ労務ヲ行フニ故障アル者」のうち貧困のため生活できない者のみを救護し、そのうち「性行著シク不良ナルトキ又ハ著シク怠惰ナルトキ」等は救護しないとしていた。しかも、選挙権と被選挙権を剥奪された。救護する対象を制限列挙しているが、裏返せば、広範なワーキングプア層は対象から除外した。徹底的なワークファーストの構えだったことが分かる。

　旧生活保護法（1946年9月公布10月施行）でも「性行不良」「怠惰」を引き継ぎつつ「能力」の活用（つまり「勤労」）をしないことを問題視し、「能力があるにもかかわらず、勤労の意思のない者、勤労を怠る者その他生計の維持に努めない者」「素行不良な者」を法の対象として除外することを残存させた。この規定は事実上、労働能力があると見なされた者を除外することになったであろう。公的扶助制度を受ける前に人が変わることを求めたとも解される上に、生活保護の利用後もそうならないように役所は指導し、受け入れない場合には保護廃止さえ可能にすることができた。したがって、救護法と旧生活保護法は、生活保護を受けることが「惰民」を作りだし養成するという前提を置き、予め法の対象から除外しておく規定で、「惰民養成排除論」を法の条文の中に端的に明記した例である。法に明記されるということは、貧富を問わず日本で共有されてきた観念とも考えられ、「働かざる者食うべからず」「稼ぐに追いつく貧乏なし」という慣用句があるほどで根深いものなのであろう。一般的な観念として妥当だとしても、生活に困窮している場合にまで当てはめるとどういうことになるだろうか。働くことが優先され、困窮は深まることになるのは明らかである。しかも、何を素行不良・怠惰というのか、能力とは一体客観的に測定できるのか、それらは誰がどのように判定するのかについて曖昧な状態のままであったが、旧生活保護法は約3年半運用された。

　社会党の森戸辰男、鈴木義男の粘り腰によって、憲法25条（1946年11月公布1947年施行）の第1項の生存権保障は成立した。生存権があることを法の前提にし、無差別平等を徹底化する目的で、新生活保護法（1950年5月公布・施行）では欠格条項を除去した。ところが保護の補足性の原理に従って能力を活用することを要件とし、自立の助長という法の目的はこの点に密接に関わることとなった。木村忠二郎（当時厚生省社会局長）は「自立の助長」に関して、惰民養成を排除するため設けたと述べている。これにより、法の対象を運用によって狭くすることが埋め込まれた。生活保護を受けることは「怠

け者」を作り出す、しかし無差別平等にしなければならない、それゆえ自立助長という法の目的を挿入して惰民を作り出さないようにしなければならない、といったようにである。

　欠格条項を廃止したとはいえ、この「惰民養成排除論」を許す形で法解釈ができるものとなっている。この論をいかに無くしていくかが公的扶助の近代化、権利の実質化に向けての課題であったが、最低限度の生活を無条件には保障しないように留保をし続けてきたのが日本という国であった。

　では、この制度枠組みにおいて実際に何が起こるだろうか。能力[1]は収入に結びつく力ということで、稼働能力を意味することとなるが、その有無自体、その活用の可能性は非常に抽象的で、かつ変わりうるものである（生活保護制度の在り方に関する専門委員会 2004, 池谷 2013）。福祉事務所の判断もそのように見る傾向がでて、相談者にも自分の能力の内容も程度も、実現可能性も分からない。となると、絶対的な貧困状態になるまで、双方ともに待機する、あるいは諦念さえ生まれることになってしまう。そうなると生活そのもの、本人の身体的精神的状況もダメージを受けた状態になり、ダメージを受けた分生活再建に時間がかかってしまう。生活保護制度の在り方に関する専門委員会は、「入りやすく出やすい」制度にしていこうと提言したが、十分にそうなっているとは言い難い。少なくとも最低生活費の半分までは待たなければならない。結果的には、困窮が深化するまで待つようになってくる。私には「惰民養成排除論」が根強く残っているように思う。

　第5章第3節で述べたように、横浜市は困窮する日雇労働者や野宿者に対して、長年市の単独事業として法外援護（パン券・宿泊券・シェルター宿泊等）で対応した。1990年代には何百人もの人が毎日のように中区役所に相談に行ったが、稼働能力があると見なされたり、相談者自身が法外援護を求める場合、ひたすら1日単位の法外援護が支給され、町内にある惣菜店・食堂で約750円分の食料に交換したり、ドヤに泊まったりした。パン券宿泊券の建前は、今日は日雇労働の仕事が無かった（稼働能力の活用ができなかった）、明日には仕事があるかもしれない（稼働能力の活用ができるかもしれない）という2つの状態が想定されている。それを中区役所の窓口で確認した上で、今日は1日分の法外援護を支給する（休前日には休日の日数分）。地方自治体としてある意味人道的な措置として行ったのであろう。あるいは、町の住民や運動団体の「声」「叫び」も聞こえただろう。一方で、高齢・傷病・障害があり、稼働能力が無い、または活用することが当面できないと判定された場合には

寿町での生活保護利用や生活保護施設が勧められた。それで実際に寿町の生活保護利用者は1990年代中盤から多くなっていった。

　だが、法外援護を受ける生活は一時的なシノギはできるが、長引くと仕事から遠ざかってしまう。何より食料のみであり、最低生活を保障する生活保護とは給付水準が全く違っていた。ここに労働対策と福祉対策の連携の弱さ、ワーキングプアの生活保障の弱さが鋭く表れていた。その背景には「惰民養成排除論」が法にも、人々の意識にも根付き、制度利用に至らない状況を作り出すことになる。　　　　　　　　　　　　　　　　　　　　　　　[松本一郎]

（2）なぜ医療が届かないのか

　収入が無く医衣食住に事欠くと、誰しも絶望的な心理状態となるだろう。それでも何とか仕事を探し、野宿場所を探し、生き抜いて生活が維持されていく。だがずっと不安定で困窮した状態が続く。社会保障制度は戦後整備されたとはいうが、制度に届いていない人が確実に多くいる。困窮によって医療が遠のく事態である。

　寿町やその周辺に住む野宿者は、何らかの疾病を抱えた場合、福祉事務所で生活保護制度（医療扶助）によって周辺の医療機関にかかるか、地区内にある公設の寿町診療所にかかることになる。どちらも、窓口での本人自己負担は必要ない[2]。国民健康保険は保険料や窓口での自己負担が発生するため、負担能力がない場合は事実上加入から遠ざかってしまう。加えて、国民健康保険は国籍要件がないとはいえ、安定した住所を求めるため、簡易宿泊所を移り住む人、飯場での仕事が多い人、野宿者などの流動的な生活をする人々をカバーしていない。医療に繋がるためには生活保護の医療扶助を利用する必要があるが、そもそも生活保護の申請まで行き着かないと医療が届かないのである。このため医療班では活動の中で紹介状を発行し、福祉事務所の付き添いをし、紹介状に病状や生活状態を詳細に書き込んで、福祉事務所はそのバトンを受け取って医療に繋げるようにしたのであった。医療班の医師・看護師、医療従事者でない者も、越冬のテントやプレハブで相談者から聞き取り、力を込めて何枚も書いていった。

　中には、「日雇健康保険[3]があるじゃないか」と言う人がいるかもしれない。日雇労働政策の一環としての日雇健康保険は困窮が続く時など本当に必要な時には役に立たない。根本的な制度上の問題は資格の発生が日雇労働日数に

連動していることである。もちろん、この連動は流動的日雇労働形態に合わせた制度であるのだが、不況局面では、働きたくても働く場がなく、手帳に印紙を貼ることができない。また印紙を貼らない建設業者が増えてくる。例えば、それは寿労働センターに登録する事業所の日雇雇用保険と日雇健康保険の加入比率に現れてくる。雇用保険は1990年に83.0％の事業所が加入していたが、以後下降し、1999年には54.5％に下がった。健康保険加入事業所は1994年の47.0％をピークに、1999年には28.8％に下がった（寿労働センター無料職業紹介所　2000, 14）。

　印紙を貼ることができないということは、雇用保険と健康保険から社会的に排除されることになる。失業手当の受給は日々の所得保障を意味するが、ここから外れた場合は生活保護による所得保障と医療保障が対応しなければならない。それが社会保障の建て前である。日雇労働者の場合には他の職業に転職が難しく、長期不況で仕事自体が無くなると失業が長期化してしまう。そうなると日雇雇用保険と日雇健康保険からも排除されてしまう。野宿者の場合は、日雇労働者手帳を持っている人はごく少数であり、そもそも排除される。雇用保険が無効化すると生活保護への移行を社会保障のリレーで想定しているはずが、円滑に生活保護利用とはならなかった。

　寿町周辺は大都市の中心部に位置するため、いわゆる「医療過疎地」ではなく、一般病院が数多く存在する。寿町の近くには中央病院、掖済会病院をはじめ総合病院が立地し、診療所も多い。したがって、「医療そのものがない」のではなく、医療へのアクセスが確保されているかどうか、アクセスした医療機関の医療行為が適切であるかどうかが問題となる。

　医療機関へのアクセスを阻害する要因はいくつかある。もちろん、これらは寿医療班の活動から見えてきた一面に過ぎないが、あえて述べてみたい。

　第一に、生活保護制度に関する情報の不足である。裏返せば、生活保護制度広報の不足でもある。医療扶助が適用され医療機関に受診するためには、まずは生活保護の申請をする必要がある。事実、福祉事務所の受付段階で、医療相談や生活保護相談の意思を伝えなければ、自動的に法外援護の相談になった。急迫した状況にありケースワーカー等が判断し受理する場合や救急対応の場合を除き、生活保護は本人の申請があるまで動き出さない制度であり、どこかで制度を伝達し、福祉事務所での面接に付き添う必要がある。なお、生活保護法第7条で、申請は本人以外でも「扶養義務者」「同居の親族」でもよいとされているが、寿町や野宿者の場合ほとんどが単身者であり事実

上本人の申請になることは言うまでもない。

　第二に、スティグマ（負の烙印）の内面化である。スティグマの内面化は恥辱感や屈辱感となって固定していく。かなり身体を悪くしても、ぎりぎりまで、このような制度を利用したくない人も当然いる。相談を受けていると時折、「俺は人の世話は受けたくない」という声を聞くことがある。現行生活保護法は、要保護性に基づいて選別する制度であり、旧法のような制限扶助主義を採っていないため、生活保護を受給するためにはミーンズテスト（資力調査）を受けなければならない。「生活保護を申請することで家族に自分の居場所を知られるので遠慮する」「あの屈辱感と引き換えに生活保護を受けるのは嫌だ」という心理的な圧迫感があるのだろう。そしてそれは、これまで自分の力で何とかやってきたという自信、自己の尊厳を確保したいという思いの裏返しでもある。とはいえ、実際には資力がなく、扶養を頼る相手がいない人が多く、事実上の認定は稼働能力の有無と過去３ヶ月の平均収入で要否判定している面もある。特に慢性疾患がある場合には、最低でも月一回通院する必要があり、近年予約制を採っている医療機関も増え、求職活動や仕事の継続（稼働能力を活用すること）に対してドクターストップがかかる。スティグマの内面化による申請へのブレーキは強いもので、寿医療班では、個々の場合に応じて、受診を勧めたり、福祉事務所への面接に付き添う場合もある。

　第三に、何十年も身体一つで生活を支えてきた人は、「まだ自分でやれる」という自負が強い。それに、中長期の現場で仕事をする日雇労働者の場合は、通院のため仕事を休むと仕事先との関係が崩れることを恐れる場合がある。また、主収入が労働による生活から、労働から遠のく生活になることへの抵抗もある。寿医療班ではそのような時、「病気が治ればまた仕事に復帰すればいいではないですか」と助言することが多い。

　第四に、医療機関への心理的な敷居の高さがある。いうまでもなく医療機関の使命は病気の治療や回復、あるいはそれ以上病状を悪化させない手立てを図ることにある。医療機関は一般に敷居が高いものと思われており、寿町や野宿者にだけ当てはまるものではないかもしれない。というのは、医療機関は他の業種と比べると医師を中心とする専門主義が最も強く、それゆえ高度先端医療に資源が投入される傾向にあり、専門職化も進んでいる。もちろん新しい病気への治療法の開発や迅速性など、専門主義は必ずしも否定的な側面だけではない。だが、「医療機関の使命」の観点から見れば消極的な機

能を果たすことがあり、場合によっては嫌悪感が残り、病識、痛み、苦しみがあっても医療機関を遠ざけてしまうことがある。例えば、専門主義への拘泥は「病気だけを診る」傾向が強くなり、その人の他の側面を見逃してしまう。保健の観点から、単身者であること、簡易宿泊所での生活、野宿生活など寿町や野宿者の生活を把握していくことも必要である。医療機関で「風邪ですね。よく食べて、温かくして寝てください」と言われても、温かい住居が保障されておらず、また食事を摂取できないことがある。風邪は長引くし、悪化すれば肺炎になり、再び救急車が要請されることもある。他にも、過去に医療機関によって受けた視線や言動がどこか心の片隅に残っていて、それが医療機関に足を向かわせない理由になることがある。医療機関でも生活への理解が必要である。

　このような「制度利用以前の諸問題」を前にして、医療保障の窓口へのアクセスや手続きについて説明する必要があり、行政窓口だけでは不十分なため、権利保障のためのアドボカシーが必要になる。また、スティグマという心理的バリアを少しでも緩和させるためにも、民間活動団体の立場から助言や代弁が必要であり、時には福祉事務所への申請や病院への受診に付き添う。もちろんスティグマの緩和は、生活保護ケースワーカーや医療機関の仕事でもあり工夫が求められる領域でもある。権利があることと権利を行使できることは、別種の事柄であり、支援団体はこのようなアウトリーチの局面で存在意義がある。

[松本一郎]

(3) 単身生活と問題の潜在化

　私が活動の中で見えてきたことの1つとして、寿町における単身高齢者が抱える状況の一端を述べてみたい。制度につながっているようで、十分にはつながっておらず、関係者がギリギリの所で関わった方である。

　小林仁さん（仮名）は69歳で、厚生年金の支給を受けながら、簡易宿泊所で一人暮らし。大腿部からの切断、片腕の切断で身体障害2級の認定を受けている。体調が良好な時には、買い物や銭湯などの日常生活は義足を付け、問題なく送ることができていた。

　1995年の年末、越冬活動の最中、大晦日に寿地区の民生委員さんから連絡があった。「高齢の方で、衰弱が進行している」ということで、簡易宿泊所に駆けつけ、救急車でA病院に入院となった。越冬期間中は、毎日医療班

メンバーが交代で病院の小林さんを訪問した。点滴を受けながら回復し、1月の第2週目に退院となった。病院の場合には衰弱が回復し特に急性の疾患がない場合には退院となることが多い。A病院は内科中心で、特に救急対応の場合に寿地区の住民や野宿者を広く受け入れている病院である。寿地区のある横浜市中区の場合、通常期に入院や通院を比較的受けてくれる病院を、横浜市年末年始対策事業で「協力病院」として指定している。A病院はこの協力病院の一つである[4]。

　1月の中旬からは、先の民生委員さんの支援により、入浴サービスを受けることになった。以後、寿医療班では月1回のペースで簡易宿泊所訪問を続けた。当初より、小林さんは老人ホームを希望していた。だが、入所の手続きが遅遅として進まない状況に苛立ちを隠せなかった。訪問をすると、誰かしらの「悪口」や不平不満を並べていた。今も変わりはないが、老人ホームへの入所は1年から3年待ちというのが常で[5]、入所申し込みをしたからといってもすぐに入所できるわけでもなかった。この点については、いくら状況を説明しても、本人が納得できることではなく、今すぐにこの状況を変えたいと思っている本人にとっては何ら説得力のない会話に過ぎなかったのではないだろうか。そしてこの老人ホーム入所に関してさえも、「入りたい」「入らない」の言動はその時々に応じてめまぐるしく変わっていた。

　そうした状況が進み、6月に入り、訪問に行くと尿失禁、床ずれができかけ、衰弱と脱水状態であった。どうしてか食欲が減退し、再び衰弱が始まったのである。この時、衰弱と脱水というのは、それが始まると進行が早いものであることが分かった。衰弱が始まると、買い物も満足に行けず、食事量も減り、足もやせ、義足も合わなくなり、歩行も困難になり、よけいに歩きたくもなくなり、気も弱くなりの悪循環で、一気に悪い方向に歯車が回ってしまう。衰弱が更に激しくなると、小林さん自身も朦朧としてしまい、本人でさえ何が本当の望みなのかも分からなくなってしまっていたのではないかと考えられる。

　私は入院が必要であると判断し説得しようとしたが、そういう状態でも、小林さんは頑なに拒否した。それで少しでも衰弱と脱水を抑えようと、カロリーメイト缶やポカリスエットを買ってきてストローで飲んでもらった。また、身体を拭き、下着を替えた。だが、このまま在宅生活を続けていくには限界点にあるのは明らかで、ことぶき共同診療所の医師に往診をお願いした。医師は今日中に入院が必要と判断し、救急隊を要請した。だが、救急隊を目

の前にしても彼の望んだことは「ここ（簡易宿泊所）にいる。病院には行かない」であった。これは、頑として譲らなかった。この時、先の民生委員さんもかけつけてくれたが、彼女が言った言葉が今でも私の記憶に残っている。「彼が望むことは、衰弱死です」。私には、この言葉が小林さんの本心かどうかは一旦棚上げにして、その場にいる関係者に対し、本人の強い「希望」を伝え、かなりの緊急性があること、すぐにどうすべきかを考えなければいけないことを直面化させ、答えを出すことを強く冷静に必死で伝えようとしているように思われた。

　このようなやり取りを続けた末、結局、救急隊にも説得され、彼はこっくりと首を縦に振り、入院を同意することになった。

　心配された入院生活ではあったが、初めての病院訪問の時、彼の顔は驚くほど穏やかで、笑みさえ浮かべていた。食事も美味しくとれ、差し入れの要望があったほどであるから、入院にはある程度満足しており、我々との関係を築いていこうとしていた。

　小林さんが入院中の８月、寿医療班、寿生活館（２階）、民生委員、ことぶき共同診療所の４団体６人で、今後についてケースカンファレンスを行った。寿生活館のソーシャルワーカーの話によれば、1995年以前は寿町にはヘルパーが入っていなかったが、1996年１月から３月にかけて、寿生活館が要援護者の一覧を作成し、ケースワーカーと福祉事務所ヘルパーさんと毎週木曜の午後に巡回するという試みが始まったとのことであった。小林さんもその利用者の一人だった。だが、４月以降、この試みは中断していた。

　また、寿生活館のソーシャルワーカーも、小林さんを訪問していたことがこの時分かった。話し合いの中で、福祉事務所高齢者担当に小林さんのことを知らせて、意識してもらおうということになった。この場にいる人は「なぜ寿にはヘルパーが来ないのか」という疑問が自然と募った。それで寿生活館の身体障害者セクションで早期にヘルパーを導入できるよう取り上げてもらうことになった。

　その１ヶ月後、小林さんは退院した。訪問を続けている寿生活館の方の話では、福祉事務所の高齢者担当の方が老人ホーム入所手続きをしようと勧めたが本人に断られたという。だが、この時、福祉事務所ヘルパーが近く再開することが決まっており、福祉サービス協会のヘルパーも導入予定が決まったとの嬉しい話が舞い込んできた。この時点で、我々ができることを模索した結果、「いろんな人が小林さんと会い話をすることが気分転換にもなり、本

人にとっていいでしょう」「訪問するなら定期的に」ということになり、寿生活館をセンターとし、寿生活館週1回、民生委員週1回、ヘルパーさん週1回、医療班月1回で訪問しながら、在宅生活を支援することになった。その後、福祉事務所高齢者担当の方も訪問することになり、秋以降には、老人ホームのショートステイや老人クラブの旅行、毎週地域ケアプラザのデイケアに通うようになり、他人と顔を会わせる機会が多くなっていた。そして、97年になり、申し込みをしていた特別養護老人ホームに入所することとなった。

　小林さんとは1年少しの付き合いとなったが、以上のとおり、訪問の最中、あるいは後になって考えさせられることが多かった。私は当時、一般論として、（後から考えるとそれは杓子定規であったのだが）本人の意思は、尊重しなければならないと思っていた。小林さんは衰弱の中で意識が朦朧としていたが、入院拒否の意思ははっきりしていた。彼の意思をその通り尊重するのであれば、他人は何もせず一人死を迎えることが彼の望みということになる。したがって、私は動揺した。だが結果的には、本人の意思の尊重は大切であるとはいえ、「自立した大人」に対しても、やはりどこかに他人の「パターナリズム」が正当化される段階があるのだと、その時明確に気づかされることになった。しかも私は、自立・自己決定とパターナリズムを、対立的に位置づけるのはおかしいのではないかとも考えるようにもなった。

　寿の生活保護世帯は、傷病、障害、高齢である場合がほとんどであり、その対応としての医療・看護・介護の問題がますます大きくなっている。また、おそらく長期居住者が以前に増して多くなっており、「ケア」が必要な人への中長期的対応が「町の課題」となっている。それに加え、単身世帯率が極めて高い。人間関係の希薄化が以前よりも高まっていると考えられる。

　通常は家族など、親密な関係のある誰かがケアをし、心配し、ケアの限界を感じると病院へかかるようにいう。単身者の場合、この点が決定的に欠如している。作業所、デイケア、老人クラブ、ヘルパー訪問などに繋がっている場合は比較的注意が行き届くため、まだ病変に対応できるのかもしれない。生活保護を受けていたとしても、ケースワーカーの訪問回数では間に合わない場合がある。帳場さんの中には、宿泊者の健康を気にかけている人もおり心強いが、衰弱や脱水の場合2、3日で急激に悪化してしまう場合があり限界がある。それには、医療機関の敷居を低くすること、緩やかな人間関係や場所、コミュニティを少しでも増やすことではないか。2000年に介護保険が施行され、寿町では生活保護制度があることにより、医療・介護が保障さ

れ、1990年代とは状況が大きく変わっている。だが、制度が届かないこと、生活保護を受けていても単身生活者が孤立する場合もある。私は、医療班の活動を通して、この潜在化を防ぐことの大事さを知ったのであった。

付記

本稿は、松本（2004）を大幅に改稿したものである。

［松本一郎］

注 ────────────────

1　生活保護法第4条第1項の「能力」は、具体的には「稼働能力」を指す。この「稼働能力の活用」についての現在の厚生労働省見解を述べておく。まず（1）稼働能力を有するか否か、（2）その稼働能力を活用する意思があるか否か、（3）実際に稼働能力を活用する就労の場を得ることができるか否か、を考慮する。次に、「稼働能力がない」と判定された場合は受理の方向で進めるが、医療機関等において「稼働能力がある」と判定された場合には、求職活動を行えば適当な職場があるにもかかわらず働く意思そのものがない者は要件を欠くとし、他方働く意思があり、求職活動を行っているが、現実に働く場がない者は要件を充足する、と見なされる（社会保障審議会福祉部会生活保護の在り方に関する専門委員会（2004）「第7回説明資料」15頁）。

2　寿町診療所の特別診療制度は、本人の医療費負担能力よりも医療保障を優先するものであり、あくまで本人の稼得により収入を得て、医療費分が捻出できた場合にのみ支払う制度である。30日以内に返済する旨の借用書に記入して、受診できる。払えない場合には「支払延長」手続きをして、さらに払えない場合には「再延長」手続きをする。医療保険に加入できない場合の公的な医療保障の一つと位置づけられる。

3　健康保険の「日雇特例被保険者」とは、日雇労働者が、健康保険の適用をしている事業所に雇われる場合に、加入できる制度である（健康保険法）。保険料額については1日の賃金額により第13等級まで区分され、決められた額を事業主とそれぞれ負担する。日雇特例被保険者は日雇特例被保険者手帳を交付され、就労する日ごとに、事業主に手帳を提出し健康保険印紙を貼ってもらう。給付については、初めて給付を受ける日の月の前2ヶ月間に通算して26日以上保険料を納付しているか、またはその月の前6ヶ月間に通算して78日以上の保険料納付をしていることが要件となる。この要件を満たした場合に、社会保険事務所で受給資格者証を交付してもらい、医療機関の窓口に提出することにより受診する。窓口一部負担金については、一般の被保険者と同様であり、2003年度より3割負担となっている。

4　横浜市年末年始対策期間中における医療体制や協力病院に関しては、松本（2001）を参照。

5 「ゴールドプラン」（1989 年）以降、寿町の高齢者が老人ホームや「老人病院」から締め出されていった経緯については、大川（2001a）が参考になる。

参考・引用文献————————————

池谷秀登（2013）『生活保護と就労支援』山吹書店

大川昭博（2001a）「寿地区介護模様」NPO 法人さなぎ達『さなぎ達』第 2 号　2001 年 6 月 30 日

同上（2001b）「寿地区の結核患者たちは、なぜ DOTS に通うのか」野宿者・人権資料センター『季刊 Shelter-less』第 11 号　現代企画室　2001 年 12 月 15 日

大塚洋介（1983）『羅漢たち』大塚洋介写真集「羅漢たち」出版委員会　1983 年 4 月 17 日

寿医療班通信社『寿医療班通信』

寿生活館（2003）『平成 14 年度 寿生活館事業報告集』2003 年 9 月

寿労働センター無料職業紹介所（2000）『ことぶき 四半世紀の歩み—無料職業紹介事業・25 周年記念誌—』2000 年 7 月

社会保障審議会福祉部会生活保護の在り方に関する専門委員会（2004）「第 7 回説明資料」2004 年 1 月 27 日

田中俊夫（2002）「横浜簡易宿泊所街の地域医療を目指して」法務省保護局『更生保護』第 53 巻第 4 号　2002 年 4 月 1 日

中川健太朗（1991）「第 2 章 来てよかった福祉事務所に—相談・申請の実践的課題—」

尾藤廣喜・木下秀雄・中川健太朗（1991）『誰も書かなかった生活保護法—社会福祉の再生に向けて—』法律文化社　1991 年 11 月 30 日

ハローワーク横浜港労働「業務概況」各年度版

松本一郎（2001）「寿地区周辺における横浜市結核対策の通常期と年末年始期」野宿者・人権資料センター『季刊 Shelter-less』第 11 号　現代企画室　2001 年 12 月 15 日

松本一郎（2004）「寿町における医療と福祉の問題」『寿町ドヤ街』第 1 号

第3節

寿地区の高齢化と急増する介護事業所

（1）2000年の介護保険導入以前の介護状況

　2000年の介護保険導入以前、寿地区での介護はどのような状況だったのか。1995年より前は、寿町にはホームヘルパーは入っていなかった。それまでは、福祉作業所の職員や民生委員、簡易宿泊所の管理人、または、友人・知人が実質上のお手伝いをしていた。また、場合によっては生活保護のケースワーカーが手伝うこともあった。

　いわゆる措置制度によるヘルパー派遣は、横浜市域では、当時の横浜市ホームヘルプ協会（現在の横浜市福祉サービス協会、以下「協会」）を中心に行われていた。寿町でも簡易宿泊所ではなく、市営住宅や周辺部の店舗兼民間住宅等に、1995年あたりから、徐々にホームヘルパーが派遣されていた。また中区医療センターの訪問看護師も医療の制度で同時期に入っていた。簡易宿泊所へのヘルパー派遣が行われるのは、1997年1月から横浜市中区福祉保健サービス課の公務員ヘルパー2名（一ノ木氏・田中氏）が入ったのが初めてである。木曜日の午後、当初は6名の対象者に対し、買物・洗濯・掃除等を行った。入浴サービスについては、あだちホームと天神ホームによる施設入浴が行われていた。おおむね月に2回程度行われた。

　対象者の決定は、寿生活館のソーシャルワーカーが要援護者一覧を作成し、当時の中区役所5階の中区福祉保健サービス課により行われていた。当時のことについては、中区福祉保健サービス課発行の「寿地区ホームヘルパー派遣意向調査報告書」（1999年9月）が詳しい。当時の横浜市中区福祉部長砂川氏は、「寿地区簡易宿泊所に住まう高齢者が自立して生活ができなくなったとき、入院や老人ホーム等への入所で対応していくしか方法はないのか。（中略）ホームヘルプサービスなどの在宅サービスを充実していくことができれば、（中略）在宅生活を継続することができるのではないか、（中略）このよう

な考えのもとホームヘルパーの派遣を始めました」（報告書「はじめに」から。以下、同）という。寿地区ではホームヘルパーも一般的ではなく、他人が簡易宿泊所の部屋に入ることについて、受け入れが難しい部分もあった。砂川氏は「日常生活に困りつつも、援助を求めたり、ヘルパーの訪問を積極的に希望される方はほとんどいませんでした。そこで、部屋の掃除やごみ捨てという活動から開始し」「順次、下着の取り換え、衣服の洗濯、体の清拭へと活動内容を拡大し」「訪問を希望する人も少しずつ増加し」たという。また、「QOLの向上に確実に結びつき」、「確かな手ごたえを感じています」とし、徐々に寿地区に浸透しているのがわかる。

　1997年10月からは、協会の常勤ヘルパー「ケアヘルパー」の黒坂氏・中塚氏が合流し、一ノ木氏・田中氏のいずれかとペアを組み、ふたり一組で巡回していた。拠点はおもに生活館2階の、館長室（現在の自治会室）であり、パーテーションの中で着替えをしていた。1998年1月に、寿生活館の女性の職員が、ストーカーに殺された事件があった。これまでのヘルパーはすべて4名とも女性だったが、男性も一人いたほうが良いという意見があり、筆者も男性のヘルパーとして1998年2月から加わるようになった。ヘルパー活動日数が週1回半日では足りなくなり、1998年4月から木曜日・月曜日の全日も暫定的に始めることになった。

　1998年7月に、寿町総合労働福祉会館1階の階段下倉庫を改装し、ヘルパー作業室がオープンした。ここは、寿町勤労者福祉協会（以下「勤労協」）が、横浜市福祉サービス協会に管理運営を委託し、ホームヘルプ事業を展開していった。2000年6月には、月曜日・火曜日・木曜日、2001年7月には、月曜日・火曜日・木曜日・金曜日が正式にオープンし、水・土・日は暫定的に開いていた。ヘルパー派遣は、1件の対象者に2時間〜3時間滞在する「滞在型」ではなく、2人一組で、1件当たり30分未満で訪問する「巡回型」で行われていた。

　ヘルパー作業室は、当時の勤労協診療所1階裏口の隣にあった。約20㎡の広さの中に、洗濯機2台、ガス乾燥機2台、尿・便が付いた衣類の下洗いをするモップ洗いがひとつ、食事と事務用の机がひとつあった。1999年11月には、対象者は約40名に増えた。協会のホームヘルパーは1日当たり4名が活動していた。ただし1人の対象者に対して、多くて週2回の派遣であったため、介護の必要性が高い人については、民生委員や福祉作業所職員や簡易宿泊所管理人のお手伝いが必要なことに変わりはなかった。また、施設入

所や「社会的入院」になることも多かった。

　当時はまだ法外パン券があった。生活保護を受けている人は対象にならないが、買い取りパン券という制度があり、保護受給者で利用している人もいた。要介護状態となり、買物に行けなくなると、同じフロアの人や知人に買い物を頼むことも多かった。多くの場合、ある程度の謝礼金が支払われていたが、謝礼が多すぎる場合もあり、対象者の飲食物が買えなくなることも多々あった。その場合に、生活保護担当者が検討し、買い取りパン券を本人に渡し、それでホームヘルパーが購入するということもあった。現在でいうところの、金銭管理を現物支給で行うような形だった。

　介護保険導入前はデイサービスの送迎車が寿地区内に入ってこないということもあり、施設入浴が行われていた。旭区の上川井にある特別養護老人ホーム「あだちホーム」から、月に2回大型バスで迎えに来ていた。現在の「はまかぜ」が建っているところにあった「横浜光センター」の駐車場に迎えにきていた。朝の9時半ごろに迎えにきて、入浴後食事をして午後2時ごろ送られてきた。

　配食サービスは寿地区内では一般的ではなく、一人暮らしにちょうどいいお惣菜を売っている店が何軒かあり、そこを利用することが多かった。主だったところでは、「丸光ショップ」（現在の丸光マンション1階）、「マルキン」（現在のデイサービスあすなろの場所）、「有苑」（現在の「ダモア」）、「セイワン（三和物産ビル1階）」である。そこで購入したものを、ホームヘルパー等が買い、冷蔵庫の中に保管して食べている人が多かった。また、ここではパン券も使用することができた。

　2000年以前は、エレベーター付きの簡易宿泊所は少なかった。また、簡易宿泊所の扉をあけると廊下と部屋がフラットではないところも多く、車いす生活になると、1階の空いている部屋に引っ越すか、とりあえず社会的入院となり、そのうち特養等に入所になることも多かった。当時の簡易宿泊所は、もともと健常者向けに作られていたため、トイレも和式が多く、その点でも暮らしやすいわけではなかった。

　2000年ごろまでは、寿地区である程度の年数を暮らし、そのなかで体が動きづらい病気や障害となった人がほとんどで、現在のように動けなくなってから寿地区へくるような人はほとんど見かけなかった。

　もともと日雇労働者として働いている人だった男性も多く、女性は賄いを作っていた人が多かった。できる限り自分のことは自分でしたいという人、

バリアフリーでなくとも何かしらの工夫をして生活している人が多かった。ホームヘルパー等の福祉サービスも、本人が希望したというよりも、役所の職員や管理人、同じフロアの住人からの情報提供から派遣されることが多かった。そのため、利用者との信頼関係を作ることがまず第一に必要なことだった。

〔梅田達也〕

(2) 寿地区の高齢化と急増する介護事業所

2021年11月1日現在の寿地区は、65歳以上の高齢化率は55.5％。1998年11月1日現在の高齢化率は22.0％であり、約33％増加した。人口は1998年の6,495人、2021年は5,637人で約850人減少しているにもかかわらず、1998年の高齢者人口は1,430人、2021年は3,131人と約1,500人増えている。2021年の要介護者等は973人である。

寿地区に介護が必要な人が多く存在し、住むことができる簡易宿泊所が増えたことにより、多くの介護事業所が寿地区に参入している。2022年8月末現在で、中区に事業所がある居宅介護支援事業所（ケアマネージャー）は50、訪問介護事業所（ヘルパー）は73、通所介護（地域密着型を含む）は49ある。訪問看護ステーションは18ある。もちろんこれらのすべてが寿地区に参入しているわけではないが、これ以外にも近隣区の南区・磯子区・西区・神奈川区からも寿地区への参入が見受けられる。横浜市ことぶき協働スペース広報誌『テラス』第25号（2021年12月発行）によると、寿地区に関わる介護事業所として、主に34事業所があげられている。

2000年の介護保険開始当初は、通所介護事業所も少なく、寿地区には横浜市簑沢地域ケアプラザが曜日を決めてきていた。松影町の青葉会館前の道路まで迎えにきて、そこまでヘルパーが送り、夕方ヘルパーが迎えに行っていた。その後、介護保険が浸透するにつれて、簡易宿泊所の目の前までデイサービスのワゴン車が迎えに来るように変わっていった。第二平成館とアジアビルの間の一方通行の道は、新栄館・旧静観荘に向かって、デイサービスの車が迎えのために停まると道をふさいでしまい、当初は苦情がきた。2002年の日韓ワールドカップの前後に不法投棄の車が一斉に撤去され、「松影町・寿町周辺地区再整備事業」や「寿花いっぱい運動」で道路や歩道がきれいになったこと等により、デイサービスの送迎車が止めやすくなり、車いすも通りやすくなった。

2001 年以降は、介護保険の世の中への浸透もあり、医療法人・社会福祉法人・有限会社・株式会社・特定非営利活動法人・合同会社など、多様な法人主体が介護事業所を開設するようになった。

　寿町総合労働福祉会館 1 階のヘルパー作業室は、1999 年から社会福祉法人横浜市福祉サービス協会が管理運営をしていたが、2001 年ごろから手狭になり、2003 年からホテル山榮の 1 階もヘルパーの詰所として使用するようになった。2013 年に「ヘルパーステーション寿」となる。

　2001 年 6 月には、大石クリニック等を運営する医療法人社団祐和会がアジアビル 2 階で「大石クリニックコスモヘルパーステーション」を開いた（現在は南区）。2006 年には「大石デイサービス寿（大石介護センター）」が開設された。

　2001 年 11 月には、ホルター心電図検査等を扱う、株式会社カスタムメディカル研究所が「カスタム介護支援センター寿」を扇町に開設した。

　2002 年 4 月には、東京の山谷に活動の拠点を置く、「特定非営利活動法人訪問看護ステーションコスモス」が「寿分室」を吉浜町の鰐部ビルに開き、2004 年 9 月に松影町の三和物産ビル 4 階に「訪問看護ステーションコスモス寿」を開設した（現在は 7 階）。

　2003 年 11 月には、横浜市福祉サービス協会労組の仲間で作った「特定非営利活動法人ことぶき介護」が、松影町 2 丁目の三和物産ビルの 4 階に開設された（現在は寿町 3 丁目）。

　2003 年 12 月には、神奈川区の株式会社中央防災技研が「株式会社中央防災技研クリンライフケア事業部中区事業所」を開設した。

　2004 年 6 月には、伊勢佐木町で飲食接客業を営んでいた加藤光恵さんが、「松影デイサービス」を松影町 2 丁目の岩崎ビルに開設した（現在は寿町 2 丁目織茂ビル）。その後、「かながわヘルパーステーション」（訪問介護）・「かながわ福祉サービス」（居宅介護支援）・「きららステーション」（地域密着通所介護）をたちあげた。

　2005 年以降も、年に 1 事業所程度が寿地区近隣でたちあがっていたが、2012 年以降は、毎年 2 〜 3 程度の事業所が、2022 年まで継続してたちあがった。

　先にあげた主だった事業所 34 の内訳をみると、もともと寿地区に関わる仕事もしくは寿地区近隣で介護・福祉・医療に関わる人達が、新たに立ちあげたり、分室として作るところが多い。寿地区をメインの活動地域とするところもあれば、中区の地域の一つとして寿地区で活動しているところもあり、事業所によってまちまちである。

寿地区内と寿地区周辺エリアになぜこれほどまでに多くの事業所がたちあがっているのか。一番の要因は、300メートル×200メートル四方に、多くの要介護者がいるということだろう。多くの要介護者がいるということは、要介護者が住むことができる簡易宿泊所が整備されてきたことと関連する。何らかの要因で急に住居を見つけなくてはならないとき、急に施設や医療機関を出なくてはならなくなったときに、面倒な手続きがなく入ることができる。特に、介護用ベッドが入り、車いすでも出入りがしやすく、トイレも出入りがしやすいということは、他地区の一般的な在宅に比べて、新たに要介護者が増える要因となる。多くの簡易宿泊所には、エレベーターがつくようになり、1階でなくても出入りがしやすくなった。また、簡易宿泊所によっては、建てる段階から要介護者も住みやすいように工夫しているところも増えてきた。

　管理人さんの対応の細やかさも大きい。金銭管理や服薬管理といったことに対応するところも増え、この辺に不安を持つ人が他地区でうまくいかなかった場合でも、寿地区でうまく過ごせる人も多くいる。

　また、介護事業所だけではなく、周辺にコンビニやスーパーやドラッグストアや、玉川屋といった雑貨店がそろっているということもある。取り急ぎの必要なものであれば、当日その場ですべてがそろってしまう。食事の面でも、宅配弁当の「時代や」をはじめとした配食事業を営むところが数多く参入している。「ふれあい弁当」「まごころ弁当」など、多くの弁当業者が参入した。介護事業所と同様に、狭いエリアに多くの顧客がいるということは、それだけ1回の配達にかかわるコストが少なくてすむ。

　様々な関係機関も寿地区内もしくは近いところにある。医療機関の「ことぶき共同診療所」「寿町健康福祉交流センター診療所」「健仁整形外科」「ポーラのクリニック」等や、少し離れた総合病院「横浜中央病院」「掖済会病院」「みなと赤十字病院」等がコンパクトにまとまっている。寿地区内では、往診や訪問看護ステーションの車も多く見受けられるようになった。寿地区内には「生活自立支援施設はまかぜ」があり、「ことぶき福祉作業所」「ろばの家」「シャロームの家」などの障がい者作業所や、「アルク」なども数多くある。

　そして、行政機関や相談機関がとても近い。寿生活館が前身の「寿福祉プラザ相談室」は寿地区内にあり、生活支援課や高齢障害支援課がある中区役所も、徒歩10分程度のエリアにある。

　狭いエリアに多くの関係機関があることにより、結果として顔の見える関

係になっており、近隣の連携が取りやすくなっていることも、寿地区に要介護者が集まる要因と思われる。

［梅田達也］

(3) 寿地区の高齢者が抱える課題と現状

　急激に増加した寿地区の高齢者がかかえる課題と現状は、どの機関のどの視点から見るかによって異なる。ここでは要介護認定等を受けた簡易宿泊所に居住する単身高齢者の排泄を中心に、介護事業所の視点から課題と現状をみていく。

　まずは居室から共同トイレまでの移動についてである。簡易宿泊所のトイレは、ほとんどが共同トイレである。トイレの形式は、和式トイレ・洋式トイレ・車いすでも入れるトイレである。要介護度が軽い場合は、居室から廊下を移動し、共同トイレで排泄する。要介護度が高くなるにつれ、共同トイレ内で座れない、もしくは立ち上がれなくなる、廊下で転倒してしまう、転倒しないまでも廊下を汚してしまうことなどが起きる。そのため、居室内にポータブルトイレを設置し、そこで排泄する場合も多い。夜間だけポータブルトイレ・尿器を使い、日中は共同トイレを使用する人もいる。携帯電話を自ら使用できる場合は、首からぶら下げて電話で手伝いを呼ぶこともある。トイレへの移動手段は、普通に歩くことから、伝い歩き、手すりを使っての移動、杖や歩行器での移動、車いすの移動がある。車いすでの移動では、ベッドから車いすでの移乗動作に失敗することや、共同トイレ内で車いすから洋式トイレへの移乗で失敗することも多い。同じフロアの住民が助けてくれる場合、簡易宿泊所の管理人さんが手伝う場合、介護事業所が電話等で呼ばれて手伝う場合などがある。居室の扉が横に動く引き戸なのか、たてに動く開き戸なのか、もどる速さがどのくらいなのかでも違う。

　排泄の方法を考えると、下着のパンツも、いろいろな種類がある。病院や施設のようにナースコールで介助を依頼するということが難しいため、ある程度自力で可能な人でもパンツ式の紙おむつ「リハビリパンツ」を使うことが多い。リハビリパンツも薄型から厚手、脱ぎ着しやすいものなど種類がある。

　居室内でのポータブルトイレへの移乗をしやすくするため、ポータブルトイレも家具調である程度重さがあり、手すりもついているものにすることも多い。床と天井の間に突っ張り棒を立てる福祉用具や、床置きの手すり、ベッドサイドレール手すりなどを設置する場合もある。

要介護度が進み、ポータブルトイレ等への移乗が難しくなると、ベッド上でのテープ式紙おむつを使い、介護事業所が取り換えることが多い。日中はリハビリパンツをはいてポータブルトイレを使用し、夜間はテープ式紙おむつを使用し、その交換を介護事業所がする場合もある。その場合、陰部をぬるま湯で洗うことも多い。そのためのお湯が共同の炊事場で入れられる場合と居室内でポットもしくは「ティファール」等、その場で沸かすものを使用したりする。その際に使うタオルを濡らす場合はそのお湯を使う。

　いずれの場合でも、リハビリパンツもしくはテープ式紙おむつに加えて尿取りパッドを使用する場合が多い。尿取りパッドは、自身で替えられる場合、介護事業所等が手伝う場合、陰部を洗ったり拭いたりする場合のみ介護事業所が行う場合などいろいろある。ある程度定時でできる場合で、体重が重たい場合などは、介護用リフトを使用する場合もある。リフトも固定的に置くものから、移動型のリフトまである。

　居室内の配置も重要である。自力で歩行や起き上がり・立ち上がりができない場合、排泄や移動が不安定な場合は、ベッドやポータブルトイレや車いすを居室内に同時に置くことがある。ベッドとポータブルトイレは居室内、車いすは廊下という場合もあれば、ある程度広い居室であれば両方置ける。どちら側にマヒがあるかによって、置き方もかわる。居室の入り口に対して、横長なのか縦長なのかによっても異なる。一般的に起き上がる側をマヒのない手前側にし、マヒのある側を移乗する側と逆のほうにする。それによって頭の位置・ベッドの向きもかわってくる。ベッドのどちら側にポータブルトイレを置くか、車いす等を置くかを決める。また、突っ張り棒等を設置する場合も多い。自力で排泄する場合は、食事や飲み物を置くテーブルをどこに置くかも変わる。

　ポータブルトイレや尿器を居室内に置いた場合、その掃除を本人がする場合と介護事業所がする場合がある。その処理は最低でも週に３回は対応しないとあふれ出る。介護事業所が短時間でも毎日入ることが多い。ポータブルトイレや尿器の掃除は、共同トイレ内で行なう。簡易宿泊所によっては、ポータブルトイレ処理用の場所を用意している場合もあるが、多くは同じフロアの共同トイレで廃棄する。ポータブルトイレの掃除用のブラシ・洗剤等の道具は、感染予防のため利用者ごとに準備することも多い。またポータブルトイレ用の匂い消しの液体を使用することもある。

　自力でトイレを使用できる場合は、ウォシュレットを使用することも可能

だが、介護度が高くなると、拭いたり洗ったりすることは、介護事業所が行うことが多い。暖かい清拭タオルで拭く場合もあれば、使い捨てのウェットタオルを使うこともある。その用意も、居室で用意する場合、共同炊事場で用意する場合、介護事業所から持参する場合がある。また多くの場合、陰部洗浄をするが、その容器は居室内に準備する。容器はペットボトルを改良して使う場合もあれば、専用のボトルを使用することもある。

　おむつについては、基本的には自費で購入する。寿地区近隣の雑貨店や石川町や不老町のドラッグストアで介護事業所が購入することが多い。要介護4・5もしくは、要介護1〜3の場合で認められた場合は、横浜市の高齢者紙おむつ給付事業で毎月福祉用具事業者から送られることも多い。その場合は段ボールで配達されるため、置き場所に工夫が必要となることもある。使用したおむつを廃棄する場所も、簡易宿泊所によって異なるため、管理人さんに尋ねる必要がある。紙おむつ専用の場所を用意している場合もあれば、簡易宿泊所の外のゴミ捨て場に捨てる場合もある。

　排便については、訪問看護師によってコントロールしてもらう場合もある。自力でのコントロールが難しい場合に、服薬や食事指導、浣腸等によって、週に数回に分けて排便する場合がある。また、直腸がん等により人工肛門を付けた場合などは、専用の袋を交換するのも訪問看護師に依頼することが多い。またいわゆる「寝たきり」状態で、ご本人が寿地区にどうしてもいたい場合などは、自動排泄処理装置の導入をすることもある。

　ここまで、簡易宿泊所での単身高齢者の排泄について考えた。単純化するために排泄のみをとりあげたが、排泄は単体では存在せず、食事内容や水分を含めた介助方法、医療機関の受診状況、服薬、認知症の人への対応、依存症の人の金銭管理、飲酒や喫煙、福祉用具など、様々な要素が重なりあっている。たくさん飲酒をすれば、下痢をして下着を汚すことも多い。日中居室内にずっといることが多くなれば水分や運動が不足し、便秘になることも多い。

　寿地区の高齢者がかかえる課題と現状について、問題点として細かく挙げればきりがない。寿地区で暮らす高齢者の方々が、どう暮らしたいと思っているのかを中心におき、周りの人たちが、どのような選択肢を準備できるのか、いろいろな関係者が話し合い、ご本人を交えて考えることができるようになれるかどうかが、一番の課題と思われる。

[梅田達也]

第4節

NPO「さなぎ達」の設立

(1)「さなぎ達」のセンセーショナルな誕生

　その男は山下公園周辺を根城にしていた。寒かったり雨が降ったりする時は、どこかのビルに入り込んで眠った。まだ防犯カメラなども少なく、セキュリティーは緩かったのだ。気候が快適なら、港の見える丘公園の、自分専用と決めたベンチに寝そべり、中華街や元町から得た「ご馳走」をゆっくりと味わった。どこかへケータリングされる高級レストランの料理を、隙を見て大きなワゴンごと盗み、仲間のホームレス達に分け与えたこともある。腹を満たしたら身障者用のトイレに入り、水道の蛇口を水が天井に向かって盛大に吹き出すよう工夫し、頭からシャワーを浴びた。服や靴もゴミ置き場に行けば、場所柄いくらでも良いものが手に入った。

　衣食住には困らないので、木曜パトロール（木パト）というホームレス支援グループが来ても無視した。それでも木パトはやってくるので「衣類はブランド物しか着ない」と男は突っぱねた。すると彼らは希望通りの品を持ってきた。教会には米軍からの衣類寄付が常時あり、新品同様のブランド物も少なくなかったのだ。

　男は上背があり、がっちりした体格で目鼻立ちが整っていた。日本人には大きめでやや派手なブランド物も、楽々と着こなした。当時、51歳。打ち解けて口を開くようになると、彼はたちまち木パトのボランティアたちを魅了した。見栄えのする容姿、快活な立ち居振る舞い、行動力、愛嬌のある笑顔、ユーモアを交えた語り口。熱い歓迎とともに、男は寿町というドヤ街に迎え入れられた。名は名乗ったが本名ではなかった。でもそのことは誰も気にしなかった。ボランティアの人々は、よほど必要がない限り、ホームレスやドヤ街の住人の過去をしつこく詮索したりはしない。

　男は名乗った名字の頭文字から「Ｙさん」と呼ばれ、周りに人を集め、リー

ダーシップをとるという特異な才能を発揮し始めた。まずはホームレスもドヤの住人も他所から来た人も集える「クレージーサロン」を寿町内会館2階に立ち上げる。週に一回、カレーの炊き出しも行われた。ドヤの住人で楽器のできる者も参加し、いきなり演奏会が始まることもあった。もちろん場所を使うにもカレーを提供するにもお金がいる。それはドヤ街を支援していたキリスト教会が出した。1999年のことだった。

　素晴らしいホームレスがいる、という評判が広まり、教会関係者の知人、友人たちも寿町へ出入りするようになった。医師、学者、文化人、東大、慶応といった有名大学の学生達。ドヤ街とはもっとも遠いところにいる人々が、彼の存在によってここへ引き寄せられたのだ。

　Yさんは簡易宿泊所の住人にもならなければ生活保護も受けなかった。あくまで自由なホームレスという立場を選び、周囲も喜んでそれを受け入れた。彼を囲む人々は、ビルの一部屋に彼の寝場所をセッティングし、なにひとつ不自由しないよう気配りした。ほどなく「さなぎ達　話をしようよ」という冊子が、Yさんの主導で発行された。「さなぎ達」というネーミングも彼がつけた。そこに「Y」の署名で幾つもの文章が掲載されている。ホームレスの視点から見た現代。文章力もなかなか……と読んだ人は感心するだろうが、彼は好き勝手に喋っただけ。しかるべき人が、筋の通った日本語に書き直した。Yさんの父親は医師、Yさんは二十歳の時、講談社から本を出している、という事実も、人気に拍車をかけたかもしれない。決まった住居、職業を持つことにはなんの興味もない、という彼の言葉は、社会で言うところのエリート達の心をひそかに揺さぶったのではないだろうか。

　やがて、こんなにいろんな立場の人達が集えるのだから、ちゃんとした「場」が欲しい、という声が出るようになった。NPOを立ち上げればいい、という案はYさんから発せられた、という人もいる。もちろんホームレスには立ち上げの資格がない。書類を作成し、理事に名を連ねたのは信用ある社会人達だ。そして2001年、ホームレス支援を目的とした「NPOさなぎ達」が誕生。理事にはアメリカ人、在日韓国人、日本人が混在しているというので、マスコミにも大きく取り上げられた。「さなぎの家」というホームレスの相談窓口になった場所の家賃は、横浜のインターナショナルスクールが負担した。ちなみに「さなぎ」という名をつけたのはYさんである。この名には彼の過去が実はからんでいるのだが、それは後述する。

　2002年、私が寿町に足を踏み入れるきっかけも、じつはYさんだった。

産経新聞の横浜版で「飲み食い交遊録」というリレーエッセイがあり、私もメンバーの一人として名を連ねていた。その打ち上げの席に、一人見知らぬ男性がいて、デスクから紹介された。それがYさんだった。彼が案内してくれるというので、さっそく翌日、私は初めて簡易宿泊所街というところを訪れた。こんなチャンスはまたとない、というわくわく感と共に、Yさんの怪しさにも強い興味を持った。これほど頭が良く、人好きがして弁がたつ。なのになぜこの人は、どういう事情でホームレスという立場になり、なぜこのドヤ街で社会的地位の高い取り巻きをしたがえているのだろう、と。

取り巻きの数人に、後年、尋ねてみた。なぜ彼を怪しいと思わなかったのかと。「人をまっすぐ見つめるあの目を見れば、いい人だと思わずにはいられなかった」と言った。またある人は「あなた（筆者）は複雑な家庭環境で育ち、悪い大人が周りにいろいろいた。でも自分の生まれ育った環境にはそんな人がいなかったから」と。

ドヤ街は「人を見たら泥棒と思え」という言葉が似合うと思われがちだが、そのような環境から一人でも救い出したいと願い、無償で奉仕する人は決してそういう見方をしない。相手の良いところを掬い取り、その人が暗い淵にいればなんとか引き上げようと、心を砕く人の方が多いのだ。

この年、横浜市の法外援助である「パン券」で、一日三食、温かい定食が食べられる「さなぎ食堂」がオープン。翌年には「Funny bee」「なんでもSOS班」「ポーラのクリニック」などの事業が立ち上げられた。「ことぶき花いっぱい運動」にも参加。部門によっては女性がリーダーになっていることも多数のマスコミで報道された。ドヤ街は荒々しい男達の町で、女性にとっては危険なところというイメージだったからだ。そのせいもあって、「さなぎ達」には、酷いトラウマや事情を抱えた若い女性も集まってきた。Yさんは彼女達にとって守護神のような存在になった。

理由もなくイチャモンをつけてくる男や酔っ払いをおとなしくする術を、Yさんは心得ていた。一度、現場に居合わせたことがある。この町の住人らしい中年の男性が、さなぎ食堂でスタッフになにか文句を言っていた。しつこいので誰かがYさんを呼んだ。彼は小声で男を宥めているようだった。それに対して男が一言二言、やはり小声で言葉を返したようだ。次の瞬間、「表へ出ろ！」という凄まじい声が飛んだ。私を含め、周囲にいた人達は文字通り飛び上がった。Yさんが男の胸ぐらを掴んで食堂の外へ引っ張り出した。男は地面に這いつくばり「ごめんなさい、もうしませんから！」と震え声で

許しを請うていた。私がこの町に平気で出入りできたのは、必ずどこからともなくＹさんが出てきて、ぴたりとついてくれていたおかげである。にも関わらず、あの時のことは怖ろしい光景として記憶に残っている。

　Ｙさんは行政の窓口でも職員を大声で恫喝していたようだ。そのために神経を病んだ職員もいたと聞いた。彼は失う物が何もないホームレス。しかも大新聞社がこぞって記事にした「さなぎ達」を実質上、牛耳っていた。怖い者なしの絶対的な存在になっていたのである。　　　　　　［山崎洋子］

(2)　ポーラのクリニック

　「Ｙさんがいなかったらこのクリニックもなかった」

　「ポーラのクリニック」（中区不老町）の山中修院長はきっぱりと言い切る。始まりは20世紀も終わりに近づいた頃。彼の身内にクリスチャンがいて、この町に寄付の毛布や衣類を届けていた。その人にむりやり連れてこられたのが彼の寿町初体験。しかしアルコールやギャンブルの中毒者が多いと聞いていたので、印象は良くなかった。世界には理不尽な戦争や飢餓で苦しんでいる人々が大勢いる。教会の援助はそちらに向けられるべきではないか。

　山中医師のそんな思いを、この町へと方向転換させ、人生のターニングポイントへと導いたのがＹさんだった。

　ドヤ街は、来たるべき高齢化社会の魁である。昔は働き盛りの男達で溢れ、荒々しいほどの活気に溢れていた。高度経済成長期、ハードな現場で汗水流してきたのはまさに彼等だ。が、日本が経済大国にのし上がると、その仕事は急速に減っていった。この町に年々増えていくのは、年老いて、労働力提供どころか生活保護を必要とする人達。とはいえ、それはドヤ街だけのことではない。日本全体に高齢化社会が迫っている。"寿は日本社会の10年先をいく町"と山中医師は早くから明言していた。ここでこそ、いまやるべきことがあるのではないか。中村川に浮かぶ廃船は、当時、Ｙさんの寝ぐらのひとつ。そこでエリート医師とホームレスが夜を徹して語り合ったのは、そういうことだったのではないだろうか。

　山中医師はドヤ街やホームレスとはほど遠い環境に生まれ育った。1954年三重県生まれ。両親とも医師という恵まれた家庭だった。順天堂大学医学部卒。米国留学を経て横浜市泉区の国際親善病院勤務。専門の循環器内科で名を馳せ、内科部長という地位にあった。が、芽生えてきたのは、その地位

を捨て、ここで看取り医をやりたいという思い。それこそが、現代という時代における医療の最前線ではないのか……と。

　だが当時のドヤ街は、昔ほどではないにしろ、危険な要素がかなりあった。外部の看護師やヘルパーなどの女性がこの通りを歩き、ドヤの個室に入ることなど、考えられない。でもＹさんがいれば、そこを突破することができるのではないか。彼はいま、この町で奇跡を起こしつつある。ホームレスの身で地位も教養もある人々を動かし、問題のある住民や暴力団、労働組合、行政にまで影響力を及ぼしている。さらに、彼を中心にNPOまで立ち上がろうとしている「自分の能力を活かすために居場所を求めるＹさんと、医師としてもっと羽ばたきたい自分とがそこで呼応した」と山中医師は言う。

　2001年にNPOさなぎ達が設立され、山中医師は理事の一人に就任した。チャリティーコンサートやシンポジウムにも出演した。それでも何年間か迷い続けた。まだ「看取り」も「尊厳死」もあまり世に知られてはいない頃だった。

　医療法人社団一準会の施設として「ポーラのクリニック」が立ち上がったのは、ようやく2004年のことである。山中医師は院長としてそこに就任した。その前に国際親善病院を辞め、９ヶ月かけて、皮膚科、整形外科、泌尿器科、神経内科、心療内科の研修医を体験した。循環器内科の専門医から総合医への転身である。前年、介護保険制度が改正されたこと、一準会の介護ステイションが寿地区に設立されたことなどが追い風になった。それまではこの地区に介護施設などほとんどなかった。ヘルパーなどの介護職も、ドヤ街の狭い部屋に出入りすることを敬遠していたのだ。

　翌年、山中医師はＮＰＯさなぎ達の理事長にも就任した。彼の就任挨拶に「寿には 8,000 人のファミリーレス、200 人の野宿者がいる」という一文がある。生活保護を受けている人たちは医療費が無料。ホームレスのためには無料診療所もある……ということではあるが、彼等を快く受け入れる医療施設は、実際のところ、いまでも多くはない。「汚い」「問題を起こす」という理由で、必要な入院を断られることもしばしば。そこにきちんと対処して、必要な医療を確保するのもこのクリニックの役目だ。

　山中医師は現在、毎週３日間、簡易宿泊所へ十数人の訪問診療へ行く。そこについていったことが二度ある。訪問先は身寄りのない単身高齢者が多い。その境遇は私自身と重なる。「あなたも最後を託す人がいないんだから、いよいよとなったらドヤに入ればいいよ。ちゃんとチームで看取ってあげるから」と山中医師は言う。チームというのは医師、ヘルパー、ケアマネージャー、

訪問看護師、薬剤師、介護用品業者など。それぞれが連絡ノートに患者の様子を記し、みんなで回覧する。そしてさりげなく、その人がどのような「死」を迎えたいかも確認しておく。帳場さんにも「いよいよ最後を迎える、という状況になったら、救急車じゃなくて山中を呼ぶように」と伝えてある。過剰な延命措置ではなく、「人間の尊厳」を最後まで守る医療を。これも看取り医の使命である。最後まで見守り、死をしっかりと受け止めてくれる人達がいれば、身寄りがなくてもそれは孤独死ではない。

　じつのところ、クリニックが開院した当初は「見守り」の手が充分に足りているとは言えなかった。そこでNPOさなぎ達として「誰もひとりぽっちにしない」をキャッチフレーズに立ち上げられたのが「KMVP（寿みまもりボランティアプログラム）」。介護保険制度を使ってもこの時点では必要な手助けが充分に足りているとは言えない。そこで自分の都合がつく時間内で「安否確認」「みまもり訪問」「生活援助」などの手助けをするボランティアを募ったのだ。

　私の友人である横関和子さんも、そこに参加した一人。現在は介護認定調査員だが、当時は介護事業所に所属し、ドヤ街にも出入りする介護ヘルパーだった。女性がひとりで行くのを禁じられていたので、ふたり一組で訪問。体が不自由な人、寝たきりの人などの食事、着替え、体位交換、体の清拭、服薬介助、トイレの世話、買い物など、しなければならないことはいっぱいある。使える時間は厳しく決められているので、やり残したことがあっても部屋を去らねばならない。時に異臭も漂う狭苦しい三畳間。ベッド、ポータブルトイレ、住人の私物で足の踏み場もない。普通なら一刻も早く外へ出たいであろう環境だが、横関さんは違った。なんとかしてもう少し、この部屋にいられないものかと思案していた。

　やるべきことがまだある。たとえばおむつ替え。夏など特に、限られた回数しか交換してもらえないのは辛いに違いない。でもそこで規定以上のことをしたり、勝手に時間外に来て何かしたりすると、違反になってしまう。そんな時、「さなぎ達」がKMVPを立ち上げたことを知った。彼女はそこに登録し、ヘルパーとして正規の仕事をする以外の時間で寿町に入り、フリーの身として居住者の世話をした。介護ヘルパー、家庭の主婦、そしてボランティアと三足のわらじを履いたのだ。

　そうした人々にも支えられてきたのだが、後述するような事情で「さなぎ達」は解散した。が、その後、寿地域には多くの介護事業所が誕生し、山中

医師のチームもより充実してきた。「ポーラのクリニック」も健在だ。山中医師は2016年、第四回赤ひげ大賞を受賞した。2021年には一準会から独立して、医療法人「てとて」を開設。

　私は山中医師の「ポーラのクリニックのブログ」のファンなのだが、ドヤの住人と医師の、ここでしか知り得ないドラマが満載。毎回、笑ったり胸を詰まらせたり、高齢者医療、尊厳死を考えさせられたりしている。ぜひ多くの方にご一読願いたい。https://ameblo.jp/3-14-5/　　　　　　　　［山崎洋子］

(3)「さなぎ達」の終焉

　華々しく誕生した「さなぎ達」に暗雲がたちこめるようになった。それは水面下で少しずつ進行していたのだが、表面化したのは2006年あたりだろうか。まず表に出てきたのは「さなぎ食堂」の経営悪化。ここは一般の人ももちろん出入りしていたが、パン券利用者が圧倒的に多かった。横浜市の法外援助であるパン券は、さなぎ食堂を含む地区内の指定4店で750円分の買い物が可能。しかも定食が300円の「さなぎ食堂」では、この券で温かい食事を朝昼晩と食べることができる。つまり900円分の価値を持つ。

　そのパン券とドヤ券（無料宿泊券）の発行条件が厳しくなった。「日々の緊急援護」から「ホームレス等に自立を促す援護」になり、援護を必要とする人がホームレス状態から脱するよう、その日しのぎの券よりも、実際的な就労支援により力を注ぐという方針に変わったのだ。さらなる重荷となっていたのは、ジョブトレーニングのスタッフに払う給料だ。ホームレスだった人が社会へ出るため、仕事のトレーニングとして一定期間スタッフになる。本来は無給なのだが、彼らの要求に従って、食堂は給料を払っていた。

　財政がひっ迫していく中、定食の値上げもしなかった。困窮している人に栄養のある美味しい食事を、というのが食堂の趣旨だったからだ。「横浜ローソン尾上町三丁目店」と提携して「ヨコハマ型もったいない運動」が始まったのもこの年。店舗で販売期限が切れた弁当やパン、おにぎりなどを食堂が無償で貰い受け、消費期限前に食材として使う。食堂としては助かるし、ローソン側も食品廃棄物の減量やCSR（企業の社会的責任）に繋がる。こうした努力にも関わらず、赤字は増える一方だった。

　「仕事を求める人」と「仕事を提供する人」を繋ぐ、という目的で始まった「Funny bee」も、ネットの時代なのに紙で広報という時代錯誤なやり方

が災いし、自然消滅していた。

　さらにとんでもないことが明るみに出る。「さなぎ達」に入ってくる寄付や補助金、パン券などを、Yさんが自由に持ち出し、使っていたのだ。それを知っている人達もいたのに、咎めるどころか誰かに相談することすらできなかった。彼の力が絶対的だったからだ。

　「さなぎ達」はマスコミの取材をおびただしく受けたが、裏でそれをアレンジするのはYさんだ。表に出る人物を彼が操っていた、と言っても過言ではない。が、彼自身は決して本名を名乗らず、写真も一切撮らせなかった。いまネットを見ても、彼の写真が出てくることはない。私も物書きの端くれなので、こういう人と付き合いができると好奇心を抑えられない。正体が知りたくなる。まずは彼が20歳の年に講談社から出した本を、ネットの古本屋で手に入れて読んだ。

　生い立ちもそこに書かれていた。父親は医師で家庭は裕福だったようだ。しかし彼は子供の頃から「変人」で、十代の後半になると家を飛び出し、名古屋にあった「スラム」（原文のまま）に潜り込んだ。日雇労働者の群れにも混じった。「こういうところで、俺の詐欺的能力を活かし、ひっかきまわしてみたい」という一文があるが、まさに後年、彼はそれをやった。

　あるとき、カブトムシを大量に集め、ダンボールに入れてヒッチハイクで東京へ出た。あらかじめ新聞、週刊誌などに「銀座のど真ん中でカブトムシを放つ」という手紙を出し、念のため電話までしておいた。いまなら迷惑行為だが、当時は「とんでもないことをする若者」がもてはやされたのである。カブトムシは彼が狙ったほどの大ニュースにはならなかったが、その前後、当時、マスコミの寵児だった有名人につきまとった。それが功を奏し、売れっ子アーチスト達と知り合い、ユニークな生き方に興味を持った編集者が本まで出してくれたのだ。一人称で書かれてはいるが、「俺の話すことを全部、ゴーストが書いた」と、彼は私にあっさり言った。頭の良さ、喋りのうまさに反して、Yさんは文章がまるで書けない人だった。

　20代の頃、バンクーバーに何年か住んでいて、そこに妻子がいるということを彼から聞いたのは、私だけではない。1960年代から70年代にかけて団塊世代が多く海を渡った。それは戦前の海外移住とは異なり、生活のための移住というより、広く世界を見たい、できれば暮らしてみたい、という若者らしい夢からでたものが主だった。Yさんもその一人だったようだ。バンクーバーには日本人街もあり、コミュニティもできていた。そこで彼と同じ

頃に住んでいた人達に私は会った。彼は一人暮らしをしていた老白人男性の家に、妻子と共に転がり込み、日本人コミュニティから雑誌や単行本を集めて貸本屋を開いていた。その店の名前は「PUPA」。日本語でいうと「さなぎ」。寿町のNPOを「さなぎ達」と名付けたのも彼だ。後年、彼は寿町で、名前まで同じにして、似たようなことを行ったのである。

　日本人街には、滞在を続けるために仕事を求める若者が何人もいた。それを知ったYさんは、ガリ版刷りの冊子を作って配り、仕事を取ってきた。若者たちを働かせ、自分はマージンを取る。当初、その動きは歓迎され、現地の日本人向けの新聞や雑誌の取材も受けた。彼はちょっとした有名人になったのだ。が、良い時は長く続かない。彼の金銭感覚、お金の管理がなんともいい加減どころか、搾取であることを周りが知ってしまったのだ。数年後、追われるようなかたちで、妻子を残したままバンクーバーを去った。日本に戻ってきたのだろうが、それから横浜のホームレスとして木曜パトロールに見出されるまで、どこで何をしていたのか、私がわかっている限り誰も知らない。彼もそれは決して話さなかった。

　「さなぎ達」のお金を勝手に使っていることが問題になり始めると、彼は周りの人間から手当たり次第に金を借りるようになった。貸す金がないという人を消費者金融に連れて行き、借金させようとしたこともある。貸した金を返してもらおうとした人に対しては、自分のブログ（もちろん第三者に口述筆記させていた）にとんでもなく暴力的なことを書いて脅しつけた。失うもののないホームレスとはいえ、彼の振る舞いは常軌を逸したものがあった。たいそう魅力的な人間として多くの人々を集め、幸せを作り出すこともできれば、善悪の区別もつかない人間として、周囲を暗黒に落とし込むこともできた。それは彼自身も認めている。

　バンクーバーの時と同様、彼は2008年、寿町を追われた。「あれはオウム真理教と同じ。Yさんは麻原彰晃だったかもしれないね」と、当時を振り返って「ポーラのクリニック」の山中修院長は言う。2020年、Yさんは肺がんで亡くなった。その時も、彼をサポートする人達がいて、本人の遺言通り海に散骨をしたと聞く。

　2011年、東日本大震災が発生した。「さなぎ達」にも多大な影響があった。これまであった寄付がすべて被災地に行ってしまった。インターナショナルスクールからの支援も時を同じくしてなくなった。自力で立つべくB型支援事業「てふてふ」を2012年に開設したが、NPOの運営を建て直すまでには

いたらず2017年に閉所した。私も最後の最後になって理事の一人に加わったが、なんの力にもなれなかった。2018年、「さなぎ達」はついに終焉を迎えたが、ホームレス支援において残した多くの議論、功績は少なくなかった、と信じている。

［山崎洋子］

第 5 節

横浜市全域に広がる貧困ビジネス

（1）不況と市内に広がる貧困ビジネス

　1998 年のある日、横浜市市長室秘書課から福祉局援護対策担当に 1 本の電話が入った。開発関係で来訪した方がホームレス支援の社会奉仕活動で行政に協力したいと仰っているので、話を聞き対応してもらいたい、と。

　突然のことでもあり担当は混乱したがともかくお話を伺うことにした。訪れた 2 人は、自分たちは行政に届出した政治団体「日本人権連合（NJR、代表・高橋信一）」である、周囲を見渡せば人権上の社会問題が多い、その最たるものはホームレスの存在である、社会奉仕としてホームレス支援に取り組み、行政に協力したいのでよろしく、既に東京都千代田区で活動開始している、ということであった。

　担当は吃驚仰天したが、千代田区役所に問い合わせて初めて状況が理解できた。千代田区の情報では、午前中に NJR がホームレス 10 余名を連れて来庁し、宿泊施設に保護したので生活保護を申請する、というものであった。横浜でも、翌日 NJR より関内付近の民間マンションを賃借し、社会福祉事業法上の第 2 種施設無料低額宿泊所開設の届出がなされた。実地調査すると中古マンション 2 室に簡易式 2 段ベッドを数台入れ、給食用として食材、冷凍食品を準備していた。これが神奈川県における宿泊所提供によるホームレス支援活動、いわゆる"貧困ビジネス"の始まりであった。

　NJR の無料低額宿泊所事業は中区で事業開始し、10 数名を入所させ、利用契約書を交わしたが、中区福祉事務所で生活保護費を受給したその日から帰所せず、NJR から言わせれば「生活保護費が支給され、受給したにもかかわらず、入所経費を支払わず、どうも寿町のドヤ街に逃げ込んだようだ。一体寿町ドヤ街ってどういうとこなのだ。こんなことが繰り返され、生活保護費持ち逃げが続くようでは無料低額宿泊所の経営は成り立たない、やってられ

ない」と早々に事業廃止届を出し、横浜から撤収してしまったが、同様の事業主体が次々と現れ、横浜市内、首都圏に急速に広がっていったのであった。

　神奈川県における社会福祉法第2種施設は、横浜港の賑わいに伴い、地方から港湾日雇労働者が集まり、中区から南区にかけて掘割地帯の宿泊所に詰め込み宿泊していたが、その居住環境があまりにも劣悪であったため行政指導され規制されたことから始まった。その後港湾労働の変化、高度成長に伴い宿泊施設も縮小し、南浩生館、清水ヶ丘ホーム、神奈川県の神奈川ホーム、を残すのみでそれも近く廃止する予定となっていた。

　1970年代末に入って不況や産業構造変化に伴い、ホームレスが多数現れ、その対応が大きな社会問題となっていった。そして青少年による山下公園野宿者襲撃「浮浪者」殺傷事件も起こるにいたった。

　東京ではNJRの活動開始以前に新宿区の旅館の女将が自ら経営する旅館を“寿司詰め”状態ながら野宿者保護に開放し、また日雇労働者を対象とした労働組合運営の宿泊施設も活動し、東京都の第2種施設として助成を受け活動していた。

　2008年東京日比谷公園での「年越し派遣村」出現はテレビ報道で国民に強烈な印象をあたえた。政府は2002年に「ホームレスの自立の支援等に関する特別措置法」（ホームレス自立支援法）を成立させ、緊急一時宿泊所設置、労働・生活相談の行政対応を開始したが、ホームレスは減るどころか増え続けていった。

　この間隙を縫うようにNJR的対応は“ビジネスモデル”となって急速に拡大していった。その運営団体は、土建事業関係者、福祉関係者等多様であった。中には、今後団塊世代が高齢者世代となった時、年金が少なく住居を確保できない層が社会に現れる、それを見越してこの事業に着手したい、との相談が行政担当部局に持ち込まれる事例も現れる状況であった。

　かくして様々な軋轢を伴いながら東京、神奈川、埼玉、千葉各県に同種の施設が開設され、急速に拡大していった。この社会福祉事業法第2種施設、無料低額宿泊所の開設・拡大は横浜市議会でも行政として規制すべきではないかと問題となったが、田中克子福祉局長は横浜市議会で「野宿せざるを得ない者が雨風を凌げる場を得ることは意味のある事、“ホームレス支援”に名を借りた金儲けとの批判はあるが、設置運営者の収入は入所者の生活相談、就業援助等の待遇改善に振り向けるよう行政指導していきたい」と答弁し、了解されたのであった。これ以降、横浜市内でも様々な批判を呼びながらも、

ホームレス自立支援法に基づく公的な緊急保護施設と並んで、民間事業者による無料低額宿泊所がホームレス対応施設として定着していき、その規模は横浜市内で千数百名にのぼった。　　　　　　　　　　　　　　　　　［小川道雄］

(2) ホームレス支援と生活保障

　第2種宿泊施設の設置・運営主体は実に様々である。"貧困ビジネス"と批判を受けるものからホームレスの生活相談、就業援助活動を行うものなど多様であった。中には建設業の倒産により失職した若いとび職の過重な相談援助活動で体力を消耗し、過労で病気・死亡した施設長もいた。あるいは山谷のNPO法人のように地域ビジネス創出活動に取り組み、入所者の就労支援を行う団体も現れた。あるいは入所者の飲食業経験を活かして退所後の自立生活が営めるよう食事づくり指導を他の入所者に行うなどの取り組みもなされた。こうした取り組みはホームレス支援法で行政が設置した緊急一時宿泊施設とは違った社会的役割を果たす側面もあったのである。

　そのモデルはホームレス支援に取り組むNPO等の法人（個人でも可）を立ち上げ、古民家や社宅等を賃貸借で準備し、行政に社会福祉事業法第2種無料低額宿泊所開始を届け出する、行政・横浜市は社会福祉事業法上の第2種施設設置の「横浜市無料低額宿泊所に関するガイドライン」を設け、宿泊所として違法でない、適合しているかどうか、届け出内容を実地調査の上受理する。事業者は市内のホームレスを巡回相談し、行き場のない者を自己の宿泊施設に入所させ、契約書を交わす、そして本人には生活保護を申請させる。契約内容は生活保護住居費相当額を徴収し、食事提供し、共益費等を支払わせる、その結果、入所者の手元には生活保護費単身者支給額約130,000円から差し引きし、約30,000円余程度が残る。食・住を確保したうえで手元に残る残金をどう考えるかということについては意見の分かれるところであろう。また施設運営は実施主体次第であり、施設長を専任者とし、社会保険、雇用保険を具備する雇用とするか、入所者から選任し若干の手当てで連絡業務を中心とした業務にあたらせるか様々である。行政としては施設に専任者を置き、従事者の労働条件を確保するよう指導するが、届け出施設であるためその基準はなく、実施主体の裁量次第である。

　こうした無料低額宿泊施設拡大の状況に対し、横浜市はガイドラインを設け、事業者にその遵守を強力に指導した。その中心は施設規模、立地地域の

規制にあった。事業開始時、事業者が賃貸契約する宿泊所は大企業のリストラによる独身寮、社宅撤収跡地利用のため、閑静な住宅地に突然100名を超す無料低額施設、ホームレス支援施設が現出し、しかも近隣に複数開設されるとなったため地域住民の設置反対陳情が多数、市に寄せられ、当該区の市議も「なんでうちの区に来るの！？」と市議会でも問題となった。当該施設は地元説明会を開催したり、地域の清掃ボランティアを行うなど地域住民の理解と融和を図ったが、かえって地域は硬化する状況であった。市は事業者に2館目は断念するよう説得し、同時に無料低額宿泊所設置のガイドラインを改訂し、定員、立地地域の分散を強力に行政指導するに至った。

　また"無料低額宿泊所は貧困ビジネス"とのメデイアによる批判が出る中で、厚労省は首都圏自治体に対応を迫ったが、その対応策は生活保護行政との絡みをどうするかだけであって、この種の事業展開についてどう考え、生活保護法外事業も含めて総合的対応策をどうするかに応えるものではなかった。厚労省の対応策は無料低額宿泊所入所者への生活保護適用要件は、居住条件がスペース規模1人当たり4.95㎡以上であること、プライバシー保護のため各部屋個室化し、硬質の仕切りで区切られていること、ということであった。いわば簡易宿泊所と同等の居住条件を確保することということであった。この条件が確保されないと入居者に生活保護を適用できない、というのである。安定的な住居を求めるホームレスのニーズに対して、無料低額宿泊所事業者はすでにある民家や社宅、独身寮を活用してそのニーズに応える事業展開を考えるのに対して、厚労省は「そもそも生活保護適用には」と、ある意味で別次元の問題を持ち出し、何が優先されるべきか総体的な問題に応えない対応策であった。法律や国の通達は守らなければならず、市のガイドライン、行政指導に個室化を盛り込んだことに対し、ある事業者は「自衛隊員宿舎や国等の補助金で設置されている居住施設はみな個室化し、プライバシー保護をやっているのか。その整合性はどうなんだ」と担当部局に怒鳴り込んできたこともあり、その弁解で大わらわであった。ともあれ、適合しなければ生活保護を適用しない、という錦の御旗、行政指導の前に事業者は6畳間をベニヤ板で仕切り、3畳間としての"個室化"をはかり、"総ドヤ化"が行われた。こうした諸対応は日本の都市部の住宅政策の貧困を改めて露わにするものであった。

［小川道雄］

第6節

「はまかぜ」開所と寿福祉プラザ

（1）ホームレス支援から生活困窮者支援へ「はまかぜ」の開所

　日雇労働者、生活保護、高齢化、福祉の街など、寿町を振り返る中で、この街を表す言葉は様々にある。今の寿町の姿は、時の移り変わりの中でかつてこの街に住み、通り過ぎて行った、数々の人々の営みの中から形作られているものでもある。その軌跡を「横浜市生活自立支援施設はまかぜ」（以下「はまかぜ」）の設立を軸にたどる。

　「はまかぜ」は、寿町に横浜市が設置した施設である。その名称には、ホームレスが浜の風に乗って、再び社会という海原に漕ぎだしてほしいとの思いが込められている。現在は"生活困窮者のための自立支援施設"として、広く生活困窮者への支援に取り組んでいるが、2003年に開設した当時の「はまかぜ」は、横浜市が地域的に抱えてきたホームレスの問題に対し、行政が打ち出したホームレス支援策の中核的な存在であった。さかのぼれば、「はまかぜ」に至るまでにも様々な支援事業が行われ、社会的な環境などから刻々と変化してきた経過がある。屋外生活者や行き場のない人々の緊急的な入所施設として数々の対策事業に協力した。当初の対策事業、緊急一時保護施設「横浜市南浩生館」や「まつかげ一時宿泊所」、また、その機能拡大に影響した「浮浪者」襲撃殺人事件発生前後の屋外生活者への援護策、またアルコール問題を抱える利用者への支援策の詳細は別項に譲ることとする。

　「はまかぜ」が誕生する頃は、長期化する平成不況からの全国的な景気低迷の下、ホームレスの数は全国的に急増し、ホームレス問題は社会的に大きな問題として、マスコミなどで取り上げられるようになっていた。国は2002年8月に「ホームレスの自立の支援等に関する特別措置法」（以下「特法」）を制定し、ホームレスに関する様々な問題に取り組むことが国や地方自治体の責務と定め、ホームレスの自立支援などに関する総合的な施策を行うこと

とした。

　これまでプレハブ施設の「まつかげ」で、ホームレスの緊急保護的な事業を実施してきた横浜市は、寿町における行政の相談機能や、中福祉事務所での法外援護窓口業務、また年末年始対策などのホームレス対策事業を、寿地区で一体的に行うことを目的として、まちの中心にある市有地（横浜ワークショップ跡地）に恒久的な「自立支援センター」の建設を計画した。その後、総合的なホームレス支援を行う拠点としての機能を付加して整備を進め、2003年6月1日に横浜市ホームレス自立支援施設条例・規則に基づいた「横浜市ホームレス自立支援施設はまかぜ」が誕生した。

　「まつかげ」でホームレス支援に取り組んできた神奈川県匡済会は、「まつかげ」の事業を継承した「はまかぜ」の事業を受託するとともに、その事業の拡大と支援向上を図りながら、規模や設備の面では格段の充実が図られた新たな施設で、先駆的なホームレスの自立に向けた事業展開に取り組み、現在に至っている。

「はまかぜ」の事業内容

・設置目的：都市公園、河川、駅舎その他の施設を起居の場所とし、日常生活を営んでいるホームレスに対し、一時的な宿泊場所を提供するとともに、生活指導や就労指導などを行い、その自立を支援することを目的として、横浜市条例に基づき設置された。

・利用定員：226人（うち女性枠20人）

・利用期間：原則30日（最大180日まで延長可能）

・支援内容

　　ア　一時的な宿泊場所ならびに食事、衣類および日用品などの提供

　　イ　生活に関する相談および支援

　　ウ　健康に関する相談および支援ならびに健康診断

　　エ　雇用の場の確保に関する支援

　　オ　居住の場所の確保の支援

　「はまかぜ」では、施設内に新たに保健室を設置し、常勤の看護師1人が配置された。健康面に不安を持つ利用者に対して、専門知識を持つ看護師が健康相談や服薬管理などを行える体制が作られた。また、就労援助面では、施設内に職業相談室を設置、ハローワークが派遣する職業相談員（当初は3人）

が利用者の求職活動をバックアップした。

その他、特に女性の入所枠が拡大（4人→20人）されたことは、緊急的な保護を必要とする女性や夫婦、親子などの様々なニーズへの対応が可能になり、受け入れの幅を拡げる効果があった。

受け入れ初日の2003年6月1日には、前日まで「まつかげ」を利用していた164名が、そのまま施設替えで「はまかぜ」の新しい施設に移った。午前中に職員が30人位の利用者を引率して寿町内を歩いて移動し、新たな居室に案内するという作業を繰り返し、大きな混乱もなく利用者の施設替えは無事に終了した。利用者からは、「はまかぜ」の大きな風呂場や食堂など、これまでの施設にはなかった設備が好意的に受け取られていた。

「はまかぜ」は「まつかげ」の支援内容を踏襲してはいたが、「はまかぜ」では利用者の就労による自立促進を目的として、就労面の支援体制が強化・整備された。

新たに開始した就労援助は、求職を希望する利用者で健康状態に問題がない者を対象として、ハローワーク、神奈川県労働局、寿労働センター無料職業紹介所などの関係機関の協力の下、技能講習や合同面接会により個人のスキルアップや雇用の場の拡大にも留意して、施設で編成した就労専従職員によって、就労プログラムとして実践した。

求職活動には、面接交通費や食費などの必要経費を施設から支給し、利用期間も期間延長で対応した。また、企業に採用された後は、通勤交通費や食費などの支給、住民登録や健康保険への加入支援、金銭管理による計画的な貯蓄の支援が行われ、利用者が就労活動により、退所後に安定した生活の場を確保することを目標として支援が行われた。

巡回相談と中村川寮

はまかぜの開所後、神奈川県匡済会は新たに、ホームレス支援の2事業「横浜市ホームレス巡回相談指導事業（2004年5月開始）」と「横浜市ホームレス緊急一時宿泊施設（シェルター中村川寮（2004年11月開始））」を、横浜市の委託を受けて開始した。「はまかぜ」とともにこれら事業の実施により、国が定めるホームレス対策の主要な3事業（ホームレス自立支援事業、総合相談推進事業、緊急一時宿泊（シェルター）事業）を組織的に実施する体制が整備されたことになる。

（ホームレス巡回相談指導事業）

　2004年度に横浜市は、国の特措法に基づくホームレス支援事業として、市内を巡回して相談活動を行う「ホームレス総合相談推進事業」を創設、寿福祉プラザ内に「ホームレス巡回相談室」を設置し、全国で初となる巡回相談を専門に行う事業として「ホームレス巡回相談指導事業」を開始した。「ホームレス巡回相談指導事業」の目的は、横浜市内の公園、河川などで生活しているホームレス状態にある者に対して、巡回相談により現地で相談を行い、その者たちが抱える問題を把握し、必要な支援が受けられることでその自立を支援することとしていた。事業開始後、市内全域の目視調査により、ホームレスまたはそのおそれのある人々の滞在する場所、人数などを把握し、2005年8月には800人以上を確認した。巡回相談による現地の面接相談では、まずは相談員が相談者との関係構築を図ることに注力し、得られた相談者との信頼関係のもとで、行政との相談や「はまかぜ」への入所の勧めを行った。さらに、健康状態に留意する必要があるホームレスへの対応として、週2回は並行して行われた「横浜市ホームレス保健サービス支援事業」によって、相談員と一緒に看護師が同行して巡回相談に回り、血圧測定など相談者の健康チェックも行った。

（緊急一時宿泊施設（シェルター）「中村川寮」）

　2004年に横浜市は、中区松影公園内の旧「まつかげ」の施設を活用して、中区の中村川沿い（中区寿町、松影町付近）の道路などで小屋掛けして定住しているホームレスに対して、ホームレス状態からの脱却を促進するために、緊急一時宿泊施設（シェルター）を設置、施設名を「中村川寮」として神奈川県匡済会に運営を委託した。

　　・利用定員：30人／利用期間：原則180日／設備内容：居室、事務所、
　　　談話室、シャワー室など

　「中村川寮」利用者の大半は、中福祉保健センターからの法外援護（パン券のみ）の受給や、アルミ缶収集などの都市雑業を行いながら、ホームレス生活をしていた者であったため、職員は入所した利用者の生活を支えるとともに、退所後の居所の確保を大きな目的として支援を行った。その後、「中村川寮」は、2010年度末で横浜市より事業目的が完了したとして事業終了となり、その機能は、入所枠（24人分）を拡大した「はまかぜ」が、支援を受け継いだ。

「はまかぜ」設置後の環境変化

　「はまかぜ」開所後に行われた地方自治法の改正により、公の施設の管理運営に指定管理者制度が導入されたことから、横浜市では2006年7月に「はまかぜ」の管理運営に指定管理者制度を導入した。以後「はまかぜ」は、5年毎に選定委員会の審査を経て、神奈川県匡済会が横浜市からの指定を受けて事業を継続している。

　その他、中福祉保健センターで行われていた法外援護施策が、地区内の日雇労働者らの減少などを理由に、2011年度で事業廃止が打ち出されたことなどから、それまでこれらの援護策で生活してきた者たちの生活状況に変化がみられ、これらの施策と「はまかぜ」を併用して生活していた利用者階層の入所は減少した。

個別のニーズへの対応

　「はまかぜ」開所後は、拡大された入所枠から入所者の増加が期待されたが、実際にはホームレスの数の減少や、それまでの緊急保護的な支援から、就労による自立支援的な支援へと支援の中心が変わったため、利用期間の長期化などによって、結果的に目立った入所者の増加にはつながらなかった。その後の「はまかぜ」は、継続的な利用者数の減少が続く中、入所してくる利用者の事情はより個別化また複雑化し、これらのニーズに対応するため、利用者個々の事情に合わせた支援が必要となった。

　2011年の中村川寮廃止に伴う24床の増床分は、利用者の個別支援に利用できるように、半個室の居室整備が行われた（※この結果、利用定員が250人へ変更となる）。その後、支援体制も、ワンナイト入所（2011年度～）の導入や、簡易宿泊所を活用した「借上げ型シェルター事業」（2012年度～）が開始され、利用者の事情に合わせた入所体制を整備した。また「アフターフォロー事業」（2012年から2015年度）により、退所後の地域生活への定着を目的とした、借上げアパートによる退所後生活の見守り支援にも取り組んだ。

生活困窮者施設への転換

　国は2002年施行のホームレス支援に対する時限法である「特措法」を、継続が必要との判断から2012年に5年間延長してホームレス支援を継続した。また、経済的な困窮状態に陥る人々が増加している状況を受け、これまでのホームレス支援にとどまらず、生活に困窮した人々に対して、新たなセー

フティネットの充実と強化を掲げ、2015年4月に「生活困窮者自立支援法」（以下「困窮者法」）を本格的に施行した。これを受けて、これまで横浜市が進めてきたホームレス支援施策は「困窮者法」に基づいて実施されることになった。「はまかぜ」の事業も「困窮者法」に基づいて行われることになり、施設の対象者は、広く生活に困窮している者へと変わり、施設の名称は、2015年4月から「横浜市生活自立支援施設はまかぜ」（以下「はまかぜ」）へと変更された。また、従来の「ホームレス巡回相談指導事業」は「はまかぜ」の事業に統合され、現在はアウトリーチ活動として相談支援を行っているほか、退所後に社会生活の定着を見守る、退所後支援にまで取り組んで相談支援を行っている。こうして、現在の生活困窮者の自立支援施設である「はまかぜ」の支援体制が形成された。

（横浜市生活自立支援施設はまかぜの支援内容）
　ア　一時生活支援事業
　　・支援内容：宿泊および食事の提供、日用品などの支給、健康診断の実施
　　・利用期間：原則3か月、最大延長6か月以内
　イ　施設型自立相談支援事業
　　・支援内容：個々のアセスメントに基づく支援プランの作成と支援の実施
　　　　　　　　退所後に必要な支援機関への利用調整など
　ウ　アウトリーチ活動（巡回相談）

　「はまかぜ」の職員は、支援の対象を「特措法」に基づくホームレスから、「困窮者法」の施行後、住居に不安を抱えた生活困窮者へと変えて、支援に取り組んでいる。古く大正期から生活困窮者の支援を継続してきた神奈川県匡済会は、現在も法人の基本理念として掲げている、利用者の自立、そして社会に向けた支援の過程であるともいえる。これまで私たちが事業に取り組んだ内容は様々だが、こうして寿のまちの移り変わりや事業の経過を振り返った時、折々の社会的な変化などを踏まえ、その時代時代の特徴的な支援が見て取れる。それは、あくまでその時代に暮らしていた人々の様々なニーズに対応して変化し、実施されてきたものであった。
　横浜市は古くから寄せ場としての機能を持ち、困窮状態に陥っている労働者たちへ独自のセーフティネットを提供して支援策を展開してきた。「はまかぜ」の建つ寿町は、直接それら支援策の影響を受けてきたまちであったか

もしれない。日雇労働者のエネルギーにあふれていた寿のまちは、月日の流れとともに、今は生活困窮者を抱える福祉のまちとなり、かつての、ある面物騒で猥雑な騒々しかったまちは、介護事業所が目立つまちへと変わっているが、過日の住民や施設の利用者だった人々のエネルギーや思いは、現代の支援や街の中で形を変えて生き続けている。そこに関わる私たちはまた、それらの思いを大切に受け継いで、未来の人々のためにより良い形で引き継いでゆくことが必要であると思う。施設や事業の取り組みは、今後も変わってゆくとは思うが、そこから生みだされる人々のエネルギーを、将来のより良い地域や社会のために、残してゆきたいと思うのである。　　　［久保田浩明］

(2) 寿生活館相談業務、寿福祉プラザへ

　横浜市寿生活館（以下「寿生活館」という）は、1965年6月1日、3名の職員（館長1、職員2）が配置され業務を開始した。当初は「生活相談」「児童相談」「健康相談」が柱であった。その後、1972年6月、3・4階が増築され、3階は子どものフロアー、4階は労働者の娯楽・福利スペースとして開放され、広く利用されてきた。

　オイルショックに端を発する苦難の間の職員、そして関係者の努力を経て再開された寿生活館では、3・4階の管理運営を（財）寿町勤労者福祉協会に委託し、2階の直営部門は相談業務や社会調査等に引き続き取り組んできた。

　この間、寄せ場機能の衰退と日雇労働者の高齢化、雇用・労働政策の変化に伴う屋外生活者の増加により、寿のまち自体も変化の過程にあった。

　2003年、「横浜ワークショップ」跡地に「横浜市ホームレス自立支援施設はまかぜ」が建設された。この場所もまちの変遷を象徴している。

　1956年7月20日、寿・扇町4丁目・松影町の一部が接収解除されたその日、桜木町にあった横浜公共職業安定所の寿町への移転が実施されたのである（現「はまかぜ」付近）。さらに翌年4月には、隣接地に横浜公共職業安定所横浜労働出張所が柳橋庁舎から移転してきた（現寿町健康福祉交流センター付近）。

　1971年6月、横浜公共職業安定所が中区海岸通に完成した新庁舎に移転し、港湾関係業務は寿地区から離れた。そして跡地には木造2階建ての寿地区町内会館が建設され、1983年2月19日、盛大に落成式が行われた。また同時に、市によって「横浜ワークショップ」が開設された。横浜ワークショップには、（社福）希望更生センター（現（社福）希望更生会・希望更生センター）、（社

福）横浜光センター（現（社福）ル・プリ・横浜光センター）とともに、地域の要望を踏まえてまちで初めての障害者地域作業所「ことぶき福祉作業所」が設立され、入居した。希望更生センターは横浜の伝統工芸であるハマ焼（陶磁器の絵付け加工）の製作、横浜光センターでは視覚障害者のための点字製版などの作業を行っていた。後に、ことぶき福祉作業所は自治労横浜会館（寿町4丁目）に移転し、その後には地域作業所バードが入居した。

　ワークショップ駐車場では、毎年11月の秋空の下、「寿福祉まつり」が開催された。希望更生センターや光センターに加え、ことぶき福祉作業所やシャロームの家などの障害者地域作業所が参加して、餅つきやカラオケ大会などが賑やかに行われた。「はまかぜ」の建設に伴い、希望更生センターと光センターは東神奈川の東部地域療育センターに移転するという経過をたどる。

　話を戻そう。1999年5月、国の「ホームレス問題連絡会議」は「ホームレス問題に対する当面の対応策について」を取りまとめた。こうした国レベルの動きと並行して、横浜市では「まつかげ一時宿泊所」に替わる施設として「自立支援センター」の検討が進められた。それは同時に、寿地区の状況の変化を踏まえ、中区法外援護窓口（パン券・宿泊券支給等）、寿生活館（2階市直営部分）等を一体的に整備するという内容を含むもので、2001年には地元への説明が始められた。

　計画の概要は、建物の総延床面積4,970㎡、自立支援センターのための新築棟は地上7階（地下1階）、「横浜ワークショップ」を改修する既存棟地上3階（地下1階）という大規模なもので、恒久的な屋外生活者支援施設としては全国で初めてとなるものであった。そして新築棟及び既存棟3階部分が自立支援センター、既存棟1・2階部分には寿生活館の福祉局直営相談部門、中区法外援護窓口の移転に加え、年末年始対策時の臨時相談所機能を担うこととされた。

　そして、整備は次のように進められた。

　2002年1月21日　　自立支援センター建築工事着工
　　　　　　　　　　町内会館は寿公園内に設置された仮設事務所に一時的に移転
　2003年6月1日　　横浜市ホームレス自立支援センター「はまかぜ」開所
　　　　7月　　　　既存棟の改修工事のため横浜ワークショップが東神奈川に移転

| 12 月 | 既存棟改修工事竣工 |
| 2004 年 4 月 | 改修棟開設 |

　この間、施設の整備と並行して、福祉局・中区役所を中心に今後の寿地区における施策展開についての検討が行われ、改修後の施設の構成・事業については以下のようになった。

区分	業　務　内　容
3 階	中区福祉保健事業（介護予防型デイサービス等） 年末年始対策事業（宿泊援護）
2 階	中区法外給付窓口（パン券・宿泊券）
1 階	福祉局寿地区対策担当（生活相談等） 地域作業所バード

　「はまかぜ」と合わせ施設全体は「寿福祉プラザ（以下「福祉プラザ」）」と名付けられ、4 月 1 日、寿生活館（2 階）で行われていた横浜市の相談業務が移転、「寿福祉プラザ相談室」として再出発した。また、2 階に開設された「中区法外給付窓口」は、給付決定はあくまで中区役所（福祉保健センター保護担当）において行い、福祉プラザ内の窓口についてはパン券・宿泊券の継続給付業務のみを行うこととされた。この窓口は 2009 年 2 月 27 日をもって廃止される。3 階は、中区福祉保健センターが実施する介護予防型デイサービス及び、年末年始対策における臨時宿泊所用のスペースとして整備された。

　介護予防型デイサービスは、単身男性が多数を占める寿地区の特性をふまえ、高齢化とともに健康面や孤立予防対策が急務との判断から、中区福祉保健センターが福祉局に要望したものであった。同年 10 月、横浜市独自の制度である「区づくり推進事業」の位置づけで事業が開始され、12 月には「はまかぜ」を運営する神奈川県匡済会に委託された。

　この介護予防型通所事業は、中区において初期の目的達成を理由に 2011 年度末をもって事業終了の決定がされたが、継続を願う地域の熱意を受け、神奈川県匡済会は「ことぶきつながり自立推進事業」として継続を決定した。その後も形を変えながら、2017 年からは法人の地域貢献事業に位置づけ、「寿でい　ふれあいの広場」として継続されている。正月のおせち料理や 5 月の季節湯など、日々の暮らしの中で季節感を味わえる機会の少ない利用者に

とって大きな喜びとなっているという。また、人づき合いや集団行動が上手でなかった利用者の間で会話やお互いへの配慮が生まれるなど、長年の取り組みは確かな成果を積み重ねている。

　ここで、ぜひ書き残しておきたいことがある。簡宿には風呂がなく、住民にとって入浴は切実な問題であった。その要望に少しでも応えるため、横浜市は市内特別養護老人ホームで在宅高齢者を対象に実施していた施設入浴を活用し、これに「天神ホーム」（南区・(社福) 横浜社会福祉協会）と「あだちホーム」（旭区・(社福) 創生会）が応じた。(社福) 横浜社会福祉協会は隣接する南区で早くから労働者の福利厚生に取り組んできた実績があり、あだちホームの初代施設長・故敷本五郎さんは人権問題に情熱を傾けた人であった。

　あだちホームには地下1,500メートルから汲み上げた当時としては珍しい大深度温泉で「地域交流施設　横浜温泉チャレンジャー」と名付けられた温泉があった（2021年12月31日閉館）。また、地域福祉活動が盛んな近くの若葉台連合自治会の協力で古着を自由に持ち帰ることができ喜ばれた。送迎バスで1時間を要し、最初の頃は戸惑いもあった利用者が、楽しみにするようになっていった。週1回、15人ほどが参加した。当時、施設職員として携わった飯村雄一さん（現理事長）は「あの頃の横浜市の福祉職の人たちは、自分

【資料1】年末年始対策：2004 〜 2019 年

年　　度	2004 年	2005 年	2006 年	2007 年	2008 年	2009 年
来所人数	1,391 人	1,281 人	502 人	410 人	324 人	231 人
臨時宿泊所入所	50 人	22 人	54 人	63 人	66 人	56 人
自立支援施設入所	3 人	11 人	8 人			
簡易宿泊所入所	769 人	660 人				

年　　度	2010 年	2011 年	2012 年	2013 年	2014 年	2015 年	2016 年
来所人数	161 人	123 人	69 人	75 人	75 人	46 人	47 人
臨時宿泊所入所	52 人	46 人	36 人	31 人	31 人	26 人	23 人

年　　度	2017 年	2018 年	2019 年
来所人数	61 人	66 人	30 人
臨時宿泊所入所	15 人		14 人
借上げ宿所入所		48 人	

出所：「健康福祉局事業年報」から筆者が作成

たちの福祉に対する考えを率直に出していたように思う」と述懐する。制度が充実してきた現在においても、対人支援に携わる方々にとって大切な意味をもった言葉ではないだろうか。

　福祉プラザ3階のもう一つの機能である年末年始対策における臨時宿泊所の運営状況は資料1のとおりである。2007年からは、年末年始対策開始以来の相談場所であった寿町総合労働福祉会館2階図書室は廃止され、福祉プラザ改修棟2階のみとなった。

　○生活相談　年末年始の休庁期間を迎え、おおむね1日実施（年度により異なる）

　一方、市直営の相談業務移転後の寿生活館2階には、寿地区町内会館が寿公園の仮設から入居、同時に寿日雇労働者組合も2階に移転した。寿生活館で実施されていた業務のうち、高齢者を対象とした事業や文化事業は3・4階の管理運営と併せ寿町勤労者福祉協会に委託された。

　自由に出入りができた寿生活館の相談室は、家族のいないまちの労働者にとって、親身に話を聞いてもらえる数少ない場所の一つだった。寿生活館からその姿が見られなくなったことは、まちの変化を象徴的に物語る一つだったのではないだろうか。

〔村岡福藏〕

参考文献────────────
神奈川新聞　2002年1月19日
横浜市福祉局寿地区対策担当（2004）『平成15年度寿生活館事業報告集』
横浜市健康福祉局（2005〜2020）『事業年報　平成17年版〜令和2年版』
寿町勤労者福祉協会（2016）設立40周年記念誌『寿のまちとともに』
神奈川県匡済会（2020）『神奈川県匡済会75-100年史』

第 7 節

地区住民の変化と
寿町勤労者福祉協会事業の改変

（1）理容所、夜間銀行の撤退

　寿地区には住民に対する行政サービス施設として診療所、理容所、夜間銀行があった。診療所は県・市折半の補助事業であったが、それ以外のサービスは横浜市単独事業であった。

　理容所は元々生活保護受給世帯の子弟の職業訓練、職を身に着ける実地修練の場、併せて低所得の近隣住民が安く理容サービスを受けられる施設として設置された。当初は鶴見区鶴見中央、中区寿町の２か所に設置され、横浜商高の理容専科生の実習施設として、給費生２年間の実習場所で、市職員（理容師）２名が生徒の実習指導にあたった。理容師は資格制度であり、保健所に届出され、許可された施設で実地修練を積み、技能大会で合格した者が理容師になれた。お客は実習生の"試験台"であり、虎刈りの整髪であっても指導員に直してもらうしかなかった、そのため利用料は低価格で市の利用料条例で定められていた。それでも低料金のため人気があり、開店前に行列ができ、利用人数制限で整理券を配って整理している状況であった。

　しかし時代の変化と共に理容師養成制度が変わり、理容から理美容となり、実地修練が廃止となり給費生制度がなくなったため、低料金の理容所となり職員確保も難しくなっていった。ラジオ放送で「日本一安い 500 円理容所を横浜市が経営」と宣伝され、横浜市はお金があり余っているのかと批判され、2004 年事業廃止されることとなった。

　高度成長期には港湾労働需要が活発で日雇労働の出稼ぎ労働者が多く集まったが、折角厳しい労働で稼いでも現金を手元に持っているとついつい酒、遊興に使ってしまう、その為田舎の家族に送金できなくなってしまう、せめて帰宅した時銀行窓口が開いていれば、誘惑に負けずにすぐに預け入れ、送金できるのに、あるいは計画的にお金を使えるのにとの要望から当時の飛

鳥田市長に陳情、談判し、1974 年、夜間銀行「寿貯蓄組合」が開設された。これは日雇い労働者の街、寿地区への特殊な行政サービスであった。

　「寿貯蓄組合」は全額横浜市による出資の任意団体、預貯金は全額近くの特定郵便局預け、データ管理は預金支払機を特別なリース会社と契約する、夜間 6 時まで窓口開業、預貯金利率は郵便貯金に準じるというものであった。経営的問題を度外視し、リスクはあっても住民要望には応えていくという革新飛鳥田市長ならではの政治決断によるものであった。

　その時代における住民要望に応える行政施策であり、地区住民に喜ばれた「寿貯蓄組合」ではあったが何時しか金融事情も変わり、ATM 設置など金融機関の夜間対応も為されるに至り、利用者も減少した、マネーロンダリングに使われるということから事業廃止が日程に上ったが、その廃止は大変であった。事業廃止には法的に利用者に告知が必要で預金者の特定には住所地に通知を出さなければならないが、届け出住所地を住民票届け出先の区役所に照会しても多くは不明。裁判所は必ず本人に通知せよ、その為には内容証明付きの郵便文書を送付し確認せよというが、膨大な労力、多大な費用を要することから、公示文書を市庁舎、貯蓄組合前に掲示し、一定期間返還業務を行うことを示した。結果的に数千万円を返還し、残金は清算人が対応することを公示し、請求がなかった預金は 10 年の時効期間終了後、地元の福祉事業に寄付することで決着したのであった。寿貯蓄組合の解散は 2005 年のこと、30 年余りの歴史であった。　　　　　　　　　　　　　　　［小川道雄］

（2）ロッカー室、平田商店の閉店と寿クリーンセンターの発足

　2007 年、平田商店が閉店する。平田商店は 1974 年、旧東会館の 1 階で「ガラクタ屋」として開業。港湾や土木建築で働く日雇労働者の作業着や地下足袋、軍手などを販売して繁盛していた。1949 年 3 月、寿町総合労働福祉会館の開設により、その 1 階の商店スペースに応募して開業した。店舗面積も広くなり、労働者だけでなくお米や鍋などの生活必需品など扱う商品も広がって寿地区の身近な生活商店となっていった。特に「おかみさん」は肝っ玉母さんと呼ばれて、労働者に親しまれていた。また、町の行事や活動にも人知れず協力していた。老人クラブ寿櫟の会の活動の様子を見ていて、リヤカーを寄付した。そのリヤカーは、広報よこはまや県のたよりの各ドヤへの配布や廃品やビン類の回収など、自主財源の確保には欠かせぬ効率の良い道

具となっていた。

　「ここで暮らしていけるのは、寿町の人のおかげよ、とても幸せ」と優しく接していた。また、出所した人も寿にもどると「肝っ玉母さん」にあいさつに来ていた。「みんな心優しい人達なんですよ、好きだなあ」。町に密着し親しまれた平田商店の肝っ玉母さんは、夫に先立たれた後も、変わらずに営業を続けていたが、扱う品数も少なくなり、年齢的なことから閉店を決意。2007年、惜しまれながら閉店した。町の人達や団体は、お別れ会を開いて「肝っ玉母さん」を送った。寿の名物が去っていった。

ロッカー室の閉店

　寿町総合労働福祉会館にはロッカー室が二か所あった。店主は、寿で暮す人から選抜された。出張の多い日雇労働者によく活用されていた。そのうちの第二ロッカー室は2012年、商店主が亡くなり閉店となった。もう一か所の第一ロッカー室は、新たな事業計画のため、解体されるまで営業を続けた。日雇労働者にとっては、安心して気楽に預けられる場所であった。

寿クリーンセンターの発足

　2008年の寿地区の65歳以上の人口は2,600人で、総人口6,300人の40%となっている。1990年から高齢化率は急激に高くなっている（横浜市寿福祉プラザ相談室業務概要より）。また、障がい者は、年々増減しながら横ばい状況にある。福祉の街といわれる所以である。生活保護所帯は増加し、80%を超えている。2007年にことぶき共同診療所の相談員から話があった。診療所に通う障がい者から「仕事をしたいが、仕事に就く機会がない、患者にも仕事をさせてくれ」といわれ、アルコール依存症者の就労支援の内容を知りたいとのことであった。このことが契機となって、寿の「ゴミ」は仕事にならないかと「寿のゴミ問題を考える会」を立ち上げ、月一度の会合を持つようになった。

　当時、横浜市中区の第1期地域福祉保健計画策定（通称「中なかいいネ！」）を受けて、寿地区でも地域福祉保健計画の策定とその実施のための会議、通称「ことぶきゆめ会議」が月1回開催されていた。参加団体は、横浜市、中区役所、寿地区の様々な団体、寿地区外の福祉団体など様々な団体。寿地区には、寿身障友の会、ことぶき福祉作業所など数か所の障がい者の作業所が活動していた。また、アルコール依存症者のデイケアセンターである寿アル

クでは、依存症者の回復の程度に応じて就労プログラムとして、地域や地域外で就労していた。簡易宿泊所でも障がい者が宿泊し生活しやすい設備を整える簡易宿泊所が着実に増えていた。ことぶきゆめ会議の障害者分科会では、雇用を促進する問題について話し合われていた。「寿のゴミ問題を考える会」の活動もゆめ会議で報告した。「寿のゴミ問題を考える会」の活動には、横浜市も中区も関心を寄せていた。

　障がい者の仕事の創出に次のような方向性等が検討された。

　①寿に捨てられる地区外からの不法投棄（いわばごみ）等を仕事の宝にできないか。
　②一般廃棄物処理業事業が可能とならないか。
　③家庭電化製品の回収と手分解分別処理事業
　④引越し、清掃、引き払い、不用品回収
　⑤事業の場所の確保

　①については、調査の結果、利用できるごみはほとんどなかった。②については、目指したいところを見学に行こう。③については、引越し、引き払いで家電製品も収集できる可能性はあるが、不法投棄の内容から期待できない。④は地区外への転居もあるが、簡易宿泊所間の移動は案外ある。不用品の回収や整理、清掃も見込まれ手堅い事業になると考えられた。⑤については広い場所が必要だが、寿地区内では適地は見つからなかった。　横浜市の空き地や公園跡地など利用は難しい。

　さらに、②について、千葉県八千代市の手分解工場に見学に行った。広い作業場で障がい者が手際よく家電製品を手分解、分別をしていた。八千代市では地域を限定して、この会社に一般廃棄物処理業の許可を与えていた。市民にこの施設を広報してこの会社に直接持ち込むことも進めるなど、施設の事業を後押しもしていた。そのことから、家電製品を保管する広い場所と一般廃棄物処理業の許可があれば、有望な事業展開が考えられた。

　早速、横浜市の資源循環局に八千代市の事例を伝え、限定的な範囲を設けての一般廃棄物処理業の特別許可を求めて話し合いを重ねたが、横浜市では「許可は出せない」という結果になった。市では新規事業者の許可はしていないという。許可には大きな壁が立ちはだかっていた。

　様々な試行錯誤の末、事業については引越し、引き払いを中心に、清掃、

模様替え、不用品の回収、回収した家電製品や不要品を整備して販売するなどが固まってきた。家電製品の手分解については、国の医療福祉機構の助成金を申請して、家電製品の手分解の講習を月1回、6回実施するよう企画した。懸案の場所については、ゆめ会議でも検討していて、事務局から寿町勤労者福祉協会の1階が借りられそうだとの話があった。平田商店が営業していた場所で、港職安の広場に面していて、広さもあり、車が2台止められる駐車場付きだった。障がい者の雇用を促進する目的は、寿町勤労者福祉協会の事業目的に適うということで、場所を提供してくれることになった。この事業は、ゆめ会議に集まる寿地区内外の団体と行政との協力で生み出されたものであったといえる。

　2008年4月、クリーンセンターは開業した。寿のゴミを宝に、リサイクルを広げるという点で十分な実現とは言えないが可能性ある仕事である。古物商資格の取得、軽貨物自動車運送業の許可、と確実に事業を広げ、様々な障害を生きている人達と、仕事を分かち合う一歩を踏み出した。2016年に、寿町総合労働福祉会館は建て替えのため、松影町2丁目に移転、その後クリーンセンターも町内で移転した。NPO法人クリーンセンターの事業として、2016年8月、障害者総合支援法に基づく就労継続支援B型作業所「ぷれいす」が発足した。

[村田由夫]

（3）燃え続けた寿の焚火！ついに消える

　2005年、長い間燃え続けてきた職安広場のヤンカラさんの焚火が消された。理由は焚火が危険である、向かいの保育所に段ボールに火が付いたまま飛んでいくことがある、また、職安の利用者の自転車置き場にするということであった。喧嘩も増え、これまでの焚火の周辺の様子が変わってきたともいう。港職安広場の焚火の発祥は定かではない。港湾労働や土木建築業の日雇求人が盛んであった1960年代から続いていたと思われる。当時の港湾では、24時間通して、また48時間通しての労働があった。また、土木建築では早朝からの求人が多かった。そのため、冬の期間は、求人を待つ間、また、職安の求人窓口が開くまでの間、誰彼なく焚火で暖をとっていた。早朝から求職や労働情報をとるためにも焚火は当然のように必要だった。やがて港湾や土木の求人が減少し、寿の居住者も高齢者が増え、障がい者も目立つようになっていた。バブル崩壊後には職安の紹介も激減し、焚火を必要とする人が変化

してきた。いつからか、アルコール依存症者たちが焚火の周りに居続ける姿が目立つようになった。その人たちを、誰が言い出したか不明だが「ヤンカラさん」と呼ぶようになっていた。ヤンカラさんはいわば、アルコール依存症者の末期症状の方が多かったようだ。火の燃料も変わった。廃材等のマキが主であったが、タイヤであったり、時に冷蔵庫も燃されていた。時にモーターがボンと爆発することもあった。燃料の調達も困難になると段ボールも燃されるようになった。風が吹けば燃えた段ボールが周囲に飛んでいくことも見られた。ヤンカラさんは、「ドヤ」にも泊まれず、また泊まらず、焚火と酒屋と、時に病院の行き来で過ごしていた。焚火の周りで亡くなる方もあった。にもかかわらず、ヤンカラさんの執念の申し送りのように焚火の周りの人数は増えもせず、減りもせず続いていた。ヤンカラさんにとっては、「命の火」でもあった。

　焚火を囲んで命を凌いでいたヤンカラさんたちは、横浜市によって、ある人は病院に、ある人は福祉施設に、ある人は自らが生き方を選び取っていった。多くのヤンカラさんたちは、福祉施策や医療施策から疎外されるか、自ら選んで生活していた。ある人は焚火の傍らから日々の仕事に行き、また、有期契約で飯場で働き、焚火の場に戻っていた。それは生活とは言えないかもしれないが、自分の意志で生きようとしていた。不思議に、焚火の場には暗い印象はなかった。ヤンカラさんたちの「守りごと」が働いているように感じられた。焚火の後は職安の自転車置き場になった。

　ヤンカラさんの火が消えたのちに、「ことぶき花いっぱい運動」がはじめられた。焚火があった天井部分は、県所管の港職安の窓口へ向かうテラスであった。その天井部分は、長い間に煤で真っ黒になっていた。勤労者福祉協会では、その天井を生かし、画家に依頼して、白いチョークで花々を描いた。黒と白のコントラストは、見事で美しかった。

　寿地区には、長年十か所程度、建設廃材等が外部から不法投棄されていた。それを防ぐために、横浜市では、「防犯カメラの設置」が検討されていた。自治会は何とか防ぐ手立てはないかと考えた。寿で暮らす方々は、誰かわからぬものに、またどのように利用されるかわからない監視下におかれることには、強い拒否感を持っている。その生活感を大切にすること、「不法投棄」を防ぐ方策を両立するため、「ことぶき花いっぱい運動」が考え出された。運動は地道に進められ、宿泊者も水をやり、管理人さんも玄関に花や緑の鉢を置いた。それでもなお不法投棄があって、花々が押し潰されそうな

とき、廃材をどけて懸命に花を守っている人もいる。地区で生活する人々の幅広い参加を得て、花いっぱい運動は根付いていくのだろうか。　［村田由夫］

参考文献 ─────────────────────
横浜市健康福祉局寿地区対策担当（2022）『令和 4 年度　横浜市寿福祉プラザ相談室業務概要』

■
第 8 節

「ボートピア」開館と環境整備事業

(1)「木楽な家」建設運動と場外馬券売り場

　高齢者ふれあいホーム「木楽な家」の建設運動が本格的に始まるのは、老人クラブ欅の会の呼びかけに答え、寿地区住民懇談会のメンバーや寿地区自治会、寿日雇労働者組合等が 1989 年 8 月、老人福祉センター建設準備会を結成したことから始まった。

　この準備会の立ち上げの決断の背景には、二つの要因があった。一つ目は、旧交番跡地は間口が狭く細長い土地で、横浜市が再活用する予定は全くなかった。そうしたことから高齢者ふれあいホームの建設用地として、横浜市の理解が得られる見通しがあったことである。

　二つ目としては、1998 年の春、寿地区自治会の秋場氏のところへ、あるデベロッパーから扇町への場外馬券売場誘致の協力依頼があり、誘致協力の見返りに寿地区の環境整備や福祉の向上にそれ相応の協力をさせて頂きたいという情報である。

　デベロッパーが言う協力の中身は、1）場外馬券売り場の周辺の道路清掃、道案内等の仕事で寿の人たちの雇用、2）寿地区の環境整備と福祉の向上のために売り上げの一部の恒常的な寄付、3）老人福祉センター建設費の一部は協力できます、との内容だった。自治会の秋場氏は、1969 年自治会設立以来、自治会活動資金の面で苦労してきたことや、横浜市が寿地区対策に十分な対策をとってこなかったことに違和感を持っていたこともあって、場外馬券売り場の誘致協力については前向きに検討する姿勢だった。

寿地区自治会活動の中で

　秋場会長は、「寿に来る以前は北海道でデパートの食料品のテナントをやっていた。いろいろ大変な割にはうまみがないし、新しいことをしようと考え

ていたところ、寿町で簡易宿泊所の帳場をしていた木下さんを頼り、1967年寿町に来て大衆食堂を始め、朝6時から夕方5時頃まで働き通しだった。その頃の労働市場は売り手市場で、町は活気があふれていた。おかげさまで、大衆食堂は結構はやった」と語っている（『ひと 総集編』より引用）。

　その当時の地域活動は、「子ども文庫」「日雇いの人たちの医療を考える会」など、当時は一匹狼的に寿町でボランティア活動をする人も増え始め、自治運動の機運が盛り上がって来ていたという。そんな折、木下さんの誘いもあって1969年寿地区自治会結成当時から会の活動に参加したという。当時マグロ（辻強盗）対策の一環として防犯パトロールをしていたが、71年、初代会長の金原さんの弟さんがヤクザに刺された事件があった。その後「ワンポイントリリーフ」のつもりで、72年から自治会の会長となったのが運の尽き、長く会長をやる羽目になってしまったという。

　70年代に入って不況が来て、日雇い仕事が激減し労働者が食べるに食べられない状態から自治会活動も難しくなってきていた。「その頃、活動家と言われる人たちも街にたくさんいたんですが、自治会の横浜市民という立場と、日雇労働者としての労働運動との路線の食い違いが出て来たんです。私は活動家連中から『悪徳アキバー、行政の手先』なんてビラをまかれたりしましたよ」。言われているようなことはしていないという自負もあり、秋場さんなりに頑張ったという。「時の勢いで判断の誤りもたびたびしたけれども、いろいろな経過の中で本当に拳をあげなくちゃいけない相手は誰かということがお互い見えてきました。何年かして『アキバを倒せ』と言っていた人達と肩を組んで夏祭りなど町の行事をやっていたんですから。町の人からは『お前らどうなっているんだと』不思議がられたりしました」と、報道記者のインタビューに答えている。

　当時自治会は、何をするにしても絶えず活動資金不足に悩まされていた。防犯灯の取り換え一つにしてもお金はかかったし、寿地区の実情からして自治会費の徴収も難しかった。その当時、寿地区内の道路は何年も舗装はされず、現在、「はまかぜ」が建っている角地周辺は、年中水たまりがあり、それがまるで公衆小便所状態で、アンモニア臭は今では考えられない程すごかった。

　1983年に寿町内会館が建って以降も、夏祭りの準備といえば、まずは何メートルにも及ぶ公衆小便所状態の水たまりをキレイにすることから始まった。そんなこともあって、自治会と寿地区住民懇談会で現在の「はまかぜ」の角

地に公衆トイレ設置要望書を横浜市に提出し、公衆トイレが設置されてから
は、周辺は見違えるようにきれいになった。この管理・清掃はどこが行うか
で実現が危ぶまれたが、寿町勤労者福祉協会の松本久雅之介理事長の決断で、
勤労協出入りの清掃業者に引き受けていただくことで設置が決まった。

　外部から持ち込まれる建築廃材等の不法投棄も自治会としては大きな悩み
だった。バブルの最盛期には職安前広場は一夜にして建築廃材の山になった。
自治労横浜会館前の中村川沿いでも建築廃材の不法投棄は続いていた。こう
したこともあって、秋場会長は場外馬券場誘致話に、一も二もなく飛びついた。

　また、長い自治会活動歴を通して、横浜市の寿地区政策に対する違和感も
あった。なぜ横浜市は寿地区が抱える問題に正面から向き合わないのか、な
ぜもう一歩踏み込んだ寿地区対策を実施できないのかという、きわめて素朴
な問いである。

　もう一つは、秋場さんがラスト特攻隊の生き残り組だったことが大きい。
「特攻隊の先輩たちが散華していくのをしり目に、図らずも侵略戦争の一端
を担わされたという戸惑いの中で戦後をずっと生きて来たという負い目が
あった。戦友の死がダブって自分の生き方に関する結論を自分の中で出せな
いんです。だから寿町での自分の生き方についてもよく考えます。いずれあ
の世とやらに行ったとき戦友たちに『お前はどんな生き方をしてきたのか』
と言われるのでは、という声がずっと心の底にあった」（『ひと　総集編』より引
用）。この戦友の声が、秋場さんが自治会活動を続ける支えともなっていた。

　筆者はこの当時生活館４階職員の傍ら、寿地区住民懇談会の代表という立
場にあり、ことぶき福祉作業所や、交番設置反対運動、町内会館の建設、公
衆トイレの設置要望、夏祭り、住民懇冬まつりなど、何かにつけて秋場さん
と行動を共にしていたこともあって、微力ながら誘致運動に参加していた。

［大友　勝］

（2）挫折と再チャレンジ

　1992年春、誘致運動への協力と引き換えに、老人福祉センターの建設資金
協力が得られるとの見通しで、旧交番跡地に老人福祉センターの建設工事が
始まった。バブル経済で建設費が高騰する中での着工であった。工事は順調
に進むかに見えたが、鉄骨躯体がたち上がった夏の段階で、大口資金の協力
は得られなくなった。場外馬券売り場の誘致話は暗礁に乗り上げ、建設資金

の寄付金の話も全くめどが立たなくなったのだ。晴天の霹靂だった。たち上がった鉄骨躯体は雨ざらしのまま、何年も放置された。この詳細については、第5章第7節「高齢者ふれあいホーム」を参照されたい。こうして、場外馬券場建設誘致運動は挫折し、老人福祉センターの建設工事もストップした。

　しかし、この話を自治会に持ち込んだデベロッパーは、決してあきらめなかった。場外馬券売り場から舟券売り場に方針を転換し、誘致運動は継続された。秋場会長とてこれまでの経緯から簡単にあきらめることはできなかった。

　デベロッパーはこれまで多くの地域関係者やステークホルダーに多額の資金をつぎ込んでいた。老人福祉センターの工事中止への責任もあった。また、誘致運動の中で前述した寿地区の福祉向上に寄与すべき条件の他、寿地区の町づくりに関する思いもあった。

　デベロッパーのメンバーに在日コリアンの人がいて、場外舟券売り場の誘致話の中で石川町駅の北側には中華街がある。石川町駅から自治労横浜会館までの通りを、在日コリアンによって食文化や韓国文化の発信機能を整備し、寿町3丁目周辺のメインストリートを福祉の町として整備し、在日コリアンと日本人が共存共栄する、賑わいのある町にしようという構想だった。そうした大きなグランドデザインの中に場外舟券売り場の建設を位置づけようという構想である。しかし、この構想も場外馬券場の誘致話が頓挫したこともあって、日の目を見ることはなかった。

　誘致の事業内容を、場外馬券場から場外舟券売り場に方針変更をしたものの、舟券売り場の誘致も簡単ではなかった。誘致運動の思い半ばに、秋場さんは2002年6月4日、病に倒れ帰らぬ人となった。葬儀は西区の久保山霊堂で行われた。多くの参列者があったが、さぞかし無念であったに違いない。1972年に会長に就任して以来、30年もの長きにわたり寿地区自治会会長、民生委員として地域の環境改善・福祉の向上に努められた。とりわけ徳恩寺に建立された「千秋の丘」については特に大切にされていた。

　ラスト特攻隊の秋場さんは戦友たちと、どんな話をしたのか知る由もないが、生前、「寿町は住んでみると不思議な魅力があって離れられないですね。本音むき出しの会話ができる。彼らにとって私が都合良ければ、『神様、仏様、アキバ様』だし、それが反対の場合は、『てめー、会長がなんぼのもんじゃ』と言われる。オブラートに包んだ付き合いよりずっと魅力がある。精神的にいいんです」とあるインタビューに答えている。　　　　　　　　［大友　勝］

（3）ボートピア横浜、オープン

　秋場会長亡きあと、そのこころざしを継いだのが、寿地区自治会の佐藤眞理子さんである。筆者は、1995年に精神保健を考える市民団体「野草の会」と「ろばの会」が合同し社会福祉法人を設立するため、勤労協を辞め、それ以降、寿の活動から離れていた。時々、ことぶき福祉作業所を訪れ佐藤さんとボートピアについて話していた。筆者自身、その頃は誘致の件に関しては、かなり消極的になっていた。

　しかし、遅々として進まないボートピア推進の件に関しては、迷いの中にあっても秋場さんの衣鉢を継ぐ、という佐藤さんの思いは決して揺らぐことはなかった。ボートピアの建設の見通しがついた段階で、佐藤さんは、作業所に迷惑をかけてはいけないと、職員を辞めボートピア誘致運動に専念したのである。

　2007年12月、ボートピア横浜が扇町3丁目についにオープンした。1992年の場外馬券売り場の挫折から舟券売り場に方針が変更され、秋場会長念願のボートピア横浜がついにオープンした。この完成までに実に20年近くの歳月を要した。佐藤さんは会長のご仏前になんと報告したのであろうか。万感の思いだったに違いない。

　ボートピア横浜とは、横浜に作られたボートレースの勝舟投票券場外発売所のことである。場外舟券売り場は全国各地に設置されているが、神奈川県では扇町にあるボートピア横浜が唯一の舟券売り場である。5階建ての清楚な建物で1階はエントランス、軽食コーナーやギャラリーも併設されている。2階3階は無料の一般席で、全国各地の競艇場のテレビモニターと、舟券の発売所、払い戻し窓口がある。4階5階は有料席が設けられている。

　ボートピア横浜からは、府中市を経由し横浜市に対し年間売り上げの1%が「寿地区環境整備協力費」として還元されている。この協力費は寿地区の道路補修・清掃、公園整備等環境整備に活用されている。また、この施設を通じ周辺の清掃・警備を中心に地元雇用が図られ、1階には寿地区の防災倉庫が設置されている。これによって寿地区の道路は本当にきれいになった、自転車置き場もきれいに整備され、昔の寿町を知る者にとっては、信じられない変貌ぶりである。関係団体により花いっぱい運動も続けられている。

　今から40年以上も前、寿町市営住宅の木部さん宅にお邪魔したとき、木部さんの奥さんが、「この町がいつになったら普通の町になるんだろうな〜」

と、問わず語りに話し、遠く窓の外を見ていたことが思い出される。寿町市営住宅も、建て替えられ「スカイハイツ」などとおしゃれな名前に生まれ変わった。寿がいつの日か戦前のように、子どもを産み、育てられる街になってほしいと、願ってやまない。

［大友　勝］

参考文献
寿支援者交流会（2001）『ひと　総集編』2001 年 4 月
寿町勤労者福祉協会（2016）設立 40 周年記念誌『寿のまちとともに』

（4）花いっぱい運動の土壌に開花したまちづくりの取り組み

　かつての寄せ場の光景を知る人が現在の寿地区を訪ねると、一瞬、違う町に来たと思うのではないだろうか。単に労働者の姿がないことや、かつて現役で働いていた人たちが高齢化したというだけではない、町の空気の変わりようがそこにはある。穏やかなのだ。背景には、今も続く地域の人たちの様々な取り組みの積み重ねがある。

　寿地区に対するマイナスイメージの一つに衛生環境の課題があった。ゴミがいたるところに捨てられ、粗大ゴミの山が歩道を埋め尽くしているところも少なくなかった。簡易宿泊所の部屋に入らない大きさの家具を町の人が出すはずがない。粗大ゴミは外部から持ち込まれるのである。回収作業にあたる横浜市資源循環局の職員はいたちごっこを強いられ、疲弊していた。町には身体障害で車いすを使用する人も多く、通行の妨げになっていた。それらを見かねた住民が寿福祉プラザに相談したのが「ことぶき花いっぱい運動」のきっかけとなった。

　不法投棄問題については、中区役所から監視カメラ設置の案も出されたが、住民からは監視カメラではなく花にしたいという声が返ってきた。「花は抜かれてしまう」という意見に対しては「また、植えればいい」という熱意に押され、取り組みが始まった。寿福祉プラザ前の歩道にプランターを設置するため、寿福祉プラザ相談室が中土木事務所との調整を行い、寿地区自治会は「花を植えたプランターを不法投棄された場所に置こう」と呼びかけを行った。中土木事務所が花を、（財）横浜市緑の協会（現在は公益財団法人）がプランターと土の提供を申し出た。

　第 1 回「ことぶき花いっぱい運動」は、2006 年 1 月 27 日、寿福祉プラザ

前で実施された。粗大ゴミは前日、資源循環局中事務所によって回収された。歩道にこびりついた汚れを洗い流し、20個のプランターを置く。プランターにパンジーを植える。互いに針金で結び付けられたプランターは、この作業に集まった人たちの心の結びつきでもあった。周囲では大勢の町の人たちが見守っていた。最後に保育園児が一斉に花の水やりをして終わった。作業終了後の記念写真に写る約30人のほとんどが男性だ。誰もが穏やかだが誇らしげな顔つきである。寿は新しい顔を見せていく。

第2回は2月17日、歩道の半分以上が粗大ゴミで占められていた中村川沿いで行われた。家具、家電製品、自転車等、家の中にあるあらゆるものが歩道に積み上げられている状態であった。膨大な量のゴミの撤去作業が資源循環局中事務所と中土木事務所の職員によって行われた後、寿地区自治会が用意したプランターが並べられ、歩道は本来の役割を取り戻した。

3月16日、寿町総合労働福祉会館診療所前の歩道が第3回目の実施場所となった。まず、中土木事務所によって違法な屋台の残骸が撤去され、並行してプランター設置、花植えが行われた。寿地区自治会と住民、さらに寿アルク、さなぎ達、ことぶき福祉作業所の利用者と職員、寿町勤労者福祉協会職員も参加した。

6月、寿福祉プラザ前は、再び粗大ゴミが積み重なっていた。住民たちは花の植え替え、粗大ゴミの撤去とともにプランターの設置エリアを広げていった。花は中区役所地域振興課が提供した。こうして町の光景は徐々に変わっていった。

10月には健仁整形外科・内科前の三角地帯が実施場所となった。ここには業務用資材が大量に投棄されていたため、中土木事務所、伊勢佐木警察署に廃棄物処理業者も加わり寿地区自治会と打ち合わせを重ね、植栽は10月20日に行われた。寿町総合労働福祉会館（以下「会館」）前広場で保育園児たちが鉢植えしたフラワーポットが、中土木事務所の手でレイアウトされた広い三角地帯に綺麗に並べられ、中区長も参加する中、保育園児や住民たちが植え付けをした。この日はこの後「区長出前ミーティング」も行われている。この健仁外科前の花壇は、寿第2アルクの人たちが毎日、水やりと清掃を続けている。

こうした取り組みの中で2006年に生まれた「ことぶき花いっぱい運動サポーターの会」は、2009年12月21日、横浜市開港記念会館で開催された「ハマロード・サポーター交流会」＊において活動発表を行うとともに林文子市

長から感謝状を授与された。

　この「ことぶき花いっぱい運動」は自分たちの手で町を変えることができるという意識につながり、行政との協働も強化される中で、さらに様々な取り組みにつながっていった。簡易宿泊所が密集し、高齢者が多数を占める寿地区では、防火・防災が大きなテーマである。2007 年 1 月には中消防署が中心となって「防災パレード・演奏会」が町のメインストリートで行われ、以後、回を重ねていく。

　2008 年 2 月には町の人たちが中心となった「ことぶきクリーンアップ・イエロー大作戦」がスタートした。こうした活動への貢献により、この年、「ことぶき花いっぱい運動サポーターの会」に対し国土交通大臣表彰が贈られることになり、8 月 24 日、横浜市道路局において発足当初からのメンバーであった柴田忠勝さんに道路局長から感謝状が授与された。

　2010 年 2 月 26 日に実施された「第 5 回ことぶきクリーンアップ・イエロー大作戦」には、雨にもかかわらず、150 人以上の人々が会館前の広場に集まり、中土木事務所と資源循環局の作業車が待機する中、地区内外の清掃を行った。作業終了後は、恒例となった中区役所、中区社会福祉協議会、不老町地域ケアプラザ、寿町勤労者福祉協会、寿地区自治会が用意したお汁粉を食べながらの交流会が行われた。この日はまた、糖尿病の運動療法のため、8 年にわたり地域清掃を続けてきた今省吾さんに対し村田由夫自治会長から感謝状が贈られた。

　季節に応じた様々な行事も始まった。2 月には会館前広場の「ことぶき大豆まき大会」、5 月は同じ広場を数十匹の鯉のぼりが泳いだ。7 月の「ことぶき七夕まつり」の竹飾りには「みんなが笑顔になりますように」「断酒継続」などの願いごとが書かれた短冊が結び付けられていた。また「ヒートアイランドをクールアイランドに」を合言葉にした「ことぶき打ち水大作戦」、そして旧盆の時期には、実行委員会が主催する恒例の「寿夏祭り」だ。保育園御輿やエイサーが町を練り歩き、会館前広場では寿フリーコンサートが 3 日間にわたり繰り広げられた。9 月には 60 歳以上の人を対象に「敬老交流会」が開催された。町の老人クラブ「寿櫟の会」では、寺田秀雄さんが会長として長く貢献された。12 月には会館前広場にクリスマスツリーが点灯した。

このように町では毎月のようにイベントが開催された。そうした場所には、いつも地区内の寿福祉センター保育所や神奈川県労働福祉協会ことぶき保育園に通う子どもたちが参加して、家族のいない町の人たちの笑顔を誘った。特筆すべきは寿地区自治会事務局の奮闘ぶりである。2008年11月に発行された「広報よこはま中区版」は一面で「地域のみなさんの力でまちが変わってきています！〜寿地区の取り組み〜」と紹介した。　　　　　　　[村岡福藏]

参考文献──────────
ことぶき花いっぱい運動サポーターの会（2014）『ことぶき花いっぱい運動サポーターの会　合冊本』、（2016）『ことぶき花いっぱい運動サポーターの会　合冊本2』
寿町勤労者福祉協会（2016）設立40周年記念誌『寿のまちとともに』、同広報紙「いぶき」各号

（5）新たなネットワークの誕生

　これらの活動の積み重ねによって地域の様々な社会資源の間のネットワークづくりが進み、地域をあげた二つのさらに大きな取り組みにつながることとなる。一つは「寿プラザ地区地域防災拠点運営委員会」である。2009年5月8日、まちの幅広い関係団体・機関、事業者、行政からなる「第1回地域防災拠点運営委員会」が開催され、防災・減災の取り組みを進めることを申し合わせた。簡易宿泊所が密集し、単身高齢者が多数を占め、また障害者も多い寿地区にとって、火災をはじめとする防災・減災は切実な課題である。その気運を高めるため、第1回の防災パレード・演奏会は1月に行われた。その後、開催時期を秋に変更し、パレードのあとは会館前広場や寿公園で消防音楽隊による演奏会が行われ、多くの人が保育園児とともに耳を傾けた。11月には寿公園で防災訓練が実施された。
　もう一つは地域福祉計画の取り組みである。「地域福祉計画」は、2000年の社会福祉法の改正により、第107条に定められた地域福祉の推進に向けて市町村が策定する行政計画である。横浜市では、基本理念と方向性を提示し区計画推進を支援するものとして「市計画」（第1期：2004〜2008）が先行して策定され、それを受けて18区で区の特性や方針を踏まえた「区計画」及び地区の課題に地域で対応するための「地区別計画」（連合町内会エリア）をそれぞれ策定し、取り組みが進められた。計画推進の理念は「地域の課題を

地域で解決する」というものである。筆者の理解では、それは地域における
ノーマライゼーションの実践にほかならない。

　「中区地域福祉計画（第1期：2006～2010）」は2006年3月に策定され、各
地域において取り組みが始められた。2011年4月、中区役所が公表した「第
2期中区地域福祉保健計画　中なかいいネ！第2期（2011～2015）」において、
寿地区は埋地地区とは別に独立した対象地域として位置づけられる。計画策
定・推進のための「中なかいいネ！委員会」には佐藤眞理子さんが寿地区民
生委員児童委員協議会会長として参画した。

　この第2期地区計画で、寿地区では「地区の良いところ」は社会資源や地区
外からのボランティアの多さや「懐の深いまち」であること、また「良くした
いところ」では、住民の課題として基本的な生活習慣や孤独、町の課題として
不法投棄の防止や防災意識の向上が挙げられた。そして目標として、人のつな
がりや交流、健康、安らぎに向けたまちづくりが掲げられた。こうして計画推
進のために「ことぶきゆめ会議」が発足した。毎月1回開催し、広報紙発行、
地区内の地域資源を知る「社会資源ツアー」の取り組みが始まった。11月に
は、世代間交流を目的に「ことぶきみんなの運動会」が復活した。運動会は寿
公園で行われ、パン食い競争や二人三脚の競技に参加者は童心に帰った。1960
年代頃には、町中を会場にして力自慢や駅伝が行われていた。中でも綱引きは、
メインストリートで町を二分して大変盛り上がったという。2015年の運動会
の綱引きは往時を再現して実施された。同じ月、会館前広場では「ことぶき福
祉まつり」が開催され、まちの地域作業所や介護事業所が出店し販売を行った
ほか、広場を利用した特大の太巻きが参加者の手で巻かれた。

　なお2011年10月、横浜市が公表した「横浜市人権施策基本指針（改訂版）」
において、横浜市が取り組むべき人権問題の「様々な課題」の一つとして寿
地区への偏見についての一文が記載された。取り上げるにあたっては、寿地
区自治会、「さなぎ達」、簡宿組合関係者等にヒアリングが行われた。この記
載は、横浜市職員のみならず市民の寿地区に対する正しい理解へのきっかけ
を提供するものとなり、寿福祉プラザの所長・職員が研修講師として活躍し
ている。

　2014年2月13日、記念すべき催しが自治労横浜会館を会場に開催された。
「寿大賀詞交歓会」（第1回）である。寿プラザ地区防災拠点運営委員会の呉
俊雄委員長が実行委員長となり、寿地区自治会、横浜簡易宿泊事業協同組
合、神奈川県宿泊事業協同組合、（公財）寿町勤労者福祉協会、寿地区社会

福祉協議会、寿地区民生委員児童委員協議会、ことぶきゆめ会議が実行委員会を構成するという地区のソフトパワーの大集結のもと、実施の運びに至った。来賓には埋地地区連合町内会長、横浜市健康福祉局長、中区長、（社福）神奈川県匡済会理事長、（公財）寿町勤労者福祉協会理事長などが駆けつけた。第2回以降は寿アルクのメンバーがスタッフとして参加するために、アルコール抜きの賀詞交歓会となったことも寿らしい気配りと言っていいだろう。200人近い人が会場を埋め、毎週金曜日に寿公園で行っている炊き出しの雑炊が振舞われ、町の変遷を上映するなどの趣向もある。寿の変貌ぶりや周辺地域との交流の発展を象徴する催しとなっている。

　寿大賀詞交歓会について、筆者はどうしても記しておきたいことがある。呉俊雄実行委員長の挨拶である。呉さんは挨拶の中で、必ず日本社会の中で在日韓国・朝鮮人が置かれてきた苦難の歴史に触れる。戦時中の強制労働、外国籍で初の弁護士となった故金敬得氏のこと、差別の中を生き抜いてきた自らの両親のこと、そして人としての尊厳と平和への思い——筆者は呉さんの言葉が聞きたくて毎年参加している。故大沢敏郎さんが主宰していた「寿識字学校」には在日韓国・朝鮮人も多く机を並べていた。1987年2月6日、成旦善さん（当時62歳）はこのように書いている。

　　わたしは　おさない　ころ　がっこう　いく　のが　ゆめ　でした　せんせい　おはようございます　こんにちは　こんばんは　せいとの　すがたに　とっても　あこがれ　ました。　でも　わたしは　おかげ　さまでしきぢがっこうに　であって　ゆめを　はたした　と　おもい　とってもうれしい　です。（原文のまま）

　呉委員長の言葉は、翌年の寿大賀詞交歓会で配られる式次第に掲載されている。　　　　　　　　　　　　　　　　　　　　　　　　　　　　　　　［村岡福藏］

参考文献————————————
横浜市中区役所（2011）『中区地域福祉保健計画中なかいいネ！第2期平成23〜27年度』
横浜市市民局人権課（2011）『横浜市人権施策基本指針（改訂版）』
ことぶき花いっぱい運動サポーターの会（2014）『ことぶき花いっぱい運動サポーターの会合冊本』、（2016）『ことぶき花いっぱい運動サポーターの会　合冊本2』
寿町勤労者福祉協会（2016）設立40周年記念誌『寿のまちとともに』、同広報紙「いぶき」各号

（6）中土木事務所と環境整備事業

　このように様々な行事開催が可能になった背景の一つに、地域の環境整備が進んだことがある。そこには中土木事務所の組織を挙げての大いなる貢献があった。「ことぶき花いっぱい運動」におけるゴミ撤去作業や「ことぶき花いっぱい運動サポーターの会」への支援については前述したとおりだ。

　かつては入札に応募すらなかった地区内の道路整備だったが、中土木事務所の積極的な取り組みにより各所で補修や歩道整備が行われた。さらに、様々な行事に土木事務所長自らが参加する等、まちと土木事務所の間には強固な信頼関係が築かれていった。こうして、歴代の中土木事務所長はもとより職員にも退職時には寿地区自治会から感謝状を贈呈することが恒例となるほどであった。

　道路をはじめとする地域の環境が目に見えて改善されたことのもう一つの要因として、扇町３丁目に開設された「ボートピア横浜」の開業に触れておかなければならないだろう。

　1952 年、世界で初めて公営競技としてのボートレースが大村市（長崎県）で開催された。モーターボート競走法は第１条で、その趣旨の一つとして「地方財政の改善を図る」ことを挙げている。「ボートピア横浜」は、ボートレースの勝舟投票券（舟券）の場外発売所で、神奈川県内では唯一である。施設がオープンするまでの経緯については別稿で詳しく記されたとおりである。

　2007 年 12 月 14 日、ボートピア横浜はオープンした。所在自治体である横浜市には売上の 1％が「環境整備費」として納付され、主に所在地周辺地域のハード面の整備に活用される仕組みになっていることから、道路補修、ガス管・下水道管等のライフライン整備、寿公園の改修工事等で地域に還元されてきた。松影町・寿町周辺再整備事業が継続して行われている。ボートピアの１階には地域の防災倉庫が設けられている。

　また、今も続けられている「ことぶき花いっぱい運動サポーターの会」が毎月第２・第４火曜日に行う早朝清掃には、地区内の「はまかぜ」等様々な事業所とともに、ボートピア職員も参加し、まちとの互いの「顔の見える関係」も強くなっている。

　ここで、まちの空気を変えたもう一つの存在について触れておかなければならない。今、寿のまちと関わりのある人で「コトブキンちゃん」のことを知らない人はいないだろう。美術家の竹本真紀さんが生んだ赤い頭巾を

かぶった寿町のマスコットだ。その愛らしい姿が
いつのまにか人気となり、様々な印刷物、ドアの
入口、整備された歩道など、いたるところに描か
れるとともに、しゃもじや懐中電灯を持ったコト
ブキンちゃんも登場した。また、まちのイベント
には着ぐるみのコトブキンちゃんが欠かせないも
のとなり、寿大賀詞交歓会のスタッフはおそろい
のコトブキンちゃんＴシャツだ。竹本さんは生み
の親というだけでなく、夜間パトロールやことぶ
きゆめ会議にも参加している。学生時代に周囲と
の間にある種のギャップを感じてきた竹本さんに

コトブキンちゃん

とって、寿のまちの人々は心を閉ざす相手ではなく、近づき心を開ける人た
ちだった。コトブキンちゃんは今や、マスコットの域を超えた寿のまちにとっ
てなくてはならない存在になっている。

[村岡福藏]

参考文献
横浜市中区役所（2011）『中区地域福祉保健計画　中なかいいネ！第2期平成23～27
　年度』
海老沢佳之（2014）「ボートピア設置が周辺地域に与える影響について」政策研究大学
　院大学
ことぶき花いっぱい運動サポーターの会（2014）『ことぶき花いっぱい運動サポーター
　の会　合冊本』2、（2016）『ことぶき花いっぱい運動サポーターの会　合冊本2』
寿町勤労者福祉協会（2016）設立40周年記念誌『寿のまちとともに』

（1）寿プロジェクトと第1期地域福祉保健計画

第1期地域福祉保健計画の策定（2006年度〜2010年度）

　2000年6月に施行された改正「社会福祉法」第107条により、市町村が策定することになった地域福祉計画に、横浜市は保健の視点を組み込み、「横浜市地域福祉保健計画」を策定した。市計画では基本理念と方向性、区計画では18区ごとの特性に応じた中心的計画を策定し、中区では12の連合町内会エリアと寿地区の合わせて13の地区別計画を策定することになった。

（寿プロジェクトの設置）

　寿地区は12連合町内会エリアとは特性が異なり、寿地区をひとつの地区別計画の対象エリアとして策定することになった。地区別計画は、寿地区においても地域住民と行政の協働で策定・実行していく考え方に基づいているが、ある程度行政が計画の素案づくりを行い、これについて地域と話し合いをすすめていった。中区では他地区とは別に「寿プロジェクト」を2005年3月に立ち上げた。寿地区に顕著な課題を整理し、課題ごとに分科会を設置し、検討を始めた。分科会には地域住民の代表も構成員として参画し、計画の検討をした。分科会は6分科会設置した。11月までに6回の分科会を実施した。ここでは、「中なかいいね！中区地域福祉保健計画　別冊『寿地区計画検討報告書』（2006年3月　横浜市中区　中区地域福祉保健計画寿プロジェクト）」を要約・抜粋する。

1）高齢者分科会

　　介護サービスを受けている生活保護受給者220名を対象に実態調査し、高齢者の課題を抽出した。ア）デイサービス等の社会資源の不足、イ）訪問看護サービスをはじめとする医療体制が不十分、ウ）地域権利擁護

事業（あんしんセンターによる金銭管理の支援等）の未導入、があげられた。地域からの声として、ア）公衆浴場のバリアフリー改修と介護入浴事業の実現、イ）看護・見守りを行う一時的な看護ケアホーム事業の実現、があがった。

2）障害者分科会

　生活保護を受けて寿地区で暮らす、障害をもつ1,230人の実態から次のような生活課題があがった。ア）寿地区に居住する障害者は、障害特性に応じた居場所が少なく、他の地域以上に引きこもりがちになっている。イ）障害者の高齢化（50歳以上が80.7％）から介護の必要が高くなっている。ウ）障害とアルコール・薬物等の依存症が重複している場合には、回復が難しい。エ）障害者の高齢化、障害の重複のため、金銭管理・服薬管理・健康管理が難しくなっている。また、全体に施設などの社会資源を利用する人は少なく、①集団になじめず本人が利用を望まない、②生活の場を広げすぎると混乱してしまう、ことがあげられた。また、障害のある高齢者も多く、高齢者分科会との連携を必要としている。

3）子ども分科会

　子どもの生活課題として、ア）寿地区内の子どもの数は減少しているが、深刻な生活課題がある。イ）地区周辺の子どもには、外国籍の子どもが多く見られ、生活困窮予備軍でありながら、支援が受けられないことがある。ウ）ことぶき学童保育は、地区内の子どものみならず、地域の重要な役割を果たしている。エ）通常の母子保健での解決ができない場合が多い。地域からは、ア）ことぶき学童保育の存続と行政の支援の必要性、イ）長期に渡って子どもの成長を見守る地域活動への支援が必要、との課題があげられた。

4）女性分科会

　ア）地区内で暮らしている女性達は相互の交流が少なく、地域との関わりが希薄になっている人が多い。イ）地域でできることは限られているが、行政と連携しながら何らかの支援策に取り組む。

5）感染症・健康づくり分科会

　ア）結核検診については多数の対象者がいるが、受診者が減少傾向で固定化している。イ）結核検診後、要医療となった人の中で、追跡困難な人がいる。ウ）情報管理の方法を整理し、共有化する必要がある。エ）

生活習慣病に対する理解が浸透しない。オ）生活習慣病予防講座は、食生活等に問題があっても事後のフォローができなかった。

6）環境対策分科会

　　ア）ほかの地域に比べ、公道上に粗大ゴミや産業廃棄物、放置車両が平然と捨てられ、高齢者・障害者の歩行や緊急車両の通行の妨げになるなど、生活上の大きな障害になっている。イ）ゴミ回収後、再びゴミが捨てられないようにするためのプランターや柵を置くなどの検討が必要。ウ）地域の自治会や簡易宿泊所組合と協働して行っている消毒・ネズミ駆除の事業を継続的に実施していく必要がある。

〔梅田達也〕

（2）第1期の評価とことぶきゆめ会議の成立

第1期寿地区計画の策定

　寿プロジェクトの6回の議論を踏まえ、第1期の寿地区計画の中で、以下のような取り組みが策定された。

　A　**「高齢者がいろいろな福祉サービスをもっと受けられるようにしよう」**
　　福祉サービスや金銭管理が困難な高齢者を対象に支援を行う。デイサービスや訪問看護事業者の利用を促進するため、条件整備をすすめる。
　B　**「障がい者が安心してくらせるような支援をすすめよう」**
　　それぞれの障がいに合った支援や社会資源の在り方について、地域の関係団体と検討する。行政や関係者による支援に加えて簡易宿泊所の管理人やボランティアを含めた地域による支えあいを充実する。障がい者が健康に過ごせるよう、地域の医療機関や関係団体、区役所のネットワークづくりを進める。
　C　**「子どもが育つ環境を整えよう」**
　　福祉保健の制度を活用し、生活支援をする。学校や児童相談所、寿福祉プラザ相談室、ことぶき学童保育などと連携するシステムを作る。
　D　**「女性が暮らしやすいまちにしよう」**
　　行政の女性相談・支援の体制を強化する。地区内の女性が必要な保健サービスを受けられるようにする。
　E　**「結核と生活習慣病の予防を推進しよう」**

地域や関係機関で結核検診の受診や生活習慣病の相談を勧める。多くの病院・医院での検診が可能な体制を整備する。

F　「産廃ゴミや粗大ゴミの不法投棄を排除しよう」

地域と行政（横浜市、区役所、警察）が連携して不法投棄を防止する仕組みを作る。まちの美化対策を検討し、ゴミが捨てられにくい環境づくりに取り組む。

寿地区第 1 期地域福祉保健計画の評価

「寿プロジェクト」での検討後、行政主導で策定された寿地区第 1 期地域福祉保健計画は、2006 年度から 2010 年度までの 5 年間実施された。同時期に、様々な団体がそれぞれ活動した。ここでは、「寿地区第 I 期地域福祉保健計画　地域からの評価」（発行 寿地区地域福祉保健計画（第 II 期）地区委員　佐藤眞理子氏　2011 年 6 月）を参考に、この期間での寿地区での変化を振り返る。

高齢・障害分科会関連

（地域の変化と活動）

　　訪問介護・訪問看護・地区内デイサービスの増加。簡易宿泊所のバリアフリー化、車いす対応トイレの増加。NPO 寿クリーンセンターがオープンし障がい者が就労。アルク関連施設増加。ネットワーク連絡会で関係機関と出会う場が増加。寿町勤労者福祉協会診療所にデイケア「なごみの里」ができた。地区内の配食サービス事業者が増加。

（行政の役割）

　　寿地区障害者支援ネットワーク連絡会の設置。ことぶき便利帳の発行。中区あんしんセンター利用拡大を促進。

（総評）

　　地域内にある社会資源の活動を行政・地域が協働し支え、事業継続を図る。

子ども・女性分科会関連

（地域の変化と活動）

　　ことぶき青少年広場開設。ことぶき学童保育事業の継続。女性専用フロアが増加し、乳児を抱える世帯も生活。

（行政の役割）

寿地区児童連絡会への参加拡大。ことぶき青少年広場への補助金の交付。ことぶき学童保育指導員（寿地区主任児童委員）を講師とする中区職員対象講演会の実施。

（総評）

個別ケースの対応にあたり、行政・地域が協力しその都度対応にあたった。28年目を迎えることぶき学童保育と新しく開設したことぶき青少年広場を、行政・地域が協働して支援した。

感染症・健康分科会関連

（地域の変化と活動）

結核DOTSの実施機関（医療機関・薬局）が拡大。寿地区結核定期健診が開始。ハイリスク検診実施。健康に配慮した配食サービス増加。惣菜カードが作成され、地区内の商店に掲示。

（行政の役割）

結核DOTS事業の拡充。寿地区結核定期検診の開始。ハイリスク検診などによる検診機会の拡大。DR（デジタルレントゲン）車によるスピーディな検診実施。

（総評）

DOTS事業や健康づくりの取り組みなど地域状況に合わせた施策が展開された。今後も地区内で活動する簡易宿泊所・医療機関・介護事業者などと連携した施策が期待される。

環境分科会関連

（地域の変化と活動）

「ことぶき花いっぱい運動サポーターの会」発足。5年前十数か所に及ぶ巨大不法投棄箇所が2か所に減少し、歩道が整備された。健仁外科前花壇設置。勤労協広場の焚火解消、集団飲酒が原因の喧嘩が減少。ラジオ体操、「小まつり」、防災パレード・演奏会の開催。ゴミ箱増え、自主的に掃除を行う住民が増え、ポイ捨てゴミ減少。不法投棄箇所にプランターの花が設置され、地域の変化が一目でわかる。区G30特別表彰受賞、サポーターの会交流会市長表彰受賞。「ことぶき花いっぱい運動サポーターの会ニュース」を発行し、季節ごとに花の植替え、手入れ。粗大ごみ回収、積込協力。歩道としての機能が回復し、車いすが通れる。

寿公園の改修が行われ、ことぶき保育園運動会が再開、ラジオ体操が行われる。定期的に粗大ゴミが回収される。

（行政の役割）

　　地域関係者との連絡・調整・相談。各行政機関との調整。不法投棄場所の花壇整備・歩道整備。粗大ゴミの定期的回収。地域イベントの参加協力。地域の活動に対する協力及び評価。ねずみ駆除の実施、害虫駆除への助成。放置車両対策の実施。

（総評）

　　環境分科会においては、地域・行政の課題が共通していた。行動を優先することで、課題解決のための取組が敏速にできた。地域と行政の「協働」事業として継続し大きな成果を上げることができた。

防災関連

（地域の変化と活動）

　　地域防災拠点運営委員会が結成され、防災訓練が行われた。防災マニュアルの作成、防災機能が強化された（寿公園改修工事）。防災パレード・演奏会を毎年実施。

（行政の役割）

　　拠点運営委員会の事務局を担い、地域内関係団体と連絡調整を行う。簡易宿泊所対象の防火講習を開催。防災備蓄物品の拡充。防災機能の強化（寿公園の拡充。拠点としての横浜総合高校の協力を得る）。

（総評）

　　不可能と思われていた地域防災拠点運営委員会が結成され、運営委員会は高い出席率を維持し、防災に対する意識を高めた。

第Ⅱ期計画策定とことぶきゆめ会議の開催

　　第Ⅰ期計画実施と評価の後、2011年度〜2015年度までの寿地区第Ⅱ期計画が策定された。計画を進めるにあたっての会議は、毎月1回開催し、名称を「ことぶきゆめ会議」とした。

　　目標・目指す姿は、①人と人との助け合いやつながり、活発な交流のあるまち、②病気に負けないで、誰もが健康にくらしていけるまち、③住む人、訪れた人が心安らぐまち、を目標とした。行動と工夫として「交流」「支援」「環境」の3分野で次のように取り組む、とした。

「交流」では、寿独自版「中なかいいね！ニュース」をつくり、発信する。社会資源ツアーを行い、自分たちの地区の強みを知る。ネットワーク連絡会を定期的に開催し、積極的に情報共有をする。福祉まつりやミニ運動会などのイベントを開催し、交流を進める。

　「支援」では、就労継続のため、基本的な生活習慣を身につける支援をする。金銭管理や健康管理を必要とする人への支援をする。アルコール依存症以外の自助グループも立ち上げを支援する。

　「環境」では、粗大ゴミの不法投棄防止の活動を継続する。地区内で出る家電製品の手分解を事業化する。

　会議の代表と司会は、地域委員が行ない、毎月第2週の水曜日10時から、寿生活館2階会議室で行うことになった。

[梅田達也]

(3) 第2期の評価と第3期・第4期計画

第2期ことぶきゆめ会議（2011年度〜2015年度）
　第1期（2006年度〜2010年度）の評価のもと、第2期の計画が立てられた。第2期から、ことぶきゆめ会議の代表・司会は、寿地区民生委員の佐藤眞理子氏となった。

　第2期は、キャッチフレーズ「ことぶきスマイルネット」とした。社会資源ツアーの実施、みんなの運動会、寿ふくし祭りの開催、様々な勉強会など、ことぶきゆめ会議の原型はこの時期に作られた。

（社会資源ツアー）

　寿町勤労者福祉協会、ことぶき学童保育、ヘルパーステーション寿、松影デイサービスセンター、ことぶき介護、高齢者ふれあいホーム「木楽な家」、簡易宿泊所、不老町地域ケアプラザ、寿でぃ、ボートピア横浜、市民の会寿アルク、自立支援施設はまかぜ、ことぶき共同診療所・デイケア、ろばの家、ことぶき福祉作業所、寿福祉プラザ相談室、支援調整担当、寿クリーンセンター

（勉強会）

　「ことぶきで暮らす『要介護5の人生について』」、「牧野中区長のお話」、「特別養護老人ホームでの『生活』について」、「バンクーバーダウンタウンイーストサイド地区の取組について（東京都立大学准教授　山本薫子さん）」、

「金銭管理支援について」、「成年後見制度について」、「薬物依存症について」、「生活困窮者支援制度について（中区福祉保健センター担当部長　巻口さん）」、「寿地区の成り立ちについて（寿福祉プラザ相談室関根さん）」

（イベントへの参加・共催）

みんなの運動会、寿ふくし祭り、クリスマス点灯式、ことぶき大豆まき大会、寿大賀詞交歓会、こいのぼり大会、ことぶき打ち水大作戦、寿地区防災パレード

第3期ことぶきゆめ会議（2016年度〜2020年度）

第3期は「寿に住んでいる、寿で育ったと、堂々と言えるまち」をキャッチフレーズとした。目標と具体的な取り組みとして、次のようなことをあげた。

①みんなの運動会や福祉まつりなどをきっかけとして、横のつながりや異世代交流の場が広げられるよう、中身を工夫しながら続けていこう。

②社会資源ツアーなどを通して、寿に携わる人たちがお互いのことを知り、また、外部の人に寿について知ってもらう手段のひとつとしても活用していこう。

③子どもを含め、寿の中で顔を合わせる人どうしが、日常的なつながりが持てるように、運動や外遊びを通して交流を進めよう。

④「マップを片手に気軽にどこでも血圧測定」を合言葉に、健康に対する意識が芽生えるきっかけづくりをし、何かあった時の相談先を知ってもらおう。

⑤寿に住む人たちが抱える病気や障がい等について理解がすすむよう、相談会や研修会などの取り組みをしていこう。

⑥寿地区で行われている「健康」に関する取り組みをみんなに広く知ってもらえるように、情報提供の工夫をしていこう。

第3期は、基本的なところは第2期計画を踏襲した形で行われた。しかしながら、2019年度後半から2020年度は、新型コロナウィルスの影響で、会議自体を中止することが多かった。

第4期ことぶきゆめ会議（2021年度〜2025年度）

第4期当初、新型コロナウィルスの影響下、大勢での会議を行うことが困

難となった。計画作成の段階から 2022 年度初旬までは中止がちではあったが、第 2 期・第 3 期を踏まえた第 4 期計画が作られた。

（第 4 期計画で 5 年後の目指す姿）
　「寿に住んでいる、寿で育ったと、堂々と言えるまち（寿はたがいに受け止めあい支えあう）」

（第 4 期計画の目標と取り組み）
①**「住んでいる人、住んでいた人、働く人、訪れる人などまちに関わる人が人とのつながりを感じられるまちにします。」**
　まちの中で気軽に人とつながることができる場所や取り組みを多様にすることで、ひとりひとりが居心地の良さや生きがいを感じられるようにします。つながりの場の運営者同士もネットワークを持ち、取り組み情報を共有します。寿地区に暮らす人のつながりを絶やさぬよう、久保山納骨堂や千秋の丘への慰霊を続けます。ゆめ会議等、寿地区に関わる子ども、高齢者、障害者、働く人の現状を共有し、支えあうまち作りを進めます。

②**「日常的な健康づくりを続けると共に、認知症等の病気になっても住みやすい地域づくりに取り組みます。」**
　第 3 期計画で作成した「コトブキンちゃんのてくてく健康マップ」の更新を検討していきます。認知症の理解と予防について啓発を進めると共に、認知症になっても暮らし続けられるまちになるよう、人とのつながり作りを中心に取組を考えていきます。

③**「寿地区に関わる人に地区のことや役立つ情報を伝えていきます。」**
　掲示板に寿地区での取り組みや健康のことなど役立つ情報を掲示します。病気や障害、防災等の寿地区に関わる人が知っていると良い情報を集め共有していきます。

（第 4 期計画のことぶきゆめ会議メンバーの所属一覧）
　寿地区自治会、寿地区民生委員児童委員協議会、寿地区社会福祉協議会、ことぶき学童保育、寿福祉センター保育所、ことぶき共同診療所、横浜市寿町健康福祉交流協会、寿町健康福祉交流協会健康コーディネート室、横浜市ことぶき協働スペース、中区社会福祉協議会、横浜市不老町地域ケアプラザ、中区基幹相談支援センター（中区障害者地域活動ホーム）、横浜市生活自立支援施設はまかぜ、寿でぃ、ことぶき福祉作業所、老人クラブ、ぷ

れいす、ろばの家、NPO 市民の会寿アルク、DARC ウィリングハウス、寿労働センター、小泉アトリエ、美術家、吉武都市総合研究所、東京都立大学、中区役所福祉保健センター、中区役所生活支援課、中区役所高齢・障害支援課高齢者支援担当、中土木事務所、横浜市健康福祉局生活福祉部、横浜市健康福祉局援護対策担当、寿福社プラザ相談室（横浜市健康福祉局寿地区対策担当）

［梅田達也］

第 7 章

寿町健康福祉交流センターとコロナパンデミック
（2017年〜2022年）

第1節

寿町総合労働福祉会館から
寿町健康福祉交流センターへ

（1）「日雇労働者の街」から
「セーフティーネットのまち・コトブキ」へ

　かつては「日本3大寄せ場」の一つと称せられた寿地区は、1991年のバブル崩壊を境に急激な変貌を遂げていく。横浜市寿福祉プラザ相談室（以下「寿福祉プラザ」）が発行する「令和4年度業務概要」は、「寿地区の変化」を次のように記載している。

【平成元年】労働者のまち	【令和3年】福祉ニーズの高いまち
・簡易宿泊所宿泊者 　6,151人	・簡易宿泊所宿泊者 　5,637人（▲8.4%）
・高齢化率 　7.5%	・高齢化率 　55.5%（7倍）
・生活保護受給者 　1,652人	・生活保護受給者 　5,339人（3倍）
・外国人居住者 　533人	・外国人居住者 　70人（1/7）
・中学生以下のこども 　78人	・中学生以下のこども 　10人未満（1/8）
・求職登録者数 　7,185人	・求職登録者数（H30年度） 　550人（1/13）

上記資料に筆者が一部項目を追加し作成（調査基準日：2021年11月1日）

　人口面では、最盛期は1万人近くがいたと言われているが、寄せ場機能の収縮・喪失に伴い長期的には減少傾向にあり、簡易宿泊所宿泊者数は2016年に6,000人を切っている。男性が95%を占める。また、町の人口の半数以上が65歳以上の高齢者であり、大多数の人が生活保護を受給している。外

国人は急激に減少し、地区内で生活する子どもは本当に少なくなった。居住者像から見た寿地区は「高齢・単身・男性の町」である。

　そのため、今、寿地区は「福祉ニーズの高いまち」と称されるようになった。その言葉は、寿地区の一つの側面を端的に言い表していることはデータからも確かである。しかし筆者は、その言葉は、今までの寿地区に対するマイナスイメージ（スティグマ）の延長の側面がぬぐいきれないことを残念に思うと同時に、寿地区の大切なもう一つの重要な側面を見落とすことになりはしないかと危惧する。そのことを少し述べておきたい。

　寿地区が寄せ場としての機能を発揮する一方で、そのまちで生きる労働者に対して一般社会の側が一線を画そうとする中、まちでは自治会設立をはじめとする様々な取り組みがあり、また寿日雇労働者組合、さなぎ達、寿支援者交流会など、彼らの生存権をめぐって支援や関わりを希求する活動も絶えることなく続いてきた。家族もなく、日々の肉体労働で消耗する日雇労働者の労働市場からの排出は本人の意向とは関係なく早々と訪れる。彼らにとって寿のまちが日々の「暮らしの場」へと変わってゆく。そこにまちの変化のもう一つの契機がある。一般の会社員が定年を契機に地域活動に参画していくように、住居が簡易宿泊所であっても、否、簡易宿泊所での一人暮らしであるだけに、「まち」は大切な場になっていくのである。このまちで、現在取り組まれている様々な活動については、各項でそれぞれの論者が述べている。

　簡易宿泊所の経営者たちも、建替えや改修を機に、利用者の高齢化に対応できるようエレベーターや洋式トイレを設置する等、早くからバリアフリー化を進めてきた。寿福祉プラザは 2019 年度調査から要介護認定者数の項目を加えた。それによると 2021 年 11 月 1 日現在、65 歳以上の簡易宿泊所宿泊者における要介護者は 973 人（31.1％）である。一方、横浜市の同年 4 月末日現在の 65 歳以上人口に占める要介護認定者率は 18.7％で、寿地区は 1.7 倍である。

　また、障害者については、1 〜 3 級の身体障害者手帳所持者は 270 人で簡易宿泊所宿泊者の 4.8％を占める。『第 4 期横浜市障害者プラン』（2021 年 3 月策定）に記載された横浜市の障害者手帳所持者（身体障害者・知的障害者・精神障害者）の人口比は 4.56％（2019 年 3 月末）であることから、一般の地域に比べ身体障害者の割合が高く、また障害程度の重い人が多いことが窺える。これは、長年の日雇労働や食生活の結果を反映したものであろう。

　寿福祉プラザの主要な業務の一つに「相談業務」がある。2021 年度の相談件数 3,871 件の相談対象者の属性では、「依存症・精神疾患罹患者」は 1,254

件（32.4％）、「身体障害者・知的障害者」は 326 件（8.4％）で 4 割を占める。ことぶき共同診療所長の鈴木伸さん（精神科医）は「寿町全体でもアルコール依存症の罹患率は横浜市内の 98 倍もの驚くべき高率となっている。意図したわけではないのだろうが、アルコール依存症患者を寿町に集中するようなシステムが形成されてしまっている」ことを指摘している。加えて、精神疾患の合併症の率が高い印象があることを述べている。知的障害や発達障害の人が多くいるであろうことも、かねてから指摘されている。

　これらは、寿地区のもう一つの側面を物語っている。それは「誰も排除されることのないまち」であるということだ。言い換えるなら、寿のまちは、まち自体がこの社会のセーフティーネットの役割を果たしているのである。福祉ニーズが高いのはそのためであり、それは当然の帰結なのだ。

　寄せ場労働者は、寄せ場労働者であるがゆえに「企業社員と家族＝一般市民」的な社会の価値観から排除されてきた。背景には、同質性に自己のアイデンティティーや安心を求める心性と不寛容が表裏となった日本社会の特質がある。津久井やまゆり園事件に象徴される優生思想に根ざした障害者に対する差別偏見、今もなお続くハンセン病元患者に対する差別、それらの根底にある経済的生産性や効率性だけで人の能力を測ろうとする一面的な価値観、国・行政自らが朝鮮学校への補助金を認めようとしない在日韓国・朝鮮人に対する差別意識、屋外生活者に対する偏見等、日本社会における人権意識の未熟さ、差別への無自覚さや寛容性の乏しさ等は、枚挙にいとまがない。

　寿のまちに対する社会の眼差しは、日本社会の人権意識自体のバロメーターとも言えるのではないだろうか。寿のまちは、そんな日本社会から排除されてきた人たちがたどり着く場所となってきた。社会との軋みのなかで痛みや苦しさを抱えてきた人たち特有の他者へのいたわりがこのまちの人々にはある。そしてまた、その人たちとの関わりを求めて、様々な活動が地域の中で生まれてきた。そこで耕されてきた深く豊かな土壌を思うとき、いつの日かこのまちが「社会的包摂のまち・ことぶき」「セーフティーネットのまち・コトブキ」として語られるようになることが筆者の願いである。　　　［村岡福藏］

参考文献――――――――――――――――――――
ことぶき共同診療所寿町関係資料室（2009）『寿町ドヤ街　第 5 号　寿町における医療――内科、精神科、エコー検査室、鍼灸、心理判定―』
横浜市健康福祉局寿地区対策担当（2022）『令和 4 年度　横浜市寿福祉プラザ相談室業務概要』

(2)「寿町健康福祉交流センター」とこれからのまちづくり

　寿福祉プラザ相談室長を最後に横浜市を定年退職し、引き続き（公財）寿町勤労者福祉協会（以下「勤労協」）管理課長として寿町総合労働福祉会館の取り壊し、仮設会館との間の二度にわたる引越し、そして新たに開館した「横浜市寿町健康福祉交流センター」における開館業務を中心で担った中路博喜さんは（公財）寿町勤労者福祉協会設立40周年記念誌『寿のまちとともに』の編集後記を次のように締めくくった。

　　最後に、42年間にわたり当協会に居場所を与えてくれ、苦楽を共にし歩んでくれた『寿町総合労働福祉会館』に、万感の思いを込めて呼びかけたいと思います。
　　『ありがとうございました』と。

　この言葉は中路さんはじめ勤労協職員の思いであったとともに、そこが働く仲間との出会いや生活の場であったまちの人々に共通の思いでもあったに違いない。

　寿町総合労働福祉会館は、このまちで暮らす労働者への福利厚生の提供、青空市場の解消及び住宅提供を目的に、労働省、雇用促進事業団、神奈川県、横浜市の四者共同事業として建設され、1974年10月開館した。福祉棟については勤労協が管理運営を行い、労働棟では横浜港労働職業安定所業務課及び（財）神奈川県労働福祉協会寿事務所が求人紹介を行った。両棟の4階以上には80戸の市営住宅が建設され、地区内の有子世帯が優先入居した。

　以来、寿地区のシンボルとしてまちの中心部に巨艦のごとくに屹立してきたが、開館後40年が経過し老朽化が進み、横浜市では2009年度から耐震化の検討を行ってきた結果、早急な補強が必要と診断された。しかし、多様な業務や居住を継続しながらの補強は困難であること及び、耐震ブレース等の設置は現状のスペースや機能に大きな制約を加える結果になることから、関係者との協議が重ねられた。

　その結果、2013年度に「高齢者をはじめ誰もが安全・安心に住み、お互いに支え合いながら交流しやすい開かれたまちづくりを緩やかに進めます」という再整備コンセプトが庁内プロジェクトにおいてまとめられ、建替えによる再整備を行うことになった。2013年10月、建替え等についての住民説

明会開催、11月のパブリックコメント実施を経て、2014年4月、横浜市は「寿町総合労働福祉会館再整備基本計画（以下「基本計画」）」を策定した。国・県・市の共同事業として建設した大規模施設を横浜市単独で建て替えるという決定は、市にとって大変大きな決断であっただろうと想像する。

「基本計画」は「寿地区および会館の課題」について、要旨次のように述べている。

> ア　著しい高齢化とともに、住民が能動的な生活を送ることが少なくなってきている。会館の再整備にあたっては、地域住民の医療・生活衛生及び憩いの場となっている会館の現状機能のうち、今後も必要となるものを継続するとともに、高齢者・障害者等にも配慮した環境を整える必要がある。
> イ　就労支援や健康づくり、介護予防支援等のサービスを提供していく機能が不可欠である一方で、住民がサービスの受け手となるだけでなく、自ら社会参加できる力を呼び戻し、又は生きる活力を生み出せる新たな支援の仕組みが必要。
> ウ　将来、来街者が増え、まちのイメージも変わっていくためには、地区外に発信していける新たな支援サービスを展開する拠点が必要。

そうした課題と取り組みの方向性を受けて、「基本計画」は先に紹介した再整備コンセプトを「寿地区のまちの方向性」として掲げた。「基本計画」で注目されるのは、事業を進めるにあたり、単にハコモノづくりにとどまらない、まちの様々なソフトパワーとの相乗作用の機能を併せ持つことを主要な柱の一つと位置づけたことである。それを受けて「将来的なまちの姿」については、次のようなイメージを掲げた。

> 1）住民が様々な活動に能動的に参加し、自立が促進されるまち
> 2）相互に生活を支える機能があるまち
> 3）地域住民、福祉保健活動団体、事業者のネットワークが育まれるまち
> 4）誰もが気軽に訪れ、人々が交流できるまち

ここからは、会館の再整備を機に、まちの人たちと共に新たなまちづくりを進めたいという行政の思いが読み取れる。

まちの側は、寿プラザ地区地域防災拠点運営委員会が行政との窓口となった。同運営委員会のもとに、地域医療、健康・保健予防、自立支援の3部会を立ち上げ、アンケートを実施するなどして意見集約に努めた。また、行政と連携した住民説明会や意見交換会を開催し、横浜市への要望書の提出など精力的な取り組みを行った。

　取り壊しを翌春に控えた2015年10月25日、勤労協主催によるまちの歴史と未来を繋ぐ記念イベントが開催された。会館娯楽室を会場とした記念式典に始まり、図書室では神奈川新聞社から提供されたアーカイブ写真などによる写真展や近隣地域作業所の自主製品の展示即売などが行われた。そして、松影町2丁目に仮設会館が建設され、2016年3月26日（土）・27日（日）に引越しが行われ、翌28日から業務を行なうという協会職員にとっては強行軍の移転作業であった。仮設会館は3階建てで以下の施設が入った。階段の壁にはまちの歴史を物語る懐かしい写真が掲示されていた。

3階	【娯楽室】【図書室】【寿町勤労者福祉協会事務室】
2階	【診療所】精神科デイケア「なごみの里」 【横浜職業安定所】事務室、受付、寄せ場
1階	【診療所】待合室、薬局、診療室（1〜3）、相談室、 　　　　　レントゲン室、事務室 【警備室】

　また、取り壊しに伴い、寿労働センター無料職業紹介所はかながわ労働プラザ1階に移転した。ここで、勤労協のこれまでの歩みに触れておかなければならないだろう。勤労協は、寿町総合労働福祉会館を管理運営する財団法人として神奈川県（45万円）・横浜市（55万円）の出資により1974年3月に設立された（2013年10月、公益財団法人に移行）。会館の管理・運営のほか、会館内に1979年7月に開設された診療所運営に加え、1981年2月には、寿生活館正常化に向けた寿地区住民懇談会・横浜市・横浜市従業員労働組合民生支部の基本合意を受け、横浜市から寿生活館3・4階の管理委託を受けた。

　その後、これらの事業を主要な柱としつつ、まちの変化と社会の様々な変遷の中で、寿地区と住民のニーズを中心に据えた事業を展開していく。

　仕事チャレンジアシスト事業（中区役所が勤労協に委託）等の就労・社会参

加推進事業を始め、地元の中区でサッカーチーム等を運営する Y.S.C.C.（横浜スポーツ・アンド・カルチャークラブ）と連携した健康体操などの各種啓発事業、寿地区障害者作業所等交流会などの地域福祉保健推進事業を通じて直接住民に関わるとともに、地域の社会資源とのネットワークづくりにも積極的に取り組んだ。

　2006年1月には広報紙「いぶき」の発行を始め、様々な事業・行事、そしてまちの情報を幅広く取り上げ発信した。それらは、現在の寿町健康福祉交流センターの各種事業につながっていくということができる。

　こうした中で、再整備後の会館の基本コンセプトは、以下のように定められた。

　1）ラウンジを中心とした地域交流スペースづくり（コミュニティゾーン）
　2）地域で活動する事業者や団体をつなぐスペースづくり
　　　（ネットワークゾーン）
　3）地域住民の健康を支えるスペースづくり（ヘルスライフゾーン）
　4）地域の活性化に寄与する世帯向けの住まい（80戸）

　2年間の建て替え工事を経て新築された「横浜市寿町健康福祉交流センター（以下「健康福祉交流センター」）」には、新たな管理運営の仕組みとして指定管理者制度が導入され、初代の指定管理者には横浜市健康福祉交流協会（2019年4月、勤労協から名称変更）が選定された。2019年6月1日、開所式及びオープニングイベントが行われ、午後には早速利用が開始された。

　健康福祉交流センターには、次のようなスペース・機能が備えられている。

2階	診療所／精神科デイケア施設（「なごみの里」）、健康コーディネート室一般公衆浴場（「翁湯」）、ことぶき協働スペース 【貸出施設】活動・交流スペース
1階	ラウンジ／図書コーナー 【貸出施設】多目的室、調理室、作業室

　市営住宅を含めた延床面積は7,694㎡、鉄筋コンクリート造9階建て、総事業費は39億円、構想を策定した2013年から再整備終了まで7年を要した大事業だった。

新しい施設の最も特徴的で、コンセプトを象徴している部分は「健康コーディネート室」と「ことぶき協働スペース（以下「協働スペース」）」であろう。

　高齢期を迎える多数の単身男性の健康維持・介護予防は待ったなしの課題であり、再整備における大きなテーマの一つであった。勤労協は、2018年4月1日、懸案であったまちの健康づくりをリードする新たなポストとして「健康づくり支援コーディネーター」を設けて、横浜市で長く保健師として勤務してきた小西祐子さんを迎え健康コーディネート室開設の準備を始めた。高齢者や障害者の生活状況を視野に入れながら、住民全体の生活課題にどう関われるのか模索を続けた。開放的な通路の2階に「健康コーディネート室」と「ことぶき協働スペース」が並んでいる。健康コーディネート室には、室長の小西さんを含め保健師2名、管理栄養士、社会福祉士が配置されている。入口には「こんなことやっています！」と書かれた大きな看板が置かれ、ドアは開放され気軽に出入りできる「まちの保健室」だ。日常の行動範囲が固定化されている人も多いため、寿生活館などに出向いて出張相談も行っている。一日に50人前後の人が訪れ、医者嫌いの人には受診に同行するなど、行政や関係機関と連携して支援している。また、様々な手法で健康講座を開催し、楽しみながらできる健康づくりの取り組みも進めている。開設3年目で、既にまちの人口の1割以上の人のフェイスシートを作成し、生活をサポートしている。

　もう一つの新しいコンセプトである協働スペースは横浜市が公募型プロポーザル方式により事業者を募集した。横浜市が事業者に求めた内容は以下の取り組みである。

1）寿地区のまちづくり・地域支援に必要な取組を創出すること
2）寿地区内外の団体等の連携と交流を推進すること
3）寿地区におけるボランティア活動を促進すること
4）寿地区の情報収集及び地区内外へ発信すること
5）寿地区の調査研究に支援を行うこと

　評価委員会は2019年1月23日に開催され、応募した2者の中で、中区内に拠点を置き実践型のまちづくりに取り組んできた特定非営利活動法人横浜コミュニティデザイン・ラボ（杉浦裕樹代表理事）が選定された。会館のオープンとともに開設された協働スペースで、何をどのように始めればいいのか―。

「既に『協働』の歩みが交差するこのまちで改めて『協働』を推進するには、先人の軌跡を紐解くことが不可欠である」（施設長徳永緑さん）という認識のもと、寿町で活動してきた様々な支援者を招く「ことぶき協働フォーラム2021」《寿に学ぶ寿から伝える～『異なる』ゆえに『事成る』共生のまち～》（2021年2月27日・3月5日）を開催する等、精力的な取り組みを続けている。また、まちの人たちが携わってきた仕事や足跡を聞き取り、その生きてきた証を冊子にするというオーラルヒストリーの貴重な作業も続けられている。徳永さんと、それぞれ個性的なスタッフが寿のまちの歩みに新たな扉を開くことを期待したい。

［村岡福藏］

参考文献 ————————————————

神奈川新聞　2015年10月24日
寿町勤労者福祉協会（2016）設立40周年記念誌『寿のまちとともに』
横浜市寿町健康福祉交流協会（2019・2021）『あゆみ』37・38号
横浜市寿町健康福祉交流協会　広報紙「いぶき」各号
横浜市ことぶき協働スペース（2021）『ことぶき協働フォーラム2021報告書《寿に学ぶ、寿から伝える～「異なる」ゆえに「事成る」共生のまち～》

（3）求人紹介機関の現況と寿町スカイハイツ

　寿町総合労働福祉会館（以下「旧会館」）には二つの職業紹介窓口が置かれていた。横浜公共職業安定所横浜港労働出張所業務課（以下「港職安業務課」）及び（財）神奈川県労働福祉協会寿町事務所（以下「県労協寿町事務所」）である。いずれも1974年10月7日から業務を行ってきた。

　港職安業務課では、日雇労働者への職業紹介とともに仕事にあぶれた労働者への日雇労働求職者給付金（失業手当）の支給を行った。旧会館の取り壊しに伴い、港職安業務課は仮設会館に移転、再整備終了とともに、横浜市寿町健康福祉交流センターに隣接して新たに「ハローワーク横浜港労働出張所業務課（寿庁舎）」が建設され、2019年3月25日より業務を開始した。直近5年の取扱状況は表1の通りである。

　また、県労協寿町事務所は、1973年12月、県の要請により神奈川県分庁舎で開設準備室が発足し、翌年8月、労働省より無料職業紹介所の許可を受け、大阪府の西成労働福祉センター（1962年10月開所）、東京都の山谷労働センター（1965年11月開所）に次ぐ3番目のセンターとして開設された。その後、

1982年1月「横浜日雇労働センター」、1989年4月「寿労働センター無料職業紹介所（以下「寿労働センター」）」と名称変更し、現在に至っている。

　寿労働センターは、旧会館の建替え工事に伴い、神奈川県の施設である「かながわ労働プラザ」（寿町1丁目）1階に移転し業務を行っている。直近3か年の業務の取扱状況は表2のとおりである。

　2022年度直近の求職者は1日あたり10人前後に対し、日雇求人は3人程度、逆に有期求人は1日7〜8件の求人があるが、求職者はごく少ないのが現状だ。求職者には70歳以上の人やネットカフェ利用者もいる。ちなみに、平成以降の日雇求人では1990年の年間63,287人がピークで、2021年はその1.1％である。この年、これまで午前6時15分から行っていた早朝の紹介業務を廃止し、前日紹介制に移行した。寄せ場の変遷も一つの区切りを迎えたということができる。

　現在は、技能講習事業やホームレスの人などを対象とする就業支援にも取り組んでいる。年末福祉金給付も引き続き行われている。2021年度の年末福祉金支給者数は507人、一人あたりの支給額は28,000円である。

　このような二つの求人紹介機関の現況から、日雇労働者を対象とした寄せ場としての機能は既に喪失していると言う他ない。一方で湯浅誠さんが指摘したように、新自由主義的な雇用政策が進められてきた結果、非正規労働者が3分の1超を占め、少なからぬ人にとって日本社会は仕事を失えば全て失う「すべり台社会」と化してしまった。そうした社会の中で寿のまちは、まち自体がある種の「セーフティネット」の役割を果たしてきた。港職安業務課や寿労働センターが再出発のための架け橋として、一人ひとりの求職者に寄り添って関わることが期待される。

　さて、旧会館建設時の福祉・労働・住宅という3本柱の一つとして整備された市営住宅（80戸）は、建替えの基本コンセプトにおいて「地域の活性化に寄与する世帯向けの住まい」として再整備事業の中に位置づけられた。

　「寿町スカイハイツ」と名付けられた新しい市営住宅は表3の通り整備された。

　旧住宅は全て2Kの間取りだったが、再整備後は多様な世帯構成が考慮された。そして、旧住宅に居住していた27世帯が戻り、51戸について新規募集が行われた。その状況は表4の通りである。

　倍率の高さは「寿町スカイハイツ」での生活への期待の表れだろう。新しく移り住んできた人たちを迎え、寿は新たなまちづくりのスタート台に立っ

表1 横浜港労働出張所業務課　一般日雇労働者職業紹介状況

年　度	2017	2018	2019	2020	2021
新規求職申込件数	82	60	42	42	46
年度末求職登録者数	578	763	550	510	478
求人延数	5	8	14	8	17
就労延数	3	5	2	2	1
不就労延数	38,527	36,831	35,933	36,818	32,367
失業給付金受給者実人員（月平均）	599	575	559	522	490

表2 寿労働センター無料職業紹介所　職業紹介業務取扱状況

年　度		2019 年度	2020 年度	2021 年度
日雇	求人件数	474	219	427
	求人延数	603	252	727
	紹介就労延数	268	140	400
有期	求人件数	449	310	317
	求人延数	38,080	33,256	33,988
	紹介就労延数	1,270	540	651
常用	求人件数	363	364	432
	求人数	1,879	1,936	2,244
	紹介数	4	4	7
	就職数	2	3	3

表3 寿町スカイハイツ　住戸の型別戸数

市営住宅（3〜9階）	戸　数
1DK	20 戸
2DK	28 戸
3DK	32 戸
合　計	80 戸

表4 寿町スカイハイツ　新規募集の結果

区　分	募集個数	応募者数	倍　率
一般世帯向け（3DK）	18	175	9.7
子育て優遇（3DK）	5	60	12.0
単身者可（2DK）	12	272	22.7
単身者用（1DK）	16	244	15.3

た。「このまちに住んでよかった」と心から思えるまちにしていくことが求められている。　　　　　　　　　　　　　　　　　　　　　　　　　　［村岡福藏］

参考文献
寿労働センター無料職業紹介所（2000）『ことぶき 四半世紀の歩み―無料職業紹介事業・25周年記念誌―』
湯浅誠（2008）『反貧困―「すべり台社会」からの脱出』岩波書店
横浜市健康福祉局・中区・横浜市建築局（2014）「寿町総合労働福祉会館再整備基本計画」
寿町勤労者福祉協会（2016）設立40周年記念誌『寿のまちとともに』
横浜市健康福祉局（2019）「寿地区プロジェクト資料」
横浜公共職業安定所横浜港労働出張所（2022）「令和3年度業務概況」
神奈川県労働福祉協会　寿労働センター無料職業紹介所（2022）「令和3年度事業概要 ことぶき第48号」

（4）　コロナ・パンデミックと地域の取り組み

　2019年に発見された新型コロナウイルス〈COVID-19〉（以下「新型コロナ」）は文字通りまたたくまに全世界を席捲し、日本国内においても2020年早々から感染者が発生した。

　世界で感染が確認された人は、2022年8月初旬時点で5億8千万人、死亡者は640万人を超える。以前のSARS（重症急性呼吸器症候群コロナウイルス）やMERS（中東呼吸器症候群コロナウイルス）とは伝播性と病原性において明らかに異なると言われている（国立感染症研究所）。

　この新型コロナは、グローバリゼーションの地球規模での進展を可視化するとともに、ヨーロッパ諸都市のロックダウンに象徴されるように、世界の景色を一変させた。感染拡大を防ぐために交通や人の移動が遮断され、日常生活においても「ソーシャルディスタンス」が提唱された。新型コロナは、その後も、デルタ株、オミクロン株など、様々に変異しながらなお収束の兆しを見せることなく、人類を脅かし続けている。

　こうした中で、現代社会が抱える様々な課題が浮き彫りになってきた。もとよりそれらを整理する能力など筆者にはないが、本書の問題意識との関係で列挙するなら、次のようなことが挙げられよう。

　国際社会においては、先進国とアフリカ諸国等との間のワクチン格差の問題が顕在化したが、医療や健康の格差の問題は同時に一国の中の社会問題で

もある。なぜなら、「健康」はすぐれて「階層」の問題でもあるからである。健康に対する関心の度合いは所得や教育水準と相関関係にあることは、つとに指摘されるところだ。

　そして言うまでもなく「格差」は貧富の差にとどまらない。「貧困の連鎖」がそうであるように、複合的な要因によって世代間にも及んでいくものだ。「自助・共助・公助」といった論法や「自己責任」論で語ることは、厳然と存在する格差の現実を捨象し、それ自体きわめて政治的な言説である。

　感染拡大防止のための「緊急事態宣言」等に伴う経済活動や移動の制限は、そのまま非正規雇用労働者の失業に直結することとなった。とりわけ飲食業等への休業要請は女性の非正規雇用者に大きな影響を及ぼした。女性の自殺の増加の一因となっていることは想像に難くない。また、感染予防のためのソーシャルディスタンスの提唱は、障害者や介護を受けている人々に生命の維持に関わる事態を招来した。同様に、医療・介護従事者にも自分自身への感染リスクとの葛藤という二重の闘いの中で使命を果たすことが求められた。格差、非正規雇用、「関係」の距離――それらはいずれも、寿地区の住民に直結する事がらである。そしてこのまちで働く人々にとっても「一般」地区と比べ多くの困難を強いる状況となった。

　高齢化率55.5％、要介護認定者973人（いずれも2021年11月1日現在）、そして人口が密集し、かつ密閉性の高い簡易宿泊所の居室――そうした何重もの感染リスクを抱えた地域の中で、医療・介護・福祉従事者をはじめとする地域の人々がどのように立ち向かっていったのか。その一端を記しておきたい。

　感染が急拡大の様相を呈し、緊急事態宣言が発出された2020年4月、ことぶき共同診療所の鈴木伸院長の呼びかけで始められたのが「寿コロナ対策Zoom会議（以下「Zoom会議」）」である。どうすれば医療・介護者の感染を防ぐことができるか、また簡宿で生活する住民をサポートするにはどうすればよいか。そうした問題意識のもと、4月27日、第1回の会議が鈴木院長、同診療所・土屋洋子医師、梅田達也さん（ことぶき介護）、大平正己さん（簡易宿泊所「コムラード寿」）に加え、その後、事務局機能を担い多彩な活動を支えた協働スペーススタッフの参加のもとに開催され、当面は毎週開催することが決められた。

　Zoom会議はゆるやかなプラットフォーム方式で、地区内の介護事業者、障害福祉事業者の他、関係機関も随時参加し、毎回様々な情報が共有されるとともに、実践的な取り組みも生まれた。その一つが「寿DIYの会」である。（公

財）横浜市寿町健康福祉交流協会が以前からネットワークづくりに取り組んでいた障害福祉事業所による防護服製作が始められた。最初はことぶき共同診療所が資材を提供したが、その後、積水フィルムからの素材寄付、クラウドファンディング、（公財）風に立つライオン基金による買い上げ等により、拠点施設のみならず地区内に配布するまでに至った。

　また、並行して簡易宿泊所・介護事業者へのアンケートが行われた。簡易宿泊所に対しては依頼数99件に対し回答数87件（87.9％）、介護事業者は依頼数26件に対し回答数25件（96.2％）と、いずれも高い回答率であった。問題の切実性もさることながら、アンケート実施者との間に一定の信頼関係があることを伺うことができる。

　簡易宿泊所管理者からは、「毎日、感染の不安を感じている」（31件）中で、「入居者へのマスク使用喚起」（46件）、「館内共用部の消毒」（40件）等の対策に取り組んでいることがわかった。毎週、館内放送で感染対策を呼びかけているというところもあった。また、中には「（生活困窮者の再出発など）寿地区が、一般的な生活が送れなくなってしまった人たちにとっての『クモの糸』のように、地区全体が機能するようになってくれることが理想」と記された回答もあった。

　介護事業者のスタッフ、とりわけ訪問系のサービスに従事する人たちの苦労は並大抵のものではなかっただろう。「事業を縮小した（時間短縮・一部休止）」と回答したところが6件あるが、撤退したところはない。「当初の恐怖感から相互にカバーし合う連携へと向かった」「スタッフが自身の感染への不安を抱えながらもモチベーションを保ちどんな場面でも対応できるよう準備工夫した」というヒアリングにおける答えから、強い職業倫理のもと、互いに励まし合って従事する姿が浮かび上がってくる。こうした従事者を支え牽引してきたのがことぶき共同診療所だ。「地域連携におけることぶき共同診療所の役割が本当に大きいのを感じ、ありがたかった。気軽に相談できる分、大変な思いをしておられる面もあると思うが、それを感じさせないことがすごい」という言葉が、その果たした役割と存在の大きさを物語っている。故田中俊夫さんの思いが受け継がれているのだ。

　Zoom会議は2022年7月現在も60回を超えて続いている。第7波による感染者の急増で新たなピークを迎え自宅療養者が増える中、携帯電話を持たない感染者のフォローをどうするかなど、一般的な行政対応では抜け落ちてしまうこのまちの人々の課題についての取り組みが続けられている。また、

介護事業者へのヒアリングでは「住人を孤立させない」「住民が求めているふれあいの場を日常の中でどうつくるか」等、孤独死を防ぐ地域連携の仕組みを考えたいという意見も複数寄せられている。会議の事務局機能を担ってきた協働スペース施設長の徳永緑さんは「Zoom 会議の輪は、地区内各機関の実践的な連携と併せ、マスクや消毒剤の寄贈等を通して地区内外をつなぐものとなった。民による自主的な協働の取り組みが行政との継続的な協力関係へと広がった」と語る。

未知のウイルスの襲来という未曾有の事態の中、加えて様々な困難な条件が重なる地域において、大規模なクラスターを発生させることなくこれまで乗り切ってきた背景には、他者を支えることへの強い使命感に裏打ちされた人たちの連帯があった。

コロナ・パンデミックは世界を一変させることで、社会が抱える様々なひずみをあらわにした。言い換えるなら、どのような社会を希求するかという命題を私たちに与えた。

現在、寿地区で暮らす人びとの多くは、かつて日雇労働者として、日本社会の発展の陰でそのインフラストラクチャーを支えながら、正当な評価を与えられてこなかった人たちである。その痛みを知っているが故に、寄り添い支えようとする人たちがいる。その根底にあるのは、一人ひとりの人格・尊厳と向き合おうという姿勢である。

新型コロナは、科学技術がどんなに発達しても、人間はあくまで自然界の一部に過ぎない存在であることを認識させる機会ともなった。そしてまた、人間は誰であれ、たった一人で生を全うすることは不可能である。生老病死の様々な局面において、他者によるケアを不可欠とする存在だ。

寿のまちで、上述のような支援者による取り組みが粘り強く続けられていることは、決して偶然ではない。ケアは誰にとっても必要な営みであり、関係性である。脳性マヒ者で医師の熊谷晋一郎さんが指摘するように、必要性は生産性に優る。なぜなら、ケアのニーズは絶対的なものだからである。生産性や効率性を至上の価値観とする資本主義では評価できないものが人間存在の基盤を支えている。「エッセンシャル（必要不可欠な）・ワーク」と言われる所以の本質はそこにある。

個人の尊厳に根差した人権観念が未成熟で、他者と同じであることにアイデンティティーを求めがちな日本社会にあって、寿のまちは偏見の眼差しを向けられてきた。日本社会の不寛容さを逆照射する存在としてこのまちはあ

る。そしてそのまちにおいて、他にはないような住民の命と尊厳を守る取り組みが続けられている。日本社会の価値観を反転させる契機が寿のまちにはある。　　　　　　　　　　　　　　　　　　　　　　　　　　[村岡福藏]

参考文献───────────────

刈谷あゆみ編著（2006）『不埒な希望─ホームレス／寄せ場をめぐる社会学』松籟社
雨宮処凛対談集（2019）『この国の不寛容の果てに─相模原事件と私たちの時代─』大月書店
岡野八代（2022）「いのちのケアを大切にする、新しい民主主義の社会をめざして」「月間きょうされん TOMO」No.504
横浜市健康福祉局寿地区対策担当（2022）「令和4年度　横浜市寿福祉プラザ相談室業務概要」

私の拙いすべての論考を学生時代に「自主ゼミ」で薫陶の機会を得、「日本寄せ場学会」に拠った故松沢哲成さんに捧げます。

第2節
コロナ禍で命を守る、地域活動のプラットフォーム

（1）寿コロナ対策 Zoom 会議の発足

　新型コロナウイルスは、人々の命と暮らしを脅かす波の如く押し寄せた。感染予防には、人と人との距離を遠ざけ、空間を分け、接触を遮断することが求められた。簡易宿泊所が建ち並び、単身高齢の住民が多数を占める寿地区では、「感染拡大から地域を守らねばならない」強い危機感と使命感が、第1波の当初より共有された。国内で最初の緊急事態宣言が出された直後（2020年4月）から、地域の医療者、介護事業者、簡易宿泊所の管理者等が Zoom を活用して情報共有の会議を定期開催し、連携の力で地域を守る取り組みがスタートした。

　異なる立場や専門を超えたこのチームの名称は「寿コロナ対策 Zoom 会議」（以下「Zoom 会議」）。第1節で記されたように、地域で一緒に考えできることを実践した2年と10カ月の活動は、主体も内容も多岐にわたる。医療者や介護スタッフに不可欠な防護ガウンの製作、住民の意識啓発にもつながるまちの消毒活動は、Zoom 会議から生まれた「寿 DIY の会」により地域の福祉作業所との連携につながり、住民参加のプログラムとなった。また、自室療養者への携帯電話貸与や食事支援の仕組みづくりは、行政との連携とともに、地元商店の協力で成り立った。日々の感染対策はまず一人一人の心がけからと、マスク着用喚起のポスターを多くの人のメッセージをもとに制作したり、手洗いソープや消毒剤を簡易宿泊所に戸別配布したり。人と機関をつなぐ様々な協力や官民協働の試みが継続されてきたのである。

　本稿では、地域連携の活動基盤として重視した現場の声、Zoom 会議が行ったアンケート及びヒアリングに寄せられた意見の詳述をとおして、コロナ禍で浮かび上がった現実の課題を整理し、地域活動のこれからを展望する。

［徳永　緑］

【寿コロナ対策 Zoom 会議とは】

　ことぶき共同診療所院長の鈴木伸さんの呼びかけに、介護事業所や福祉作業所など地域の各機関が賛同し、2020 年 4 月に第 1 回の Zoom による会議を開催。新型コロナウイルスへの社会全体の危機が高まる状況下、寿地区内で危機を回避するためにできることをみんなで考えようと立ち上がった。感染防止のための「ソーシャルディスタンス」「三密回避」「新しい生活様式」などに表される自粛や行動変容が求められるなか、鈴木医師が初期に診療所 2 階の部屋で開いていた介護関係者との勉強会から、オンライン会議スタイルに移行。2022 年 12 月末現在で 68 回を数える。隔週の月曜日 20 時から Zoom 画面に 15 〜 20 名が顔を揃え、感染事例とその課題、力を合わせてできることを話し合う（議事録の共有や日常の情報交換に参加する LINE 登録者は 70 名）。行政情報の確認が不可欠な感染対策において、行政職員の積極的な参加と情報提供が会議運営の定着したスタイルとなり、また、寿町健康福祉交流センター診療所や健康コーディネート室、不老町地域ケアプラザとの情報共有も毎回欠かせない。進行は NPO 法人ことぶき介護の管理者、梅田達也さんが参加者の肩の荷をほぐすように和やかに務める。会議の記録やアンケート・ヒアリングの実施と報告、支援物資の配布などの事務は、ことぶき協働スペースが担っている。

（2）第 1 波で共有された課題意識

　2020 年 5 月、Zoom 会議は最初のアンケートを実施した。対象は、簡易宿泊所の管理者と介護事業所。簡易宿泊所への戸別訪問で 99 件の管理者に面会し回答 87 件（回答率約 88％）を、介護事業所は 26 箇所に訪問し 25 件の回答（回答率約 96％）を得た。高い回答率の背景には、広がる感染症への危機感だけでなく、住民の命や健康に寄り添ってきた医療や介護を担う人々への信頼関係の強さがうかがえた。このアンケートは、世の中がコロナ対応に揺れ始めたなかで、現状のニーズとともに感染対応が長期化した場合の不安について地域全体で考える機会となった。

　第 1 波の渦中、簡易宿泊所や介護事業所の現場で必要とされたもの、その課題意識を、アンケート集計結果の解析から抜粋する。

《簡易宿泊所アンケート集計報告から抜粋》

◆実施している感染防止対策

　最も多くの回答は、「入居者へのマスク使用の注意喚起」で回答数の半数を超える 46 件（56.1％）、次に「館内共有部の消毒」が 40 件（48.8％）、その中でも「毎日消毒している」との回答が 21 件（25.6％）で全体の 4 分の 1 を占めた。簡易宿泊所の管理者が入居者に対し感染防止の注意喚起や共用部の消毒に努めており、消毒剤の入手に困っている実情も示された。

◆感染の不安に対応するために必要なこと

　「住人一人一人の感染防止の意識」が 50 件（57.5％）と最多。「地域全体の感染防止の取組」が約 3 割の 27 件（31.0％）あり、住人の意識啓発に向けた対応への期待があると思われる。一人一人の意識の大切さとともに、その啓発につながる地域の取り組みへの関心が示された。また、「行政の支援」「備品の整備」など感染防止の環境整備を求める声もそれぞれ 3 割近く、両回答を合計すると 49 件となり全回答の半数を超えた。

《介護現場の状況アンケート集計報告から抜粋》

◆感染拡大の影響で困っていること

　感染防止に不可欠なアルコール消毒剤が不足し、調達に苦労していること、感染リスクの最前線で業務にあたるスタッフの精神的なストレスが増していることが現場の声として浮かび上がった。また、感染情報を事業者間で共有する仕組みが感染防止や連携に有効との意見も提案された。

◆長期化した場合に求める支援

　三密が避けられない介護現場の必需品であるマスクと消毒剤等を確保すること、ウイルスに関する情報提供を求める声が多く寄せられた。要介護の高齢者が多数の寿地区においては、感染防止のための迅速的確な対応が不可避との認識が高い。感染が発生した場合、緊急対応をどう進めるのか、その受け皿を設けておくことに加え、検査体制の整備を求める声が寄せられた。

感染対策の基本とされた、マスク着用や手指消毒など個人の意識啓発と必要備品の調達、情報提供や地域の取り組みに対する声が多く寄せられる一方で、介護の現場ではより緊迫感をもって利用者に応対していたことがうかがえる。介護スタッフ自身が感染防止に留意し、人手不足やサービスの停滞につながらないよう努め、その過程で心身の負担が増していたことも分かった。

［徳永　緑］

（3）長期化した感染拡大防止対応とそれぞれの現場の声

第1波が収まったのも束の間、第2波が真夏の2020年7〜8月、第3波は年をまたいで11月〜翌2021年3月、2度目の春に第4波が3〜6月、間髪入れずに第5波7〜9月と連続し、2022年の年頭すぐの第6波では、感染力の高いオミクロン株が3月にかけて蔓延した。Zoom会議では各波でのウイルス情報や対応課題を共有しながら、参加者の提案やネットワーク力を感染対策に生かし、地域に還元してきた。簡易宿泊所管理者が発案した「感染時対応チャート図」の配布。介護崩壊回避を社会的な喫緊の課題として動いた公益財団法人「風に立つライオン基金」の医療チームによる「感染対策講習会」の開催。そして、地区内外の企業等から寄贈されたマスクや消毒剤を定期的に届けたり、個人の感染対策を喚起するポスターを制作・掲示したり、自室療養者に行政支援の食事が届くまで弁当配達の仕組みをつくるなど、地域の多様な機関との協働により地域のニーズに対応してきた。

そして、第6波の急速な拡大のなか、第7波に備えることの大切さを共有する。特に訪問介護の現場を支えてきた人々の思いや実体験に学んでおくことが今後の対策にも肝要だとの医療者の提案を受けて、2022年5〜6月にかけて介護事業所を対象にアンケートとヒアリングを実施した。介護現場での対応の苦心点、連携の成果や課題を振り返り、第7波に活かせることを整理しておきたいと考えたのである。アンケートでは感染した利用者の対応事例と今後に向けた地域連携や支援体制への提言を、より具体的な意見をヒアリングで伺った。感染が拡大しないよう一人一人に向き合ってきた介護スタッフの視点から、刻一刻の各現場での対応、連携により助けられたこと、また今後に生かせる地域資源の活用について、貴重な声を聞くことができた。

Zoom会議では、28の介護事業所からのアンケート回答及び12事業所へのヒアリング結果を現状と課題別に抽出し整理した。

訪問介護の現場・簡易宿泊所で起きていること

　簡易宿泊所に暮らす人がコロナに感染し自室で療養している場合、また、建物の構造や空間の特性も含めて感染拡大リスクに最大限の考慮を払う場合に、訪問した介護スタッフには、適切な対応判断が求められる。以下は、アンケートやヒアリングで寄せられた事例である。

　「サービス提供時にコミュニケーションができない、マスクをつけないなど、感染防止への無理解や危機意識の薄さに対応し大きなエネルギーを要した」「特に認知症の人は気軽に出歩き、換気のために窓を開けても閉めてしまうなどの傾向がみられた」「転倒で1週間かかり切りになった人からヘルパーに感染した事例では、本人の告知がなくても検査をリードする必要があった」

　また、自室療養において、保健所への健康観察報告をサポートする場合、連絡がとりづらい人への対応に苦慮していた。

　「携帯電話を持っていない人が多いため、連絡の手立てに困るケースがあった」「携帯電話を持っている人でも、発信はできても受信ができない、着信履歴を見てかけ直すなど緊急時に助けを求める操作ができない事例があった」

　こうした状況に対応して、Zoom会議や中区福祉保健センターでは、電話を持っていない人への貸与システムを設け、貸し出しの際に使い方のレクチャーを含めたサポートを行ったが、問題は別のところにあることも指摘された。コミュニケーションが取りづらくても、訪問介護を受けている住人は外部の人との対話の機会を定期的にとることができるが、なかには誰の訪問も受けない人もいる。日常的に孤立しがちな人へのサポートを誰が担うのか、重たい課題が提起された。

　「要介護と思われる人でも人の世話になりたくない人もいる。訪問する人もなくワーカーとの接点もない人が、次第に認知症が進む現実がある。その人に誰が対応するかが問題である」

簡易宿泊所に暮らす人の数は現在約5,800人。横浜市の直近の調査により高齢化率55.5％の寿地区で、要介護や認知症の困難を抱える単身の簡宿住まいの方をコロナから守るには、介護スタッフだけでなく関係機関の見守りが必要であり、それはコロナ禍前から大切にされてきたこの地域の連携力の具現でもある。ヒアリングでは、関係機関別に、介護の現場対応で気づいた連携の有難さや重さが語られた。簡易宿泊所を管理・運営する人々の協力、医療機関の尽力、行政の支援、どの主体との連携も重要であることを再認識させられたという声である。

簡易宿泊所の管理者に助けられたこと

「感染防止のため空き部屋を隔離部屋として設け、マイクをとおして呼びかけができる仕組みがつくられた」「簡易宿泊所でのワクチン接種会場の手配やポータブルトイレの手配など、簡易宿泊所の運営を超えた地域全体をカバーする存在に救われた」「介護スタッフが感染の媒介者にならない工夫において、簡宿管理者との連携が支えになった。必要な物資の預りなどでコントロールしてもらえて助かった」「感染防止のためエレベーターでなく階段を使うように説明や配慮を示した簡易宿泊所もあった」「介護スタッフの感染リスクが高い中で、管理者の情報提供やワクチン接種手配に支えられ、簡易宿泊所との連携の重要性を痛感した」

簡易宿泊所の管理者は、住人と最も近い関係者の一人である。一方で、管理の方針や状況によっては、日々のコミュニケーションや見守りができるとも限らない。訪問する介護スタッフへの対応も簡易宿泊所により異なるが、一層の連携に向けた意見も寄せられた。

「介護スタッフに任せきりなところと、先に動いてくれる管理者もある。対応に温度差はあっても『最低限ここだけはやります』の共通認識と連携は大事である」「管理者が、住人を一人の宿泊者とみるか、一人の生活者とみるかで、情報が得られにくい人や介護とつながっていない人が取り残されない仕組みにつながる」

こうした対応に違いが生じるなかで、コロナ感染拡大に強い危機感をもって特段の工夫を講じた簡易宿泊所の声を聞いてみた。

「住人を孤立させない、住民の住居である簡易宿泊所を含めた地域連携が感染防止や孤独死を防ぐことにつながる思いで対応した」「まん延時は全館消毒を1日に3回行った。また、車椅子利用の人への対応を工夫した」「住人の生活や利便性のためにできること、ポータブルトイレやビニールカバーを工夫して作ったり入手したりした」「感染経路の特定が難しいなか、簡易宿泊所でワクチン接種を実施し、相談機関があることが大事だった」「感染者の入院可否は医療機関の指示によるが、介護サービスや行政を含めどこと継続して連携するのか、情報伝達の仕組み整備、施設内で感染者が出た場合の告知のタイミングについて考えさせられた」

　介護スタッフや簡易宿泊所の管理者が、目前の住人の命にも関わる対応を迫られる時、その現場を救命につなぐのは、行政（保健所）であり、医療者である。ヒアリングでは、行政や病院との連携の実際についても語られた。

感染の不安の渦中で（保健所・病院への連絡状況の実際）
　「保健所になかなか電話がつながらず入院先が決まらないことがあった」「喘息等の既往症がある方で民間の救急車を依頼したが、夜まで長時間待っていただくことになった」「基礎疾患があり入院を手配したくても空きがなく、行政の判断が出ない場合に緊急に対応できない不安を感じた」「行政の取り扱い件数を考えると待たされるのは仕方がないとはいえ、連絡待ちの間動けない状況や、目の前で状態が落ちていく状況があり、相当にモヤモヤやハラハラがあった」「電話対応のみの保健所対応では、自己管理が困難な方の健康観察は見過ごしのリスクが大きくなると感じた」「電話を貸し出し保健所と並行して架電健康観察を行った人で、当人が充電できずに連絡不通となり、危機介入が遅れた事例があった」

　「危機介入の遅れ」は、住人の命の危機にも直結する。それゆえに行政も病院も対応が逼迫するなか、誰もが懸命に一人一人の命を守ることに全力を注いできたのだ。それでも、簡易宿泊所の居室で療養することには危機がついてまわることを、あらためて相互に認識し合う重要性が浮かび上がった。簡易宿泊所の空間、そこに一人で住まうことの状況理解が求められた、切実な声だと受け止めている。

「寿地区の事情への理解不足、その事情に対応できない役所の事情が対応の遅さに影響したと思う」「行政と連絡を取り合う中で、寿地区に住む人の環境やその人に足りていないものを把握していないと感じる場面があった」「寿の住民は携帯電話をもっていない人もおり緊急の確認がしにくいことを行政が把握することが必要」「時間帯により問合せ電話対応が自動音声になると匙をなげてしまうケースがあった」「保健所との連携において正確な情報伝達に時間がかかる。個人の人となりや背景を確認しづらい場面で個人の意志尊重では対応すべきことが見えにくい」

世の中が感染対策で混乱する中でも、粛々と必死に使命を尽くし続ける行政職員や医療者に、感謝の声も寄せられた。支援を遂行する行政担当者の、医療関係者の判断や対応の、いずれも献身的な使命感に支えられなければ、感染症対策が進まなかったことは、自明の事実である。

「保健所の対応は大変な時期もあったが、指示が的確になってきた。状況に対応した救急搬送の具体的な流れができてきた」「行政担当者間の情報共有が進み、どの人のケースか一から説明する必要がなくなり、円滑に仕事ができた」「横浜市からマスクなど感染防止の備品を定期的にいただき助かった」「共有しておきたいコロナ対策情報の提供を医療機関が担ってくれた」「ことぶき共同診療所の介護事業所への対応サポートに助けられた」「地域連携におけることぶき共同診療所の役割が本当に大きくありがたかった。気軽に相談できる分大変な思いをされていると思うが、それを感じさせないことがすごい」

簡易宿泊所の特性を理解し、コロナ禍においても訪問介護を続け、一人一人に寄り添い、時に重要な連絡や判断を迫られてきた介護スタッフは、どのようにその力を維持してきたのだろうか。ヒアリングで浮かび上がった課題と対応を、「介護事業所自体の運営課題」「現場の工夫や苦心の事例」「組織としての成長」の視点から分類して抜粋する。

コロナ禍対応で生じた介護事業所運営の課題と対応
「スタッフの休日の確保、スタッフがいない状態でのサービス提供など、

事業所の運営に響いた」「職員の家族に濃厚接触者が出た場合の人手の手配に苦労した」「当初の恐怖感から相互にカバーし合う連携へと向かった」「スタッフが感染不安を抱えながらモチベーションを保ち、どんな場面でも対応できるよう準備工夫した」「防護服の着脱についての情報共有など、自分達自身が感染の媒介者にならない意識の徹底を図った」「介護サービスは訪問して身体の状態や家庭の状況を確認するのが本質であるため、他の事業所と情報交換し現状把握に努めた。またスタッフ各自が防疫意識を高くもって対応を緩めない方針を続けた」「ワクチン接種の資料や情報伝達をとおして利用者に向けても感染防止対応への啓発を行った」

感染症拡大の危機で試行した現場の工夫と苦心

「トイレの多くが共同使用のためポータブルトイレの需要が急激に増え、感染拡大防止の必需品であると実感した。トイレ使用後の清掃は介護担当の仕事として大変な面があった」「防護用グローブは使いまわしができず、購入が負担になった。欠品で間に合わなくてもサービスの継続は必要で人手のやりくりと併せて大変だった」「訪問室内での介護サービス時に、ドアを開けて換気を保つ判断に迷った。ドアは閉めて窓を開けるという現場判断が統一的に共有されていなかった。※ドアを開放すると部屋の換気はできるが、館内や他の部屋への感染につながるため締めることが推奨された」「利用者がマスクをしない場合は、介護スタッフの眼を護るために防護用にメガネを使った」

コロナ禍対応で築かれた組織の成長

「情報共有を迅速に行えるようになり、その後の地震発災時の連絡の回り方が早くなった」「翌日のスケジュールでの活かし方など現場スタッフからの相談や意見があがるようになった」「コロナ対応をとおして、新たな防疫・衛生管理の意識啓発、情報キャッチ力や伝達力、外に目を向ける力や、一緒に考えて一人一人の問題として取り組む組織風土形成に役立った」

介護サービスの担い手が日々の困難に対応しつつ、連携機関と協調して住民の命と暮らしに寄り添ってきたことが、組織内のコミュニケーション力を高め事業所運営にも生かされる、協働の成果が語られた。コロナ禍という非常事態を共に乗り越えるには日常の連携こそが肝要であることを示唆する声

も寄せられた。

「Zoom会議」や「寿DIYの会」での情報共有が活動の支えに

「Zoom会議への参加で相談がしやすく情報が共有できる空気ができて助かった」「介護で住民と関わる際に医療者と日常的にコンタクトできたことが助けになった」「情報共有事項について、組織内部での対策に関わる意見交換が活発化した」「支援の体制や食事提供の仕組みなどをZoomをとおして知ることができ助かった」「医療者や介護事業者の感染拡大防止に必須であった防護服が『寿DIYの会』により『公益財団法人風に立つライオン基金』と連携して医療専門家の監修でつくられた。市販品より着脱等使いやすく、日常的・機能的に使えることが非常に助かった」

組織内の成長を支えたのは、地域に根差した、あるいは、地域を越えた主体間の連携である。情報を開き、それぞれの専門性と想像力を尊重し合う空気の醸成をとおして、助け助けられる、お互いの荷を分け合う関係性が築かれたのである。

［徳永　緑］

（4）連携の力を生かす地域活動のプラットフォーム

介護事業者へのアンケートとヒアリングでは、コロナ禍において日常的に大切にしてきた協働を振り返りながら、今後の連携への提案や意見も求めた。回答で示された連携のキーワードを「共通意識」「要援護者の連絡体制づくり」「仕組みの見直し」に分類する。

関係機関や人同士の共通意識を

「仕事だけで収めるのでなく、自分を守ること、みんなを守ること、を共通の意識とする地域の関わり方が大事である」「行政、ケースワーカーを含む関係各所の共通意識を整備することが求められる」「次の波に備えて、行政や医療機関との連絡調整の規定整備について意見交換したい」「しっかり現状を把握して、その情報を必要とする人たちが共有することを大事にしたい」「医療者、介護サービス提供者から広げて地域全体で共有する、運用や町としてのあり方が大事である」

要配慮者の背景を普段から知っておく体制づくりを

「医療者、特にかかりつけ医の健康観察により、普段から住民個人の背景を知っておく体制をつくる」「何が対応の正解か、担当者の『大丈夫』を鵜呑みにしてよいか、住民個人の見えづらい実態に気づける連絡体制が必要である」「ケースワーカーの肌感覚の差がある中で、最低限度の業務ラインを上げていく働きかけが必要。不安を Zoom 会議で出していく方法もある」「感染症の拡大予防や災害時の対応としてポータブルトイレの常備を地域全体で対応を考えておく必要がある」「住民の孤立化防止に向けた地域のつながり、情報交換のプラットフォームとして Zoom 会議のテーマ別分科会も運用できる」「災害発生時や緊急時に力を合わせていけるよう日頃から学び合う機会をつくり、連携していきたい」「気軽に相談できる敷居の低さを追求したい」「地域の人々の知恵をいただく横の連携の促進、ネットワークの構築に向けた意見交換やしかけづくりを進めたい」

既存の体制や仕組みの見直しを

「要介護の判断は行政とワーカー職であるが、その間を取り持つ簡易宿泊所管理者の感覚や意向がシンクロしないと介護提供の網から漏れてしまうことを懸念する」「簡易宿泊所入居者の個別の実態に乖離しない行政の判断をサポートするのは誰か。面倒見のいい簡易宿泊所管理者がサポートする場合とそうでない場合に違いがないようにできるのは誰か」「住民が求めるふれあいの場を日常にどうつくるか、孤独死をなくす地域連携の仕組みを考えていきたい」「感染症対応とともに防災・減災の地域連携にも住民と日々接している介護の担い手との連携が重要である」「事業者同士、簡易宿泊所の管理者同士の情報交換が必要、その仕組みづくりを関係者一同で考え、対応のノウハウを共有していきたい」「障害者支援の新しい方向性を事業化する。介護サービス利用者は若い人も増えている実感がある」

アンケートやヒアリングで寄せられた声に、この地域を支える人々の主体的な実践と地域連携の重要性が示された。連携の担い手同士が共通認識を持ち、地域の資源を生かし、さらに多様な主体間の連携を共に追求する。危機に直面しても、よりしなやかに対応できるまち、寿町の強さがここにある。

地域の危機は地域で守る。その担い手は、このまちに暮らす人、働く人、

活動する人一人一人である。Zoom 会議が多くの人と機関をつなぎ、連携を力にできたのは、参加の敷居の低さ、そして、お互いの存在への感謝や敬意が基盤にある。介護をとおして日々住人に寄り添い続ける現場の視点に学んだことを、益々必要とされる地域連携にどう生かしていけるのか、提案をどう具現化できるのか、これからも問いを共有し、知恵と力を出し合う場面は続く。

　2022 年も終わりが近づき、コロナの波が社会を覆い始めて 3 度目の冬を迎える。Zoom 会議では、寿に暮らす人々の活動の起点、個々の簡易宿泊所との連携の深め方を改めて模索している。簡易宿泊所でコロナ対応に悩んだり困った時に役立つ情報を掲載し、管理者から住人に伝えたいメッセージを自由に選べるポスターを制作。一律のポスターの一斉掲示ではなく、言葉も思いも多様な伝達から、互いを尊重し合う理解や配慮が広がる願いを込めた試みである。繰り返し押し寄せた波のなかで、その時、その場面でできることを共に考え実践してきた地域の協働は、これからも寿に暮す人とともにある。今できることを生み出す力を、信頼をつなぐプラットフォームが支えている。

　困難はウイルス感染だけではない、命と暮らしを脅かす波を避けられない現実が地球上の至るところにある。苦難があっても寿の人々が共に築いてきた連携の力を、地域を超えた社会全体で、未知の試練において、広く長く生かしていけますように。Zoom 会議を構成する仲間達の共通する思いである。

［徳永　緑］

終　章
いのち輝き、
子どもを産み育てられるまちへ

第1節

寿の現在を生きる女たち

その1　「シャロームの家」　原木初美

　原木初美さん（1951年生）は横浜中区石川町で生まれた。祖父は神奈川県医師会会長まで務めた開業医。中学・高校は横浜のミッションスクール雙葉学園、大学は白百合女子大。容姿にも恵まれ、70歳を超えたいま（2022年現在）も、肩にかかる明るい色のカーリーヘア、フリルたっぷりの白いブラウスがとても似合っている。生まれ育ちも見た目も「お嬢様」。彼女の住まいが「シャロームの家」でなければ、私が寿町つながりで出会うことなど、なかったかもしれない。

　しかし彼女には、外見の明るさ華やかさからは想像もつかないトラウマがあった。幼いころに両親が離婚し、父親は早世、母親は初美さんを実家に置いて再婚。とびきり美人の母だったが「子供を産まなきゃ良かった」という彼女の一言が、初美さんの心に根深いコンプレックスを植え付けた。人は生まれてくることで両親に幸せを与え、自分自身も無償の愛という宝物を受け取る。「望まれた自分」という記憶が、生きる上で人を強くする。だが初美さんを支配したのは「生まれてはいけなかった子」という自己否定だった。友人たちと笑いさざめいていても、心の空洞は埋まるどころかじわじわと深くなっていく。高校生になると、運命のように足が寿町へと向かっていた。

　じつはこの町にまったく縁がなかったわけではない。戦前の寿町は賑わいのある商業地区。初美さんの祖父はそこで開業していたのだが、戦争で空襲にあい、石川町へ移転した。終戦、米軍の占領を経て寿町が簡易宿泊所街に変貌すると、祖父はこの町の住人が適切な医療を受けられるよう、寿診療所の設立を手助けした。だから初美さんもこの地域に抵抗感はなかったのだろう。

　寿町にはバプテスト教会がある。ボランティアのサークルがあり、この町の子供たちに勉強を教えたり、一緒に新聞を創ったりしていた。いまは単身

高齢者がメインの町だが、当時は家族単位で暮らす人も少なくなかったのだ。

とはいえ家長の多くは、明日の保証もない日雇労務者。過酷な肉体労働の疲れもあって、酒や賭け事に走るケースがままある。あげく、子どもは放置される。学校へ行っていない子、無国籍の子が珍しくなかった。初美さんはそこに自分の存在意義を見つけた。この子たちの役にたてるかもしれない、と。

ところが寿の子どもたちは一筋縄ではいかない。乱暴に突っかかってきたり物を盗んだりと、容赦ない悪戯を仕掛けてくる。そうやってボランティアの本気度を試す。初美さんはその子たちをなんとか「上に引っ張り上げよう」と努力し、大学生になっても通い続けた。あげく挫折したのだが、同時に大きな気づきもあった。子どもではない。問題は親だ。子どもはその環境によって、自己否定という、初美さんと同じコンプレックスを余儀なくされていたのだ。

大学三年生の時、初美さんは学生運動の闘士と結婚し、二人の娘をもうけた。が、社会の矛盾と闘っていたはずの夫は、気が付けばエリートサラリーマンに転向。妻が寿町へ行くのもいやがった。娘がカトリック系の幼稚園に入ると、初美さんは母として山手のカトリック教会に通うようになる。そうするうちにも夫婦間のずれは増していき、ついに離婚。娘二人は初美さんが引き取った。

山手カトリック教会の主任司祭として原木哲夫さんが赴任してきたのは、そのような時期だった。近くにある寿町に、哲夫さんは神父として心惹かれる。ここでなにかをすべきではないだろうか、と。それを知った初美さんは、彼を寿町に案内し、自分の知っていること、感じていることを、堰を切ったように話した。まさに運命の出会いである。

哲夫さんは寿町に部屋を借り、「バイブルクラス」という勉強会を立ち上げた。初美さんはそれをボランティアとして手伝いながら、学生時代の挫折をあらためて思い起こしていた。あの頃は、わざわざ質素な服装をして行った。裕福であることを恥じていたから。それが間違っていたと、いまならわかる。お金があろうとなかろうと、あんたと私は同じ重いものを心に抱えている。だけどお互い、それをなかったことにすることなどできない。だったら、あるがままの自分にプライドを持ち、あるがままに幸せを求めようよ。その権利は誰にだってあるのだから。いまなら堂々とそう言える。

寿には精神障害、知的障害、発達障害など、自分ではどうにもならない問

題を抱えている人が多い。その人たちが働くことのできる作業場があれば、収入が入るだけではなく、横のつながりも生まれる。ちゃんと社会参加しているというプライドを持つこともできる。その分、子どもたちが抱えるリスクも減るはずだ。ホームレスならぬファミリーレスの連鎖を代々続けてはならない。加えてここは、働く場というだけではなく、何があっても帰ってこられる場にしたい。初美さんと哲夫さんがそういう思いに辿り着いた結果、1989年、福祉作業所「シャロームの家」が誕生した。

　作業所の仕事はボールペンの組立て、化粧箱の箱折など、いわゆる内職仕事的なもの。それでも障害の程度によっては、できない人もいる。だからといって賃金に差はつけない。できない人は練習する。できる人はできない人を助ける。それも人として尊い努力だから。哲夫さんはこの時、還俗して神父を辞め、初美さんと結婚した。公私ともに手を携えての出発である。

　需要は多く、第2，第3シャロームの家が、それぞれ1997年、2001年に、1999年、2000年にはグループホーム「アガペ」、「カリタス」が設立された。お墓も用意した。グループホームは、例えば精神病院を出ても引き取り手がないとか、障害のために独り暮らしができないといった人たちの受け皿だ。とはいえ、「普通」からはかなりかけ離れた人たちを、最後まで引き受けるのは、言うほど簡単なことではない。自分に重い障害があるのに、さらに重い障害を持つ相手を好きになり、5人も6人も子どもを産んでしまう人、精神や知能に加えて身体にも障害のある人、そういう人たちの子どももまた問題を抱えて育ち、時には警察沙汰まで引き起こす。家出して、行方知れずになってしまう人だっている。

　　「毎日が戦争状態だったりするけど、変わっていくのです、いろいろ。シャロームでもグループホームでも、ここの『家族』たちが運営をまかされていたり、職員として働いたりしています。誰かが自分を必要としてくれている、認めてくれている……そう思えるようになると、まずは、コンプレックスだらけだった自分を受け入れられるようになるのです。私がそうだったように。家出した人？　それが何年もたって突然帰ってくるの。もちろん嬉しいですよ。ここが家なんだから！」

と初美さん。お嬢様で育ったことももう隠さない。家に伝わる高価な食器が割れて悲しんでいると「そんな高い物を持ってるから失くしたとき辛いん

だよ」と、ユニークな『家族』が慰めてくれる。初美さんの娘が海外留学すると「勉強ができる人はたいへんだねえ。外国にまで行ってさあ。でもなんとかなるよ、きっと」と励ましてくれる。実際、ここにいる人たちは自分の過去や抱えている問題を隠そうとしない。底抜けに明るく語る。トラウマを抱えて生きるのもそう悪くはない。むしろ自分らしく生きる指針になるのではないか。初美さんのトラウマから始まり、哲夫さんの大きな支えで築かれたこの空間でくつろぎながら、私は私自身のトラウマやコンプレックスを、なんだか愛おしく思い始めていた。

その2　訪問看護師　ファング直子

　ファングという耳慣れない名字から、ひょっとして外国出身の方かな、と思っていたのだが、直子さん(1977年生)は鶴見区で生まれ育った生粋のハマっ子だった。夫がインド人。彼の親戚、友人も含めて周囲には外国人が多いこともあり、インターナショナルな感覚を身につけた女性だ。そういえば寿町も他国にルーツを持つ人が多い。もちろん日本人が一番多いのだが、他所へ行けば「異人種」扱いされそうな人がひしめいている。人間、誰しもその人なりの事情はあるが、この町にはことさら濃い事情、さらに重い病気も抱え、ひっそりと生き、ひっそりと亡くなっていくミステリアスな人が少なくない。ゆえに偏見も含めて「危ない町」扱いされることがままある。

　しかし直子さんは2008年に看護師資格を得て以来、早くからドヤ街と呼ばれるこの町に心惹かれていた。しかも一対一で相手と向かい合う、訪問看護師を目指していた。だがまずは医療現場で経験を積むことからと、川崎の公立病院に勤務。ある日、ポーラのクリニック院長、山中修氏を紹介した記事を目にして、彼が理事長を務めるNPO「さなぎ達」に興味を持った。「さなぎ達」はホームレス支援を軸にしており、クリニックはこの町の訪問診療を積極的に行っている。

　「さなぎ達」のサイトからリンクを辿り、ヨコハマホームケアサービスという訪問看護ステーションを見つけた。クリニックにいた看護師が、独立して立ち上げたものだという。これだ、と直感した直子さんはすぐさま寿町に赴き、その仕事を見学した上で病院を退職。こちらの看護ステーションに入職して、訪問看護師としてのスタートを切る。2009年のことだった。

「もうその頃は生活保護、高齢者の町になってはいましたけど、まだ女性のヘルパーや看護師を一人で行かせるのは危険、というのが常識でした。リスクのありそうなところへは二人一組。エレベーターのある簡宿は少なく、狭い部屋には車椅子も介護ベッドも入らない、という状況でしたね」

　2009 年と言えば横浜の Y150（開港 150 周年）があった年。市民参加イベントに関わっていた私は、その 2 年ほど前から忙しく、寿からしばし遠ざかっていたことなど思い出した。それから 2 年 9 カ月後、直子さんはもう一度、病院に戻ってやり直そうと考え、寿町を離れた。地元である鶴見区の急性期病院に移る。急性期とは、病状が現れる時期、病気のなり始めの時期をさす。診察、検査、処置、手術までを 24 時間体制で行い、急患や重症患者も受け付ける。こうした総合診療の場に看護師として身を置くことは、直子さんの看護師としての経験値をより高めたに違いない。
　そこからまた、横須賀に居を移すことになった。職場が遠くなったことで急性期病院を退社。久里浜の訪問看護ステーションに所属し、4 年間ここで働いた。そして 2016 年に磯子へ引っ越したのだが、なんとその時、ポーラのクリニックが訪問看護士を募集していることを知った。直子さんはバイクを操る。磯子区から中区へなら、これで行けば近い！というわけで 2017 年、ポーラ訪問看護ステーションに入職し、ついに寿町と本格的にかかわることになった。いまもバイク通勤である。
　ちなみにこの頃は、クリニックも看護ステーションも一準会という医療法人の傘下にあったのだが、2021 年にそこから独立。翌年、医療法人「てとて」が設立され、両者ともその所属となった。

　「以前と違って、エレベーターがあり、部屋は介護ベッドや車椅子が入れる広さ、バリアフリー、ナースコール付き、という介護ビルのような簡宿もできています。建物全体ではなく、一部、3 畳の部屋をぶち抜いて 6畳にして、介護部屋を設置している簡宿も何軒かありますね。まさに高齢者福祉の町になりつつあるのを感じました」

　介護保険制度の存在も大きい。要介護認定を受けた患者は、介護度によってさまざまなサービスを受けられる。自力で医療機関に通えなくなっても心配はいらない。ドクター、ケースワーカー、ケア・マネージャー、看護師、

ヘルパーがチームを組み、それぞれの受け持ち分野で患者に対応する。そこで重要なのは、チーム内の連絡をしっかり保つこと。女一人で簡宿に通える時代になったので、ドクターの診療時以外は単独でそれぞれが患者を訪問する。それぞれの役割の中で患者の様子を把握する。それを他のメンバーにきちんと伝え、全員が共用する。

　が、チームはいつも同じ顔ぶれとは限らない。ドクターの指示によって、そのつど入るチームも変わる。新しいメンバーと即、気心を通じなければならないのだが、そこで自分のやり方を押し付ける形になってはいけない。だから直子さんは常に「患者さんが」という主語で話を伝える。自分がこうやりたいから、ではなく、患者自身がどうしてほしいか、どうありたいか、その意思を尊重することがなにより大切。ドヤと呼ばれようが、自分が訪問するのは患者の自宅である。本人の自由を尊重し、少しでも快適に過ごせるように手助けしたい。

　とはいえ、この町の患者はなかなか手強い。依存症、精神疾患などのため、偏った生活をしてきた人もいる。寝たきりになると動けないので、酒や煙草、ギャンブルの依存とは縁が切れるのだが、その分、食事が唯一の楽しみになる。が、その食事もまた、偏った嗜好になっている。

　簡宿は共同キッチンなので、ヘルパーが患者の食事を作ることができない。病人用の特別食を配達してもらうことはできるのだが、塩分を制限した味が気に入らなくて拒否。そこで患者の希望するものを、ヘルパーがコンビニなどで買ってくることになる。味の濃い弁当やポテトチップ、から揚げなどのリクエストが多い。しかしこれらを食べ続けていると、当然、血圧が高くなったりおなかにガスが溜まったりする。

　　「でもねえ、患者さんは寝たきり。唯一の楽しみを奪ってよいものかと
　　……。ドクターやヘルパーさんと相談して、コンビニ食であっても野菜を
　　多くするとかヨーグルトを添えるとか工夫します。もっと極端に言えば、
　　どうしても食べたいものがあって、それを食べたせいでガスが溜まったと
　　したら浣腸すればいい。それより残りの人生をなんとか楽しんでもらいた
　　い、と」

確かに、あれも禁止、これも禁止では、体より先に心が萎えてしまうだろう。
　気を付けなければならないのが「心配り」と「過度な甘えの許容」を一緒

にしない事。なにしろ男性がほとんどの町。看護師やヘルパーが女性だと、寝たきりであっても油断はできない。お尻に手が伸びてきたりする。

　「そういう時は、きゃあきゃあ騒いだり笑いでごまかしたりは駄目。これはいけないことときっぱり言います」

　やさしさを求める孤独な人間と、人を助けるという使命を帯びた人間。そこにどちらかの、あるいは双方の「依存」が生まれると、決して良い結果にはならない。距離の取り方はほんとうに難しい。近づきすぎても開きすぎても、相手を傷つける結果になりかねない。
　私はこの町でいくつかのボランティアに参加させていただいた。でもその際、このことをしっかり考えて接していただろうか。どこかで自己満足に陥っていなかっただろうか。最後まで患者と並走するプロの言葉を、背筋が伸びる思いで噛みしめたことであった。

その3　帳場さん　高山清美

　帳場というのは普通、旅館や商店において受付や勘定をする場を言う。ホテルでいえばフロント。客にとって「帳場さん」はそこの「顔」だ。印象をよくしなければならないはずだが、この町に出入りし始めた頃、私は二度も、帳場で手厳しい対応を受けた。
　一度目はドヤ宿泊体験をしてみたくてツテを頼り、H荘という古い簡宿に泊った時。簡宿は基本的に長期滞在だ。主な客は男性。だから二泊三日などという女性客は本来ツテでもなければ断られる。一応、泊めてはもらえたものの、チェックイン時の、愛想などかけらもない対応にたじたじとなった。二度目は知り合いの住む簡宿を訪れ、帳場に取次ぎを頼んだ時。きっぱりと断られ、私の知り合いがここの住人であるかどうかさえ答えてくれなかった。その対応が決して意地悪などではなかったことを私が理解したのは、かなり後になってからである。
　この町の住人の多くは複雑な事情を抱えている。帳場はその入り口で、彼らを護っている。だから見抜くのだ。寿町初心者がルールもわきまえず、興味本位で中を覗きに来たことを。私の無神経な行動に、ちくりと釘の先を刺してくれたのだ。

大和荘と大和荘新館の帳場を預かる高山清美さん（1968年生）に会って、さらにそのことを納得した。言っておくが、清美さんは不愛想でもなく怖い人でもない。まさかこんなきれいで楚々とした人が簡宿で帳場を？と、驚いた。それは前記の出来事から年月を経たいまも、この町に対する固定観念がどこかに残っている証拠だろう。帳場を女性が務めている割合は、結構多いと清美さんに教えてもらった。オーナーが帳場を兼ねていることもあるが、多くは雇用だという。

　清美さんの場合は親族に簡宿のオーナーがいた。でもこの町は車で通る程度。歩いたこともなかった。社会に出てからの仕事は医療事務。だから十年前、帳場をやってほしいと親族に請われて受けたものの戸惑いだらけだった。偏見も恐れも持っていなかったが、個性的過ぎる居住者たちに、どう対峙してよいのかわからない。さいわい最初の2年余りは前任の女性と二人体制だった。が、その後も、自分らしいやり方を掴むまでには何年もかかったという。大和荘はこの町の老舗で8階建て66部屋。数年前にリニューアルした。その際、清美さんの女性らしいセンス、温かな人柄が充分、反映されたようだ。プランターや椅子が置かれた玄関先は、居心地の良いテラス。そこでくつろぐ住人が、清美さんの顔を見ると安心しきった笑顔になる。清美さんのほうが若くても「買い物から帰ってきたお母さん」を迎える子どものよう。それだけで彼女と住人の関係性がわかる。

　ロビー階にはジュース、コーヒーなどの飲料、煙草、牛乳の自動販売機が並ぶ。

　　「牛乳を置いてるのは、うちくらいかな。嗜好品だけじゃなくて、栄養
　　のあるものも体に入れて欲しいから」

と、清美さん。ロビー階にはコイン制の洗濯室、シャワールームもある。シャワー上がりの人も、銭湯でおじさんがやるように、「ぷは〜ッ」と満足げな息を吐きながら牛乳を飲み干すのだろう。

　どこもかしこも清潔で明るく、ドヤという言葉から連想しがちな汚れや臭いなどはまったくない。キッチン、トイレ（ウォシュレット）は各階にあって共同。しかし館の規模からいって、掃除がたいへんではないだろうか。

　　「前は私が全部やってたんです。でもある時から、居住者の一人が手伝っ

てくれるようになりました。彼が重い病に陥った時、私、一生懸命、世話
をしたのです。義務感からじゃなくて、家族か親戚みたいな気持ちに自然
となって……」

　その甲斐あって、彼は気力を繋ぎ、病を克服した。その感謝の気持ちを掃
除の手伝いで表した。さらに自分がリーダーになって掃除チームを立ち上げ、
いまでは館内の清掃をすべて担ってくれているという。

　　「とっても感謝してますよ。彼にもチームの人たちにも。彼らがいなかっ
　　たら、私は疲れ果て、仕事を続けられたかどうか……誰かの役にたつ、そ
　　して感謝の気持ちを分かち合う。人間同士の原点だと思ってます」

　個室はすべて三畳の板敷。エアコン、パイプベッド、テレビ、冷蔵庫、ワ
イファイ完備。布団、シーツ、枕カバーは自前で調達する他、リースもでき
る。また、パイプベッドより介護ベッドのほうがよければ、業者からレンタ
ルすることもできる。生活保護受給者は一泊 1,700 円＋光熱費 300 円。
　どこの簡宿もそうだが、高齢者、心身に障害のある人、依存症、認知症な
ど、問題を抱えた人たちが多い。生活保護の支給日に家賃を納めると、あと
のすべてをアルコールやギャンブルに使ってしまう人もいる。家賃は生活保
護が支給されたその日に簡宿へ納めるケースがほとんどなので、住むところ
までなくなるわけではない。が、日々の衣食に必要なお金がない。そこでケー
スワーカーや当人と合議の上、帳場が金銭管理をするケースも少なくない。

　　「でも新型コロナウイルス関連の給付金 10 万円が出た時はたいへんでし
　　た。生活保護とは別の自由なお金ですからね。ありがたい一方で、アルコー
　　ル依存症の治療がせっかくうまくいってたのに、一気に飲んじゃって逆戻
　　りしちゃった人も」

　この給付金を受け取る手続きのため、隠していた住所が借金取りにばれ、
また逃げなければならなくなった人、そうなることを恐れ、あえて貰わなかっ
た人など、悲喜こもごものドラマが起きていたようだ。
　清美さんにとって欠かせないのが住人の体調を見守ること。大和荘の帳場
にはパソコンのモニターが数台並んでいる。映っているのは玄関及び各階の

廊下に設置された防犯カメラの映像。部屋の出入りが数日なかったりすると、これで異変がわかる。清美さんはタブレットを持っていて、出先でも自宅でも、気にかかることがあればモニターを点検する。さらに心配な住人に関しては、同じ階の住人に「体調が悪そうだったら教えてね」と頼んでおく。買い物や部屋の掃除も必要なら手伝う。訪問診療を受けている住人に関しては、ドクターをはじめとする見守りチームとの連携を欠かさない。

　　「体の障害は誰にでも起こりえること。高齢になればことにね。でも生まれながらの知的障害、精神疾患、ジェンダー問題などは、また違う観点から観ないと。強引に同じ物差しで測るのはおかしいです。生まれ持った感覚によって、見え方、感じ方が異なっているのだろうと思うのです。その想像力を持たないと」

　若い居住者も増えていることだし、一人一人をもっと理解して接したい。清美さんは忙しい時間をやりくりして社会福祉士の資格を取り、さらに精神保健福祉士の資格取得に向けて勉強を続けている。
　むろん、やさしいだけでは、この仕事、やっていけない。線引きはちゃんとやる。明らかに他の住人に迷惑をかけている人を、警察の協力を得た上で強制退去させたことも数回。でも、後になって町のどこかで会うと、「ずいぶん世話になったのに、あの時はごめんなさい」と謝ってくれる。私は長屋を舞台にした古典落語を思い浮かべていた。清美さんは、問題ばかり起きる人情長屋の「大家さん」だ。私もじつは身寄りのない単身高齢者。ここに入居できるのは男性のみ、というのが、本気で残念に思えてきた。　　［山崎洋子］

第2節

いのち輝き、
子どもを産み育てられるまちへ

寿町を生みだした社会背景

　世界中を巻き込み、多くの犠牲と破壊によって人々を苦しめた第二次世界大戦。

　この教訓は、もう二度とこのような悲惨な状況を生み出してはならないという思いを人々の心の中に刻み込み、いのちと暮らしを大切にする戦後世界を作り出すことになった。

　国際的には人権宣言が生まれ、日本では「日本国憲法」が誕生した。

　こうして日本も戦後からの復興に取り組むことになった。現在の寿町一帯のアメリカ軍の接収が解除されたのが1954年。

　「もはや戦後ではない」と経済白書が書く中、職業安定所が桜木町から寿町に移り、多くの労働者が寿町に集まり、戦後の経済復興への波の中、簡易宿泊所（ドヤ）が寿町に建てられていく。こうした神武景気と呼ばれる復興期の中で、寿町は生まれてきたのである。

　これまでの農林業中心の産業から重工業への大きな転換、さらに石炭から石油へのエネルギー変化もあり、炭坑や農村からの離職者が大量に都市に流出し、その受け皿として山谷、釜ヶ崎、寿町、笹島のような「寄せ場」と呼ばれる日雇労働者の街がつくられた。

　企業の都合で、自由に使える労働力、産業予備軍、雇用調整するために利用できる日雇労働者がこの頃大量に生まれてきたのである。1960年代は全国に300万人はいると言われていた。

　日本の経済発展の最も底辺を支え続けたこうした日雇労働者群に対して、当時の政治も一般社会も無関心であり、その厳しい現実を見捨ててきた。

　家族も失い、職場や故郷も奪われ、自分の肉体一つを頼りに生きざるを得ない日雇労働者にとって、酒は全てを忘れる大切な役割を果たしていた。こ

うした中、環境の悪化や、生活苦の中で孤立していく日雇労働者の現実に目を向け始めた人々の声を背景に、行政が動き出し始めた。中民生安定所の夜間出張相談である。これが 1962 年。

　その翌年、社会党の飛鳥田一雄市長が誕生し、その後 16 年間、「1 万人市民集会」「直接民主主義」「子どもを大切にする市政」を主張し、地方自治と革新自治体の創造に力を注いだ。

　この飛鳥田市政の中で、横浜市青少年相談センターが開所され、ボランティア活動が生まれ、子ども会活動、寿学級などが開設される。そして、1965 年 6 月に寿生活館が開設される。戦後の日本経済の復興のために、社会から押し出されるようにして雇用調整の産業予備軍として「寄せ場」に吹き寄せられてきた日雇労働者とその街に、直接的な関わりが生まれてきた背景には、飛鳥田市政と、その生き方に共鳴した市の職員、労働組合、そして市民の活動があったと思われる。

住民主体の地域活動を生み出すもの

　いのちを持つ生きものは、不思議なもので他との関係を切り離して孤立すると、その生命力をドンドンと失っていく。

　しかし、他との関係が生まれると、その関わりの中から生命力やエネルギーが湧き上がってくるものである。

　寿町の中に「寿生活館」が生まれ、その職員を中心として寿地区内に伝わっていったのはこの「いのちのつながり」の実感と共鳴力であったと思う。しかもその軸には「子ども」という存在があった。

　子どもは、まだ社会のルールや秩序に染まりきらない自由さと純粋さ、素朴さがある。

　より自由なもの、快いものを求め、束縛や息苦しさを嫌う。

　子どもが喜び、笑い始めると心がなごんでくる。子どもが元気になると大人も周囲も明るくなってくる。寿町でも、子どもに関わる活動からスタートしているのは、その象徴だと思える。こうした子どもの姿、そしてその成長に合わせて、大人も日雇労働者も自分の中の「自由を求める心」や「夢や希望」に気付き、小さな行動が生まれてくる。

　寿町にはやがて、住民による小さなつながりと活動が始まる。今よりも楽しく自由に生きたいという小さな希望が生まれ、それは「あきらめ」「自暴

自棄」から再生へ、生きる喜びや自由へと変っていく。

　そして同じ苦しみ、悩み、悲しみを共有する仲間と出会い、共に生きることによって実現していくものがあることに気付いていく。

　それが身障友の会となり、アルコール依存者のAAの活動となり、老人達の「いこいの家」の建設となり、精神障害者の自立支援の活動になっていった。

　中でも構造不況下での失業という事態の中で、失業時には見捨てられていく日雇労働者の現実に気付き、「生きたい」「仕事をしたい」という要求を声に出していいのだと感じさせた「日雇労働者組合」の誕生と活動は、寿町にとって大きな出来ごとだったと思う。

　戦後の経済発展の中で、多くの人が経済的利益（お金）に関心が向かってしまい、共に生きていく、安心して生活できるという基本を忘れてきた傾向があった。

　経済的には誰もが不安定で厳しい状況にあった寿町では、金よりも仲間、生きられる保証と実感の方が大切であることに気付かされることが多かったのだと思う。

　寿町の歴史を見ていると、地域活動の基本には次の3つの要素があるような気がする。

　まず1つ目は、地方自治体（行政）の職員の中に地域住民と一緒になって考え悩んでくれる人がいること。それは制度や法律を住民と共に生かし変える力になっていく。

　2つ目は、地域の中で、仲間が出来、1つのまとまり、組織が出来ていくこと。1人だけでなくみんなの思いであることが共有されること。

　そして3つ目に、地域の中に、リーダーが生まれること。寿町のさまざまなグループ、団体には不思議に魅力的なリーダーがいた。

　野球部の鈴木恒男さん、卓球部の吉野さん、炊事班の班長の鈴木正男さん、身障友の会の深沢さん、老人クラブ（櫟の会）の高木さんと数え上げていくとキリのないくらいに魅力的なリーダーがいて、住民や仲間の中に将来へのビジョンが湧いてくる。

　行政は、こうした住民の中から湧き上ってくる夢や希望、さまざまなビジョンを受けとめ、それが実現できるように一緒に考え、行政の中での仲間を作り、ゆるやかなネットワークづくりが進んでいく。

　結局人は、地域で暮らし生きていく他はない。寿町の人々が織りなしてきた戦後史の大きな流れも、結局は地域活動をどうつくり出していくかという

ことにかかっているような気がする。

寿町とは何か、未来社会の原型づくりへ

　私たちは、寿町と出会い関ってきた仲間で、この2年余り、寿町の歴史を
まとめようと月1回の研究会を続け、ようやくそのまとめができるところま
できた。

　そして今、世界中が新自由主義という流れの中で、いのちや人権保障をす
ら切り捨てて市場原理にまかせ、企業の要求に沿って「労働者派遣法」を改
正し、非正規雇用の労働者を大量に生み出している現実に気付かされている。
非正規雇用とはいってみれば日雇労働のこと。つまり、かつての寄せ場は今、
日本中に形成されているということになる。

　いのちを守り、暮らしを守るといった人権保障、労働基本権すら斬り捨て
られ、私たちが日雇労働状況におかれていることに気付かされることになっ
た。

　寿町は単身者暮らし、孤立化、そして身分保障のない中で生きざるを得な
かった。その中から、仲間と手を取り、暮らしを取り戻す活動をしてきた寿町。
この貴重な実践の蓄積を共有し、再び戦争の不安が拡がる中、私たちは未来
社会のあり方を見つめながら、それぞれの地域の中で、寿地区での60年余
の実践史をもう一度見つめ直してみたいと考えている。

　横浜市でも寿町を「セーフティネットのまち」として再生させようとして
いる。例えば寿地区の主要な機関、外郭団体と地域で活動する団体をリスト
アップしてみるとかなりの数になることがわかる（表1「寿地区の主な機関・
団体」参照）。

　かつては日雇労働者のまちであった寿地区は、現在は一般社会で暮らすこ
との困難な人々が集ってくる地域へと変化している。家族が崩壊し、単身で
暮らすことは一般社会では難しい。自己責任を強要される中で人間関係を断
たれ、寿地区にやってくる人は多い。そうした人々への福祉とサービスを提
供する場が寿地区には現在ではかなり多くなっている。例えば、医療機関だ
けでも10ヶ所、障害福祉系サービス、介護系サービスを合わせると狭い地
域の中に46ヶ所もある。

　そうした現実をふまえながら、私たちは福祉の対象者の住む地域ではなく、
一人ひとりが生きる「生活者の町」として再生できることを夢みている。

一人ひとりが安心して生きるためには、最低限の生活ができる保障がなければならない。まず食べること、住むことに不安がなく、病気やケガ、障害を負った時の治療やケアに対する保障があれば、人は自らの役割を果たし、仕事をすることもできる。

　こうした生きるための共通資本を提供することを基本的なものとして、全ての市民に保障する社会が私たちの目標になる。その上で一人ひとりが自分のやりたいこと、必要な役割を果たしていくことができる。

　そのためには、学びの保障や、豊かな人間関係が不可欠となる。

　しかし、現在は生きていくための最低限の賃金すら得られない非正規雇用や劣悪な労働環境で働く人々が圧倒的に多くなった。

　こうした状況では、人は生きていく意欲すら失ってしまう。寿地区ではこの間、さまざまな社会資源づくりに取り組んできた（表2「寿地区まちづくり事業展開図」参照）。

　豊かな社会資源づくりには、誰もが安心して子どもが産め、育てられる世代継承の町として再生できることが基本だと考えている。

　子どもは、現実の暮らしの中で生きる力を身につけ、やがて成長して社会を形成する人となっていく。つまり未来をつくる存在である。子どもが生まれ育っていくこと、また子どもと関わっていけることは未来とつながっていることでもある。子どもを中心にして暮らしが成り立っていく社会には可能性があり、子どもを産み育てる母親（女性）は必然的に未来とつながっている。子どもと女性がいる社会は明るく生き生きしてくるのである。

　日雇労働者は男性中心であり、したがってドヤ街は、未来とつながらないという構造も持っている社会である。しかし、寿町には女性も子どももいた。地域全体で子どもを育て関わっていくという世界が存在していた。それが大きな特徴である。しかし、現在の寿町は高齢者が多く、また単身者が圧倒的に多くなっている。

　地域全体で子どもを育て関わっていくこと、子どもを軸にし地域活動が展開されること、そうした地域社会ができることが、これからの方向性ではないかと思う。それは、セーフティネットの基本である家庭、または家庭的関係が安定して存在できることとつながっている。

　衣食住が安定し、子育てができる環境のある家庭、職場、地域社会がつくられることが、私たちが生きる社会の原型なのだという気がする。寿地区をそうした地域としてつくり出せるかどうか。それは、孤立化、単身化して関

係が希薄化していく現代社会にとって、共通の課題であり、展望でもある。各地でこうした方向での地域活動が展開されていく大きなキッカケになれば、うれしい限りである。またそれを期待したい。

　本書の編集、作製にご協力いただいた全ての皆様に感謝し、自分らしく生きられる地域（ふるさと）を作り出していくため、全力で生き抜く思いをお伝えし、本書のしめくくりとしたい。
［加藤彰彦］

表1　寿地区の主な機関・団体

組織分類	組織・団体名
行政組織	横浜市健康福祉局援護対策担当／中区福祉保健センター／寿福祉プラザ相談室（相談調整・地域支援・広報・啓発）／横浜公共職業安定所横浜港労働出張所
外郭団体	横浜市寿町健康福祉交流センター 　　交流センター診療所／健康コーディネート室／多目的室／図書室／ 　　会議室／調理室／ことぶき協働スペース／一般公衆浴場翁湯
	横浜市寿生活館 　　寿地区町内会館（自治会、寿町日雇労働者組合）／ 　　中区寄り添い型支援事業／ことぶき学童保育／ 　　娯楽室・シャワー室・洗濯室／炊事室／会議室
	不老町地域ケアプラザ 　　寿地区担当地域包括ケアセンター
	横浜市生活自立支援施設「はまかぜ」 　　宿泊提供支援／生活相談／就労相談／ホームレス巡回相談事業
	寿福祉センター保育所／ことぶき保育園
	寿労働センター無料相談所
地区社協	寿地区民生委員・児童委員協議会／寿地区社会福祉協議会
医療機関	ことぶき共同診療所／ポーラのクリニック／石川町クリニック／健仁外科医院／臼井医院／川島泌尿器・皮膚科医院／横浜中央病院／掖済会病院／寿町歯科室／平松整形外科クリニック
地域活動	自治会活動団体 　　寿地区自治会／寿地区住民懇談会
	子ども会活動団体 　　ことぶき学童保育／こども勉強会
	高齢者活動団体 　　老人クラブ櫟の会／高齢者ふれあいホーム
	労働運動団体 　　寿日雇労働者組合／寿越冬支援実行委員会
	ホームレス支援団体 　　寿支援者交流会／木曜パトロールの会／横浜水曜パトロールの会／ 　　寿炊き出しの会（パトロール団体後述）
	ボランティア活動団体 　　日本基督教団神奈川教区寿地区センター／カラバオの会
障害者福祉作業所	ことぶき福祉作業所／就労継続支援B型ろばの家／シャロームの家／第二シャロームの家／第三シャロームの家／風のバード／寿クリーンセンター／ぷれいす／寿アルクデイケアセンター翁／第二アルクデイケアセンター／第三アルクデイケアセンター／アルクハマポート作業所／アルクヒューマンサポート

介護事業所	特定非営利活動法人ことぶき介護（訪問介護・居宅介護支援）／株式会社中央防災技研クリンライフケア事業部中区事業所（訪問介護）／特定非営利活動法人ケアサポート青空（訪問介護）／訪問看護ステーションコスモス寿（訪問看護）／松影デイサービスセンター（地域密着型通所介護）／かながわヘルパーステーション（訪問介護）／大石デイサービス寿 大石介護センター（通所介護）／株式会社ネオ企画 ケアステーションふれ愛（訪問介護・居宅支援介護）／きららステーション（地域密着型通所介護）／のげざか訪問介護（訪問介護）／ケアマネオフィスありがとう（居宅介護支援）／寿でぃふれあいの広場（寿地区高齢者健康維持推進事業）／エンジェル（訪問介護）／ヨコハマ介護デイサービス（地域密着型通所介護）／横浜市福祉サービス協会ヘルパーステーション寿（訪問介護・居宅介護支援）／居宅介護事業所やすらぎ（訪問介護）／チャンス介護サービスセンター（訪問介護）／ワールドケア（訪問介護）／デイサービスアン（地域密着型通所介護）／なかサービス（訪問介護）／ケアサービスChouChou（訪問介護）／訪問介護ステーションふぁいと寿（訪問介護）／浜っ子サービス（訪問介護・居宅介護支援）／デイサービスあすなろ（地域密着型通所介護）／よつばの介護（訪問介護）／デイサービス仁（地域密着型通所介護）／ケアサービスホクゼン関内（居宅介護支援）／ケアベース居宅介護支援事業所（居宅介護支援）／みなとサービス（訪問介護）／クリーン介護（訪問介護）／デイサービスオアシス（地域密着型通所介護）／訪問介護らふケア（訪問介護）　以上、寿地区内32軒
その他	ヨコハマホステルヴィレッジ／ボートピア横浜
簡易宿泊所	約120軒
神奈川県内夜回り団体	木曜パトロールの会／寿・関内夜回り仲間／横浜水曜パトロールの会（横浜駅グループ・桜木町グループ・横浜広域グループ・南区グループ・鶴見グループ・金沢シーサイドライン）／戸塚パトの会／川崎水曜パトロールの会／相模原木曜パトロールの会／藤沢火曜パトロールの会／小田原交流パトロール／諸々の会／横須賀夜回りの会／ちがさきHL支援の会／厚木パトロール／平塚パトロール／神奈川全県夜回り・パトロール交流会

表2　寿地区まちづくり事業展開図

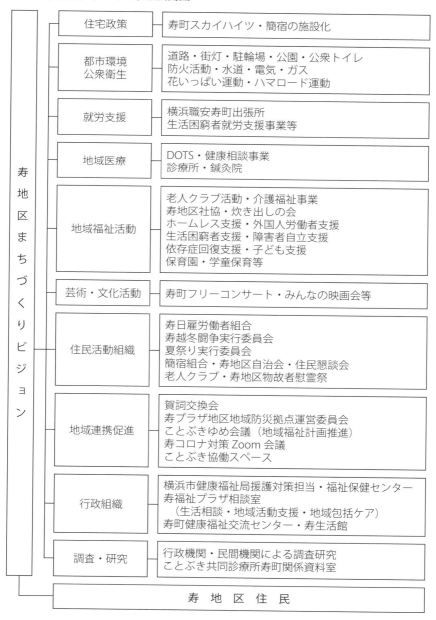

寿地区まちづくりビジョン	住宅政策	寿町スカイハイツ・簡宿の施設化
	都市環境公衆衛生	道路・街灯・駐輪場・公園・公衆トイレ 防火活動・水道・電気・ガス 花いっぱい運動・ハマロード運動
	就労支援	横浜職安寿町出張所 生活困窮者就労支援事業等
	地域医療	DOTS・健康相談事業 診療所・鍼灸院
	地域福祉活動	老人クラブ活動・介護福祉事業 寿地区社協・炊き出しの会 ホームレス支援・外国人労働者支援 生活困窮者支援・障害者自立支援 依存症回復支援・子ども支援 保育園・学童保育等
	芸術・文化活動	寿町フリーコンサート・みんなの映画会等
	住民活動組織	寿日雇労働者組合 寿越冬闘争実行委員会 夏祭り実行委員会 簡宿組合・寿地区自治会・住民懇談会 老人クラブ・寿地区物故者慰霊祭
	地域連携促進	賀詞交換会 寿プラザ地区地域防災拠点運営委員会 ことぶきゆめ会議（地域福祉計画推進） 寿コロナ対策 Zoom 会議 ことぶき協働スペース
	行政組織	横浜市健康福祉局援護対策担当・福祉保健センター 寿福祉プラザ相談室 　（生活相談・地域活動支援・地域包括ケア） 寿町健康福祉交流センター・寿生活館
	調査・研究	行政機関・民間機関による調査研究 ことぶき共同診療所寿町関係資料室

寿 地 区 住 民

　2021 年 3 月 6 日、横浜市ことぶき協働スペースが主催する、「ことぶき協働フォーラム 2021」のクロージング「寿地区のこれからと協働の展望」で、ひさしぶりに加藤彰彦さんや村田由夫さんと会ったのが、寿歴史研究会のはじまりである。イベント終了後、「寿町に古くから関わっているメンバーで座談会を行い、寿町の地域活動の記録をまとめましょう」というのが、その趣旨である。

　第一回の歴史研究会は、2021 年 4 月 30 日、横浜市寿町健康福祉交流センター会議室で開催した。その後、元横浜市職員の村岡福藏さん、部落解放同盟神奈川県連合会の根本信一さん、横浜市大の野田邦弘さん、作家の山崎洋子さんが研究会に加わった。この研究会のメンバーの大半は、何らかの形で寿町に関わってきた人達で、村田由夫さんは 1967 年寿福祉センターに着任して以来、現在も寿地区自治会長をしており、寿町での活動歴 55 年にもなる、最古参である。

　研究会は毎月一回開かれ、現在まで 17 回開催されている。寿地区は、児童問題から始まり、日雇労働問題、高齢者、障害者、女性、ホームレス、外国人問題など、児童、労働、保健・医療・福祉、入管行政、住宅、ゴミ、環境問題など、時代時代の社会問題が露出している場所である。

　これを、どのような切り口で整理するか、いろいろ議論はあった。最終的に地域活動の歴史的事実を通史的・俯瞰的に記録する歴史編と、考察編、写真集の三部作にすることで落ち着いた。これまで寿町に関する出版物は、現場で活動してきた人達の報告集や記念誌、行政機関による事業年報、調査報告書、研究者による学術論文、作家等による著作などかなりの数がある。

　しかし、寿町の地域活動を通史的・俯瞰的に取りまとめた著作物は、ほとんどなかった。こうしたことから今回出版する一作目は「横浜寿町〜地域活動の社会史〜」というタイトルで、1945 年から 2022 年までの 77 年間の寿地区の地域活動の歴史を、通史として俯瞰的に取りまとめたものである。当初、地域活動の歴史を一冊の本に編集する予定であったが、最終的に総ページ数が 600 ページを超えるため、上巻・下巻の二冊としたところである。

寿地区に関わる行政施策は、桜木町の柳橋職安が接収解除になった寿地区に移転してきたことから始まる。その中で、未就学児童対策などから始まる子ども達に関わる多様な活動、寿共同保育、ことぶき共同診療所の取り組みについては、今回の歴史編では諸般の事情で含めることができなかった。

　とはいえ、研究会を始めて一年半という短い期間で、何とか出版にこぎつけることができた。それというのも研究会メンバー以外に、長く寿地区で活動している多くの執筆者の皆様のご理解とご協力が得られたことが大きい。執筆者の皆様や、取材への協力、関係資料を提供して頂いた皆様に、こころからの感謝とお礼を申し上げたい。

　また、ソーシャルファームジャパンの炭谷茂理事長からは、多忙の中にも関わらず、丁寧に原稿をお読みいただき、「発刊に寄せて」の過分な推薦文を寄せていただいた。こころから感謝の意を表したい。

　また、株式会社社会評論社の松田健二社長、デザイン等を担当していただいた中野多恵子さんには度重なる入稿の遅れにもかかわらず辛抱づよく対応して頂いたことに改めて感謝申し上げる次第である。

　本書はこうして世に出ることとなった。寿地区の地域活動の通史的・俯瞰的な社会史といいつつ、寿地区における演劇公演、文化・芸術活動など、目配せできなかった点も多い。「寿歴史年表」でかろうじてカバーしたつもりではあるが、引き続き出版を予定している寿地区の「写真集」や「考察編」で工夫できればと考えている。

　最後に、歴史研究会の事務局を担った「横浜市ことぶき協働スペース」の皆様には本当にお世話になった。研究会開催事務、原稿集め、文字校正、出版社との調整事務など徳永緑さんをはじめ協働スペースのスタッフの皆様の熱意と努力に、こころからの感謝とお礼を申し上げる次第である。

　こうして、『横浜寿町〜地域活動の社会史〜』は、出版できることとなった。この本が、どのように世に受け入れられるのか読者の皆様の評価を待つしかないが、寿地区に生きた人々の生活の営みが理解され、尊厳を持って人間らしく生きられるインクルーシブな社会の実現に少しでも寄与できることができるならば、寿歴史研究会にとって、これに勝る喜びはない。

寿歴史研究会　大友　勝

執筆者紹介 （氏名五十音順）

梅田　達也 UMEDA Tatsuya（下巻：第6章）

1970年秋田県生まれ。大学卒業後、1996年から社会福祉法人横浜市福祉サービス協会と民間事業所で登録型ホームヘルパー、のちにヘルパーのサービス提供責任者となる。2003年に仲間と特定非営利活動法人ことぶき介護を作り、居宅介護支援・訪問介護の管理者を現在も行なっている。寿地区では、ことぶきゆめ会議（寿地区地域福祉保健計画推進会議）代表を務める。

大友　勝 OTOMO Masaru（上巻：序章・第3章・第4章、下巻：第6章）

1947年宮城県生まれ。宮城県立古川高校卒業。1970年頃から10年間日雇労働に従事。1981年より15年間寿町勤労者福祉協会職員。この間、寿地区住民懇談会代表等を歴任。1987年から10年間横浜市精神障害者地域生活支援連合会代表。1997年から石川町クリニック勤務のかたわら10年間全国精神障害者地域生活支援協議会代表を務める。横浜市長賞、神奈川県県知事賞受賞。厚労大臣表彰。現在、（社福）恵友会顧問。

小川　道雄 OGAWA Michio（上巻：第3章、下巻：第6章）

1946年石川県能登生まれ。旧性・木村。大学卒業後，東京で団体職員2年，1970年横浜市奉職，青少年，失対事業、寿援護対策等に携わる。1975年から横浜市従民生支部役員。自治労横浜福祉支部長，大都市共闘福祉部会副議長。

鹿児島　正明 KAGOSHIMA Masaaki（上巻：第4章、下巻：第5章）

1953年鹿児島県生まれ。1974年10月に寿町に来て48年目。カメラマンを志向してドヤに住み港湾労働す。未曾有のアブレ地獄に遭遇。撮影する側から寿日労結成に参加、以降40年組合運動を担う。現在は、風のバードで障がい者通所者との泣き笑いの日々。自由、創造性、尊厳性、enjoyが暮らしの信条。ボッケモン（鹿児島の方言で「大胆な人」を指す）が大好き。

加藤　彰彦 KATO Akihiko（上巻：はじめに・第1章・第2章・第3章、下巻：終章）

1941年東京都生まれ。横浜国立大学卒業後、市内の小学校教員を経て、1972年より10年間、寿生活館職員として寿町に関わる。以後、児童相談所、横浜市立大学、沖縄大学に勤務し、現在は市内の老人クラブの会員、沖縄大学名誉教授（在勤時に学長職）。野本三吉の筆名にて『裸足の原始人たち』『風の自叙伝』『寿生活館ノート』など著書多数。

金子　祐三 KANEKO Yuzo（上巻：第3章）

1947年、横浜・本牧生まれ。1969年1月19日、東大安田解放講堂内で逮捕される。早大中退。1977年、東京・杉並から横浜・石川町へ転居。連れ合いと0才の息子と寿共同保育に加入する。1979年、第1回寿町フリーコンサートに参加し現在に至る。

久保田　浩明 KUBOTA Hiroaki（下巻：第6章）

1959年生まれ。1994年に社会福祉法人神奈川県匡済会に入職し、南浩生館指導員を務める。2002年よりまつかげ宿泊所の生活指導員、2003年よりはまかぜにて生活支援員、主任、次長を経て、2015年よりはまかぜ施設長。入職以来、現在に至るまで、ホームレス・生活困窮者の自立支援に従事。

近藤　昇 KONDO Noboru（上巻：第2章）

1948年生まれ。1970年代の大不況下、「寿日雇労働者組合」にて仕事を失い生きる権利を奪われた人々の労働相談、賃金不払いや労災事故のもみ消し等の対応に奔走する。組合拠点を現在も寿地区に置き、「寿炊き出しの会」や高齢者ふれあいホーム「木楽な家」の運営をとおして、生活困窮者支援や高齢者の交流事業に携わる。

佐藤　敏 SATO Satoshi（下巻：第5章）

1949年北海道生まれ。製鉄・重工業企業に10年間勤務。インマヌエル聖宣神学院卒業後、1993年より寿地区のカナンキリスト教会の牧師となり今日に至る。

高沢　幸男 TAKAZAWA Yukio（下巻：第5章）

1970年生まれ。1992年暮れに横浜駅で駅員による野宿生活者排除を目撃したことを契機に、翌93年「寿支援者交流会」の結成に参加し、寿や路上と市民をつなぐゆるやかなネットワークづくりに尽力し現在事務局長。寿地区内の団体で構成する寿越冬実行委員会や寿夏祭り実行委員会の事務局長を務める。

徳永　緑 TOKUNAGA Midori（下巻：第7章）

1960年生まれ。10代より聖書に親しみ「利他と利己」「受容と排除」など自らの二面性に躓きつつ多くの出会いに学ぶ。企業や行政機関で勤務後、阪神淡路大震災を起点に市民の自由な活動を広げ、多様な主体やセクター間の連携を公益につなぐNPO活動に携わる中、命と暮しを守る市民運動の原型を寿町に見出す。参加と協働の拠点、横浜市ことぶき協働スペース施設長。

野田　邦弘 NODA Kunihiro（下巻：第5章）

1951年生まれ。横浜市立大学大学院客員教授。東京大学大学院非常勤講師。横浜市職員として創造都市政策形成や横浜トリエンナーレ2005など文化行政を担当。2005年から2021年まで鳥取大学地域学部教授。文化経済学会〈日本〉理事（元理事長）、茅ヶ崎市文化生涯学習推進委員長。主な著書に、『創造都市・横浜の戦略』『文化政策の展開』など。

松本　一郎 MATSUMOTO Ichiro（上巻：第1章、下巻：第5章・第6章）

1993年夏、知人の紹介で寿町と出会う。バブル経済崩壊後の日本社会の先端で、仕事や住居を失った日雇労働者や野宿生活者が失業や医療の問題に直面している現実を知る。以降、寿医療班やことぶき共同診療所と関わり、貧困問題の実態と社会保障制度のあり方を探究している。現在大正大学教員で、寿町関係資料室に関わる。

三森　妃佐子 MIMORI Hisako（下巻：第5章）

1986年より日本基督教団神奈川教区寿地区センター主任ボランティアを務め、翌年に主事就任。教会活動の傍ら、炊き出しや夜まわり、高齢者ふれあいホーム事業など、寿地区住民とともにある活動に継続して携わる。2021年寿地区センター退職。現在は地域活動に携わっている。

村岡　福藏 MURAOKA Fukuzo（下巻：第5章・第6章・第7章）

1953年生まれ。青山学院大学文学部史学科卒。在学中、故松沢哲成氏の自主ゼミに参加。1978年、横浜市役所入庁。横浜野宿者殺傷事件（1983年）当時、寿地区対策担当に在籍。その後、同和対策室、横浜市食肉市場、人権課、区福祉保健センター等、主に人権・福祉分野の業務に従事。現在、（社福）偕恵園法人事務局長、（特非）共に歩む市民の会理事長。

村田　由夫 MURATA Yoshio（上巻：第1章、下巻：第5章・第6章）

1943年川崎市生まれ。日本大学商学部卒業。日本社会事業大学専修科卒業後に（社福）神奈川県福祉協会に就職。その後、（社福）神奈川県匡済会に入職し、寿福祉センター勤務。現在、同会理事。1969年に寿地区自治会が発足した際、事務局長を務める。2003年より寿地区自治会長。著書に、『良くしようとするのはやめたほうがよい』『寿で暮す人々あれこれ』。

山崎　洋子 YAMAZAKI Yoko（上巻：序章・第4章、下巻：第6章・終章）

1947年生まれ。コピーライター、児童読物作家、脚本家を経て1986年、第32回江戸川乱歩賞を「花園の迷宮」で受賞。2010年、NHK地域放送文化賞受賞。最新刊「女たちのアンダーグラウンド　戦後横浜の光と闇」（亜紀書房）。横浜市在住。

渡辺　英俊 WATANABE Hidetoshi（上巻：第4章）

1933年生まれ。東京神学大学大学院修了。国内で牧師として活動する傍ら、米国やフイリピンの大学に留学。1987年より日本基督教団なか伝道所牧師。同時期に「カラバオの会（寿・外国人出稼ぎ労働者と連帯する会）」代表、「移住労働者と連携する全国ネットワーク」共同代表、（社）神奈川人権センター副理事長、（NPO）市民の会 寿アルク副理事長を歴任。神学や人権に関わる著書多数。

横浜寿町の歴史年表（1945年〜2021年）

横浜・寿地区関連	社会の出来事

1945（昭和20）年　小磯内閣　鈴木内閣　東久邇宮内閣　幣原内閣　東京・大阪大空襲　沖縄守備隊全滅　原爆投下　ポツダム宣言受諾

横浜・寿地区関連		社会の出来事	
4月	中村町厚生共同宿舎（無宿労務者宿泊施設・10棟600名）開設	2月4日	ヤルタ会談
5月29日	B29横浜大空襲　市街地44%廃墟と化す	3月10日	東京大空襲（死者11万5,000人、負傷者15万人以上、損害家屋は約85万戸）
8月30日	マッカーサー、横浜ホテルニューグランド着　ここを拠点として横浜接収開始	3月13日	大阪大空襲（死者1万人以上、15万戸の家屋が焼失）
9月2日	山下公園を最初として関内地区の焼け残りビルを接収、関内地区はカマボコ兵舎が急増、小型飛行機の離着陸場となる　港湾施設の90%は米軍により接収され軍用貨物の集積基地と化した	4月30日	ヒットラー自殺・ドイツ降伏
		6月18日	沖縄で「ひめゆり学徒隊」の解散命令を受け、その後数日間に集団自決発生
		8月6日・9日　広島・長崎に原爆投下	
		8月15日	太平洋（大東亜）戦争敗戦、ポツダム宣言受諾・無条件降伏
9月	新興クラブ（無宿労務者宿泊施設・定員115名）開設	10月11日	幣原・マッカーサー会談で民主化「五大改革」令
10月13日	米軍により寿周辺地域の接収始まる	10月24日	国際連合発足（国連憲章を20か国批准）
11月	失業者の急激増加［神奈川県下］工場離職者48万4千人、復員軍人13万9千人、引揚者・他5千人	12月9日	GHQ農地解放令
		12月22日	労働組合法公布
12月15日	生活困窮者緊急援護要綱決定　登録労働者4,725人中2,572人は県外出身者であった（芹沢勇・寿ドヤ街）		

1946（昭和21）年　幣原内閣　吉田内閣　天皇人間宣言　傾斜生産方式　農地改革

横浜・寿地区関連		社会の出来事	
1月18日	横浜港従業員900名は、15日労組を結成、団体交渉権確立、待遇改善活動を行う	1月1日	天皇神格化否定文書公表
		1月21日	GHQが「公娼廃止に関する覚書」発令
3月	第一厚生寮（無宿労務者宿泊施設・定員40名）開設	2月19日	「部落解放全国委員会」結成
		5月3日　極東国際軍事裁判開廷	
4月	第1回知事選で内山岩太郎当選	5月19日	食料メーデー、皇居前広場に25万人
4月	第二中村館（無宿労務者宿泊施設・180名）開設	6月9日	「戦争犠牲者遺族同盟」結成
6月	横浜社会館（無宿労働者宿泊施設・200名）開設	7月4日	アメリカ医学協会「原爆犠牲者32万人（死者12万人）と発表

9月	神奈川県無宿労働者宿泊施設対策　一般的住宅難＋労働者の流入、極度の住宅難	9月	「横須賀基督教社会館」設立、戦後のセツルメントのモデル（2代目館長阿部志郎）
9月	更生共同宿舎（無宿労務者宿泊施設・280名）	10月 1日	(旧)生活保護法施行
		10月10日	農地解放（47～50年）
10月	新生協力会（無宿労務者宿泊施設・50名）開設	11月 3日	日本国憲法公布
11月	岡野宿泊所（無宿労務者宿泊施設・360名）開設	11月30日	ララ救援物資・第一船横浜港に入港

1947（昭和22）年　吉田内閣　片山内閣　日本国憲法施行　独占禁止法制定

5月	愛仁会（無宿労務者宿泊施設・定員90名）開設	2月 1日	GHQゼネスト中止指令
12月26日	野毛の火災　（くすぶり横丁・カストリ横丁など屋台街　夜はその三分の一が寝泊まりの場所となった）	4月	労働基本法公布／教育基本法公布（6/3制度義務化）
		9月 3日	日雇労働者の賃金240円、ニコヨンの名称生れる
		11月30日	職業安定法公布／12月1日失業保険法公布

1948（昭和23）年　片山内閣　芦田内閣　吉田内閣　冷戦・鉄のカーテン
A級戦犯7名絞首刑

6月12日	「ヨコハマの浮浪者群約400名を収容　上野地下道取り締まり強化、横浜方面にも浮浪者が移動、このうち上野から16名」（神奈川新聞）	1月	帝銀事件／寿産院事件（配給目当てに乳児殺害）
		2月	神奈川県大磯町に「エリザベス・サンダースホーム」設立
10月	協和会館（無宿労務者宿泊施設・定員150名）開設	4月 3日	韓国・済州島四・三事件
11月	高島町宿泊所（無宿労務者宿泊施設・定員47名）開設	6月19日	衆参両院で「教育勅語」「軍人勅語」「青少年学徒に賜りたる勅語」等の失効を確認
12月 2日	野毛マーケット火災、23戸全半焼	6月30日	優生保護法が衆議院全会一致で可決
		8月15日	李承晩、大韓民国樹立
※共栄会（無宿労務者宿泊施設・定員130名）開設		9月 9日	金日成、朝鮮民主主義人民共和国樹立
		9月	浮浪者対策要綱決定
		11月12日	「極東国際軍事裁判」判決、A級戦犯有罪東條英機ら7人、12月23日絞首刑
		12月10日	国連、世界人権宣言採択

1949（昭和24）年　吉田内閣　中華人民共和国成立　東西ドイツ分裂

2月	旭寮（無宿労務者宿泊施設・定員130名）開設	5月12日	東京都三田職安で日雇労働者による「仕事よこせ運動」始まる、以降都内各地に拡大
2月	曙寮（無宿労務者宿泊施設・定員64名）開設	5月	失業保険法第一次改正により日雇失業保険新設
2月	じ友寮（無宿労務者宿泊施設・		

月日	横浜（寿町関連）	月日	全国・世界
	定員 44 名）開設	6 月 1 日	労働組合法公布
3 月 16 日	市警、野毛山・反町の「貿易博覧会」に滞留する「浮浪者」752 名を検挙	7 月 4 日	マッカーサー米独立記念日で「日本は防共の砦」と声明
3 月	中央厚生宿舎（無宿労務者宿泊施設・216 名）開設 東神奈川宿泊所（無宿労務者宿泊施設・280 名）開設	7 月 19 日	GHQ が労働組合員等のレッドパージを示唆（翌年 7 月より実施）官公庁やマスコミ、民間企業の共産党員とその同調者と見なされた 2 万人余の市民が職場を追われる
5 月 21 日	失業保険法第一次改正により日雇失業保険新設	8 月 29 日	ソビエトが初の原爆実験、9 月 23 日にアメリカ大統領トルーマンがその事実を公表
10 月 24 日	ヒロポン一斉取り締まり	10 月 1 日	中華人民共和国成立
10 月	白金ホテル（無宿労務者宿泊施設・120 名）開設	12 月 26 日	身体障害者福祉法公布
11 月	新生協（無宿労務者宿泊施設・150 名）開設		

1950（昭和 25）年　吉田内閣　朝鮮戦争　レッドパージ　朝鮮特需（〜 53 年）

月日	横浜（寿町関連）	月日	全国・世界
5 月 5 日・28 日	横浜市と市会に対し 21 項目の要求を提出した柳橋、神奈川、鶴見、戸塚の各自由労働者組合約百名が回答を求めて市役所玄関で押し問答	2 月 10 日	GHQ が沖縄に恒久的基地建設を発表
8 月 8 日	県衛生部は「横浜市内のあらゆる河川での遊泳を禁止する」と告示、前週末までに赤痢だけでも市内で 304 名（死亡 45 名）	5 月 1 日	精神衛生法公布・施行
8 月	清水ヶ丘宿泊所（無宿労務者宿泊施設・250 名）開設	5 月 4 日	新生活保護法公布・施行
9 月 3 日	横浜市、艀を利用し自由労働者のための水上宿舎設置。水上ホテル 3 隻（定員 300 名）は民生運営事業協力会が設置した「あけぼの丸」「かもめ寮」「なぎさ丸」「内豊丸」、その後民間の心友会、善隣会、慈恵会が加わり、計 13 隻の水上ホテル誕生	6 月 25 日	朝鮮戦争勃発 占領中の厚木、横須賀基地は活発化し、経済界は米軍からの発注が 相次ぎ特需となる 石炭の需要急増
10 月	岡野町のドヤ「発疹チフス」約 600 人隔離	7 月 24 日	レッドパージ始まる
10 月	横浜国際港都建設法公布	8 月 10 日	警察予備隊発足
12 月 1 日	全国から流れ込む〜ハマの「ヤミの女」5,500 名、1,728 軒の一般民家が場所を提供	8 月 14 日	「青年婦人の平和祭」開催：国鉄労組、日教組、都労連、全逓信労組、全日通の青年婦人部の共催
		9 月	アメリカで「ワールド・ビジョン」設立：宣教師が朝鮮戦争によって生まれた孤児や夫を亡くした女性、ハンセン病や結核患者への支援に取り組んだのが始まり
		10 月	大阪市で日本初の「老人クラブ」結成

1951（昭和 26）年　吉田内閣　サンフランシスコ講和条約

月日	横浜（寿町関連）	月日	全国・世界
1 月 22 日	大岡川末吉橋の水上ホテル	1 月 3 日	NHK 第一回紅白歌合戦

	『開進丸』（130t）が満潮と満員で横転　死者7人、重軽傷37人	3月10日	日本労働組合総評議会第2回大会で「平和4原則」（全面講和・再軍備反対・中立堅持・軍事基地反対）決議
6月1日	横浜港の管理、米軍から横浜市に移る	3月24日	マッカーサー、中国本土攻撃も辞せずと声明、4・11罷免
8月20日	横浜水上ホテル実態調査	3月29日	社会福祉事業法公布、6月1日施行
10月26日	福祉事務所発足（旧民生安定所改組）	6月30日	覚醒剤取締法制定
11月1日	桜川掘割埋め立て計画で野毛カストリ横丁（85軒）立ち退き開始	7月28日	国連総会で「難民条約」採択
11月1日	横浜市住宅調査　住宅総数184,808戸、共同住宅、仮小屋、非住居住まい9.6%住宅困窮者22・8%	9月8日	サンフランシスコ講和条約調印（49か国調印、ソ連調印拒否）　日米安保条約調印連合軍の占領終わる（52年4月発効）
12月19日	自由労務者ハンスト〜代表2名が市役所前で越年資金三千円を要求	12月	NHK「歳末たすけあい運動」始まる

1952（昭和27）年　吉田内閣　戦争花嫁増加　血のメーデー事件

3月20日	早瀬利雄・古沢友吉「横浜の下層社会に関する二つの調査」（横浜市立大学経済研究所）発刊	4月1日	琉球中央政府発足
		4月28日	対日平和条約・日米安保条約各発効
5月	天神寮（無宿労務者宿泊施設・定員180名）開設	5月1日	メーデー事件、皇居前広場に6,000人、警察官5,000人と乱闘、2人射殺、1,230人検挙
8月5日	横浜駅西口　接収解除	12月12日	ウィーンで「世界諸国民平和大会」

1953（昭和28）年　吉田内閣　テレビ本放送　吉田内閣バカヤロー解散

3月31日	相生、常盤、住吉、弁天、尾上町の主要部分が接収解除	2月1日	NHK、東京地区でテレビ放映開始、8月日テレ開始
6月2日	第1回横浜みなと祭・国際仮装行列　開催	2月28日	吉田茂、衆議院で「バカヤロー」と暴言、解散
8月14日	日雇労働者健康保険法公布	3月5日	スターリン死去、ソ連最高指導者にフルシチョフ
8月28日	開館を待つばかり〜ハマの港湾労働会館〜日本一を誇る設備	3月23日	中国からの引き揚げ開始、興安丸・高砂丸3,968人、舞鶴港へ
8月	姿消す「水上ホテル」陸上宿泊所増やして収容	7月27日	板門店で朝鮮休戦協定調印
11月	日之出川埋め立て県知事より認可（1957年完成）	12月1日	全国の大学で「不戦の誓い」運動始まる

1954（昭和 29）年　吉田内閣　鳩山内閣　自衛隊発足　神武景気

1月11日	（財）横浜血液銀行、横浜市大構内に開設	1月 8日	「社会保障を守る会」結成
6月 5日	水上ホテル作家〜忘れられていた安田樹四郎〜体張って裏町探求	3月 1日	米ビキニ環礁で水爆実験、第五 福竜丸被爆
8月 3日	麻薬常用者一万人位に広がる	4月23日	日本学術会議総会で「核兵器研究の拒否」と「原子力研究三原則（自主・民主・公開）」決議

※寿町1丁目・扇町1丁目周辺の接収解除。これを皮切りに、以後、寿町周辺地域の接収解除が段階的に実施される。（万代町・不老町付近、同 7.20 寿町4丁目・扇町4丁目付近など）

6月 9日	「防衛庁設置法」「自衛隊法」公布、防衛庁・自衛隊発足、陸海空の3軍に拡大
9月26日	台風15号で洞爺丸転覆、死者行方不明 1,155 人
11月27日	「全国セツルメント連合結成大会」東京教育大学で26団体 150 人参加

1955（昭和 30）年　鳩山内閣　神武景気　保守合同で 55 年体制

6月17日	アブレの自由労務者、横浜市に陳情（全日自労 30 名）	3月18日	南太平洋地域の遺骨 5,889 体とニューギニアの生き残り兵士4人、大成丸で横浜着
9月30日	新生活運動協会発足	4月27日	全国社会福祉協議会設立
10月14日	桜川（桜木町）埋め立てで強制代執行	5月25日	在日本朝鮮人総連合会（朝鮮総連）結成大 会開催
		11月15日	民主党と自由党が保守合同　自由民主党結成

1956（昭和 31）年　鳩山内閣　石橋内閣　経済白書「もはや戦後ではない」 日本が国連加盟

4月25日	簡易宿泊所建築申請第1号恵荘（恵荘会館・後の南山荘）、8月ことぶき荘、10月に冨士見荘、11月におきな食堂、12月に緑荘が申請（※営業開始日も含めて諸説あり）	1月 1日	「原子力委員会」設置
		5月 1日	「水俣病」公式確認
		8月10日	「日本原子燃料公社」設立
		10月12日	砂川基地反対闘争、負傷 264 人、翌日も衝突負傷 887 人、14 日測量中止
7月20日	横浜港公共職業安定所（本所：一般求人扱い）桜木町より寿町に移転	12月18日	国連総会、日本の加盟を全会一致で可決
9月	横浜市政令指定都市となる		
10月	簡易宿泊所第1号「ことぶき荘」営業開始		

1957（昭和 32）年　石橋内閣　岸内閣　コカ・コーラ日本上陸　なべ底景気

1月	簡易宿泊所の建設ラッシュ	4月 1日	売春防止法施行

4月 6日	始まる（前年5軒、本年9軒）	10月12日	「生活と権利と平和を守る国民大集会」開催
	横浜港公共職業安定所（日雇求人扱い）が桜木町（柳橋）より寿町（4-150）に移転	11月 3日	東京都大田区で「青い芝の会」結成
4月 8日	東神奈川駅東口のマーケット簡宿街、68棟焼失	12月11日	100円硬貨発行

1958（昭和33）年　岸内閣　岩戸景気（6月から1961年12月）

2月18日	売春防止法施行に伴い女たちが寿に逃れてきた・ドヤの一階は売春、二階はヘロインのネタ場（売春1,500円、帳場200円、ヒモ500円、本人800円）（木下陽吉）	6月25日	ILO総会で「雇用及び職業についての差別待遇に関する条約」採択
		12月 1日	一万円札発行
		12月23日	東京タワー完成（高さ333メートル）
3月28日	桜木町駅前をきれいな街に〜伊勢佐木署が乗り出す	12月27日	国民健康保険法公布、59年1月1日施行

1959（昭和34）年　岸内閣　岩戸景気　皇太子成婚・ミッチーブーム

1月23日	大岡川周辺美化運動期成同盟結成	4月15日	最低賃金法公布
4月25日	横浜市長に半井清就任	4月16日	国民年金法公布、61年4月1日施行
5月25日	国立療養所浩風園院長・長井盛至氏、神奈川新聞に「大岡川周辺スラム福祉化論」・「横浜市自由労務者福祉センタービル建設計画」発表	8月29日	三井鉱山、4,580人の希望退職者案提示、三池闘争はじまる
		9月26日	伊勢湾台風　死者5,098人（明治以降最大）被害家屋57万戸
6月 6日	横浜市、水上ホテルを立入調査〜無許可旅館で横浜市が告発〜	11月 2日	水俣病問題で漁民1,500人、新日本窒素肥料水俣工場に突入し、警察隊と衝突
6月28日	全日自労統一交渉、団体交渉会場に700人	11月20日	国連総会で「子どもの権利宣言」採択
9月 3日	横浜市、水上ホテル撤去		
9月12日	関内に横浜市庁舎落成		

1960（昭和35）年　岸内閣　池田内閣　三池闘争　奇跡の高度成長の裏で　60年安保闘争

2月10日	県警、売春防止法施行二年の成果発表／高度成長下売春婦増加傾向（神奈川新聞）	1月19日	岸内閣、新日米安保条約調印
5月 8日	神奈川新聞「簡易宿泊所はこれでいいか　危険な建物ばかり中区ドヤ街厳重な取り締まりを」（ドヤ総数34）、建築基準法違反措置状況（工事中止命令9件、是正命令9件、など）	5月19日	衆議院安保特別委員会、自民党の採決強行で混乱、5月20日未明新安保条約強行採決
		6月15日	安保改定阻止第2次実力行動、111単産560万人参加／全学連国会突入を試み警官隊と衝突、樺美智子死亡、負傷者1,000人、逮捕
8月 3日	神奈川新聞が8月1日の山		

8月9日	ドヤ街対策検討も「神奈川県社会問題研究会」発足	者182人（赤城防衛庁長官、自衛隊出動拒否）
12月13日	埋地七ケ町連合町内会、職安の移転を県に請願	7月14日 岸首相、右翼に刺され負傷 7月25日 身体障害者雇用促進法公布・施行 8月1日 山谷のドヤ街で日雇労働者3,000人暴動 10月12日 社会党委員長浅沼稲次郎が演説中刺殺

1961（昭和36）年 池田内閣 農業基本法公布 人類宇宙へ

1月15日 横浜マリンタワー完成	1月23日 「失業と貧乏をなくす国民大行進」大牟田市出発（〜3月4日、東京で「中央総決起大会」開催
2月28日 神奈川県社会問題研究会が抜本的対策を市長に要請、「埋地七ケ町正常化対策審議機関」設置	1月 米第35代大統領にケネディ就任
6月 横浜血液銀行、横浜市立大学より寿町に移転／市は「埋地七ケ町環境整備対策協議会」を発足	2月 厚生省「麻薬中毒者相談員」制度施行
7月13日 横浜簡易宿泊事業協同組合が自主的に簡易宿泊所を改善すること、簡易宿泊所が拡大しないよう「自粛区域」を設定することを半井市長に申し入れ	4月1日 国民皆保険・年金制度開始 4月12日 ソ連のガガーリン人類初の宇宙飛行に成功 6月2日 破防法反対で国会周辺3万5千人デモ隊 7月14日 全沖縄軍労働組合連合会結成（上原康助委員長）
8月4日 神奈川新聞が釜ヶ崎の第一次暴動（8月1日）を伝える	8月1日 釜ヶ崎のドヤ街で暴動、群衆2,000人余りが警官隊と衝突、暴動は4日間に及ぶ
10月20日 神奈川新聞「ドヤ街で麻薬密売、少年含む19人逮捕」報道	8月9日 東京で「第7回原水爆禁止世界大会」（〜14日） 8月13日 東ドイツ、東西ベルリン境界に壁を構築
12月2日 「埋地七ケ町環境整備対策協議会」が具体案を出す①公衆便所の設置②公衆浴場の設置③旅館営業に必要な諸設備の行政指導（便所、共同炊事場など）／建築：不法建築、危険建築を一掃する／清掃：ごみ箱を増設／民生：①生活相談所の設置（医療相談も含む）②託児所の設置／土木計画：子供の遊び場設置／教育：未就学児童対策／消防：立ち入り検査をしたところ、330件の危険、要改善箇所を発見。11月末に業者に勧告した／治安：防犯灯の設置	8月15日 東京で「第1回核兵器禁止・平和建設国民大会」開催、1万人参加 9月1日 ユーゴスラビアのベオグラードで「第1回非同盟諸国首脳会議」開催（〜6日） 11月24日 国連総会で「核兵器使用禁止決議」採択 ※ベトナム戦争で「枯葉剤」の使用始まる ※この年から四日市市でぜんそく患者多発

1962（昭和37）年　池田内閣　東京でスモッグが問題に　キューバ危機　オリンピック景気（〜1964年10月）

3月　3日	横浜市文化体育館落成	1月24日	中性洗剤は有害と東京都衛生研究所発表
3月	中民生安定所の夜間出張相談開始　毎月曜日午後5時より8時まで、5名の職員が相談に応じる	3月　7日	流感で東京の休校1,238校、死亡305人
4月　4日	民生安定所出張相談員として相談する木下陽吉の記事が読売新聞（京浜版）に掲載	3月27日	港湾労組共闘会議、港湾労働法の制定を要求して32港で24時間スト突入
4月19日	成果上がる出張生活相談、相談場所は簡易宿泊所旅館組合の事務所が充てられる	4月23日	海員組合、週48時間労働で停船スト、633隻停船
		5月　3日	常磐線三河島駅で二重衝突事故　死者160人、重軽症325人
5月　2日	横浜簡易宿泊所事業組合が公衆浴場設置を市議会議長あてに請願	6月16日	レイチェル・カーソン『沈黙の春』刊
6月	横浜簡易宿泊所事業組合・埋地17カ所防犯協力会が児童遊園地、公衆便所、セツルメント設置を半井市長に陳情、後に児童公園、寿生活館となる	9月12日	茨城県東海村で「国産原子炉1号機」稼働
		10月22日	ケネディ米大統領「キューバにソ連がミサイル基地建設中」と発表、フルシチョフ首相キューバからミサイル撤去発表（キューバ危機）
8月12日	神奈川県愛泉ホーム（横浜愛泉ホーム）開館	11月24日	山谷で住民1,000人余り暴動、16人検挙

1963（昭和38）年　池田内閣　J・Fケネディ暗殺　中ソ対立激化

1月	埋地七ヶ町連合町内会「環境浄化の一端として児童遊園地の設置方についての陳情」半井市長に	5月　1日	狭山事件発生、警察犯人を取り逃がし5月23日、被差別部落の石川一雄を別件逮捕
4月16日	丸井荘で集団赤痢、1人死亡、15人隔離	6月14日	「小さな親切運動」始まる
4月	横浜市長に社会党飛鳥田一雄が就任（4期在任、1979年10月国政復帰）	7月11日	老人福祉法公布、8月1日施行
		8月　5日	「部分的核実験停止条約」調印（米英ソ）
9月	横浜市青少年相談センターが扇町に開所。その職員で寿町でボランティア活動（子ども会ぼっこ）をしていた岩井清が「寿町福祉センター設置計画案」を提出し、これが寿生活館の基本プランとなる	8月15日	第一回全国戦没者追悼式
		8月28日	ワシントンで人種差別撤廃、黒人の雇用拡大を求め20万人行進、キング牧師「I have a dream」と演説
		10月15日	朴正煕、韓国大統領に当選
		10月26日	日本初の原子力発電実施、この日を記念日として10月26日を「原子力の日」とされた
10月12日	長者荘より出火、類焼し5軒全焼　死者2名、重軽傷者4名、罹災者98世帯361人	11月22日	ケネディ大統領、テキサス州ダラスで暗殺

1964（昭和 39）年　池田内閣　佐藤内閣　東海道新幹線開通　東京オリンピック

2 月　1 日	朝日荘全焼　死者 1 名、重傷 3 名、罹災 98 世帯 116 人	1 月　神奈川県鎌倉市御谷地区で宅地造成に対する反対運動起こる、作家の大佛次郎らが参加、日本のナショナルトラスト運動の草分け
4 月 21 日	第一回子ども会準備会。1964年 4 月に横浜市の新卒の若いワーカーが配属になったのを機に教育委員会の生徒指導員、県青少年育成課の婦人補導員等、センター職員有志 10 余名が集まり、ボランティア活動として週一度の話し合い	3 月 11 日　狭山事件で死刑判決、石川被告は犯行 否認
4 月	「子ども会ぼっこ」活動開始（青少年センター若手職員による自主的な活動）この活動が民間活動の嚆矢となる	3 月 24 日　米国大使ライシャワー、右翼少年に刺される 6 月 13 日　「全国重症心身障害児（者）を守る会」結成 6 月 16 日　新潟大地震 7 月　1 日　母子福祉法公布・施行
7 月　4 日	「子ども会ぼっこ」による七夕祭り、参加した子どもは約 150 名、親は 20 名近く	8 月　2 日　米国、米国駆逐艦がベトナムに魚雷攻撃 されたと発表、8 月 4 日米国北爆開始（トンキン湾事件）
7 月 30 日	野宿者を一斉収容約 200 人の野宿者などが天神寮と保土ヶ谷寮に保護	8 月 10 日　社会党・共産党・総評など137 団体ベトナム戦争反対集会
7 月	中民生安定所の夜間出張相談が週 2 回となる	9 月 23 日　横須賀市と佐世保市で「アメリカの原潜寄港反対集会」開催、横須賀市 7 万人、佐世保市 1 万人
12 月	ことぶき学級開設（67 年 9月まで）	10 月　1 日　東海道新幹線開通 10 月 10 日　東京オリンピック開催
12 月	芹沢勇「常習売血の実態とその後」が「世界」（岩波書店）に掲載	10 月 15 日　ソ連最高会議、フルシチョフを解任 10 月 16 日　中国、最初の原爆実験実施
12 月	「いわゆるドヤ街の福祉対策」研究委員会発足、委員長阿部志郎	11 月　9 日　全国更生保護婦人協議会結成

1965（昭和 40）年　佐藤内閣　いざなぎ景気（10 月から 1970 年 7 月）　ベトナム戦争

1 月 21 日	中区寿町の「ことぶき学級」職安の 2 階で 22 名が勉強（神奈川新聞）	1 月　東京で初の「スモッグ警報」発令
4 月　1 日	ことぶき保育園開園	2 月　1 日　原水爆禁止日本国民会議（原水禁）結成
6 月　1 日	寿生活館、横浜市が設置　中根愛治館長、岩井清、宇田知道の 3 職員でスタート、1階は法人経営の保育園、2階に生活相談、児童相談、健康相談を基本業務	2 月　7 日　米軍が北ベトナムのドンホイを襲撃（北爆の開始） 2 月 13 日　在京ベトナム人留学生が北爆抗議デモ / 世界平和アピール 7 人委員会が「ベトナムに対する軍事行動停止」を米大統領に要望
6 月 10 日	埋地民生委員協議会が生活館に関する事項を中心とする「要望書」を市長・民生	2 月 23 日　第 1 回全国出稼者総決起大会開催

	局長に提出	4月19日	アイ・バンク協会設立
6月10日	中田志郎「壽町みんなでやろう会」No.1を発行　寿町清掃奉仕活動の報告と呼びかけ	4月24日	「ベトナムに平和を！市民連合」結成（小田実他）
6月25日	夜7時半ごろ、19歳の北海道生まれの日雇労働者への警察官の対応に怒った労働者500人余りが伊勢佐木署寿町派出所を取り囲む	6月22日	日韓基本条約調印
		6月30日	精神衛生法改正、「入院中心の治療体制から地域支援体制へ」保健所地域の精神衛生の第一線機関へ、精神衛生センターを設置
10月	神奈川県社会福祉協議会『いわゆるドヤ街の福祉対策研究委員会報告書』発行	6月	公助扶助研究全国連絡会結成
10月	横浜市民生局の芹沢勇が「常習売血と生活保護」をまとめる	6月	東京のごみ捨て場「夢の島」にハエが大量発生し社会問題化
11月27日〜12月6日	全日本海員組合がストライキ。港湾日雇求人がなくなり、寿町の日雇労働者の失業が増え、子どもへの緊急支援が行われる	7月29日	沖縄・嘉手納基地配備の米空軍戦略爆撃機B52が北ベトナムを爆撃
11月27日	木下陽吉が「横浜ドヤ街と児童〜その対策と方向付け〜」をまとめる	8月11日	政府に対し「同和対策審議会答申」（同和問題の解決は国の責務、国民的課題とする）を提出、この評価をめぐって解放同盟と日共系に分かれ、その後対立は全国化
12月1日	田中俊夫が寿生活館職員となり4名体制に		
12月5日	横浜ロータリークラブ（西田義雄会長）、欠食児童にパンやラーメンの配給開始、民生委員木下陽吉が南ロータリー倶楽部理事長井盛至（国立療養所浩風園院長）に相談し、簡易宿泊所を巡回して子どもたちに配付、市民の現金寄付が行われた	9月4日	全国精神障害者家族連合会結成
		10月15日	米各地でベトナム戦争反対デモ
		11月6日	第1回障害者スポーツ大会を岐阜で開催
		11月16日	ベ平連が『ニューヨーク・タイムズ』に1ページの反戦広告掲載、約2万人から250万円の寄付が寄せられた
12月7日	全日本海員組合が第2波ストを開始（7日間）	12月21日	国連で「人種差別撤廃条約」採択（69年1月4日発効、日本の加盟は95年12月）
※横浜市の都市づくり将来構想（6大事業）公表			

1966（昭和41）年　佐藤内閣　いざなぎ景気　ビートルズ来日公演

1月30日	海運争議が妥結	4月18日	「ベトナム話し合いの会」結成
4月2日	子ども会ぼっこ「子ども会のあゆみ〜寿町周辺簡易宿泊所街における活動の記録」を発行	5月30日	米原子力潜水艦スヌークが横須賀に初入港
		5月	中国で文化大革命始まる（〜1976年10月）
6月6日	横浜市、スラム対策研究会を発足させる。10月スラム関係資料集ができる	6月28日	千葉県成田市で「三里塚空港反対同盟」結成

6月 9日	寿児童公園開園	6月29日	米軍が北ベトナムの首都ハノイとハイフォンを爆撃
8月	子ども図書館「恵荘文庫」が始まる	7月21日	雇用対策法（政府の必要な施策により、完全雇用を目指す法律）公布
10月	横浜市（企画調整室）がスラム対策研究会を発足　のち1968年に『スラム関係資料集』が発行される	8月27日	東京・山谷で2,000人が暴動
		10月15日	東京で「ベトナム戦争と反戦の原理―ジャン＝ポール・サルトルとともに」開催（ベ平連主催）
12月 1日	生活館職員の田中俊夫、宇田知道、恵荘総本店4階25号室に居を定め　この部屋から、「中学生新聞・季節」、「子ども図書館」「少年野球チームドジャーズ」「寿保健の会」も生まれた	11月	「イタイイタイ病対策協議会」結成
		12月16日	国連総会「国際人権規約」を採択、1976年10月発効
12月24日	子供たち約千人を集めたXmasパーティー開催、寿公園（一部）と寿生活館（二部）の会場で連合町内会、横浜簡易宿泊事業組合などが主催	※日本の総人口1億人を超える	
		※港湾労働法施行	
		※国際自然保護連合編『レッドデータブック（RDB：Red Data Book）』刊	

1967（昭和42）年　佐藤内閣　美濃部都政誕生　第三次中東戦争　公害対策基本法制定

1月 9日	長井盛至、木下陽吉、藤本伯、中田志郎が、知事あてに「寿夜間銀行」の開設要望	1月12日	日本血液銀行協会が売血中止を決定
1月18日	神奈川県宿泊事業協同組合・埋地七ケ町連合町内会「仮称・埋地労働福祉センター設置についての陳情」を飛鳥田市長に提出	4月15日	東京都知事に美濃部亮吉氏当選
		6月	アラブ諸国・イスラエル間の第三次中東（6日間）戦争始まる
1月	寿生活館が「寿町周辺簡宿街の概況」、寿生活館館長が「ドヤ街対策について」をまとめる	7月14日	ILO100号条約（男女同一労働同一賃金、68年8月27日発効
2月28日	第1回寿婦人学級	7月23日	デトロイト市史上最大の黒人暴動
3月	芹沢勇『ドヤ街の発生と形成・横浜埋地（西部の街）について』／中根愛治『横浜港における港湾労働の推移』発行／田中俊夫、宇田知道『寿町簡易宿泊所における戸籍問題』発行／全国社会福祉協議会『生活と福祉』「座談会教育と福祉の谷間」で、木下陽吉により、寿町が取り上げられる	8月 1日	「全国障害者問題研究会」結成大会（〜3日、450人参加））
		8月 1日	「身体障害者福祉法」改定公布・施行
		8月 1日	「児童福祉法」改定公布・施行、重症心身障害児施設を創設
		8月 3日	公害対策基本法公布・施行
		8月 8日	新宿構内で米軍タンク車と貨車が衝突し炎上、国電1,100本運休
		9月 1日	四日市ぜんそく患者9人が石油コンビナート6社に対し慰謝料請求訴訟
4月	寿保健の会（長井仁三代表）発足、結核問題に取組む／子ども勉強会始まる（1968	9月 5日	夜間中学卒業生・高野雅夫、夜間中学の存続と拡充を求

	年頃まで続く）	10 月 1 日	めて全国行脚開始
5 月 9 日	埋地七ヶ町連合町内会・埋地地区民生委員協議会「埋地特殊地域の福祉対策についての陳情」を飛鳥田市長に	10 月 1 日	「第 1 回全国学童保育研究集会」開催
8 月 1 日	ことぶき新聞発刊される（1 ヶ月 5 円）	10 月 8 日	第 1 次羽田事件：佐藤栄作首相の東南アジア歴訪に反対して市民・学生が抗議デモ
8 月 16 日	寿公園の舞台で初の盆踊り大会　寿町松影町住民からなる夏季レクリェーション実行委員会主催	10 月 9 日	ボリビアでゲリラ闘争中のチェ・ゲバラ死亡
8 月 28 日	長井盛至、木下陽吉、中田志郎が横浜市長あてに「寿夜間銀行」の開設要望書提出	10 月 21 日	「10・21 国際反戦デー」国内外で高揚、国内 44 都道府県で 150 万人が集会・デモに参加
8 月	桜木町駅前商店街が「たむろする労務者に悲鳴」県と市に「排除して」と陳情	11 月 12 日	第 2 次羽田事件：佐藤首相の訪米に反対して市民・学生が抗議デモ
10 月 27 日	寿生活館職員の宇田知道が過労で死亡（28 歳）／子ども会の会長として、ガリ版刷りの子ども新聞「季節」を作っていた	12 月 4 日	第 1 回障害者の生活と権利を守る全国集会開催（〜 5 日）、全国連絡協議会結成
11 月	宇田知道のあとに谷川弘が寿生活館職員となる	12 月 11 日	佐藤首相が「非核三原則」（持たず・作らず・持ち込ませず）を表明
※「恵荘文庫」が「松影図書館」と改称		※米、キング牧師良心的兵役拒否を呼びかける	
		※「全国小・中学校公害対策研究会」結成	

1968（昭和 43）年	佐藤内閣　GNP 世界第二位に　プラハの春・ソ連軍侵入　霞が関ビル完成

※この頃から日雇労働者は港湾労働から土木関係労働へと移っていく		1 月 12 日	「水俣病対策市民会議」結成
2 月	横浜市スラム対策研究会『スラム関係資料集』発行	2 月 26 日	三里塚・芝山連合新空港反対同盟のデモ隊と警官隊衝突
5 月 24 日	本牧埠頭にコンテナ船第一号入港	3 月 8 日	東京・王子で「アメリカ軍野戦病院反対」デモ実施、157 人の逮捕で闘争激化
5 月 25 日	祥雲荘、扇屋、ことぶき荘の三軒の簡易宿泊所が全半焼 罹災者 204 世帯、265 人 この火災をきっかけに「罹災者同盟」が発足 2,000 円前後の見舞金を獲得	3 月 9 日	イタイイタイ病訴訟、富山イタイイタイ病患者、三井金属鉱業を訴える
		3 月 31 日	米大統領ジョンソンが北爆の一方的停止を発表、和平交渉呼びかけ
6 月 22 日	夜間銀行に関し、第 1 回対民生局交渉	4 月 4 日	キング牧師暗殺
		4 月 10 日	「山谷解放委員会」結成
7 月	寿福祉センター開設・8/26 開所式	5 月 13 日	パリでベトナム戦争の和平会談始まる
8 月 1 日	「寿しんぶん」第 1 号発刊 発行は「寿住民の会」準備会 以後、1970 年 2 月まで続く	5 月 20 日	「原爆被爆者特別措置法」公布
		5 月 30 日	消費者保護基本法公布
		5 月	パリで 5 月革命

8月26日	寿福祉センター開所式、保育園・診療所・生活相談の三つの業務を開始	6月10日	大気汚染・騒音規制法公布
8月	寿地区盆踊り（第1回）	6月17日	東京・山谷で労働者2,000人が暴動、25名逮捕
10月18日	木下陽吉、公衆浴場設置などの陳情書提出	7月 1日	「核拡散防止条約」調印（65か国）
12月	横浜市スラム対策研究会「不良環境地帯における居住関係について〜横浜市中区埋地ドヤ街について　付：ルポルタージュ「港湾労働と基地労働」発行	8月20日	ソ連、チェコスロバキアに侵攻　「プラハの春」終焉
		10月21日	新宿騒乱事件
		10月31日	米ジョンソン大統領北爆停止宣言
12月	谷川弘・田中俊夫「寿ドヤ街の福祉対策について」横浜市企画調整室『調査季報』1968年12月発行	12月 7日	沖縄で「いのちを守る県民共闘会議」結成
		※日本、ドイツを抜き GNP 世界第二位、横浜市の人口 200 万人突破	

1969（昭和44）年　佐藤内閣　安田講堂に機動隊突入　アポロ11号月面着陸

1月29日	寿夜間銀行設置促進住民会議、正式発足。代表に寿保健の会会長・長井仁三（港湾労働者）	1月18日	東大で学生が安田講堂に籠城、機動隊が出動し攻防戦、19日安田講堂落城
1月31日	寿夜間銀行設置住民会議が保護課長ら民生局職員に面会、市長への要望書を手渡し	1月24日	美濃部都知事公営ギャンブル全廃を発表
2月 9日	松影図書館が三和荘から寿福祉センター2階娯楽室に移転、2月21日から貸出開始	1月27日	ベ平連の「平和の船」募金による医薬品・学用品を積んだソビエト船が横浜港を出港
		1月28日	石牟礼道子『苦海浄土―わが水俣病』（講談社）刊
2月	野毛桜木町の青空労働市場問題「野毛周辺地区環境対策協議会」に関して、野毛地区の代替地として既に職安がある寿地区を市に提示し、県はここに日雇い労働者のために簡易職業紹介を行う案を示す	2月 4日	沖縄で「B52 撤去要求総決起集会」開催
		4月 7日	連続射殺事件の永山則夫（19）東京で逮捕
		4月20日	「水俣病を告発する市民の会」結成
		4月28日	沖縄の集会から締め出された学生ら東京駅から路上デモ、965人逮捕
2月	寿町勉強会（横浜バプテスト教会）発足	6月28日	新宿西口地下広場での反戦フォーク集会に機動隊出動、道交法違反適用で集会禁止
3月	群建築研究所『寿町ドヤ街地区改良計画のために』がまとめられる	7月20日	16日に打ち上げた米アポロ11号、月面に着陸、人類初めて月面に立つ
4月13日	寿地区自治会発足。職安前広場で発会式		
4月20日	自治会準備委員会第1回幹事会が開催され、会長には金原（食堂タキト主人）、副会長は朝日（河田荘管理人）、事務局長村田（寿福祉セン	7月25日	米大統領ニクソンが同盟各国との防衛力分担に関する「ニクソン・ドクトリン」発表
		10月10日	「佐藤首相の訪米阻止」全国統一行動、約400団体が全国53か所で行動

ター）と決まる。役員18名を選出。

4月24日	寿地区自治会　中区役所へ届け出完了	10月21日	国際反戦デー　全国600カ所で集会・デモ、1,500人余逮捕
7月7日	寿生活館2階相談室を改造し夜間銀行（横浜市寿貯蓄組合）が開設	11月5日	大菩薩峠で武闘訓練の赤軍派53人逮捕
7月19日	自治会防犯部、夜間パトロール開始	11月16日	首相訪米阻止で東京蒲田駅を中心に各地でゲリラ戦展開、全国で72万人参加、2,000人以上逮捕
8月15日・17日	寿地区の納涼盆踊り	11月22日	佐藤・ニクソン会談で沖縄の72年復帰決定
9月1日	ミナト荘火災、寿洛ビル問題で住宅改善要求	11月24日	米ソが「核拡散防止条約」（NPT）批准
10月22日	NHK総合「ある人生　肩書のない役員」放映、木下陽吉のドキュメンタリー	11月	『AMPO』創刊、英文による日本の反戦運動や反公害等の海外向け情報誌、73年からアジア太平洋資料センターが発行、2006年6月に季刊29巻3号で廃刊
10月24日	夜間レントゲン検診		
11月16日	消防局が簡易宿泊所に立ち入り検査　スラム対策委員会資料「簡易宿所特別査察実施概要」、建築局「寿町簡易宿泊所実態調査報告書」発行	12月20日	沖縄コザで米兵の交通事故処理に憤怒した群衆蜂起、自動車73台焼き討ち
11月16日	田中俊夫、佐藤訪米阻止闘争で逮捕され　11か月勾留、この間休職　保釈後ただちに復職	12月24日	東京・日比谷で「ジョン＋ヨーコ＝レノンのよびかける平和クリスマス」開催、参加者3,000人
12月20日	第1回寿地区冬まつり（自治会・生活館・寿福祉センター）（21日まで）／自治会が年末年始パトロール	12月	日本平和委員会編『平和運動20年資料集』（大月書店）刊

1970（昭和45）年　佐藤内閣　高度成長　銀座歩行者天国スタート　公害問題が全国に拡大

1月18日	自治会第23回役員会	2月3日	日本、「核拡散防止条約」に調印
3月	日雇労働者の職業紹介施設と住宅、民生施設を含めた総合労働福祉センター建設の必要性を県市で合意し、横浜市スラム対策研究会の結論を確認、71年3月当初予算にセンター建設調査費基本設計費計上	3月14日	大阪万国博覧会（9月13日まで入場6,421万人）
		3月31日	赤軍派9人よど号乗取り138人人質、韓国金浦空港で運輸次官が人質交替、4月3日平壌空港着陸
4月	自治体等センター設置趣意書発行	4月	ザ・ビートルズ解散
		5月1日	米「北ベトナム爆撃」を再開、カンボジアにも侵攻
5月29日	横浜市で母親による「障害児殺し」、母親の減刑嘆願運動批判から障害者解放運動の契機となる	5月21日	心身障害者基本対策法成立
		7月18日	東京杉並区の高校で生徒40人倒れ、光化学スモッグ公害問題化
6月22日	寿地区再開発構想、「寿町総	7月24日	ベトナム母子保健センター

	合労働福祉センター」(仮称)建設のプロジェクトチーム発足		設立運動連絡会結成
7月17日	寿地区自治会（初代）会長の弟の金原秀雄、極道（マグロ）集団に襲われ即死、(享年28歳)	11月24日	女性解放のための討論会「性差別への告発」日本初のウーマン・リブ大会
7月31日	生活館増築工事始まる（2階建てから4階へ）	11月25日	三島由紀夫が自衛隊市ヶ谷駐屯地に乱入、割腹自殺
11月15日	寿鼓笛隊発足　三浦保之が寿生活館職員となる（職員6名）	11月	大阪市で「釜ヶ崎協友会」結成
12月12日	自治会による年末年始対策行われる	12月25日	公害関係14法律成立、公害対策基本法改正、公害紛争処理法、公害健康被害補償法等施行
12月15日	第2回冬まつり		

※本牧ふ頭完成

※大阪・釜ヶ崎に「西成労働福祉センター」完成

1971（昭和46）年　佐藤内閣　ドルショック（金とドルの交換停止）

7月	寿生活館3・4階増築完成	8月15日	米ニクソン大統領、金・米ドル交換停止、ドル防衛策を発表
10月21日	寿ボランティア連合（松影図書館と寿町勉強会ボランティアの合同化）子ども会「あおぞら」発足	9月6日	差別過去帳の破棄、東本願寺「過去帳の取り扱い要綱」を全末寺に通達
11月	寿福祉センター、寿地区独居老人調査実施	10月25日	国連総会は中国招請・台湾追放を可決
12月18日	寿地区対策に関し、市長より県知事あて施設設置要望書を提出	12月19日	ワシントン蔵相会議で1ドル＝308円
		12月23日	水俣市が「公害防止条例」制定

※大黒ふ頭、金沢地先埋立事業着工

1972（昭和47）年　佐藤内閣　田中内閣　沖縄返還　日中国交正常化

4月1日	県職業安定課に寿町総合労働福祉センター建設準備班（室）設置	1月24日	グアム島ジャングルで28年間生き延びた元日本兵横井庄一発見
5月	中区市民課、横浜市市民局佐久間健生・中区役所築地喜代司編『寿のまち～その生い立ちと現状』刊行	2月19日	連合赤軍　浅間山荘事件
		2月21日	ニクソン訪中、米国と中国国交樹立
6月1日	生活館3・4階増築オープン	3月7日	連合赤軍リンチ事件判明　森恒夫、永田洋子ら仲間12人を殺害
6月6日	横浜市「寿町総合労働福祉センター（仮称）建設計画」方針決定	4月1日	外国人に国民健康保険適用、横浜、川崎、札幌等　以後全国に
7月15日	「寿こども新聞」第1号発刊		
8月12日・13日	寿納涼盆踊り大会、寿地区自治会主催	4月10日	ワシントン・モスクワ・ロンドンで「生物兵器禁止条約」に79か国が同時調印
8月30日	老人クラブ「櫟の会」結成		

9月 8日	「寿の子どもを考える会」開催
9月25日	夜間無料集団検診、レントゲン車が来る。
11月16日	「寿歴史研究会」発足
11月20日	県市及び四者打ち合わせ会において8月以降検討してきた建設協定書調印
11月	寿福祉センター、寿地区独居老人調査実施
12月17日	寿福祉センター2階で寿老人クラブ「櫟の会」結成大会

5月15日	沖縄復帰　27年ぶり
5月26日	米ソが「戦略兵器制限条約」（通称 SALT）に調印
6月	暴力手配師追放釜ヶ崎共闘会議結成
7月 5日	田中角栄氏自民党総裁に当選、6日新首相に指名
9月 5日	ミュンヘン五輪選手村にアラブゲリラ乱入、イスラエル選手団11名殺害される
9月25日	田中角栄訪中、29日、日中国交正常化の共同声明に調印、台湾との断交
11月 5日	上野動物園でパンダ公開

1973（昭和48）年　田中内閣　オイルショック　ベトナム和平協定　福祉元年　魚介類のPCB汚染が社会問題化

1月26日	寿地区の日照権を守る会の会合
3月 4日	バプテスト横浜教会創立100年記念礼拝
3月	寿町総合労働福祉センター（仮称）建設計画概要　発行
4月29日	共同保育を考える会（第1回）
5月14日	寿生活館にて子どもの「絵の教室」「そろばん教室」「書道教室」始まる
5月18日	寿こども体育クラブ発足「寿こども研究会」（週1回）始まる
7月 3日	寿生活館4階の日曜自主管理始まる
7月13日	日雇労働者の集まり「寿立会」発足
7月19日	労働者、寿交番を攻撃／投石、約300名参加
9月13日	寿共同保育開始（実施場所・小柳ビル407号）
11月23日	横須賀エンタープライズ入港阻止闘争に参加したことが発端で共同保育分裂
11月25日	浜一アパート火事　4人焼死30数名焼け出される
12月15日・16日　冬まつり（お国自慢、火祭り）など
12月16日	寿町事務所（寿労働センター）開設準備室設置
12月30日	越冬闘争　寿立会と寿地区自治会の共同による初めて

1月 1日	老人福祉法改正、70歳以上の医療費無料化
1月27日	パリで「ベトナム和平協定」調印、28日発効、29日に米大統領ニクソンがベトナム戦争終結を宣言
3月	東京大空襲・戦災誌編集委員会編『東京大空襲・戦災誌』刊行開始（〜74年3月）全5巻
4月	在宅障害者の保障を考える会結成
5月 1日	厚生省が養護施設児童の高校進学を認める
6月 4日	『週刊少年ジャンプ』に中沢啓治「はだしのゲン」連載開始（〜74年9月23日）
6月17日	ウオーターゲート事件、この事件がきっかけとなり、ニクソン米大統領は1974年8月9日に辞任
6月22日	米ソが「核戦争防止協定」に調印
6月26日	ILOが「就業の最低年齢に関する条約」採択
6月30日	優生保護法改悪を阻止する全国集会開催
8月	金大中事件
9月15日	国鉄中央線の特別快速と快速電車から「婦人子供専用車」廃止、替わって「シルバーシート」登場

	の越冬闘争（1月6日まで、共同保育も参加）　炊き出し、パトロール、医療支援の三分野	10月14日	「日本脳性マヒ者協会・全国青い芝の会総連合会」結成
12月30日	寿越冬実行委員会（寿立会・自治会）「日刊西部の街 No.1 〜 No.3（1973年12月30日〜1974年1月1日）刊行	10月25日	第1次オイル・ショック、OPEC が中東戦争に際し石油輸出削減、石油製品値上がり
12月	「共同せんたくの会」始まる	11月20日	養護学校の義務化決定（79年4月1日より実施）
		※第4次中東戦争 アラブ諸国がイスラエルを攻撃	

1974（昭和49）年　田中内閣　三木内閣　高度経済成長の終焉、安定成長期へ

3月14日	小川プロダクション「どっこい人間節」撮影開始	1月15日	横田弘『炎群ー障害者殺しの思想』刊
3月23日	生活館図書室運営委員会発足	1月26日	ベ平連解散（73年1月の和平協定成立を受け）、翌日最後のデモ敢行
3月30日	財団法人寿町勤労者福祉協会設立／寿児童公園に水飲み場ができる	3月12日	小野田寛郎元陸軍少尉、フィリピンより帰国
4月23日	寿生活館3階奥の部屋の「母と子の部屋」自主的使用、共同せんたくは3階へ移動／横浜市「寿地区法外援護対策事業」（1日1回パン券・宿泊券を福祉事務所で配布、2012年まで続く）	3月17日	甲山事件（西宮市）
		3月31日	スモンの会全国連絡協議会結成
		4月 7日	水俣病センター相思社設立
		4月18日	日韓連帯連絡会議結成
		4月25日	ひかり協会設立（森永ヒ素ミルク中毒被害者の恒常的救済組織、森永乳業が全額出資）
5月 3日	寿立会に鈴木信夫グループ殴り込み		
5月 4日	共同保育、寿生活館3階使用開始（9 〜 17時）	4月25日	ポルトガル独裁体制崩壊「リスボンの春」
5月 7日	子ども食堂開始（〜 9月）バプテスト教会で、生活館職員、自治会、共同保育等関係者が作った	4月	「リサイクル運動市民の会」結成
		5月15日	セブンイレブン日本第1号店豊洲に開店
5月17日	寿共同保育の会「共同保育だより」NO.1 発行	5月18日	インド初の核実験実施　世界6番目の核保有国に
8月 2日	納涼映画大会	6月 8日	「第1回アジア人会議」開催、日本企業の東南アジア進出による公害輸出反対運動など
8月31日	寿町事務所（寿労働センター）、労働大臣より無料職業紹介事業の許可		
9月21日	第1回寿町日雇労働者合同慰霊祭（寿公園）	6月17日	ウォーターゲート事件
		6月19日	日立就職差別事件、原告朴鐘碩勝訴
9月24日	生活館にて初めて遺体を安置しての通夜が行われる	6月26日	国土庁発足
9月25日	寿町総合労働福祉会館竣工	7月 3日	米ソが「地下核実験制限条約」と「迎撃ミサイル制限議定書」に調印、地下核実験は150キロトン未満、迎撃ミサ
10月 7日	労働省・雇用促進事業団・神奈川県・横浜市が寿町総合労働福祉会館を開設（図		

	書室、娯楽室、理容所、洗濯場等）、職業紹介業務開始
10月	福祉会館開設により寿生活館4階部分一時閉鎖
11月 3日	第1回秋まつり（〜4日）
11月 4日	売店、食堂（15日）開設、夜間銀行（18日）生活館から労働会館に移転
11月18日	寿地区関係機関交流会（港職安・横浜職安・勤労協・寿福祉センター・中福祉事務所・寿生活館）
11月20日	寿地区越冬実行委員会結成
11月21・22日	市民生局と団交、市は寿生活館3・4階を寿地区自治会・越冬実行委員会に一時的貸与、22日約70名で深夜まで。宿泊・パトロール開始
11月25日	寿生活館でパン券・宿泊券の発行開始、民生局長、生活館での団交で、越冬の設備・費用の横浜市負担を確約
12月12・13日	職安で仕事よこせ闘争、県労働部へ越冬実行委400名がおしかけ泊まり込む
12月16日	県労働部、越冬資金5,000円の支給回答
12月中旬	寿町総合労働福祉会館に浴場「翁湯」開設
12月19日	横浜市、寿援護対策室設置
12月31日	越冬実行委、第1回越冬闘争（1月6日まで）

	イルは100基までに制限
7月19日	「特殊部落」が差別語として問題化する事件相次ぐ
8月	暴力手配師追放釜ヶ崎共闘会議・山谷現場闘争委員会編『やられたらやり返せ』刊行（田畑書店）
8月	国際協力事業団（JICA）設立
9月 1日	原子力船むつ放射能漏れ事故
9月26日	部落解放同盟、狭山事件控訴審を目前に日比谷公園で10万人集会
10月28日	第1回部落解放文学賞受賞作発表、部落解放同盟主催、「識字」「記録文学」「小説」「児童文学」「戯曲」「評論」の7部門、選考委員は、野間宏、国分一太郎、小野十三郎、今江祥智ら
11月 4日	民闘連（民族差別と闘う連絡協議会）結成
11月 5日	世界食糧会議ローマで開催
11月18日	米大統領として初、フォード大統領来日
12月10日	国際人権規約批准促進連絡会議結成（アムネスティ・インターナショナル日本支部など20団体）
12月10日	佐藤栄作、ノーベル平和賞受賞

1975（昭和50）年 三木内閣 ベトナム戦争終結

1月 8日	中消防署へ、救急隊の差別的態度に抗議
1月16日〜	連日県庁に押しかけ機動隊の強制排除受ける
1月21日	パン券宿泊券発行、寿生活館から平和球場へ
1月30日	市労連の処分撤回行動闘争の件で、共同保育のメンバーが加賀町署に逮捕される
2月17日	寿地区自治会、越冬行動より降りる
2月18日	横浜市寿対策室、越冬実行委員会に対し2月23日で市の越冬対策（生活館3・4

1月15日	「差別とたたかう文化会議」結成、野間宏議長、『差別とたたかう文化』発行
2月25日	横塚晃一『母よ！殺すな』（すずさわ書店）刊
2月26日	「原爆被爆者援護法の制定をめざす国民大会」開催、日本被団協主催
2月	厚生省、生活保護の他人介護料特別基準について「1日4時間以上の要介護者は施設へ」の方針で、当事者から批判を浴びる
3月24日	集団就職列車運行終了

階使用、パン券宿泊券給付）打切り通告

2月19日～24日　越冬打切り抗議闘争、生活館3・4階使用打切り抗議署名活動を寿で、市庁舎でビラ配布、機動隊出動

2月20日　保護課に日雇労働者が入り集会、機動隊出動

2月21日　横浜市より生活館2階閉鎖通達。この日1日でパン券1,331枚、宿泊券207枚発行

2月23日　寿地区越冬打切り反対集会（寿児童公園）

2月24日　寿生活館への機動隊導入に備え共同保育の大人・子供が生活館泊り込み、市従民生支部中福祉事務所班が新規面接業務拒否を声明

2月25日　寿生活館休館公示、市従民生支部中福祉事務所班、寿生活館班、合同職場集会で、市の越冬打切り抗議決議文を採択、横浜市へ抗議デモ

3月1日　越冬実行委と自治会の話し合い物別れ

3月11日　春闘共闘委による労働省座り込み闘争に日雇労働者参加（～15日）

3月15日　横浜市、田中俊夫を懲戒解雇、処分撤回闘争

3月18日　生活館2階職員、寿福祉センターを拠点に訪問巡回相談開始

3月31日　「ことぶきおやこ新聞」発刊（寿生活館児童担当、月刊、1年半続く）

4月1日　県評より、越冬実行委、自治会に米50俵届く

4月12日　「4/12切り捨て反対。仕事よこせ！日雇労働者総決起集会」（於：横浜野外音楽堂）

4月30日　小川プロ「どっこい人間節」寿生活館で上映

5月18日　寿日雇労働者組合結成大会、センター前に300名結集、「日雇労働者に対する一切の差別と、社会的地位の向上と人間性の全面開花を目指し」戦うことを宣言

3月　『軍事民論』創刊、軍事問題研究会編、2003年2月まで発行

4月1日　全国の市町村で「奉仕活動センター（後のボランティアセンター、市民活動センター）」設置始まる

4月1日　南太平洋のフィジーで「非核独立太平洋会議」開催（～6日）、日本からも参加

4月4日　最高裁「差別につながる身元調査は違憲」判決

4月4日　米マイクロソフト社創業

4月21日　有吉佐和子『複合汚染』上巻（新潮社）刊、下巻は7月刊行、環境汚染問題について警鐘を鳴らしベストセラーに

4月30日　ベトナム戦争終結、南ベトナム解放民族戦線サイゴン侵攻、南ベトナム政府崩壊

4月　保健所における社会復帰相談指導事業実施

4月　長洲一二神奈川県知事初当選、以降5期20年務める

5月7日　英エリザベス女王初来日

5月12日　ベトナムからのボートピープル、米国船に救助されたベトナム難民9名、千葉港に一時上陸

6月19日　第1回世界女性会議メキシコで開催

6月25日　船本洲治、嘉手納基地ゲート前で皇太子訪沖阻止焼身抗議、享年29歳

7月15日　育児休業法公布、教員、看護婦、保母などが対象

7月19日　沖縄国際海洋博覧会開幕

8月2日　広島で「朝鮮人被爆者協議会」結成（80年8月5日に「在日朝鮮人被爆者連絡協議会」結成）

8月4日　「被爆30周年広島国際フォーラム」開催、世界16か国200人参加

8月28日　京都で「パグウオッシュ・シンポジウム」開催（～9月1日）、日本で初めての開催、「完全核軍縮への新しい構想—科学者・技術者の社

5月24日	寿生活館ニュース（市従民生支部寿生活班）刊	
5月25日	深夜から早朝にかけ警察の死者への扱いに抗議、機動隊と衝突。夜に児童公園で「どっこい人間節」上映後問題が再燃し寿派出所に労働者200名が押しかけ機動隊出動、数日間機動隊員が装甲車と寿町を取り囲み待機、逮捕者10数名	
5月30日	日雇労働者組合が職安と団体交渉	
6月6日	寿対策室、生活館館長と越冬実行委員会へ生活館退去催告、実行委員会受け取らず、寿日労「寿日雇労働者の生きるための闘い」発行	
6月27日	日雇労働者組合主催「寿地区住民討論会」	
7月29日	寿福祉センター医済会診療所で、夜間診療開始、80名の労働者が列を作る	
8月8日	寿地区盆踊り（〜10日）	
9月3日	午後6時よりセンター前広場で無料健康診断	
9月6日	中福祉事務所に分室、一般地区と寿地区分離	
9月18日	「寿文学研究会」発足（週1回）	
9月	寿夜間学校開校（寿生活館職員・加藤彰彦）	
10月16日	第1回ドヤ対策委員会発足	
11月4日	寿日労、対県交渉「仕事よこせ」「年末一時金を出せ」と要求、県は5人としか会わないと拒否し機動隊を導入、県労働部長は12月17日　一時金5,000円を一方的に回答（東京・山谷は、17,500円）	
11月7日	横浜市従民生支部長、井上民生局長宛「当局は直ちに寿生活館の業務を再開し、寿地区総合対策を実施せよ！」提出（1労働対策、2医療対策、3一時宿泊所対策、4休庁期間中の対策、5寿対策室の強化、6労働条件の確立）	
11月25日	越冬対策等の民生局と市従	

会的機能」をテーマに

9月	毛沢東死去	
9月	大阪でおもちゃライブラリー開設、様々なハンディを持った子ども達へのおもちゃの提供や遊びをとおして運動機能の発達や感覚訓練を図るもの	
11月15日	フランスで第1回先進国首脳サミット開催（〜17日）	
11月26日	国鉄スト権スト、史上最長8日間	
12月9日	地名総鑑／全国の被差別部落の地名を載せた「人事・特殊部落地名総鑑」という書物を多くの企業が購入していたことが発覚、部落解放同盟が糾弾に乗り出す	
12月9日	国連で「障害者の権利宣言」採択	
12月10日	釜ヶ崎で稲垣浩ら「釜ヶ崎炊き出しの会」による炊き出し活動開始	
12月15日	部落解放中央共闘会議結成（合言葉：部落の解放なくして労働者の解放なし、労働者の解放なくして部落の解放なし）	

※この年、光化学スモッグが21都府県に広がり計265回の注意報が発令された

	民生支部との団交			
12月19日〜24日	越冬打ち切り抗議闘争			
12月28日	「越冬宣言集会」パトロール、炊き出し、医療相談、映画会等			
12月28日	越冬宣言集会29日より開始、パトロール、炊き出し、医療、映画会などを実施			

1976（昭和51）年	三木内閣　福田内閣　ロッキード事件　田中角栄逮捕　南北ベトナム統一

	寿地区		全国・世界
1月7日	寿地区協議会発足（寿共同保育、自治会、生活館職員、寿福祉センター、街の有志、寿日労など地区の殆どのサークル・継続）	1月8日	中国首相　周恩来死去
1月	横浜市従民生支部「当局はただちに寿生活館の業務を再開し、寿地区総合対策を実施せよ！」の運動方針を発表	1月20日	「安楽死協会」結成、6月に「日本安楽死協会」、83年「日本尊厳死協会」に改称
		1月26日	関西青い芝の会連合会により「和歌山県立福祉センター糾弾の座り込み」闘争
2月2日	寿生活館2階職員有志、生活館一階広場で相談開始	2月2日	日本、「社会保障の最低基準に関する条約」批准、24日に公布、27番目批准国
2月19日	横浜市より再度、寿生活館退去催告／地区協議会で抗議	3月28日	神奈川県大和市で、地元校への入学を希望する盲児高橋しのぶを支援する市民が決起集会開催
2月23日	生活館職員有志、シャッターの降りた2階ロビーで相談開始	5月1日	「吃音者宣言」採択（「言友会」創立10周年記念）
2月26日	寿日雇労働者組合『俺たちの生きる戦い〜寿闘争資料集No.1（越冬実行委結成から組合結成まで）』刊行	5月8日	植村直己北極圏1万2000キロ単独犬ゾリ横断
4月3日	山谷・釜ヶ崎・寿・共同保育で労働省交渉	5月28日	「障害者雇用促進法」改定公布、10月1日施行、雇用義務化を強化
6月7日	横浜市「生活館退去催告」を共同保育にも送付、寿日労と連名で催告粉砕ビラ情宣実施	5月28日	米ソが「平和目的地下核爆発制限条約」に調印（74年調印の「地下核実験制限条約」では平和目的の核爆発は対象外だった）
6月	共同保育、生活館24時間使用開始	5月31日	カナダのバンクーバーで「第1回国連人間居住会議」開催（〜6月11日）、134か国約2,000人参加、最終日に採択した「人間居住宣言」を受け78年に「国際連合人間居住計画」（国連ハビタット）設立
7月19日	夏季一時金交渉		
7月30日	寿福祉センター、週1回の無料夜間診療開始		
8月13日	寿地区盆踊り（〜15日）	6月	全国公害被害者総決起集会開催、70団体参加
9月6日	全国日雇労働者決起集会が寿町職安前で開催	7月	田中前首相、ロッキード疑惑で逮捕
9月16日	横浜市初の老人会食、寿福祉センターで開始		

10月25日	「自治会糾弾青空集会」職安前広場で開催
10月	神奈川県匡済会『寿ドヤ街 もう一つの市民社会と福祉』（福祉紀要6・7・8合併号）発刊
11月19日	寿夜間学校第1期始まる
11月24日	職安闘争「日雇完全開放・仕事よこせ越冬闘争勝利総決起集会」（寿日労）
11月25日	伊勢佐木警察署が生活館家宅捜査、寿日労副委員長2名逮捕、これを契機に寿救援会発足
11月	横浜市従民生支部寿生活館有志「ドヤに固執しつづけて」発行
12月5日	「越冬突入反撃集会」（反撃の越冬）
12月17日	県労働部、年末一時金5,000円支給
12月27日	第3次越冬闘争
12月29日	横浜市、青少年相談センターで年末年始対策を実施、総合会館内で診療も行う

7月	ベトナム社会主義共和国成立
8月9日	「全国障害者解放運動連絡会議」結成大会開催（～10日）、横塚晃一代表幹事を選出、参加者1,200人
8月	大阪で「誰でも乗れる地下鉄をつくる会」結成、9月から「地下鉄にエレベーターを！」を合言葉に駅舎のバリアフリー化を求めて署名運動開始
8月	先天性四肢障害児父母の会結成
11月15日	建築基準法改定公布
11月	「ピノキオ問題」に関する話し合い開催（童話『ピノキオ』が障害者差別に当たるとして障害者団体が問題化、出版元の小学館や図書館関係者との話し合い）
12月5日	神奈川県川崎市で、バスの乗車を拒否された車いす障害者が抗議活動、翌年の「バス・ジャック」の前哨戦

※厚生省、手話通訳奉仕員派遣事業開始

1977（昭和52）年　福田内閣　円高倒産あいつぐ　日本赤軍日航ハイジャック事件

1月5日	寿日労対市仕事よこせ闘争開始「横浜スタジアム建設工事に寿の日雇労働者を職安から求人せよ」
1月16日	日雇い完全解放・仕事よこせ闘争集会後のデモが交番闘争となり血の弾圧3名逮捕、2名指名手配、川瀬誠治頭蓋骨陥没・肋骨骨折による肺損傷、生死をさまようも奇跡的に回復
1月20日	寿日労、対市仕事よこせ闘争・生活館ガサ入れ
1月30日	伊勢佐木署へ抗議糾弾デモ
2月6日	「寿身障友の会」発足（会長：深沢健一、寿福祉センター内に事務局を置く）
4月17日	全国日雇共闘の結成（寿日労、釜日労、山谷S闘会・A氏会、寿共同保育、寿救援会）
4月25日	寿差別裁判第1回公判

2月24日	「弾圧と闘う反公害住民運動全国集会」開催、35団体700人参加
2月	「神奈川県国際交流協会」設立、自治体初の国際交流協会、2007年4月に「かながわ学術研究交流財団」と合併して「かながわ国際交流財団」に
3月9日	『地名総鑑』購入企業中央糾弾会　部落解放同盟、東京で開催
4月1日	厚生省による「学童・生徒のボランティア活動普及事業」始まる
4月12日	神奈川県川崎市で、車いす障害者による「バス・ジャック事件」発生、車いすでの乗車拒否に抗議して、車いす障害者約100人が28台のバスに乗り込む

6月 6日	横浜市より、生活館（共同保育）退去勧告	6月 8日	全国交通運輸労働組合協議会と中央バス共闘会議が「車椅子乗車問題に関する見解」を発表
6月21日	寿差別裁判第2回公判		
10月 2日	マリナード地下街開業		
10月	「横浜の民族差別と闘う会」結成（代表：渡辺英俊、金君植）	8月 6日	共同作業所全国連絡会結成
		8月16日	「日本いのちの電話連盟」結成
11月 8日	寿ノミの市開催	9月 3日	王貞治756本のホームラン世界最高記録樹立、国民栄誉賞第1号受賞
12月 5日	対県一時金交渉（8千円かちとる）		
12月13日	飛鳥田一雄横浜市長、社会党委員長就任	9月16日	「盲聾青年・成人へのサービスに関する世界会議」開催、「盲聾者の権利に関する宣言」を採択
12月25日	第4次越冬闘争（78年2月末まで実施）		
		9月27日	横浜米軍機墜落事件
※金沢地先埋立完成		9月28日	日本赤軍日航機ハイジャック（ダッカ事件）
		10月 1日	テレビ放送完全カラー化
		11月30日	米軍立川基地返還

1978（昭和53）年　福田内閣　大平内閣　成田空港開港　横浜スタジアム開場

2月28日	越冬貫徹・寿差別裁判糾弾に向けた2・28集会	1月10日	総理府は初の『婦人白書』発表、正式名称は「婦人の現状と施策－新国内行動計画に関する報告書」、その後『女性の現状と施策』（通称「女性白書」）と改題され、97年より『男女共同参画白書』に改題
3月30日	寿歴史講座（戦後編昭和20～昭和52年）発刊、寿夜間学校		
3月	三里塚、成田空港開港阻止闘争（日雇共闘、現地に団結小屋を建てる）		
		1月14日	「伊豆大島大地震」発生、死者25人
4月 4日	横浜スタジアム完成	1月	イラン革命（～79年2月）
4月16日	細郷道一横浜市長就任		
4月21日	遡及闘争開始	2月27日	ジュネーブで「NGO軍縮国際会議」開催（～3月2日）
5月	大宮レジデンス・三ノ輪マックを運営していたミニー神父が初めて寿を訪れる	3月10日	「カネミ油症事件訴訟」で、福岡地裁小倉支部が原告勝訴の判決、カネミ倉庫と鐘淵化学工業に総額60億円の損害賠償を命ずる、84年3月16日の福岡高裁判決では国の責任も認める
7月23日	寿地区野外活動親睦会（自治会・寿日労などが協力）地区行事に寿日労再び参加し始める		
8月17日～20日	夏祭り		
8月	ことぶき供養塔建立される（世話人：秋場茂、中田志郎、木下陽吉）	3月	運輸省「車椅子利用者の乗合バス乗車について」通達、「介護者同伴」「固定ベルト着用」等の規定に反対運動広がる
9月 9日	大通り公園開園		
9月22日	寿俳句会「白百合」発足	4月 9日	「反原発運動全国連絡会」結成
10月27日	市従民生支部の呼びかけにより「54年度予算要求・寿地区住民懇談会」開催、於・勤労協3階会議室　地区内		
		5月20日	成田空港開港

に診療所の開設、市に地元との話し合いの窓口を開かせる要求、および継続的に住民懇を開くことを確認

10月28日　在日大韓基督教横浜教会が中区山下町に民族教育の保障を求め「信愛塾」を開設

10月　寿共同保育「寿共同保育からのアピール」発行

11月11日　地元11団体の呼びかけで、第2回住民懇（於：パプテスト協会）開催　代表益牧師に決定　診療所開設要求を検討

11月16日　勤労協診療室の公開を勤労協理事長に交渉

11月21日　第3回住民懇開催　診療所見学、世話人会体制を確認　年末一時金闘争開始　最終回答10,000円

11月27日　住民懇ニュース第1号発行

11月28日　生活館問題で市従民生支部と寿日労話し合い／第4回住民懇開催「医療センター」要求署名活動を決定、冬まつり決定を確認

11月30日　医療センター問題　第1回対市交渉（民生局・住民懇）、12月12日に医療センター開設要求の署名活動始まる（1/10までに2,000名）、同20日に、住民懇が「医療センター要求書」を横浜市民生局に提出

12月29日〜1月4日　寿日労第5回越冬闘争主催

12月31日　住民懇主催第1回冬まつり実施（1月3日まで、バザー、のど自慢大会、コンサート、年越しそば、餅つき大会、病院回り）

6月6日　「騒音110番」開設
6月12日　宮城県沖地震
6月28日　日本オリンピック・アカデミー（JOA）設立
6月30日　国連「軍縮委員会」発足（82年「軍縮会議」に改称）
6月　厚生省、保育所への障害児の受入を指導
7月25日　英で世界初体外受精児誕生
8月12日　「日中平和友好条約」調印
8月23日　滋賀県で「びわ湖を守る粉石けん使用推進県民運動県連絡会議」結成
8月24日　茨城県東海村の原子力発電所再処理工場で大規模な「放射能漏れ事故」発生
9月12日　第一回プライマリ・ヘルス・ケアに関する国際会議で「アルマ・アタ宣言」採択
10月4日　「原子力安全委員会」設置
10月　第2次オイル・ショック（〜82年4月）
11月5日　オーストリアが国民投票で原発運転を停止、12月15日に「原発禁止法」制定
11月11日　「ネズミ講禁止法」公布、79年5月11日施行、正式名称は「無限連鎖講の防止に関する法律」
11月20日　「79年国際児童年・子どもの人権を守る連絡会議」結成、参加34団体
11月27日　米国のゲイ活動家ハーヴェイ・ミルク暗殺される
12月15日　東京都中野区議会で「教育委員準公選条例」可決、実施は81年2月

※国際反アパルトヘイト年（〜79年）
※文部省、「婦人ボランティア活動振興事業」開始

1979（昭和54）年　大平内閣　米国スリーマイル島原発事故　国際児童年

1月31日　寿対策室との交渉　医療センター地元説明会開催の要求　生活館問題についての三者協議確認

2月10日　パンフ「寿地区に住民の医療を」完成配布

1月13日　初の大学「共通一次」入試実施
1月25日　大平正芳首相、施政方針演説で「日本型福祉社会」構想を表明
2月17日　大阪で「地域の校区で『障

2月24日	「寿地区に医療センター設置要求に関する請願書」提出 市会各党を回る		

2月24日　「寿地区に医療センター設置要求に関する請願書」提出市会各党を回る

2月27日　寿共同保育『寿共同保育について』刊行

2月28日　第15回住民懇談会開催　生活館問題の討論

3月　2日　東京・山谷の医療の現状視察（11名参加）

3月15日　生活館問題第1回三者協議開催。横浜市は原状回復を主張　「今後の生活館の管理運営は地元の管理能力のある団体に業務委託したい」旨の表明

3月16日　寿生活館職員、勤労協の掃除道具置き場に臨時相談所開設・移転

3月27日　「寿生活館業務再開および住民による4階の管理運営に関する私たちの見解」を横浜市に提出・地元による運営協議会を地元から提出

4月10日　第21回住民懇談会開催　代表益牧師から川瀬誠治（寿日労）に交替

4月　　　寿福祉センターにて、AAミーティング開始

6月21日　住民懇が生活館問題に関し横浜市寿対策室に「市案の再考を求める6項目要求書」提出

6月26日　医療センター地元説明会にて「勤労協寿診療所開設に関する横浜市の態度に抗議する」文書提出

7月　8日　「寿医療を考える会」住民懇より独立しスタート

7月11日　勤労協3階に「寿町勤労者福祉協会診療所」（本文では「寿町診療所」と記載）開設

9月　1日　「鎮魂と共生の祭り」開催、以後寿町フリーコンサート実行委員会で40年以上にわたり開催

9月21日　南浩生館は、AAミーティングのために1階に会議室を貸与

9月　　　中福祉事務所　アルコール依存症ケース処遇に自助グループ参加を採用

害児』の教育を保障させる学者・研究者の会」結成、84年に「ノーマライゼーション研究会」に改組・改称

3月28日　アメリカ、スリーマイル島の原子力発電所で放射能漏れ事故

4月　1日　厚生省「老人の生きがい創造事業」開始／全国の都道府県への「養護学校設置義務化」実施

5月24日　「原発モラトリアムを求める会」野間宏らのよびかけで結成

5月　　　釜ヶ崎結核患者の会結成

5月　　　英首相にサッチャー就任、ヨーロッパで最初の女性首相

6月　3日　世界初の「反原発デー」、日本では20カ所以上で集会やデモが行われた

6月　8日　中央教育審議会が「地域社会と文化について」の答申、「地域社会への学校開放の促進」を提言

6月　9日　山谷争議団メンバー磯江洋一、山谷マンモス交番に突撃、巡査を刺殺

6月21日　日本、「国際人権規約」を批准、8月4日公布

6月28日　東京サミット開催

7月　1日　ソニー、ウォークマン発売

7月　　　東京・世田谷に「羽根木プレーパーク」開設、国際児童年記念事業として

8月29日　大阪で「第1回全国在日朝鮮人教育研究集会」開催（〜30日）、参加者600人

8月　　　経済企画庁が「新経済社会7ケ年計画－日本型福祉社会の実現」を発表

9月　7日　モスクワで「国際児童年世界会議」開催（〜11日）、参加130ヵ国

9月15日　スモン訴訟で和解成立

11月　3日　大阪で「部落解放第1回全国子ども会集会」開催（〜4日）、部落解放同盟主催

11月15日　厚生省の発表で「未婚の母」

11月 6日	三者協議（横浜市・市従民生支部・住民懇）横浜市、生活館の方向を提示、開館時間9時から21時、委託先勤労協、運営委員会委員構成案など	
11月16日	横浜市民生局が野宿者「一斉指導」を実施	
11月	稲子農場スタート	
12月 7日	第30回住民懇談会にて、寿日労、寿共同保育が生活館問題に関する立場、見解を表明	
12月17日	三者協議「11/6市案に関する住民懇の考え方」を提示	
12月29日～	第6次越冬闘争（寿公園・テント）	
12月31日～1月2日	第2回住民懇冬まつり実施	
12月	長井盛至『大岡川スラム解消に成功する』刊	

が3万人に、5年で倍増	
12月20日	「民法」改定公布、聾者・唖者・盲者が「準禁治産者」の対象から除外される
12月21日	総理府が初の『高齢者白書』発表、年金負担と高齢者雇用の問題を取り上げる
12月24日	ソ連軍によるアフガニスタン侵攻（～89年）
12月24日	国家公務員採用試験で、女性に閉ざされていた12職種の受験資格を開放、航空管制官、航空・海上保安大学、気象大学など、すべての受験制限が撤廃されたのは89年

※デイサービス事業創設
※全国の65歳以上の高齢者が1,000万人を超える（高齢化率8.9%）

1980（昭和55）年	大平内閣　鈴木内閣　自動車生産台数が世界一に 日米半導体摩擦激化　イラン・イラク戦争　NGO元年

1月	「農場の会」発足	
1月11日	俳句会白百合・住民懇世話人佐藤勘治氏死去	
3月 4日	第33回住民懇開催　生活館問題大枠合意で意見一致	
3月15日	AAステップセミナーが横浜を会場に開催（第1回横浜グループステップセミナー16日まで）	
4月25日	三者協議　寿生活館問題、横浜市、市従民生支部、住民懇の三者基本合意	
4月30日	横浜市民生局、市従民生支部、住民懇　三者合意文書取り交わす	
5月31日	寿生活館改修工事のため閉鎖　寿日労、共同保育生活館より退去　共同保育、横浜バプテスト教会前の戸建てに移転／同時期「風車小屋」開設される／第35回住民懇開催　マグロの被害対策など協議	
7月10日	寿日労「国賠訴訟」を起こす。	
7月21日	横浜ドキュメントフィルム	

2月27日	日本国際奉仕センター（現日本国際ボランティアセンター）設立
3月29日	「情報公開法を求める市民運動」結成、自由人権協会、日消連など60団体、81年に「情報公開権利宣言」「情報公開8原則」を発表、99年6月に「情報公開を求める市民運動」と改称
4月19日	「国際障害者年日本推進協議会」発足、93年4月に「日本障害者協議会」と名称変更し、恒常組織化
5月17日	「犯罪被害者等給付金支給法」公布、81年1月1日施行
5月18日	韓国・光州事件（～27日）
5月24日	JOC、モスクワオリンピック不参加を決定
6月12日	大平正芳首相急死
11月 8日	「平和と民主主義のための知識人会議」結成
11月27日	大阪市営地下鉄谷町線「喜連瓜破」駅にエレベーター設置、公共交通のバリアフ

	「1981 寿ドヤ街生きる」撮影開始		リー化に向け全国初、市民運動が実る
8月16日	コンサート「鎮魂と共生の祭り」職安前広場、喜納昌吉とチャンプルーズ出演	12月 1日	横浜で「アジア平和研究国際会議」開催
8月28日	「寿町勤労者福祉協会診療所に関する要望書」市へ提出	12月 8日	ジョン・レノン射殺
8月	佐藤勘治遺稿集編集委員会『上肩一代』刊行	12月14日	大阪で「市民オンブズマン」結成（日本初のオンブズマン組織）
9月 4日	生活館利用要綱・運営委員会会則の市案提示を受ける	12月	部落解放研究所『部落解放運動基礎資料集』刊行　開始（〜81年、全4巻）
10月 2日	寿生活館改修工事着工		
11月	横浜ベイブリッジ着工(1989年開通)		※イラン・イラク戦争はじまる（〜88年、化学兵器の使用について、国連調査団派遣）
12月30日〜	第7次越冬闘争（寿公園・テント）		※WHOが「国政障害分類試案」発表、障害を「機能障害」「能力不全」「社会的不利」の3層に区分、国際障害者年以後、「ノーマライゼーション」理念とともに各国に広がる
	※寿識字学校始まる（大沢敏郎）		

1981（昭和56）年 鈴木内閣　ジャパン・アズ・ナンバーワンの時代

1月25日	日本バプテスト教会『横浜教会百年史』刊行	1月	米国40代大統領ロナルド・レーガン就任
2月13日	第1回寿生活館運営委員会開催	1月	総評の呼びかけで障害者団体と労働組合の連帯組織づくりが進められる
2月24日	第44回住民懇談会　4階職員4名推薦決定	2月25日	ローマ教皇ヨハネ＝パウロ2世が広島で「平和アピール」発表
3月 4日	第46回住民懇談会　生活館3・4階利用案、職安跡地利用問題、日雇職安の階段増築について検討	3月24日	日産自動車の男女差別定年制について、最高裁が「無効」の判決
3月 9日	寿生活館開館式／住民懇ニュース第40号「祝寿生活館再開　住民自治の砦を我らに！」配布	3月28日	自治省、住民台帳の公開制限を都道府県に通知
3月10日	寿生活館2階業務及び3・4階業務始まる　3・4階を寿町勤労者福祉協会に管理委託	5月25日	つんぼ・おし・盲などの障害に関する用語整理の法律公布
3月15日	寿日雇労働組合・差別裁判糾弾闘争委員会『日雇完全解放　寿差別裁判糾弾闘争勝利！(被告人最終意見陳述集)』刊行	6月12日	「出入国管理及び難民認定法」公布
4月	寿識字学校が寿生活館4階会議室で始まる	6月23日	ILO総会で「家族的責任を有する労働者条約」採択、日本は95年6月に批准
5月 9日	「おやつの会」生活館3階で始まる	6月	中国共産党主席に胡耀邦、中央軍事委員会主席に鄧小平が就任
5月	「ギターの会」活動始まる	8月15日	社会党・総評など5団体が東京千鳥ヶ淵の戦没者墓苑で初の「戦争犠牲者追悼式」

6月30日	第50回住民懇談会開催 代表川瀬誠治より大友勝に交替 市対策室と交渉「緊急援護市案の地元説明会開催」を申し入れる			

6月30日	第50回住民懇談会開催 代表川瀬誠治より大友勝に交替 市対策室と交渉「緊急援護市案の地元説明会開催」を申し入れる
7月20日	寿身障友の会 作業所設立陳情書横浜市に提出
8月10日	住民懇談会「寿地区緊急援護対策について住民懇の考え方」発行
9月8日	第52回住民懇談会開催 職安跡地の地元利用、交番設置反対の署名活動を決定 10月末まで実施、1,000名を超える署名を横浜市に提出
11月22日	横浜バプテスト教会新屋落成式
12月3日	ドキュメンタリー映画「1981寿ドヤ街・生きる」試写会（5日まで）
12月20日	新潮社「週刊FOCUS」で12/25日号差別記事糾弾闘争始まる 新潮社の寿町「寄せ場」差別および民族差別を糾弾する実行委員会結成／おやつの会協力によりクリスマス会開催
	開催
10月3日	日本が「難民条約」に加盟、発効82年1月1日
10月9日	京都市で「空き缶条例」制定、82年4月1日施行、97年に「美化推進条例」となり市内全域で「ポイ捨て」を禁止
10月23日	東京で「第1回国際身体障害者技能競技大会」開催
11月1日	「第1回大分国際車椅子マラソン大会」開催、15か国117名が参加、約3,000人のボランティアが大会を支える
11月21日	横浜で「自由民権100年全国集会」開催（～22日）遠山茂樹実行委員長、50余の歴史研究団体、2,800人参加
11月	第1回障害者と労働者の連帯集会開催

※国連・国際障害者年（完全参加と平等）

1982（昭和57）年 鈴木内閣、中曽根内閣 東北新幹線開通 テレフォンカード発売

1月5日	白手帳への写真張り付け義務化される
1月17日	新潮社「週刊FOCUS」の寿町「寄せ場」差別と民族差別を糾弾する実行委員会編「資料集第一号」発行
2月4日	横浜市より職安跡地への町内会館設置内示
2月23日	第60回住民懇、町内会館建設決定
3月17日	ことぶき福祉作業所、横浜ワークショップ内に入居決定
6月1日	生活館3階で子ども柔道クラブはじまる（先生は生活館職員長谷川俊雄）
6月15日	佐伯輝子『女赤ひげドヤ街に純情す』（一光社）刊
6月	全国日雇労働者組合協議会「日雇全協」結成
1月1日	「国民年金法」の国籍条項撤廃
6月25日	「道路交通法施行令」改定公布、7月7日施行、身体障害者に関する運転免許欠格事項を大幅に見直し
7月1日	スモン患者に更生援護施設「曙光園」開設
7月16日	「障害に関する用語の整理に関する法律」公布、10月1日施行、162の法律にある「廃失」を「障害」もしくは「疾病」に、「不具廃失」を「重度障害」に等改定
7月	国連「第1回高齢者問題世界会議」開催、高齢（60歳以上）化率が7%を超えた社会を「高齢化社会」、14%以上の社会を「高齢社会」と定義

8月16日	寿町フリーコンサート	8月17日	「老人保健法」公布、83年2月1日施行、70歳以上の医療無料化廃止
8月	町内会館地鎮祭（12月建設着工）		
9月	少年野球チーム(小学生)ジャガーズ活動開始	10月	神奈川県逗子市で「米軍住宅建設反対と早期全面返還に関する市民大会」開催、市・市議会・市民協議会共催、市民約1,000人参加
12月15日	寿共同保育『寿共同保育～寿ドヤ街での9年間』第一冊刊行		
12月29日	第9次越冬闘争、住民懇冬まつり	11月 3日	「82年優生保護法改悪反対集会」開催
		12月 2日	「反差別国際会議開催（～8日）、東京・大阪・福岡、「全国水平社結成60周年」記念事業、後の「反差別国際運動」の結成につながる
		※東京で「障害者インターナショナル世界評議会」開催	
		※浜松市で「第1回夜間中学増設運動全国交流集会」開催	

1983（昭和58）年　中曽根内閣　東京ディズニーランド開園

1月12日～	横浜で十数人の少年達が野宿労働者3人を殺害、十数人に重軽傷を負わせる事件起こる（2月11日報道）	1月20日	広島・長崎2市が「核兵器廃絶に向けての年連帯推進計画」への参加を呼びかけ、世界23か国72都市に向けて
1月	民生支部ドヤ問題対策委員会『越年期における寿地区日雇労働者実態調査報告書』発行	2月 5日	「ナショナル・トラストを進める全国の会」結成、92年に法人化し「社団法人日本ナショナル・トラスト協会」と改組
2月19日	寿地区町内会館落成式		
2月24日	横浜「浮浪者」殺傷事件を契機に、横浜市による「浮浪者援護対策」実施、南浩生館に17人一時入所　以後冬季継続事業となる	3月12日	釜ヶ崎で「少年等を虐殺にかりたてる時代を撃つ」討論集会
		3月16日	「日米障害者自立生活セミナー」開催（～27日）東京、神奈川、愛知、大阪、京都、福岡で
2月27・28日	「浮浪者」殺傷事件討論集会（主催寿日労　於：生活館）糾弾実行委員会結成、寿日労、市長へ抗議し座り込み闘争	4月 1日	神奈川県情報公開制度施行、都道府県で初
		4月 1日	「中国残留孤児援護基金」設立
3月20日	横浜「浮浪者」連続殺傷、差別虐殺糾弾追悼集会（於：山下公園）	4月24日	「全国在日朝鮮人教育研究協議会」結成
3月21日	町内会館建設資金チャリティーコンサート「ヨコハマセレブレーション」開催（於：市民ホール）　住民懇作成スライド上映	4月	NHK朝の連続テレビ小説「おしん」放映開始
		5月26日	日本海中部地震
		6月 5日	横浜の野宿労働者殺傷事件を契機に「釜ヶ崎差別と闘

1984（昭和 59）年　中曽根内閣　日経平均株価 1 万円の大台突破

2 月	中村川に高架式高速道路が完成する。	2 月	「全国障碍者自立生活確立連絡会」結成
3 月 20 日	横浜「浮浪者」連続殺傷事件差別虐待糾弾 1 周年集会（於：センター前広場）／寿町無縁物故者法要行われる	3 月 14 日	宇都宮精神病院「患者殺傷」事件新聞報道、「国際人権規約」違反事件として国際的問題に／この事件を契機に「精神衛生法」が「精神保健法」に改められる
3 月	ジャガーズ、リーグ戦初参加（2 勝 3 敗 6 チーム中 4 位の成績）	5 月 13 日	「アジアと水俣を結ぶ会」結成
4 月	AA 横浜グループから発展的分立をして AA 寿グループが誕生	8 月 7 日	「身体障害者福祉法」を改定公布、10 月 1 日施行、理念規定の「更生の努力」と「自立への努力」とするなどの変更
5 月	若衆宿はじまる（場所、市営住宅 4 階・集会室）		
6 月	「木曜パトロールの会」活動開始	8 月	トルコ人留学生が厚生大臣に「トルコ風呂」の名称変更を直接申し入れ、同年 10 月、横浜市特殊浴場協会が名称変更を決定、他が続いた
7 月 1 日	住民懇「住民懇のあゆみ」を刊行		
8 月 22 日	川瀬誠治逝去（享年 34 歳）8 月 23 日葬儀（生活館 4 階）	10 月 21 日	「差別とたたかう共同体全国連合」結成
9 月	精神保健を考える市民団体「野草の会」設立	12 月 10 日	国連総会で「拷問等禁止条約」採択、発効は 87 年 6 月 26 日、日本は 99 年 6 月 29 日に加盟、7 月 29 日発効
9 月	「豆の木がっこう」始まる		
10 月 9 日	勤労協設立 10 周年、寿診療所開設 5 周年記念式典開催	12 月 22 日	佐藤満夫映画監督、西戸組組員に刺殺される
10 月	横浜 MAC（デイケア）開設		

1985（昭和 60）年　中曽根内閣　プラザ合意　日航ジャンボ機墜落事故

2 月 1 日	中区制 50 周年記念事業実行委員会編『横浜中区史』刊行	3 月 11 日	ゴルバチョフがソ連の最高指導者就任
4 月	精神障害者作業所「はだしの邑」開設	3 月 22 日	日本人初、エイズ患者認定
		3 月 23 日	「精神医療人権基金」設立
5 月 1 日	町の中の中学生バンドの演奏会を寿生活館 3 階児童ホールで開催、富士見中学の中学生多数（7 〜 80 名）参加	4 月 1 日	「労働基準法」改定公布／厚生省が「生活保護基準」の男女格差解消
		5 月 1 日	「国民年金法」改定公布、86 年 4 月 1 日施行
6 月 23 日	川瀬誠治君追悼文集『ことぶきに生きて』発刊	6 月 1 日	「男女雇用機会均等法」公布、施行 86 年 4 月 1 日
7 月 25 日	「一時宿泊所」についての横浜市の説明会	6 月 18 日	豊田商事会長永野一男刺殺事件
8 月 15 日	深沢健一『障害浮浪児の戦後史』（神奈川新聞厚生文化事業団）刊行	6 月 25 日	日本、「女性差別撤廃条約」を批准、7 月 25 日発効、72 番目の締結国
12 月 1 日	ほんやらどう編『家庭・学校・		

	地域からみた寿の子供たち』刊行	8月12日	日航ジャンボ機群馬県御巣鷹山に墜落事故（520名死亡）
12月10日	佐伯輝子『ドクトル輝子の聴診器』（白水社）刊行	9月22日	プラザ合意、G5の為替レート安定化合意、円高の契機となる
12月	Xmas会参加102名、メインはセーラーズのミニコンサート　セーラーズ、セーラーズジュニア、フォーエバーズなど寿子どもハンド勃興期	12月	国連総会で「外国人の人権宣言」採択

※横浜市で「グループホーム事業」始まる

※この年代から来日する外国人（ニューカマー）急増

※指紋押捺拒否運動広がる

1986（昭和61）年　中曽根内閣　都心の地価高騰91年まで続く　チェルノブイリ原発事故　バブル景気（～1991年）

1月30日	中区わが街刊行委員会・横浜中区役所『中区わが街』刊行	1月30日	山谷争議団リーダー（山岡強一）、金竜組組員に銃殺される
3月31日	中区役所『中区地区沿革外史』刊行	1月	米スペースシャトル「チャレンジャー号」爆発
3月	芹沢勇『神奈川県社会事業形成史』（神奈川新聞厚生文化事業団）刊行	2月　1日	中野富士見中学いじめ自殺事件
3月	大阪市立大学文学部社会学研究室（代表研究者・大藪寿一）『寿ドヤ街実習調査誌～老人・身体障害者・子供を中心として』刊行	4月21日	「核兵器廃絶運動・連帯」結成
		5月　9日	「指紋押捺拒否者全国連絡会」結成
4月	中福祉事務所『アルコール依存症からの回復～中福祉事務所における実態と処遇の変遷～』を発刊	6月10日	「市民団体平和サミット」結成
		6月12日	広島で核戦争防止国際医師会議平和シンポジウム
4月	共同保育・稲子農場誕生	6月30日	「ろうきょうユニオン」結成、派遣労働者の組合
10月	日本基督教団神奈川教区「寿地区センター」開設	6月	神奈川県でケア付き住宅「シャローム」開設
12月23日	『医療・福祉関係資料集』（大友勝編）刊行	11月　1日	「世界平和市長会議」結成
		11月21日	伊豆大島の三原山大噴火、全島民脱出
		12月	「神奈川県インドシナ難民定住援助協会」結成

※東京サミット：プラザ合意を受け為替安定が目的

1987（昭和62）年　中曽根内閣　竹下内閣　NTT初上場　JR発足　バブル景気　家のない人々のための国際居住年

1月20日	川原衛門『寿町・風の痕跡』（田畑書店）刊行	3月	「アジア人労働者問題懇談会」結成
3月31日	寿学童保育協力会『ことぶ	4月　4日	「日本寄せ場学会」設立、翌

	き学童保育実践報告集』刊行	5月3日	年に年報『寄せ場』創刊 朝日新聞阪神支局襲撃事件
5月17日	横浜・寿町で「寿・外国人出稼ぎ労働者と連帯する会」（通称カラバオの会）発足（10月より代表渡辺英俊、事務局長原田三好）	5月26日	社会福祉士及び介護福祉士法」公布、89年3月に最初の試験実施
6月27日	寿身障友の会・中区肢体障害者福祉協会『寿身障友の会創立10周年記念誌』刊行	6月1日	「障害者の雇用の促進等に関する法律」公布、88年4月1日施行、「身体障害者雇用促進法」を改定、対象に知的障害者を含める
9月	アルコール依存症者の地域作業所を作る市民の会（代表岸本羊一）横浜市に設置要望書を提出	9月26日	「精神保健法」公布、88年7月1日施行
11月12日	木曜パトロールの会報告書編集委員会編『[寿・1986／1987／冬]木曜パトロール報告書』刊行	9月	全国社会福祉協議会が「住民参加型在宅福祉サービスの展望と課題」について報告書発表
		10月7日	「地域改善啓発センター」開設、97年4月に「人権教育啓発推進センター」に改称・改組
		10月	ニューヨーク株式大暴落・ブラックマンデー
		11月	大韓航空機爆破事件・ビルマ上空で消息を絶つ
		12月	「全国骨髄バンクを進める会」結成

1988（昭和63）年　竹下内閣　リクルート事件発覚　消費税法案強行採決

2月1日	寿町総合労働福祉会館2階トイレを改修して第2ロッカー室開設	1月25日	「反差別国際運動」結成
		3月4日	「平和と民主主義のための研究団体連絡会議」結成
3月31日	寿労働センター年間求人数20万人を突破、開設以来最高となる	8月20日	イラン・イラク戦争停戦
5月25日	益巌『いのちといのちとの出会い』刊行（新教出版社）	10月4日	ベトナムの「二重体児」の分離手術成功（ベトナム戦争時の米軍枯葉剤原因）
5月	市民グループ「ろばの会」設立	12月	竹下内閣消費税法案強行採決
		※「夜間中学ネットワーク」結成	

1989（昭和64・平成元）年　竹下内閣　宇野内閣　海部内閣　昭和天皇崩御　米ソ冷戦終結　ベルリンの壁崩壊

7月19日	横浜市年末年始対策に関する第1回交渉（寿日労越冬医療班）	1月20日	米大統領にブッシュ就任
		2月15日	アフガニスタン駐留のソ連軍撤退完了
7月	寿町総合労働福祉会館食堂改修工事	3月12日	「障害者の年金権確立を求める中央大行動」実施
8月15日〜18日　寿夏祭り　寿医療班、		4月1日	消費税導入（3%）

夏祭り医療相談開始（越冬だけでなく、継続的な医療活動を）

9月13日　第2回行政交渉（寿日労・越冬医療班）

10月12日　第3回行政交渉（寿日労・越冬医療班）プレハブ建設を寿外で候補地を検討していると発言　プレハブ問題については以降住民懇を交渉主体に臨む

10月25日　第4回行政交渉（住民懇）プレハブ問題に関する住民懇の事実上の妥協案として提出　寿以外の候補地として石川町駅前、本牧を考えていたことが明らかになる

10月30日　寿町勤労者福祉協会『きのう、いま15周年記念誌』刊行

11月10日　第5回行政交渉（住民懇）基本的に住民懇の提案内容で妥協

11月22日　第6回行政交渉（住民懇）プレハブのレイアウト（案）を提示される

12月17日　越冬医療班「医療マニュアル」作成、これに基づく講習会　自分たちでできることは医師に頼らず自分たちでやっていく／越冬懇談会（寿日労主催）

12月29日〜1月8日　第16次寿越冬闘争、「プレハブ越冬」となる

※横浜博覧会（市政100周年・開港130周年）横浜ベイブリッジ開通

4月22日　横浜に福祉クラブ生協設立、日本初福祉専門生協

6月4日　中国で「天安門事件」発生

6月30日　「民間事業者による老後の保健及び福祉のための総合的施設の促進に関する法律」公布・施行、福祉サービスに市場原理導入

7月23日　参議院選挙で与野党逆転、社会党が第一党に

8月31日　識字運動の世界的指導者パウロ・フレイレ来日

9月30日　「国際パラリンピック委員会」設立

10月　「国際人権ネットワーク」結成

11月9日　ドイツで「ベルリンの壁」が事実上崩壊

11月20日　国連総会で「子どもの権利条約」採択

11月21日　日本労働組合総連合会（連合）発足、総評解散

12月2日　マルタ会談（米ソ）、翌3日に冷戦終結宣言

12月15日　国連で「死刑廃止条約」採択

12月21日　厚生省「高齢者保健福祉推進10ヵ年戦略」発表

12月28日　「国民年金法」改定公布・施行

※日経平均株価38,915円史上最高値、この時バブルピーク

※登下校中の朝鮮学校生徒が制服（チマ・チョゴリ）を切られる事件相次ぐ

※「気候行動ネットワーク」結成、気候変動に関わるNGOのネットワーク、当初は欧米を中心に47団体が参加

1990（平成2）年	海部内閣　株価38,915円から23,848円に急落 フィランソロピー元年　国際識字年

1月　横浜市民生局寿援護対策室が廃止、民生局社会福祉部保護課が引き継ぐ

3月　「寿医療班通信」創刊

4月7日　亘理あき遺稿集・追悼文・豆の木だより総集編『みてて　だけど手伝っちゃダメだよ！〜亘理あきと豆の木

1月17日　「国際識字年推進中央実行委員会」結成、部落解放同盟、夜間中学増設運動全国交流集会など16団体で

1月18日　本島等長崎市長狙撃される

1月22日　「被爆者援護法実現・みんなのネットワーク」結成

2月14日　「企業メセナ協議会」設立

	がっこう』刊行	2月23日	「消費者教育支援センター」設立
4月 8日	高秀秀信横浜市長就任	3月15日	ゴルバチョフ、ソ連初大統領に就任
4月16日	障害者地域作業所「シャロームの家」開所	4月 1日	大阪で「国際花と緑の博覧会」開催（〜9月30日）
4月18日	寿冤罪事件起こる	4月	NHK教育テレビ「手話ニュース」放映開始
7月 1日	横浜市内第1号精神障害者グループホーム（小規模福祉ホーム）開設	5月17日	WHO、「同性愛」を国際疾病分類から除外
9月12日	寿医療班、月1回の定例医療相談開始（毎月第2水曜日18−20時・定例会日曜日）名称を「寿越冬医療班」から「寿医療班」へ改称	6月10日	日系二世のフジモリ議員、ペルー大統領就任
		7月11日	「川崎市市民オンブズマン条例」制定、全国初
11月20日	カラバオの会編『仲間じゃないか外国人労働者』明石書店 刊行	8月 2日	イラク軍がクウェートに侵攻
12月31日	Tさん置き去り事件発生、軽症不取り扱いとして置き去り 以後、中消防署と交渉	10月 3日	東西ドイツ統一
		10月21日	山谷労働者福祉会館落成
		10月22日	「海外派兵に反対する市民の会」結成
		12月18日	国連総会「移住労働者の権利条約」採択

1991（平成3）年　海部内閣　宮澤内閣　湾岸戦争　ソビエト連邦崩壊　バブル崩壊

3月14日	第5回中消防署交渉。「疑わしきは搬送する」ことを確認	1月 1日	国連難民高等弁務官に緒方貞子が就任
6月17日	横浜市、緊急一時保護事業を南浩生館に委託する	1月17日	湾岸戦争勃発　アメリカ・多国籍軍がイラクを攻撃
7月	大阪府立大学社会福祉学部庄谷ゼミナール『寿町労働者の老後生活と福祉』刊行	4月24日	自衛隊掃海艇ペルシャ湾に派遣閣議決定
		4月	厚生省が「精神薄弱者地域生活支援事業」創設
8月15日	寿医療班「中消防署救急隊によるTさん置き去り事件〜事件の全貌と対中消防署交渉の記録」パンフ作成	5月15日	「育児休業法」公布、92年4月1日施行
		5月19日	雲仙普賢岳で土石流・火砕流・溶岩流発生、6月3日の大規模火砕流で死者43名
9月21日	青葉区徳恩寺墓地内に、寿地区自治会長秋場茂等の手によって寿町物故者の共同墓地『千秋の丘』建立　墓碑銘「仲間ら声なくいく秋ぞ経し」	7月 1日	ワルシャワ条約機構解体
		11月 1日	在日韓国人「特別永住制度」開始
		11月17日	「子どもの権利条約ネットワーク」結成
11月	「みなとまち健康互助会（MF-MASH）」スタート	12月 3日	衆議院、国連平和維持活動（PKO）協力法案可決
12月10日	「東大・寿の医療と福祉を考える会シンポジウム	12月18日	骨髄移植推進財団「骨髄バンク」設立
12月28日	横浜市年末年始対策〜翌年1月4日まで	12月25日	ソビエト連邦崩壊、ロシア連邦成立
		12月	政府、アイヌ民族を国連人

権規約の「少数民族」に認める

※エリツィン、ロシア共和国大統領に就任

1992（平成4）年　宮澤内閣　不況深刻化　欧州通貨危機

2月15日	住民懇「一時宿泊所・寿福祉保健センター（仮称）構想　（生活館建て替え構想）会議始まる（月1回）		1月	宮澤首相が韓国の国会で「従軍慰安婦」問題について公式謝罪
3月25日	「老人憩いの家」開所式		2月	経済企画庁景気後退を発表（バブル経済終結）
3月31日	横浜市中福祉事務所アルコール処遇検討委員会編『アルコール問題処遇ハンドブック』刊行		4月 1日	「老人訪問看護制度」スタート
			4月29日	ロサンゼルス黒人暴動
			4月	ボスニア紛争本格的に突入
4月12日	静岡県稲子に「れんげ荘」（矢野宇一郎と仲間達）竣工		5月 1日	国家公務員週休2日制に
4月	寿地区高齢者ふれあいホーム着工、資金不足のため、鉄骨部分組み立て後工事中断		6月 1日	「外国人登録法」改定公布、93年1月8日施行、永住者及び特別永住者に対する指紋押捺制度廃止
4月	年度初めより、多くの簡宿が一斉値上げ（生活保護住宅扶助、一般基準で1日1,350円まで　65歳以上、1－3級の障害者は1.3倍の特別基準あり）		6月19日	「国連平和維持活動協力法」公布、8月10日施行、この法律に基づき、カンボジア・モザンビーク・東ティモール・スーダン等への自衛隊派遣
7月25日	村田由夫『良くしようとするのはやめた方がよい』刊行		8月22日	「子どもの権利条約全国交流会」開催
8月	「市民の会 寿アルク」発足		9月12日	公立の小・中・高等学校の「週休2日制」スタート
11月11日	「日雇差別を許すな、信太さんの冤罪を晴らす会」発足（東京高裁公判後）、同ニュース創刊		9月17日	PKO協力法、自衛隊カンボジア派遣出発
			9月27日	横浜市に「女性の家サーラー」開設
12月 9日	寿医療班、町内会館に事務所を開くため引っ越し		12月18日	国連総会で「少数者の権利宣言」採択
12月28日	横浜駅職員の野宿者への暴行に「越冬人民パトロール班」が抗議			
12月30日	川崎駅前交番で「交番警察官による野宿者に対する熱湯リンチ事件」発生		※	「国際NPO／NGO学会」設立、本部はアメリカのジョンズ・ホプキンス大学

1993（平成5）年　宮澤内閣　細川内閣　非自民・細川連立内閣成立　55年体制崩壊
　　　　　　　　　　　　就職氷河期はじまる　世界の先住民族の国際年

1月 2日	寿日労、第19次越冬パトロール班の連名で、横浜駅長に抗議文を提出		1月 3日	米ロが「第2次戦略兵器削減条約」に調印、発効に至らず

1月12日〜 寿日労、寿支援者交流会により横浜駅の定期的な夜回り開始（横浜水曜パトロールの会）
1月 寿医療班、町内会館2階に医療班事務所設置
1月 寿越冬支援者交流会結成
1月 中村川立ち退き問題発生
2月22日 レイ・ベントゥーラ（松本剛史訳）『ぼくらはいつも隠れていた』（草思社）刊行
2月 「SABAY（フィリピンママとこどもの会）」発足
4月11日 町内会館2階奥の2部屋の壁を取り払い、医療班・木パトの共有スペースとして活用 「炊き出しを考える会」による炊き出しが開始（老人クラブ、寿日労、寿地区センター等で構成）
4月20日 佐伯輝子『赤ひげ女医の腕まくり』（明玄書房）刊
6月9日 川崎駅前交番で、「野宿者に対する警官の熱湯リンチ事件」に対する抗議集会、寿日労、寿支援者交流会
7月16日 横浜ランドマークタワー（高さ296m）開業
7月 中福祉に相談者1,400名、1年前の約2倍となる
9月6日 横浜市、屋外生活者宿泊援護事業を南浩生館に委託
11月 寿アルク、中村町に第1デイケアセンターを開設
12月1日 炊き出しの会、町内会館にて炊き出しを開始
12月26日 横浜市年末年始対策、宿泊施設は寿公園プレハブ2棟2段ベット（約200名）家裁裏プレハブ（約400名弱）施設100名、簡宿300室確保、臨時診療所で31日のみレントゲン使用可、その他の日は有馬病院が受け持つ。結核対応簡宿10室確保（期間12月26日〜1月7日）
12月26日 第20次越冬闘争（〜1/7まで）

1月13日 パリで「化学兵器禁止条約」調印、127か国の代表が出席、97年4月29日発効／米英仏、イラク共和国に空爆開始
1月15日 「日本社会福祉士会」結成
1月16日 釧路沖地震発生
1月20日 クリントン米大統領就任
2月12日 国連に「持続可能な開発委員会」設置
4月1日 「日本障害者協議会（JD）」結成
4月1日 「あしなが育英会」設立
4月8日 カンボジアで選挙監視ボランティア活動中の中田厚仁さん殺害される
4月17日 「全国精神障害者団体連合会」結成
5月 「日本プロサッカーリーグ（Jリーグ）」開幕
6月14日 ウィーンで「世界人権会議」、171国代表とNGOが参加
6月18日 「パートタイム労働法」公布、12月1日施行
6月 精神保健法改正
7月12日 「北海道南西沖地震」（奥尻島沖地震）発生、M7.8、死者176人、行方不明者68人、住宅半壊994棟、漁船の流出・破壊591隻
7月18日 55年体制崩壊（第40回衆議院議員選挙により）
8月1日 NHKで『調査報告・朝鮮人強制連行―初公開6万7,000人の名簿』を放映
8月4日 政府が「従軍慰安婦」問題について調査結果発表、軍の関与と強制性を認め正式謝罪
8月6日 衆議院議長に土井たか子選出、女性初
11月1日 EU（欧州連合）発足
11月19日 「環境基本法」公布・施行
12月3日 「障害者基本法」公布・施行、70年5月公布・施行の「心身障害者対策基本法」を全面改定
12月20日 国連総会で「障害者の機会均等化に関する基準規則」「国内人権機関の地位に関する原則」採択

1月	中区医療センター訪問看護ステーション開設（2月より寿へ訪問看護開始）	2月 5日	「在日本朝鮮人人権協会」結成
4月22日	中福祉事務所で居所不定で生活保護を受理しない対応が増加、生活保護行政の後退に対する運動が始まる	4月 1日	高等学校での家庭科男女共修開始
		4月10日	NATO軍、ボスニア紛争でセルビア人勢力を空爆
5月	寿地区内の11団体で「医食住を保障せよ生存権をかちとる寿の会」結成（カラバオの会、シャロームの家、寿医療班、寿支援者交流会、寿地区センター、寿日雇労働者組合、ことぶき福祉作業所、中区肢体障害者福祉協会、木曜パトロールの会、老人クラブ、ろばの家）	4月	「障害児・者人権ネットワーク」結成
		6月 3日	「日本障害者芸術文化協会」設立、2000年6月に「エイブル・アート・ジャパン」と改称
		6月27日	松本サリン事件、8人死亡、約600人が重軽傷
		6月29日	「ハートビル法」公布、2006年12月の「新バリアフリー法」施行に伴い廃止
6月	「生存権をかちとる会」八項目の要求書を提出「高齢・疾病の要保護状態の生保の速やかな受理、パン券の増額、緊急一時保護施設の設置等」	6月30日	村山富市内閣成立、自民・社会・さきがけ連立政権
		7月 1日	「地域保健法」「保健所法」改正により制定
		7月12日	政府「男女共同参画推進本部」設置を決定
7月	ことぶき福祉作業所、自治労横浜会館に移転	8月 7日	横浜で第10回国際エイズ会議、130か国代表参加
9月 9日	緊急一時宿泊所に関する地元説明会（於・生活館4F）	11月27日	「スペシャルオリンピックス日本」結成
10月28日	「かちとる会」4回目交渉、パン券・ドヤ券の値上げについて。生保申請にあたり、居所確保のため前貸しを行うこと、寿町診療所を要否判定医療機関とせず、生保対応をすることを確認。住民懇、福祉局と第2回目の交渉、緊急一時宿泊所について	12月15日	自治省が住民票の「嫡出子」「非嫡出子」の表現を改め「子」に統一を通知、実施95年3月1日より
		12月16日	「被爆者援護法」公布／文部・厚生・労働・建設4大臣合意により「エンゼルプラン」策定
		※	外務省に「民間援助支援室」（通称「NGO支援室」開設
11月 7日	まつかげ一時宿泊所開設	※	横浜で第1回国連防災世界会議、「横浜戦略」を採択
12月 1日	『神奈川県匡済会75年史』刊行		

1995（平成7）年 村山内閣　阪神・淡路大震災　ボランティア元年

2月	伊勢佐木警察署、横浜市環境事業局、中土木事務所等により、寿町・松影町地区の環境浄化対策実施（放置	1月17日	阪神・淡路大震災、死者6,434人、全壊家屋10万5千棟、全国からボランティアが駆けつけ「ボラティア元年」

	車両の撤去、粗大ごみの処分等）			の言葉が生まれ、NPO法制定につながる
3月	寿アルク、アルコール問題業務研究・連絡会開催（6月より月1回）		3月20日	「地下鉄サリン事件」発生
			5月19日	「精神保健福祉法」公布、7月1日施行
3月	横浜市中区保護課『寿のまち』刊行		6月 9日	「育児・介護休業法」公布、10月1日施行
5月	「野草の会」と「ろばの会」が合同し、精神保健福祉を考える市民団体「ろばと野草の会」設立、事務局を「ろばの家」内に置く		10月18日	大阪道頓堀川「ホームレス」襲撃事件発生
			11月15日	「高齢社会対策基本法」公布、12月16日施行
			12月 8日	「災害対策基本法」改定公布・施行、初めて「自主防災組織」の用語が用いられる
			12月15日	村山首相が水俣病に関し政府として初めて謝罪
			※	「国連人権教育の10年」始まる

1996（平成8）年　村山内閣　橋本内閣　金融ビッグバン　住専に公的資金投入

3月	中村橋伝道所が金岡ビルに移転「なか伝道所」となる		1月	山岡強一『山谷やられたらやりかえせ』刊（現代企画室）
4月 1日	ことぶき共同診療所開所（当初は夜間診療のみ、翌年5月より昼間診療開始）院長田中俊夫		2月16日	「薬害エイズ問題」に関し、菅直人厚相が国の責任を認め患者・家族に謝罪
5月	社会福祉法人恵友会設立		3月31日	熊本地裁判決を受け「らい予防法」廃止
6月30日	寿町総合労働福祉会館1階の食堂「大将」廃止		4月17日	「日米安保共同宣言」発表
7月	不老町地域ケアプラザ開設		4月	「自殺過労死110番」全国相談実施
12月20日	笹倉明『推定有罪』（文芸春秋）刊行		6月	住宅金融専門会社（住専）に公的資金投入
			9月 4日	「介護の社会化を進める1万人市民委員会」結成、「介護保険制度」導入に大きな役割を果たす
			9月 8日	沖縄県で「アメリカ軍基地の整理・縮小と日米地位協定の見直し」に関する県民投票実施、賛成投票90%
			12月26日	「人権擁護施策推進法」公布

1997（平成9）年　橋本内閣　第2次平成不況　アジア通貨危機　香港が中国に返還　消費税5%に　貧困撲滅のための国連10年始まる

2月12日	越冬後交渉		1月 2日	「ナホトカ号重油流出事件」発生、全国から27万人のボランティアが重油の除去作業に従事
2月15日	横浜駅長団体交渉（横浜水曜パトロールの会）			
3月31日	ことぶき福祉作業所運営委			

	員会『自立と参加への道』刊行	1月25日	水俣病被害者の会全国連絡会結成／3月23日水俣病現代の会結成
3月	障害者地域作業所「バード」開所	4月 1日	消費税5%に
6月	高齢者ふれあいホーム建設工事再開される	4月	「移住労働者と連帯する全国ネットワーク」結成（「カラバオの会」などが参加）
8月14日	寿医療班・かわらばん「空」を刊行（隔月）	6月18日	「男女雇用機会均等法」「労働基準法」改定公布、99年4月1日施行
8月	まつかげ一時宿泊所でミドルプログラム開始	7月 1日	香港、中国に返還される
10月13日	寿地区高齢者ふれあいホームオープン、25日開所式を行う	7月16日	「臓器移植法」公布、10月16日施行
11月	寿アルク、アルコール依存症を対象としたグループホーム「本牧荘」を開設	10月	北村年子『「ホームレス」襲撃事件 "弱者いじめ" の連鎖を断つ』刊行
		11月	厚生省が「遺伝子組換え食品の表示等に関するガイドライン」を発表
		12月17日	「医療法」改定公布、「インフォームド・コンセント」を明文化／「介護保険法」公布、2000年4月1日施行
		12月18日	韓国で金大中大統領誕生
		12月19日	「精神保健福祉士法」公布、98年4月1日施行
			※北海道拓殖銀行経営破綻

1998（平成10）年　橋本内閣　小渕内閣　NPO法施行　日本列島総不況

1月 7日	寿生活館職員の女性ケースワーカーがクライアントに殺害される	2月 7日	長野で「第18回オリンピック冬季競技大会」開催（～22日）、72か国・地域から2,300人の選手、期間中3万人余のボランティアが活動
2月	第2アルクデイケアセンター開設準備会発足	3月25日	特定非営利活動促進法公布（通称NPO法）、12月1日施行、議員立法による
3月 1日	寿町勤労者福祉協会診療所が1階食堂跡に移転	5月11日	インドが核実験実施
3月	横浜国際競技場（日産スタジアム）開業	5月28日	パキスタンが核実験実施
4月 1日	「第二シャロームの家」開所	6月 5日	「家電リサイクル法」公布、12月1日施行
5月	「木楽な家」昼食会始まる	7月25日	和歌山市で毒物混入カレー事件
7月 1日	寿町総合労働福祉会館1階にヘルパー作業室開設。社会福祉法人横浜市福祉サービス協会に委託	10月 9日	「地球温暖化対策推進法」公布、99年4月8日施行
8月	石川町クリニック開設（精神科）		※大蔵省接待汚職事件
8月	「寿アルクを支える会」発足		※「ハマの大魔神」流行語大賞
9月	精神障害者地域作業所「ほっ		

とスペース関内」開所

1999（平成 11）年　小渕内閣　日銀ゼロ金利政策実施　国際高齢者年

4 月　1 日	よこはま動物園（ズーラシア）開園	1 月　7 日	自衛隊、国連平和維持軍活動参加決定
5 月 25 日	ことぶき共同診療所デイケア開設	2 月 12 日	内閣内政審議室を中心に「ホームレス問題連絡会議」発足
8 月	桜木町パトロール活動開始	3 月 24 日	NATO 軍がコソボ紛争に介入、空爆開始
9 月 18 日	横浜水曜パトロールの呼びかけで神奈川県内のホームレス支援組織交流会が初めて開催	5 月 14 日	「情報公開法」公布、2001年 4 月 1 日施行
10 月	「第 2 アルクデイケアセンター」開設	5 月 24 日	「日米防衛協力新指針関連 3 法」成立
		5 月 26 日	「児童買春・児童ポルノ禁止法」公布、11 月 1 日施行
		6 月 23 日	「男女共同参画社会基本法」公布・施行
		10 月 26 日	桶川ストーカー殺人事件、事件を機に 2000 年 5 月に「ストーカー規制法」制定
		12 月　8 日	「成年後見制度」導入の改定民法公布、「禁治産」「準禁治産」に替えて「後見」「保佐」「補助」の 3 類型、「権利の制限」から「権利行使の援助」に転換

※「釜ヶ崎のまち再生フォーラム」結成

2000（平成 12）年　小渕内閣　森内閣　第 3 次平成不況　介護保険制度開始

1 月	寿町 DOTS 事業（直接監視下における短期化学療法という結核療法）を寿町勤労者福祉協会が横浜市から受託	1 月 23 日	「犯罪被害者の会」結成、その後「全国犯罪被害者の会」と改称
1 月	横浜市大医学部付属総合医療センター開院	3 月 31 日	北海道の有珠山噴火
4 月　1 日	「まつかげ一時宿泊所の定員増加と宿泊券の変更について」の文書が福祉事務所で配られ始める	4 月　1 日	介護保険制度スタート
		4 月　6 日	携帯電話が 500 万台突破、固定電話を上回る
4 月　9 日	横浜・寿地区の運動家の呼びかけで「神奈川県夜回り・パトロール交流会」（全県パト）が発足、毎月持ち回りで例会実施を確認	4 月	大阪市西成区で「あいりん臨時夜間緊急避難所」開設
		5 月　7 日	プーチン首相、ロシア大統領に就任
		5 月 12 日	「消費者契約法」公布、01年 4 月 1 日施行
5 月　1 日	「まつかげ一時宿泊所」暫定自立支援センター「まつか	5 月 17 日	「交通バリアフリー法」公布、11 月 15 日施行
		5 月 19 日	「犯罪被害者保護法」公布、11 月 1 日施行

5月	げ宿泊所」としてスタート NPO法人相模事業開始（本部中区常磐町、9月12日神奈川県認証、横浜市内に14か所の無料低額宿泊事業所を運営、総入居者数370名程度）	5月24日	「児童虐待防止法」公布、11月20日施行／「ストーカー規制法」公布、11月24日施行
6月 1日	寿町勤労者福祉協会診療所精神科・心療内科開設される	6月 2日	「循環型社会基本法」公布・施行
6月	ことぶき共同鍼灸院開設	6月 7日	「社会福祉法」公布・施行、社会福祉サービスが「行政による措置」から「利用者の選択による契約」へ
7月	神奈川県労働福祉協会・寿労働センター無料職業紹介所『ことぶき 四半世紀のあゆみ』刊行	6月27日	「雪印乳業食中毒事件」発生
		7月 8日	三宅島の雄山噴火・火山活動活発化、9月1日全島民に避難指示発令
10月	伊勢佐木署と県警生活安全総務課が主体となり、寿地区環境浄化特別対策が実施され、放置車両の撤去、舗装道路の打ち直し、ガードレールの設置等が行われる	9月11日	東海地方集中豪雨発生、12日にかけて記録的豪雨、死者9人、19万世帯に避難勧告
		10月 6日	「鳥取県西部地震」発生、震度6、負傷者120人以上、損壊家屋5,200棟以上
12月31日	『さなぎ達0号〜話をしようよ』刊（編：さなぎ達※翌年NPO法人化）	12月 6日	「少年法」改定公布、刑事処分可能年齢の引き下げ等の厳罰化／「人権啓発推進法」公布・施行

2001（平成13）年 森内閣　小泉内閣　9・11アメリカ同時多発テロ
ボランティア国際年

2月	NPO法人「さなぎ達」設立「第三シャロームの家」開所	1月 1日	「医療保険制度改革関連法」施行、70歳以上の高齢者の自己負担が定額制から原則1割の定率制に
4月 1日			
5月19日	さなぎ達、初イベント「さなぎ達コンサート」行われる（於：バプテスト教会）	1月 2日	ブッシュ・jr、米大統領に就任
5月	ことぶき共同診療所、医療班合同で寿地区住民の食生活調査開始	3月 2日	厚生労働省が路上生活者支援に関し、「住所なし」の人にも生活保護を適用するよう通知
6月 4日	寿地区自治会長秋場茂逝去（金原会長の遺志を受け継ぎ第2代会長として1972年以降、30年近く自治会会長・民生委員として、地域の環境改善・福祉の向上に努めた）	3月28日	アメリカ政府が気候変動枠組条約「京都議定書」からの離脱を表明
		4月13日	「DV防止法」公布、10月13日施行
6月	大石クリニック、コスモヘルパーステーション開所	4月26日	小泉純一郎内閣成立
7月 1日	寿労働センター、厚労省より日雇労働者技能講習事業を受託	6月12日	ドイツ政府「約30年後に原発を全廃する」と決定、シュレーダー首相が主要電力会社4社と協定書に調印
7月31日	例会で正式名称を「神奈川全県夜回り・パトロール交流会」とすることが決定	7月11日	「学校教育法」「社会教育法」改定公布・施行、共にボラ

7月	「カスタム介護支援センター寿」開設
7月	「在日外国人教育生活相談センター・信愛塾」南区中村町1丁目に移転
8月 8日	木曜パトロールの会、町内会館から撤退
10月	「さなぎの家」開所

※ 2001年12月21日第10次8回で旧・町内会館での炊き出し終了、2002年1月18日から寿公園での炊き出し開始

	ンティア活動・自然体験活動の促進を規定
9月11日	ニューヨークで「同時多発テロ」発生、ハイジャックされた民間航空機4機により世界貿易センタービルと国防総省の本庁舎が襲われ3,000人余りの死者
10月 7日	「アフガン戦争」勃発、「9・11テロ」に対する報復名目に米がアフガンに侵攻
11月 2日	「テロ対策特別措置法」公布・施行
11月	「日本高齢者生活協同組合連合会」結成
12月26日	「テロ・報復戦争反対の〈高校生1万人アピール〉」発表

2002(平成14)年　小泉内閣　日韓ワールドカップ　初の日朝首脳会談

1月21日	自立支援センター新築棟工事着工	1月23日	「雪印食品偽装牛肉事件」発覚
1月	町内会館、寿児童公園仮設プレハブに引っ越し、寿医療班は町内会館に入らず	3月 3日	「移住女性のための暴力・DV全国一斉ホットライン」実施(〜14日)、全国16の市民団体の連携で9月にも実施
2月20日	ことぶき共同診療所『ことぶき共同診療所5周年誌』刊行	3月	「フードバンク・ジャパン」設立、04年に「セカンドハーベスト・ジャパン」に名称変更
3月 1日	ことぶき共同診療所に寿町関係資料室を開設	4月 1日	小・中学校で「完全5日制」と「総合的学習の時間」始まる
4月 1日	ことぶき診療所田中俊夫院長「横浜簡易宿泊所街の地域医療を目指して」を執筆(法務省保護局編「更生保護」に掲載)	5月31日	日本政府、気候変動枠組条約「京都議定書」を批准
4月 8日	中田宏市長就任	6月30日	サッカーワールドカップ日韓共同開催決勝
4月	NPO法人訪問看護ステーションコスモス寿分室、吉浜町に山谷の分室として開設	8月 5日	住民基本台帳ネットワーク稼働
5月11日	かながわドームシアターで「さなぎ達」festa開催	8月 7日	「ホームレス自立支援法」公布・施行、期間10年の時限立法
7月	横浜市庁舎で夜間のケンカによる怪我人が出たことにより、市庁舎周辺にロープが張られ、野宿できなくなる(その後、フェンス設置)	8月24日	横浜で「世界精神医学会第12回世界大会」(〜26日)、119の国と地域から約8,000人参加
10月18日	任意団体　横浜みなとクラブ(中区末吉町、無低宿泊施設、5カ所、80人程度)	8月26日	日本精神神経学会総会で、「精神分裂病」の呼称を「統合失調症」と改めることを決定
10月30日	横浜スタジアムスタンド下		

	にて、CR 車による結核検診が行われる	9 月 17 日	「日朝平壌宣言」、小泉首相初の訪朝で、北朝鮮は拉致問題を謝罪、10 月 15 日に被害者 5 人帰国
11 月	さなぎ食堂開設		
12 月	寿町歯科室開設		

2003（平成 15）年　小泉内閣　イラク戦争　「個人情報保護法」公布

4 月 1 日	寿労働センター、厚生労働省より野宿者を対象とした技能講習事業を受託	3 月 11 日	オランダのハーグに「国際刑事裁判所」開設
4 月 1 日	障害者地域作業所「風のバード」開設　初黄・日ノ出町環境浄化推進協議会が発足	3 月 20 日	「イラク戦争」勃発、米英が「イラクは大量破壊兵器を隠し持っている」との理由、04年 10 月にアメリカのイラク戦争調査団が「イラクに大量破壊兵器の備蓄はなかった」との最終報告を公表
6 月 1 日	横浜市ホームレス自立支援施設「はまかぜ」開設		
6 月 9 日	寿町勤労者福祉協会診療所が、はまかぜ入所者検診のため午前診療再開	4 月	新型肺炎 SARS 新感染症認定（7/5 終息宣言）
7 月 1 日	第 2 アルクデイケアセンター、新翁ビル引っ越し	5 月 23 日	「食品安全基本法」公布、7月 1 日施行
7 月 31 日	寿町関係資料室『ことぶき簡易宿泊所街地図集』刊行	5 月 30 日	「個人情報保護法」公布・施行
7 月	横浜ワークショップ（横浜光センター、希望更生センター）が東神奈川に移転	5 月	「ビッグイシュー日本」設立
		6 月 6 日	有事法制関連三法成立
10 月 10 日	大沢敏郎『生きなおす、ことば』（太郎次郎社エディタス）刊行	7 月 4 日	「労働基準法」改定公布、解雇権行使が厳しくなり、「裁量労働制」の適用範囲拡大
11 月 11 日	佐々木和美『悲しみのニトロ—佐々木和美詩集—』刊行	7 月 10 日	性同一性障害特例法成立
11 月 22 日	寿アルク『寿アルク 10 周年記念誌—1362 人の足跡』刊行	8 月 1 日	「イラク復興支援特別措置法」公布・施行／「貸金業法」改定公布、04 年 1 月 1 日施行、ヤミ金融被害対策として
11 月	NPO 法人「ことぶき介護」開設	8 月 27 日	北朝鮮を巡る六か国協議開始（北朝鮮、米、中、韓、ロ、日）
12 月 1 日	横浜市道路局　「ハマロード・サポーター」（道路の里親制度）実施要綱制定	9 月 2 日	「指定管理者制度」導入
		10 月 1 日	東海道新幹線品川駅開業
12 月	寿町関係資料室、ことぶき生活便利マップ作成	10 月 10 日	日本産トキ絶滅宣言
		11 月 29 日	イラクで日本人外交官 2 名殺害
12 月	中央防災技研クリーンライフケア中事業所中区事業所開設	12 月 1 日	テレビ地上デジタル放送スタート
		12 月 23 日	米で BSE 発生、日本政府は米産牛の輸入停止

2004（平成 16）年　小泉内閣　韓流ブーム　鳥インフルエンザ

1 月	神奈川県警が日ノ出町から黄金町にかけてのパトロール強化	1 月 9 日	陸上自衛隊にイラクへの派遣命令
2 月 1 日	みなとみらい線開業	2 月 6 日	日本ペンクラブ緊急集会「いま、戦争と平和を考える」

2月26日	横浜市ホームレス自立支援実施計画策定とヒアリング	
3月24日	訪問看護ステーションコスモス寿分室、松影町へ移転	
3月31日	寿町総合労働福祉会館1階理容室閉店	
4月 1日	寿生活館2階横浜市直営相談業務がはまかぜ改修棟に移転、「寿福祉プラザ相談室」（寿地区対策担当）と改称される。「寿地区町内会館」が寿生活館2階に移転、寿日雇労働者組合、寿生活館2階に移転	
4月	「バード」が福祉プラザに移転	
5月	ケアポート青空（吉浜町）開設	
6月20日	寿町関係資料室『寿町ドヤ街』第1号（寿町の地域医療と福祉）刊行	
8月20日	山崎洋子『ヴィーナス☆ゴールド』（毎日新聞出版）刊行	
9月30日	寿町総合労働福祉会館1階夜間銀行廃止（35年間継続）	
10月	寿福祉プラザ・介護予防デイサービス開設	
11月	緊急一時宿泊施設（シェルター）中村川寮開設	
12月 1日	ポーラのクリニック開設	
12月	松影町デイサービスセンター開設	
12月	トム・ギル「シェルター文化の誕生　ホームレス自立支援法から2年」『明治学院大学国際学部付属研究所年報』	

	開催	
4月 7日	「イラク日本人人質事件」、戦闘状態下でボランティアを含む日本人が武装勢力の人質に、「自己責任論」が声高に叫ばれる中、アメリカのパウエル国務長官は「イラクの人々のために危険を冒して現地入りする市民がいることを日本は誇りに思うべき」と語った	
5月19日	「発達障害者支援法制定促進議員連盟」結成	
5月21日	裁判員法施行、同月28日施行	
5月22日	小泉首相二度目の訪朝、拉致被害者家族5名帰国	
5月27日	イラクで日本人ジャーナリスト2名殺害される	
6月 2日	「DV防止法」改定公布、12月2日施行、法による規制の対象に「元・配偶者」も含める／「消費者基本法」公布・施行	
6月 4日	「障害者基本法」改定公布・施行、障害を理由とした差別の禁止を明記、国及び地方公共団体の責務として「障害の予防」ではなく「障害者の権利の擁護と差別の防止」を明記、当事者の「自立への努力」義務規定を削除、「都道府県障害者計画」の策定を「努力義務」から「義務」化など	
6月10日	「憲法9条の会」結成	
9月 3日	全国精神障害者団体連合会第8回全国大会で「精神障害者人権宣言」採択	
10月23日	「新潟県中越地震」発生、M6.8、死者40人、負傷者2,869人、義援金20億円超える	
12月 8日	「育児・介護休業法」改定公布、05年4月1日施行、「子の看護休暇」制度を創設／「犯罪被害者等基本法」公布、05年4月1日施行	
12月10日	「発達障害者支援法」公布、05年4月1日施行	
12月26日	スマトラ島沖で大地震、死者20万人以上	

2月 1日	松本一郎・村上英吾「寿町における簡易宿泊所滞在長期化と食生活の実態」（東京都市政調査会『都市問題』96巻2号）刊行／神奈川県警が「歓楽街総合対策バイバイ作戦本部」を設置　約100名の署員を投じ、24時間体制で大岡川沿いの非合法歓楽街の壊滅作戦に乗り出す
3月31日	横浜市寿貯蓄組合解散
3月	中区地域保健福祉計画、寿プロジェクト立ち上げ
6月	「第3アルクデイケアセンター」開設
7月	寿町関係資料室「ことぶき生活便利マップ2005」発行
7月	かながわヘルパーステーション開設
8月12日	横浜寿町フリーコンサートが行われ、Kotobuki ☆ Kidsが初めてステージに立つ
8月	神奈川県ホームレス就業支援協議会設立される。（厚労省の委託事業、構成団体、神奈川県、横浜市、川崎市、神奈川県労働福祉協会、連合神奈川、神奈川県警備協会、神奈川県建設業協会、神奈川県ビルメンテナンス協会、等）
10月	寿福祉プラザ内に就労支援窓口開設
11月14日	センター広場の焚火がなくなり駐輪場に
11月30日	寿町関係資料室『寿町ドヤ街』第2号（寿町における歴史的記録）刊行

2月16日	「国連気候変動枠組条約京都議定書」発効
2月17日	生活保護世帯が100万世帯突破
2月26日	長野で「スペシャルオリンピック第8回冬季大会」開催（～3月5日）、80か国・地域から約3,000人参加
3月23日	共同作業所全国連絡会が「障害者自立支援法」に関して行った利用者意向調査結果を発表、「地域活動支援センターへの移行希望」28%、「就労継続支援事業希望」33%、就労移行支援事業希望」8%
3月25日	愛知県で「2005年日本国際博覧会」（愛・地球博）開催（～9月25日）、121か国と4国際機関参加、入場者2,200万6,000人、メインテーマ「自然の叡智」
3月29日	スマトラ島沖で再度大地震発生
4月25日	JR福知山線で脱線事故、107人死亡
5月25日	「受刑者処遇法」公布、受刑者が不服申し立てをできる第三者機関の設置等を規定
7月 5日	「このままの障害者自立支援法では自立できません！7・5緊急大行動」実施、日本障害者協議会など共催、中央集会に1万1千人参加、各地の取組に5万人以上参加
7月29日	東京で「ノーモア・ヒロシマ・ナガサキ国際市民会議」開催（～31日）
10月 3日	水俣病の新たな認定申請者690人が国や熊本県・チッソを相手に損害賠償請求訴訟を提訴
11月 9日	「高齢者虐待防止法」公布、06年4月1日施行
11月22日	ドイツで初の女性首相（メルケル）誕生
11月30日	「新横田基地騒音訴訟」で、

	東京高裁が総額約 32 億 5千万円の損害賠償を国に命ずる判決

2006（平成 18）年　小泉内閣　安倍内閣　格差社会　65 歳以上の高齢者初の 20％ 超

1月 27 日	第 1 回ことぶき花いっぱい運動はじまる	2月 10 日	「ハンセン病補償法」改定公布・施行、療養所外の元入所者も補償対象に
1月	勤労協「いぶき」創刊	2月 25 日	「過労死・自殺相談センター」結成
1月	大石クリニック「デイサービス寿」開設	3月　9 日	介護労働安全センターが「介護労働者就業実態調査」結果を公表、03 年 12 月から 1 年間の離職率が 21％で、全産業平均を 5％上回る
3月 24 日	KOTOBUKI 選挙にいこうキャンペーン実行委員会（岡部友彦代表）と寿地区自治会（村田由夫会長）		
4月	ヨコハマホステルビレッジ事務所が三和物産ビル 1 階あじめ食堂跡に移転する	3月 13 日	「自立支援法ホットライン」開設（〜 15 日）、日身連など、227 件の相談
※第一期中区地域保健福祉計画（一期 6 年）策定されるも、この時点で計画対象に寿地区は含まれず		3月 30 日	政府が「国連持続可能な開発のための教育の 10 年」実施計画を決定
		3月	経済産業省が「シチズンシップ教育宣言」発表
6月　5 日	法外援護の変更について、利用者向けのチラシが中区で渡され始める	4月　1 日	「障害者自立支援法」一部施行、利用料の 1 割負担実施
6月 16 日	さなぎ食堂がローソンと協力し、店舗で販売期限切れ弁当などを食堂で活用する試みを開始	6月　3 日	「呆け老人をかかえる家族の会」が「認知症の人と家族の会」に名称変更
		6月　7 日	「消費者契約法」改定公布、07 年 6 月 7 日施行
6月	ボートピア横浜場外舟券売り場着工（扇町 3 丁目）	6月 21 日	「新バリアフリー法」公布、12 月 20 日施行／「自殺対策基本法」公布、10 月 28 日施行／「男女雇用機会均等法」改定公布、07 年 4 月 1 日施行
7月	銀杏の大樹（山下町）開設		
7月	寿町総合労働福祉会館 1 階寄せ場の天井に絵が描かれる		
8月　1 日	ことぶき共同診療所『医療法人ことぶき共同診療所 10 周年記念誌』刊行		
		9月 26 日	安倍晋三内閣成立
10 月　1 日	横浜市、法外援護対象者を求職者に限定、施策目的を緊急援護から自立支援に転換、就労支援に力を入れる制度変更開始／生活保護の市無料パス廃止	10 月 31 日	「出直してよ！『障害者自立支援法』10・31 大フォーラム」、参加 1 万 5 千人
		11 月　8 日	国会前で「教育基本法（改正）反対！人間の鎖」行動、参加 2,300 人、翌日に「教育基本法改悪反対アピール」発表
10 月 12 日	中福祉事務所へ生活保護集団申請行動		
10 月 17 日	ことぶき共同診療所、診療部分が 1 階に引っ越し	12 月 13 日	国連総会で「障害者の権利に関する条約」採択、08 年 5 月 3 日発効
10 月	横浜市ハマロード・サポーター事業（道路里親事業）で	12 月 22 日	「教育基本法」改定公布・施行
		12 月 30 日	イラクのフセイン元大統領の死刑執行

2 月 22 日	環境美化イエロー作戦スタート
2 月	第 1 回防災パレードおよびコンサート開催
4 月	ケアステーションふれ愛設立
5 月 10 日	寿アルク「依存者のための精神障害者地域作業所の新設について」（第 4 アルク）準備会開催
5 月	ケアライン・ペガサス開設
5 月	地元の要望により、寿町総合労働福祉会館 2 階「翁湯」で要介護認定者向けの入浴事業はじまる
6 月 30 日	寿町総合労働福祉会館 1 階売店「平田商店」閉店
7 月 1 日	地域活動支援センター「百合の樹」開所
7 月	シャローム墓地完成（箱根・強羅）
8 月	「デイサービスきららステーション」三都荘新館 1 階で始まる
8 月	大石クリニック「大石おいしい弁当」が配食サービスを始める
10 月 16 日	寿町関係資料室『寿ドヤ街』第 3 号（寿は今）刊行
10 月	小田昭・梶川浩「寿地区簡易宿泊所街の高齢化と課題」（横浜市政策局編『調査季報』161 号）刊行
11 月 16 日	寿町関係資料室『寿ドヤ街』第 4 号（宇田知道君とその時代）刊行
11 月 27 日	寿福祉プラザ相談室の相談員 4 名削減案に関する地元説明会（於、生活館 2 階）
11 月 28 日	寿福祉プラザ相談室の職員減員に対する要望書を健康福祉局生活福祉部に提出（寿地区自治会・寿地区民生委員協議会・寿地区社会福祉協議会）
12 月 14 日	「ボートピア横浜」オープン、寿地区自治会秋場会長の 20 年来の悲願が実現、秋場会長は寿地区の環境改善、福

1 月 20 日	「働く女性の全国センター」結成
2 月 17 日	社会保険庁で 5 千万件以上の公的年金記録不備
3 月 21 日	「武力で平和はつくれない イラク占領まる 4 年 WORLD PEACE NOW3.21」集会とパレード、参加 2,000 人
4 月 1 日	文部科学省が「特殊教育」の名称を「特別支援教育」に改める
4 月 23 日	「核兵器廃絶国際運動」結成
5 月 16 日	「消費生活協同組合法」改定公布、08 年 4 月 1 日施行
5 月 18 日	国連拷問禁止委員会が日本政府に「代用監獄」制度廃止勧告などを柱とする最終見解を公表
6 月 1 日	「パートタイム労働法」改定公布、08 年 4 月 1 日施行
6 月 7 日	「消費者団体訴訟制度」スタート
6 月 9 日	「ホームレス支援全国ネットワーク」結成
6 月 15 日	「更生保護法」公布、08 年 6 月 1 日施行
7 月 16 日	新潟県中越沖地震で死者 15 名、東電柏原原発で火災発生
9 月 12 日	安倍首相突然の辞意、26 日に福田康夫内閣成立
9 月 13 日	国連総会「先住民族の権利に関する国際連合宣言」採択
11 月 16 日	「被災者生活再建支援法」改定公布、12 月 14 日施行、住宅本体の再建も支援
12 月 18 日	国連総会で「死刑執行の停止を求める決議」採択、賛成 104 か国、反対 54 か国、棄権 29 か国
12 月 25 日	厚生労働省が「障害者基本計画・重点施策実施後期 5 カ年計画」策定

※アップル社が iphone を発売

祉の向上を目指し、誘致運
動の先頭に立ち尽力

2008（平成20）年　福田内閣　麻生内閣　リーマンショック

1月18日	舟券売り場の収入を寿地区のまちづくりに活かす会、横浜市に要望書を提出	1月16日	「新テロ対策特別措置法」公布・施行
3月30日	山本薫子『横浜・寿町と外国人』福村出版刊行	1月17日	中央教育審議会が「学習指導要領の見直し」を答申（「ゆとり教育による学力低下」批判を受けて）
3月	中土木事務所　中村川左岸にソメイヨシノを植える	1月	「セクシュアル・マイノリティ支援全国ネットワーク」結成
4月　1日	寿町のごみをリサイクルする会、「寿クリーンセンター」オープン。「アルクデイケアセンター」、「第2アルクデイケアセンター」が地域活動支援センターの認可を受ける	4月　1日	「後期高齢者医療制度」実施、75歳以上の高齢者の医療保険を別立てに／「ふるさと納税制度」始まる
4月	のげざか訪問介護開設	6月　6日	衆参両院で「アイヌ民族を先住民族とすることを求める決議」採択
4月	「寿町なんでもSOS班」、3年間のモデル事業を経て健康福祉局協働事業となる	6月18日	「ハンセン病問題基本法」公布、09年4月1日施行／「被爆者援護法」改定公布、12月15日施行、在外被爆者が来日しなくても「被爆者健康手帳」の取得が可能に
5月17日	「寿みんなの映画会」始まる		
6月　1日	本牧荘が自立支援法の下で、共同生活事業所（グループホーム）の認可を受ける		
7月　1日	アルク・ハマポート作業所開設	9月　1日	福田首相退陣を表明、24日麻生内閣成立
7月20日	第1回横浜アディクションセミナー開催（寿アルク・横浜ダルク・横浜マック・ワンデーポート・ミモザの5施設主催）	9月28日	「女性と貧困ネットワーク」結成
		9月	世界規模の金融危機「リーマンショック」、アメリカの投資銀行の経営破綻による
9月　1日	地域作業所「バード」弥生町に移転	10月26日	「障害者権利条約批准・インクルーシブ教育推進ネットワーク」結成
10月23日	生活館耐震工事（平成21年3月まで）	12月　3日	「児童福祉法」改定公布、09年4月1日施行、児童養護施設などでの虐待防止の条項を盛り込む
10月	グリーン薬局開設		
11月　1日	ヨコハマホームケアサービス開設	12月12日	「国籍法」改定公布、09年1月1日施行
11月29日	NHK総合・ドキュメント日本の現場「さなぎの食堂定食日記」放映	12月21日	「介護保険を持続・発展させる1,000万人の輪」結成
※	「時代や」が配食サービスを始める	12月31日	（〜09年1月5日）複数のNPOや労働組合により日比谷公園に年越し派遣村開設

2009（平成21）年　麻生内閣　鳩山内閣　横浜開港150周年記念式典

2月　1日	長生堂ホームヘルパー事業所開設		1月20日	アメリカ44代大統領にバラク・オバマ就任（〜17年1月20日）
2月20日	寿町関係資料室『寿ドヤ街』5号（寿町における医療）刊行		2月16日	「多文化共生マネージャー全国協議会」結成
2月20日	生活館2階に「ことぶき青少年広場」オープン		3月　8日	「男性介護者と支援者の全国ネットワーク」結成
2月27日	寿福祉プラザ2階法外援護相談窓口廃止する		4月　1日	総務省の「地域おこし協力隊事業」開始
4月13日	理容所跡を改修し寿町勤労者福祉協会診療所デイケア「なごみの里」開設		6月　5日	「消費者安全法」公布、9月1日施行
4月30日	横浜公園で横浜版派遣村開催（5月1日まで）		6月24日	「海賊対処法」公布、7月24日施行
4月	さなぎの家移転（富士食堂店舗跡に）		6月	「育児・介護休業法」改定公布、10年6月30日施行、女性の就労継続と男性の育児参加支援
4月	横浜市、新たに「ホームレスの自立支援等に関する実施計画」策定		7月15日	「水俣病特別措置法」公布・施行
6月15日	かながわチャレンジネット（かながわ住居喪失安定就労者サポートセンター）開設		7月	国連女性差別撤廃委員会の日本政府レポート審議会に、日本のNGO43団体が参加
6月30日	ことぶき共同診療所デイケア10周年の会		8月30日	第45回総選挙で民主党圧勝
8月15日	寿オルタナティブネットワークが第一浜松荘内でギャラリーを運営		9月　1日	「消費者庁」発足
8月30日	横浜市林文子市長就任		9月　5日	横浜で「文化庁文化芸術創造都市ネットワーク会議」開催、文化庁・都市文化創造機構主催／「全国権利擁護支援ネットワーク」結成、全国の22団体が参加
9月　2日	選挙公報が寿地区内の一部にしか配布されなかった問題について、自治会が中区選挙管理委員会に調査要望書提出		9月16日	民主党鳩山政権成立（〜10年6月8日）
			11月　1日	「全国父子家庭支援連絡会」結成
11月30日	中区ハローワーク横浜で、失業者向けの職業紹介・生活相談等のワンストップサービス施行		11月　6日	民主党政権による「事業仕分け」作業公開
			11月20日	相対貧困率15.7%、先進国で最悪と厚労省発表
			11月27日	ドバイショックで信用不安が全世界に広がる
12月28日	寿町関係資料室『寿町ドヤ街』第6号（寿町の歴史・運動・思い出）		12月　9日	「原爆症救済法」公布、10年4月1日施行、国が基金に3億円を拠出

2010（平成22）年　鳩山内閣　菅内閣　ねじれ国会　i-pad発売

2月	第1アルク・デイケア・センター松影 開設		1月	社会保険庁廃止、日本年金機構発足

3月		第1アルク・デイケア・センター翁 開設	2月27日	チリで M8.8 の大地震
4月 9日		寿児童公園一期分改修工事完了し、オープニングセレモニー開催	3月27日	「ベーシックインカム日本ネットワーク」結成
5月11日		寿町診療所開設 30 周年および佐伯所長就任 30 周年記念講演会（かながわ L プラザ）	3月	待機児童過去最多
			4月25日	「なくそう！子どもの貧困全国ネットワーク」結成
7月20日		中消防署が寿地区の簡易宿泊所関係者を対象に防災指導会開催	4月	生活保護未満の世帯 229 万世帯
			6月17日	厚労省が「イクメンプロジェクト」を開始
9月		大石クリニック・コスモヘルパーステーション・寿町デイサービス、アジアビルから栄和荘 1 階へ移転	6月	小惑星探査機「はやぶさ」帰還
			8月14日	「全国空襲被害者連絡協議会」結成
10月		NHKBS で「寿に新たな息吹を！岡部友彦　神奈川県横浜寿町」放映	11月12日	NHK 無縁社会プロジェクト編『無縁社会―無縁死三万二千人の衝撃』刊、10年 1 月に放送されて大反響を呼び、菊池寛賞を受賞した番組の書籍化
11月12日		寿職安前広場で、カップ酒・空き瓶を使った「寿灯祭」開催		

2011（平成 23）年　菅内閣　野田内閣　東日本大震災　国際森林年
「国連生物多様性の 10 年」始まる

2月 1日		NPO 寿アルク・扇町に依存症相談窓口アルク・ヒューマンサポートセンター開設	1月22日	宮崎市の養鶏農場のニワトリから鳥インフルエンザウイルス検出
2月28日		シェルター中村川寮廃止	2月22日	ニュージーランドで地震 日本人留学生 28 人死亡
3月		浴場での入浴介護「ふれあい入浴」終了	3月11日	「東日本大震災」発生、M9.0、最大震度 7、史上最大規模の地震で、被害は 1 都 18 県に及んだ。太平洋沿岸部で津波による被害が大きく、場所によっては波高 10m 以上、最大遡上高 40 mにも上る大津波が発生、岩手・宮城両県ほか広範地域に壊滅的な被害を与えた。また、震災により発生した福島第一原発の事故により大量の放射能が放出され、広範囲に被害をもたらした。死者・行方不明者は約 2 万人、建物の全壊・半壊 38 万戸以上、ピーク時避難者は 40 万人以上、停電世帯 800 万戸以上、断水世帯 180 万戸以上
4月 8日		第二期中区地域保健福祉計画策定（2011 年度～ 2015 年度、この時初めて寿地区が計画の中に入る）これに対応する形で「ことぶきゆめ会議」がスタート		
4月 8日		寿公園の改修工事終了		
4月		寿町勤労者福祉協会が寿生活館第 2 期指定管理者として引き続き管理業務を横浜市より受託		
5月 2日		横浜市福祉サービス協会「ヘルパーステーション寿」が少人数制デイサービスをオープン		
5月31日		佐伯輝子寿診療所長退職。新たに緒方芳久医師（内科医）就任		
5月		松影デイサービスが山多屋	4月 1日	小学校の英語必修化

	酒店隣に移転
10月 1日	寿町関係資料室『寿ドヤ街』第7号（ことぶき共同診療所開設15周年記念誌）刊行
10月 7日	横浜市が寿町の生活保護利用者向けに就労支援プログラム開始
10月27日	「横浜市人権施策基本方針（改訂版）」策定、寿地区への偏見を市の人権課題として位置づけ
11月 2日	長生堂デイサービスオープン
11月	かながわ福祉サービス開設

5月 1日	国際テロ組織アルカイダを率いるオサマ・ビン・ラディン氏殺害
6月14日	生活保護受給者59年ぶりに200万人超
6月20日	復興基本法設立
6月24日	「障害者虐待防止法」公布、12年10月1日施行
7月27日	新潟県や福島県会津で記録的な大雨
7月	地上デジタル放送移行
8月 5日	「障害者基本法」改定公布
9月 2日	野田佳彦内閣発足
10月 5日	アップル社元CEO スティーブ・ジョブズ死去（56）
12月17日	北朝鮮金正日総書記が急死

※日本GNP世界第3位に42年ぶり下落、中国が世界第2位

2012（平成24）年　野田内閣　安倍内閣　自民政権奪還　景気後退局面へ

1月	この時期から、ことぶきゆめ会議毎月一回開催
3月末	横浜市護（パン券宿泊券）を廃止（一部経過措置あり）、また、法外援護利用者向けの無料シャワー（寿福祉プラザ）も廃止
3月31日	NPO法人シャロームの家『20周年記念誌　シャロームの家〜20年のあゆみ〜』刊行
3月	カスタム介護支援センターが、ホテルミライの隣に移転
3月	寿町総合労働福祉会館第二娯楽室を図書室に変更／階段撤去、広場改修
4月	はまかぜ退所後の調整を行う「支援調整担当（寿福祉プラザ2F）設置／はまかぜ入所希望者のうち個別対応の必要な人が簡易宿泊所に宿泊する「借り上げ型シェルター事業」（原則1週間最大2週間開始）／はまかぜ退所後のアフターフォロー事業（アパート・簡宿居住者等の見守り）開始
4月	寿福祉プラザ2Fの介護予防デイ「寿でい（ことぶきつ

2月10日	復興庁発足／尖閣・竹島問題
4月 8日	元受刑者支援の「マザーズハウス」設立
4月27日	日本の総人口 過去最大の25万9,000人減
5月 5日	国内の50基ある全原発停止
5月22日	「東京スカイツリー」開業
6月27日	東京電力の実質的な国有化が正式決定
7月22日	九州北部で大豪雨
7月27日	ロンドンオリンピック開幕
9月11日	尖閣列島の国有化に中国で反発するデモが暴徒化、日本企業の被害甚大
9月14日	100歳以上5万人超 過去最多 厚生労働省まとめ
10月 1日	日本郵便発足
10月 6日	オスプレイ普天間基地配備
11月15日	中国共産党トップの総書記に習近平氏
11月19日	「釜ヶ崎芸術大学」開設
11月30日	「介護保障を考える弁護士と障害者の会全国ネット」結成

※東京電力をはじめ各電力会社が値上げ
※脱法ハーブが社会問題化
※滋賀県大津市の中学生いじめ自殺問題

ながり自立推進事業）」開設
（神奈川県匡済会）

6月28日	「神奈川県生活保護不正受給等防止対策連絡会」が発足	
9月	「法外援護事業」廃止（パン券宿泊券、経過措置が終了）	
12月 1日	「寿みんなの落語会」始まる	
12月	NPO法人さなぎ達、さなぎの家移転・就労継続支援B型事業所「てふてふ」開設	

など、各地でいじめ事件が問題になる

※国民生活基礎調査で日本の相対的貧困率16.1%と公表、貧困をめぐる市民活動広がる

※この時期から国民健保、年金と財源、生活保護　見直しなどの議論活発化

2013（平成25）年　安倍内閣　アベノミクス　富士山世界遺産に

1月20日	元民生委員杉本貴美子逝去（71歳）、お別れ会	4月 1日	障害者総合支援法施行
3月31日	寿町総合労働福祉会館のヘルパー作業室廃止	6月21日	いじめ防止推進法成立
4月15日	中区役所に生活保護利用者の就労支援を行う窓口「ジョブスポット」開設	6月22日	富士山　世界文化遺産登録決定
4月	横浜市、生活保護者向けに「仕事チャレンジアシスト事業」（受託・勤労協）、「ことぶきアパート生活移行支援事業」（受託・さなぎ達）を始める	6月26日	「障害者差別解消法」公布、16年4月施行
		6月28日	「いじめ防止対策推進法」公布、9月28日施行
		7月25日	日本人女性平均寿命世界一位
		8月 9日	国の借金初の1,000兆円超
4月	ヘルパーステーション寿（横浜市福祉サービス協会）開設	8月12日	高知県四万十市で41度を観測 国内最高気温
4月	マルキンストア閉店	9月13日	全国の100才以上過去最多
4月	ことぶき花いっぱい運動『サポーターの会 合冊本』刊行	9月22日	反差別を訴えるパレード、東京大行進、約1,200人参加、14年は2,800人、15年は2,500人参加
6月	チャンス介護サービスセンター開設		
10月22日	寿町総合労働福祉会館建て替え等についての住民説明会開催	9月25日	「ヘイトスピーチとレイシズムを乗り越える国際ネットワーク」結成、略称「のりこえねっと」
10月25日	丸光ショップ閉店		
11月 1日	寿町総合労働福祉会館建て替え等についてのパブリックコメント募集（〜11月29日締め切り）	10月 1日	消費税率を現行5%から8%に引き上げ決定、2014年4月から実施
		12月 4日	「和食」の食文化 ユネスコ無形文化遺産登録決定
11月	ワールドケア開設	12月13日	改正生活保護法・生活困窮者自立支援法成立
12月 1日	デイサービス「あすなろ」開設	12月13日	「特定秘密保護法」公布、14年12月10日施行
		12月17日	「イタイイタイ病」被害者団体・三井金属鉱業合意調印、一時金の支払い

※この年、寿は高齢化率50%を超え、横浜市平均、全国平均よりも高くなる

※黒田日銀総裁「異次元の金融緩和」決定

2 月 24 日	「ながいき弁当」開店、配達あり
2 月 25 日	林真人『ホームレスと都市空間〜収奪と異化、社会運動、資本―国家』（明石書店）刊行
2 月	寿町総合労働福祉会館周辺を中心とした地区内に生息しているネズミを駆除（約1 か月間）
3 月　1 日	寿町関係資料室『寿町ドヤ街』第 8 号（寿との関わり〜寿町での活動を振り返って〜）刊行
4 月	なかサービス開設（合同会社フラット）
4 月	ケアサービス ChouChou 開設（有限会社）
4 月	横浜市「寿町総合労働福祉会館再整備基本計画」策定／寿労働センター内に「ことぶき就労サポートセンター」開設
4 月	中区高齢者健康維持支援事業・ことぶき高齢者健康維持支援事業（仮）開始
4 月	「中区ことぶき青少年広場」に加え学習・生活支援を行う「寄り添い型学習等支援推進事業」開始（寿生活館 2F）
5 月 23 日	寿町総合労働福祉会館設計業務の委託先選定手続き開始（プロポーザル方式）
6 月 24 日	第 2 回会館建て替え住民説明会開催
6 月	寿福祉プラザ「寿周辺地区郷土史調査レポート」発行
9 月　9 日	林市長が生活保護世帯等に就労支援を行う「ジョブスポット」を 2015 年中に全区に設置することを表明
10 月　1 日	横浜市中区環境衛生係、医療機関・簡易宿泊所等でのトコジラミ駆除費用の一部の補助申請受付（4 月 1 日にさかのぼって施行）
11 月	寿町総合労働福祉会館建替

2 月　6 日	ロシア ソチ冬季オリンピック開幕
2 月 17 日	「北朝鮮による拉致 人道上の罪」国連報告書
3 月　1 日	ウクライナ騒乱の中、ロシア上院はロシア軍のウクライナ・クリミアでの軍事力行使を承認
3 月　7 日	日本一の超高層ビル「あべのハルカス」開業
4 月　1 日	国際結婚における離婚後の子どもの保護を定めた「ハーグ条約」に日本が加盟
4 月　1 日	消費税 5％→ 8％に 消費税増税は 17 年ぶり
4 月 15 日	総人口の 4 人に 1 人 65 歳以上（総務省人口推計）
4 月 16 日	韓国南西部の珍島沖で旅客船「セウォル号」沈没、乗客乗員 304 人死亡・行方不明
4 月 18 日	「少年法」改正公布
4 月 26 日	「生活困窮者自立支援ネットワーク」設立
4 月	「人種差別撤廃基本法を求める議員連盟」超党派で発足
6 月 21 日	群馬県の「富岡製糸場」、世界文化遺産登録決定
6 月 27 日	「過労死等防止対策推進法」公布、11 月 1 日施行
7 月　1 日	政府、集団的自衛権行使容認を閣議決定
7 月 31 日	日本人男性の平均寿命 80.21 歳 初の 80 歳超
8 月 14 日	東京のホームレス支援団体、生活困窮者支援団体の協力で行われた「野宿者襲撃の実態に関する調査」結果発表
8 月 20 日	広島市北部で豪雨による土砂災害、死者 74 人
9 月　4 日	デング熱で代々木公園を立ち入り禁止に
9 月 27 日	御嶽山噴火、死者 57 人、行方不明 6 人の戦後最悪の火山被害
10 月 29 日	「過労死等防止対策推進全国センター」結成

	後のセンターゾーニング案 住民に提示、12月に地域意 見交換会	11月26日	日本の手すき和紙の技術が ユネスコ無形文化遺産に登 録決定
12月　1日	リハビリデイわかば開設（第 二長生館1階）		
12月	南雲硝子閉店		

2015（平成27）年　安倍内閣　マイナンバー法施行　日本年金機構個人情報大量流出
国連「SDGs（持続可能な開発目標）」採択

2月26日	ことぶきゆめ会議「寿地区 に住む要介護の人の生活を 知ろう」開催	1月20日	過激派組織「IS（イスラム国）」 がYouTubeに邦人2名の殺 害予告投稿、その後殺害声 明動画投稿
3月	かながわチャレンジネット 廃止	1月29日	振り込め詐欺等特殊詐欺被 害額が500億円超
4月　1日	横浜市、各区生活支援課生 活支援係で「生活困窮者自 立支援法」に基づく事業を 直営で開始　寿地区内の「は まかぜ」仕事チャレンジ講 座、寿地区寄り添い型学習 支援事業は、本法適用事業 となる。はまかぜは、生活 自立支援施設に名称変更	3月20日	外国人「不法残留」22年ぶ りに増加
		4月11日	オバマ米大統領とキューバ のカストロ国家評議会議長 が1961年の国交断絶以来 初めて会談
		5月17日	「大阪都構想」の是非を問う 住民投票で1万741票差で 反対多数
5月　1日	訪問介護ステーション「ふぁ いと寿」オープン（寿洛ビ ル1階）	5月29日	鹿児島・口永良部島の新岳 が爆発的噴火、全島民137 人が屋久島に避難
5月19日	川崎の簡宿火災（10人死亡） を受けて木造簡宿・寿地区3 棟の緊急立入検査はじまる	6月17日	選挙権年齢を「20歳以上」 から「18歳以上」に引き下 げる改正公職選挙法が成立
6月　4日	コトラボ（ヨコハマホステル ビレッジ）第1回アフタヌー ンカフェ（中区ことぶき高齢 者健康維持支援事業）開始	6月	日本年金機構個人情報大量 流出
		7月　1日	児童相談ダイヤル「189」運 用開始
7月　1日	国の方針により、簡易宿泊 所の住宅扶助基準が大幅に 変更　原則52,000円へ　ただ し、生活状態により既入居 者でこれまでの旧特別基準 68,000円が6か月のみ認め られるケースあり	7月〜9月	沖縄・辺野古新基地建設の反 対運動、安保関連法案の反 対運動、全国に広がる
		8月　5日	フリースクールに4,200人 文 科省初調査
		8月	女性活躍推進法成立
		9月15日	安全保障関連法案成立
7月24日	寿町勤労者福祉協会ホーム ページ「横浜コトブキな び（コトなび）」となり、リ ニューアル	9月25日	国連総会、持続可能な開発 目標（SDGs）採択
		10月　1日	若者雇用促進法施行
10月25日	寿町総合労働福祉会館40周 年記念式典	10月28日	日比谷公園で「生活保護ア クション25条大集会」開催
12月16日	ポーラのクリニック山中修 院長、第4回日本医師会・ 産経新聞社赤ひげ大賞受賞		※マイナンバー法施行／生活困窮者自立 支援法施行

2016（平成28）年　安倍内閣　オバマ大統領広島訪問

1月 1日	㈱横浜ケアセンター「訪問介護浜っ子サービス」設立	
1月	1月実施の全国調査で横浜市内の野宿者は536人（男性521人、女性15人）	
3月 9日	寿供養塔、寿町総合労働福祉会館建て替えのため、一時徳恩寺へ移転・保管	
3月25日	寿町総合労働福祉会館福祉棟での業務終了、26日仮設等へ移転／28日仮設棟で業務開始、寿労働センターはLプラザ1階へ、寿クリーンセンターはMMビル1階（寿町3-9-7へ移転）	
3月28日	公益財団法人　寿町勤労者福祉協会　設立40周年記念誌『寿のまちとともに』刊行	
4月 1日	神奈川県匡済会、はまかぜ第三期の指定管理者として（5年間）運営開始	
4月	小規模介護事業所は「地域密着型通所介護」へ移行	
4月	花いっぱい運動『サポーターの会 合冊本2』刊行	
5月17日・18日	横浜市、簡易宿泊所に立ち入り検査実施（消防局対象119施設中114施設、健康福祉局41施設、建築局16施設）	
6月23日	ことぶき共同診療所前院長田中俊夫逝去（76歳）	
7月 1日	合同会社　With Leaf「よつばの介護」設立	
8月 1日	就労継続支援B型事業所「ぷれいす」設立	
11月 1日	寿アルク、第2アルク生活訓練センター設置、第3アルクは第2アルク地域活動支援センターへ	

1月	軽井沢スキーバス転落事故15人死亡／北朝鮮が核実験／台湾総統に蔡英文氏、8年ぶり政権交代
2月 4日	TPP 日本や米国など参加12か国が署名
2月	イラクの自爆テロで70人以上が犠牲
3月22日	改正自殺対策基本法が成立
3月	ベルギー同時テロ／エジプト機ハイジャック
4月 1日	障害者差別解消法 施行／えん罪救済センター設立
4月14日	熊本地震 M 7.3 益城町で震度7、死者50人、重軽傷者2,170人、建物全半壊3万6,322戸
5月 9日	「パナマ文書」公表
5月26日	伊勢志摩サミット、翌27日オバマ大統領広島訪問
6月 3日	ヘイトスピーチ解消法公布
6月	米軍属事件抗議で沖縄県民大会、65,000人参加／トルコの空港で自爆テロ
7月26日	津久井やまゆり園事件、元職員、入園者19名刺殺、26人重軽傷
8月31日	台風が岩手県に上陸 グループホームで9人死亡
8月	イタリア中部地震／ミャンマー中部でM 6.8の地震／北朝鮮、潜水艦ミサイル発射
11月 9日	米大統領選 トランプ氏当選（共和党）
12月14日	「ストーカー規制法」改定公布／「再犯防止推進法」公布
12月15日	ロシアプーチン大統領来日、安倍首相と会談
12月16日	「部落差別解消推進法」公布・施行

2017（平成29）年　安倍内閣　森友問題　少子化加速

1月17日	小田原市の生活保護ワーカーの多くがローマ字で「保護なめんな」等を書き込んだジャンパーを着用し、職務

1月20日	ドナルド・トランプ米大統領に就任
1月	生活保護不正受給件数、過去最高に

1 月	に当たっていたことが発覚 全国調査によると、横浜市内の野宿者は 531 人（男性 516 人、女性 15 人）	3 月 27 日	栃木のスキー場で雪崩、高校生ら 8 人死亡
2 月	寿地区障害者作業所等交流会が初めて開催　主催勤労協、以後継続して年 4 回開催	4 月 20 日	パリ・シャンゼリゼで銃撃テロ、警官と容疑者死亡、「イスラム国」が犯行声明
3 月 1 日	中区地域振興課と扇荘新館とのコラボで、無料レンタサイクル開始	5 月 9 日	仏大統領にマクロン、史上最年少の 39 歳
3 月	認定 NPO 法人さなぎ達終了・さなぎの家終了・さなぎ食堂一時閉鎖、（木曜パトロール、ビッグイシュー販売は継続）	5 月 10 日 5 月 22 日	韓国大統領に文在寅 イラン大統領に穏健派ロウハニ師圧勝
3 月	「友苑」の経営者が変わり「ダモア」になる	6 月 9 月 11 日	欧州でテロが頻発 日本遺伝子学会が遺伝学用語改定（「優生・劣性」を「顕性・潜性」、「色覚異常・色盲」を「色覚多様性」）
10 月	勤労協、寿ライフ事業を受託	9 月 10 月 2 日	ドイツでメルケル首相 4 選 米ラスベガスで銃乱射、58 人死亡
12 月	横浜市内「無料低額宿泊施設設置状況一覧」横浜市福祉局生活福祉部援護対策担当発行	10 月 31 日	神奈川 座間のアパートに切断 9 遺体
		12 月 14 日	「ブラック校則をなくそう！」プロジェクト始まる
		12 月	トランプ大統領「エルサレムは首都」、米正式発表

2018（平成 30）年　安倍内閣　オウム松本死刑囚らの刑執行　米朝首脳会談

1 月	就労継続支援 B 型「アルク翁」開設	2 月 9 日	平昌冬季オリンピック開幕
4 月	チャップリン閉店	4 月 3 日	「子ども食堂」急増 全国で 2,000 か所超える
5 月	寿福祉センター保育所の建物が解体され更地となる	6 月 12 日	史上初の米朝首脳会談
9 月 3 日	「いわゆるドヤ街の福祉対策研究委員会」（1964 年 12 月に発足し翌年 10 月に報告書発行）の委員長だった阿部志郎（当時横須賀基督教社会館館長）が神奈川新聞に「わが人生」の連載を始める	6 月 18 日	成人年齢 18 歳に引き下げる改正民法成立
		7 月 6 日	オウム真理教事件 死刑囚の刑執行
		9 月 6 日	北海道地震 M 6.7 最大震度 7、死者 41 人、負傷者 750 人以上、一時道内の約 296 万戸停電
10 月 13 日	神奈川県匡済会　100 周年	9 月 19 日	日本に在留する外国人、総人口の 2% 過去最多
12 月 26 日	寿越冬闘争実行委員会「第 46 次越冬突入集会基調報告」発行	10 月	東京都中央区の築地市場が 83 年の歴史に幕
12 月	コムラード寿（扇町 4-12-2）オープン	10 月 25 日	いじめ認知件数 41 万超、過去最多
12 月	神崎ビル 1 階（旧さなぎ食堂）で、デイサービス仁オープン	10 月	ネットいじめ・不登校 14 万件過去最高／東京青山で児童相談所設置に住民反発
		11 月	子どもの自殺 平成で最多
		12 月 8 日	外国人受け入れ拡大の改正出入国管理法成立

2019（平成 31・令和元）年　安倍内閣　　新元号は令和に

1 月 4 日	扇荘別館火災（2 人死亡、8 人重軽傷）
1 月 18 日	横浜市、市内中・南・神奈川各区の簡宿 123 軒のうち、103 施設で消防法等の違反公表
3 月 23 日	寿福祉センター保育所、元の場所で運営再開
3 月 25 日	横浜公共職業安定所横浜港労働出張所業務課が仮設より交流センター別棟へ移転
4 月 1 日	交流センターを管理する寿町勤労者福祉協会が横浜市寿町健康福祉交流協会となる
5 月 1 日	カスタム介護支援センターが石川町 2 丁目に移転し、その跡地でヘルパーステーションのワールドケア訪問介護事業所・指定障害福祉サービス事業所オープン
5 月 30 日	山崎洋子『女たちのアンダーグラウンド』（亜紀書房）刊行
6 月 1 日	寿町総合労働福祉会館が、横浜市寿町健康福祉交流センター（市営住宅は寿町スカイハイツ）となりオープン／横浜市ことぶき協働スペース開設
8 月 12 日	寿町フリーコンサート実行委員会『寿町フリーコンサート 40 周年記念誌 2019 年版』、同別冊石井淳一執筆・編『寿町の子どもバンド史（暫定版）』刊行
8 月 22 日	林市長が白紙からカジノ誘致へ方針転換を表明。「横浜へのカジノ誘致に反対する寿町介護福祉・医療関係者と市民の会」などが抗議・反対署名の市長手渡しのため市庁舎に詰めかける
8 月	ケアサービス　ホクゼン関内（株式会社北全）開設
9 月 7 日	L プラザで渡辺孝明監督講演と映画『寿ドヤ街 生きる』上映会／10/22 に『寿ドヤ

1 月 3 日	熊本地方震源 M 5.1 の地震発生
1 月 11 日	訪日外国人旅行者 3,000 万人超
1 月 22 日	安倍首相ロシアを訪問、プーチン大統領と会談
2 月 14 日	「同性婚認めないのは憲法違反」初の集団訴訟
2 月 25 日	沖縄県民投票 辺野古埋め立て「反対」が 7 割に
4 月 15 日	パリのノートルダム大聖堂で大規模火災
4 月 19 日	東池袋自動車暴走死傷事故 2 人死亡、8 人重軽症
4 月 26 日	「アイヌ新法」公布、5 月 24 日施行
5 月 29 日	気象庁が発表する防災気象情報において、警戒レベル（5 段階）の運用開始
6 月 5 日	労働施策総合推進法（パワハラ防止法）改定公布
6 月 21 日	ILO 年次総会で「働く場での暴力やハラスメントを撤廃するための条約」を採択
6 月 28 日	熊本地裁がハンセン病患者家族の受けた被害に対し国の隔離政策の責任を認める判決
6 月 30 日	日本政府が国際捕鯨委員会（IWC）を脱退
7 月 18 日	京都アニメーション放火、36 人死亡
7 月 21 日	参議院選挙の比例代表で、れいわ新選組から重度障害当事者の 2 人が当選
8 月 2 日	国際芸術祭「あいちトリエンナーレ」の「表現の不自由・その後」展示（慰安婦を表現した少女像）をめぐり名古屋市長が県知事に中止を求める
10 月 1 日	消費税率 10%スタート
10 月 12 日	台風 19 号静岡・関東地方を横断、死者 90 人超／東京台東区で野宿者が避難所に入れず後日、区長が「災害時にすべての人を援助する方

街 生きる2」上映会

9月20日 横浜市会でIR誘致関連費2億6,000万円の補正予算案可決

9月30日 勤労協診療所元所長佐伯輝子逝去（90歳）

11月1日 第27次寿炊き出しの会（2018年9月〜2019年8月）『報告集』刊行

12月1日 寿町山車まつり実行委員会が山車運行

12月16日 寿越冬闘争実行委員会『第47次寿越冬闘争突入集会基調報告』刊行

12月24日 常盤とよ子（写真家）逝去（91歳）

策を検討する」と謝罪

10月31日 沖縄の世界遺産、首里城が火災で焼失

11月13日 官房長官が来年度の「桜を見る会」中止を発表

12月4日 「ペシャワールの会」の中村哲現地代表がアフガニスタンで銃撃され死亡

12月16日 「川崎市差別のない人権尊重のまちづくり条例」公布・施行

12月25日 IR汚職事件で政界捜査

12月31日 中国武漢の市場で原因不明の肺炎患者発生を疾病予防センターが発表

2020（令和2）年　安倍内閣　菅内閣　新型コロナウイルス感染症拡大

※新型コロナウイルスと横浜中華街を結びつけた中傷がSNS等で相次ぐ

3月24日 横浜市会でIR誘致推進事業費4億を含む一般会計当初予算案可決

4月4日−5月25日 県内にコロナウイルス緊急事態宣言→センター、4/8より1Fラウンジ・図書コーナー、2F会議室・活動交流スペース利用休止 なお診療所・翁湯は通常営業／県立武道館内にネットカフェ生活者臨時宿泊所設置（125人利用4/11−5/6）

4月27日 寿コロナ対策ZOOM会議発足

4月30日 寿歴史研究会発足

5月25日 センター図書コーナー「図書コーナー便り」創刊

5月 寿DIYの会発足（防護服製作・まちの消毒隊）

6月1日 神奈川県匡済会『神奈川県匡済会75-100年史』刊

7月22日 厚労省ホームレスの実態に関する全国調査によると全国3,992人のうち横浜市内は381人（男性370人・女性11人）

8月15日 センター建て替えのため徳恩寺に安置されていたお地蔵さんの開眼供養

8月−9月 関内マリナード地下街で野宿者襲撃相次ぐ（神奈川新

1月7日 中国・武漢で新型肺炎発生

1月31日 英国がEU離脱

2月29日 米とタリバンが和平合意

2月 新型肺炎でクルーズ船が横浜港停泊

3月24日 東京五輪延期決定、来年7月23日開幕

4月7日 コロナ感染拡大防止緊急事態宣言発令／政府が布マスク配布

4月20日 国民一人10万円給付決定

5月 黒人暴行死、デモ「Black lives Matter」全米に拡大

6月 黒人差別の抗議、世界に拡大

7月2日 ロシアで改憲成立、プーチン氏続投

8月15日 終戦75年

8月28日 安部首相、辞任表明

9月16日 菅内閣発足「自助、共助、公助、そして絆」

10月15日 国連が日本の入管収容に国際法違反の見解

11月21日 欧州などで再ロックダウン

11月30日 稲葉剛・小林美穂子・和田静香編『コロナ禍の東京を駆ける―緊急事態宣言下の困窮者支援日記』（岩波書店）刊

12月6日 はやぶさ2カプセル回収

12月14日 GoToトラベル全国で停止

12月19日 英国でコロナ変異種

12月22日 厚生労働省、生活保護を受ける権利をホームページで

	聞報道）		公示、「生活保護を申請したいかたへ」と題して「国民の権利です、ためらわずにご相談ください」と掲載
9月	ケアベース（同）開設		
10月 1日	村田由夫『寿で暮す人々あれこれ』（神奈川県匡済会）刊		
10月29日	『横浜ストリートライフ』（新潮社）の佐江衆一、逝去（86歳）		
10月30日	山田清機『寿町のひとびと』（朝日新聞出版）刊		
10月	みなとサービス開設		
12月	クリーン介護（株）開設		
12月	デイサービスオアシス（有）開設		

2021（令和3）年	菅内閣　岸田内閣 東京オリンピック・パラリンピック開催	新型コロナウイルス感染症拡大

2月14日	1963年に飛鳥田一雄市長（当時）のブレーンとして入職、地方自治の著作を多く残した鳴海正泰逝去	1月 7日	1都3県に新型コロナウィルス緊急事態宣言
3月17日	2月に生活保護申請に訪れた20代女性に対し神奈川区生活支援課が申請を受理せずに誤った説明をしたことに市長謝罪	1月21日	米国大統領にバイデン就任
		2月	新型コロナ医療者へのワクチン接種始まる
		3月 6日	名古屋入国管理局収容中のウィシュマ・サンダマリ（スリランカ国籍）が医療措置なく死亡
4月28日	厚労省ホームレスの実態に関する全国調査にて全国3,824人のうち横浜市内は378人（男性360人・女性18人）	3月12日	日本テレビでタレントがアイヌ民族差別発言
5月1日−5月5日	市がGW期間中の相談窓口を寿福祉プラザ相談室と神奈川公会堂に設置	7月 3日	熱海で大規模な土石流
		7月23日	東京五輪開幕、8月25日パラリンピック開幕
5月27日	寿越冬実、市が国に五輪中止を求めるよう要請	10月 4日	岸田内閣発足
		11月30日	オミクロン株、国内初確認
8月22日	横浜市長に野党系・山中竹春当選	12月17日	大阪精神科クリニック放火事件

［作成：横浜市ことぶき協働スペース　内藤勇次・徳永　緑］

主な参考文献・資料—————————————————

青木秀男（1996）『都市下層の構造と動態—横浜・寿地区を事例として—』日本都市社
　会学学会年報 14

アリス研究所（1999）『寿地区実態調査報告書〜既存のデータから見た寿地区の現状』

今井清一（1981）『新版 大空襲 5 月 29 日〜第二次大戦と横浜』有隣新書

上田正昭編（財）世界人権問題研究センター（1999）『人権歴史年表』山川出版

大阪ボランティア協会ボランタリズム研究所 監修 岡本榮一／石田易司／牧口明 編
　（2014）『日本ボランティア・NPO・市民活動年表』、石田易司／岡本仁宏／永岡正
　己／早瀬昇／牧口明／牧里毎治／目加田説子／山岡義典 編（2022）『増補改訂版 日
　本ボランティア・NPO・市民活動年表』明石書店

神奈川県（1969）『神奈川の近代化—その 100 年—』

神奈川県匡済会（2020）『神奈川県匡済会 75-100 年史』

神奈川県警察本部（1972）『神奈川県警察史』中巻

神奈川縣社会福祉協議會（1965）『いわゆるドヤ街の福祉対策研究委員会報告書 昭和
　39 年 12 月から 40 年 3 月』神奈川縣社会福祉協議會 阿部志郎、木下陽吉他

神奈川縣民生部厚生課（1950）『神奈川縣社會事業關係施設一覧表』

川瀬誠治君追悼文集編集委員会（1985）『ことぶきに生きて—川瀬誠治君追悼文—』

木下陽吉（1945 〜 1962）『歴史粗描 寿地区の歴史（個人年表)』

ギル，トム（2004）『シェルター文化の誕生—ホームレス自立支援法から 2 年—』明治
　学院大学国際学部付属研究所研究年報

楠木誠一郎（2008）『日本史世界史同時代比較年表』朝日新聞出版

群建築研究所（1969）『寿町ドヤ街地区改良計画作成のために』

寿越冬実行委員会（2000）『第 26 次越冬闘争報告集—寿は原題のアジール—』

寿越冬実行委員会（2004）『第 30 次寿越冬闘争報告集—寿はなんとなく気になる町—』

寿越冬実行委員会（2005）『第 31 次寿越冬闘争報告集—寿越冬闘争第四期に突入—』

寿越冬実行委員会（2019）『第 46 次寿越冬闘争突入集会基調報告（案)』

寿越冬実行委員会（2020）『第 47 次寿越冬闘争突入集会基調報告（案)』

ことぶき共同診療所・寿町関係資料室『寿町ドヤ街』各号

第 1 号（2004）—寿町の地域医療と福祉—

第 2 号（2005）—寿町における歴史的記録—

第 3 号（2007）「寿町は今」

第 4 号（2007）—宇田知道君とその時代—

第 5 号（2009）—寿町における医療—

第 6 号（2009）—寿町の歴史・運動・想い出—

第 7 号（2011）—ことぶき共同診療所開設 15 周年記念誌—

第 8 号（2014）寿町とのかかわり 〜寿町での活動を振り返って〜

寿共同保育（1982）『寿共同保育—寿ドヤ街での 9 年間—』

寿支援者交流会（2000）『この間の報告とこれから』N046

寿支援者交流会（2001）『この間の報告とこれから』N048

寿支援者交流会（2002）『この間の報告とこれから』N053

寿支援者交流会（2003）『この間の報告とこれから』N056

寿支援者交流会（2004）『この間の報告とこれから』N063

『寿生活館関連資料』（村田由夫氏保管資料）

寿炊き出しの会『報告集第17次寿炊き出しの会』（2008年11月〜2009年7月）

寿炊き出しの会『報告集第20次寿炊き出しの会』（2011年〜12年7月）

寿炊き出しの会『報告集第25次寿炊き出しの会』（2016年9月〜2017年8月）

寿炊き出しの会『報告集第27次寿炊き出しの会』（2018年9月〜19年8月）

寿炊き出しの会『報告集第28次寿炊き出しの会』（2019年9月〜2020年8月）

寿地区住民懇談会（1984）『住民懇のあゆみ―寿地区の自治と共生を求めて―』

寿地区センター（2006）『いのちの灯消さない―寿地区センター20年―』

寿町勤労者福祉協会（2016）『設立40周年記念誌―寿のまちとともに―』

寿町フリーコンサート実行委員会（2019）『寿町フリーコンサート40年記録誌』

寿日雇労働者組合／寿差別裁判糾弾闘争委員会（1981）『日雇完全解放　寿差別裁判糾弾闘争勝利！（被告人最終意見陳述集）』

寿夜間学校（1978）『寿歴史講座（戦後編　昭和20年〜52年）』寿夜間学校　第一期制作

寿労働センター（2000）『ことぶき四半世紀のあゆみ―無料職業紹介・25周年記念誌―』神奈川県労働福祉協会

坂井豊貴／NHK制作班編著（2018）『欲望の経済史　日本の戦後編』NHK出版

NPO法人さなぎ達（2001）『さなぎ達』第二号

市民の会寿アルク（2003）『寿アルク10周年記念誌―1362人の足跡―』

『住宅関連資料』（村田由夫氏個人資料）

『住民懇談会レジメ等』（村田由夫氏個人資料）

新潮社「週刊FOCUS」の寿町「寄せ場」差別と民族差別を糾弾する実行委員会（1982）『新潮社「週刊FOCUS」の寿町「寄せ場」差別と民族差別を糾弾する！』

関屋光泰（2010）『簡易宿泊所街・横浜寿町地域における民間支援活動―歴史的経緯の概要―』日本福祉教育専門学校研究紀要

芹沢勇（1965）『常習売血と生活保護』横浜市民生局

芹沢勇（1967）『ドヤ街の発生と形成―横浜埋地（西部の街）について―』横浜市総務局行政部調査室

芹沢勇（1976）『寿ドヤ街―もう一つの市民社会と福祉―』神奈川県匡済会福祉紀要 No.6, 7, 8合併号

田中俊夫／宇田知道（1967）『寿町簡易宿泊所街における戸籍問題』神奈川県匡済会「社会福祉資料」No.2

田村明（1983）『都市ヨコハマをつくる〜実践的まちづくり手法』中公新書

長井盛至（1979）『大岡川スラム解消に成功する』

中田志郎（1983）『はだかのデラシネ―横浜・ドヤ街・生きざまの記録―』マルジュ社

中根愛治（1967）『横浜港における港湾労働の推移』横浜市総務局行政部調査室

西山志保（2011）『横浜・寿町における自立支援と地域再生〜多様性を包摂するまちづくり〜』立教大学社会学部社会学科

日本社会事業大学（1967）『寿町における労働者の問題―港湾労働者を中心に―調査期間　昭和42年7月7日〜5日間』　指導教授　仲村優一　協力　寿生活館

日本寄せ場学会年報編集委員会編（2004）『寄せ場文献精読306選』れんが書房新社

野本三吉（1997）『寿生活館ノート・職場奪還の遠い道』田畑書店

野本三吉（2003）『野本三吉　個人誌　生活者1972〜2002』社会評論社

林真人（2014）『ホームレスと都市空間』明石書店

平成16年度地域保健総合推進事業（2005）『ホームレスの健康支援活動に関する検討会報告書』

松本一郎（2021）『1945年から2015年までの寿町歴史年表』寿町関係資料室

横浜市従民生支部（1976）『民生支部自治研修会報告集　職場のない現場から』

山崎洋子（2019）『女たちのアンダーグラウンド　戦後横浜の光と闇』亜紀書房

横浜市健康福祉局援護対策担当（2014）『第三期（平成26年〜30年度）横浜市ホームレスの自立支援等に関する実施計画』

横浜市寿生活館（1967）『寿町周辺簡易宿泊所街の概況―寿生活館の資料から―第一集』横浜市寿生活館

横浜市スラム対策研究会（1968）『スラム関係資料』

横浜市スラム対策研究会（1968）『不良環境地帯における居住関係について』

横浜市精神障害者地域生活支援連合会（2018）『横浜市精連運動30周年記念誌「街の中へ、人の中へ」』

横浜市福祉局生活福祉部援護対策担当（2005）『横浜市内の第二種社会福祉事業無料低額宿泊施設設置状況一覧（資料）』

横浜市民生局寿生活館（1985）『寿町地区環境実態調査　昭和60年』

横浜市民生局寿生活館（1987）『寿町地区環境実態調査報告書　昭和62年度』

横浜市・横浜の空襲を記録する会共編（1975）『横浜の空襲と戦禍』全六巻
　①体験記編　②市民生活編　③公式記録編　④外国資料編　⑤接収・復興編　⑥世相編

横浜市・横浜の空襲を記録する会共編（1974〜1977）『調査概報』全9巻

横浜「浮浪者」差別連続虐殺糾弾実行委員会（1983）『俺たちは怒っている　横浜「浮浪者」差別連続虐殺を撃つ　パトロール資料集』

寿歴史研究会名簿（氏名五十音順）

大友　　勝（社会福祉法人恵友会顧問、元寿町勤労者福祉協会職員）

小川道雄（子ども研究会・とつか代表、元横浜市従民生支部執行委員）

加藤彰彦（沖縄大学名誉教授・元学長、元横浜市寿生活館職員、筆名：野本三吉）

根本信一（部落解放同盟神奈川県連合会執行委員長）

野田邦弘（横浜市立大学大学院客員教授、元横浜市役所職員）

松本一郎（大正大学准教授、ことぶき共同診療所寿町関係資料室）

村岡福藏（社会福祉法人偕恵園法人事務局長、元横浜市役所職員）

村田由夫（社会福祉法人神奈川県匡済会理事、寿地区自治会会長）

山崎洋子（作家）

（事務局）

徳永　　緑（横浜市ことぶき協働スペース施設長）

内藤勇次（横浜市ことぶき協働スペース職員）

林　　北斗（横浜市ことぶき協働スペース職員）

横浜寿町～地域活動の社会史～〈下〉

2023 年 1 月 23 日　初版第 1 刷発行

編　者　寿歴史研究会
発行人　松田健二
発行所　株式会社 社会評論社
　　　　東京都文京区本郷 2-3-10　〒 113-0033
　　　　tel. 03-3814-3861／fax. 03-3818-2808
　　　　http://www.shahyo.com/

装幀・組版デザイン　中野多恵子
印刷・製本　　　　　倉敷印刷株式会社